jQuery Mobile

La bibliothèque JavaScript pour le Web mobile

Du même auteur

E. Sarrion – **jQuery & jQuery UI.**
N°12892, 2011, 520 pages.

E. Sarrion. – **XHTML/CSS et JavaScript pour le Web
mobile**. *Développement iPhone et Android avec et iUI et XUI.*
N°12775, 2010, 274 pages.

E. Sarrion. – **Prototype et Scriptaculous**. *Dynamiser ses
sites web avec JavaScript.*
N°85408, 2010, 342 pages (e-book).

Dans la même collection

R. Goetter. – **CSS avancées.** *Vers HTML 5 et CSS 3.*
N°13405, 2e édition, 2012, 400 pages.

R. Rimelé. – **HTML 5.** *Une référence pour le développeur
web.*
N°12982, 2011, 604 pages.

F. Daoust, D. Hazaël-Massieux. – **Relever le défi du Web
mobile**. *Bonnes pratiques de conception et de développement.*
N°12828, 2011, 300 pages.

J. Chable, D. Guignard, E. Robles, N. Sorel. –
Programmation Android.
N°13303, 2e édition, 2012, 520 pages environ.

T. Sarlandie, J.-M. Lacoste. – **Programmation IOS 5 pour
iPhone et iPad.**
N°12799, 2e édition, 2012, 350 pages environ.

P.-Y. Chatelier. – **Objective-C pour le développeur avancé.**
N°12751, 2010, 224 pages.

J. Stark. – **Applications iPhone avec HTMl, CSS et
JavaScript.** *Conversions en natifs avec PhoneGap.*
N°12745, 2010, 190 pages.

J.-M. Defrance. –**Ajax, jQuery et PHP**. *42 ateliers pour
concevoir des applications web 2.0.*
N°13271, 3e édition, 2011, 482 pages.

C. Porteneuve. – **Bien développer pour le Web 2.0**. *Bonnes
pratiques Ajax.*
N°12391, 2e édition, 2008, 674 pages.

S. Jaber. – **Programmation GWT 2**. *Développer des
applications RIA et Ajax avec le Google Web Toolkit.*
N°12569, 2010, 484 pages.

E. Daspet, C. Pierre de Geyer. – **PHP 5 avancé**.
N°13435, 6e édition, 2012, 900 pages environ.

J. Pauli, G. Plessis, C. Pierre de Geyer. – **Audit et
optimisation LAMP**.
N°12800, 2012, 300 pages environ.

D. Seguy, P. Gamache. – **Sécurité PHP 5 et MySQL**.
N°13339, 3e édition, 2011, 277 pages.

A. Vannieuwenhuyze. – **Programmation Flex 4.**
N°12725, 2e édition, 2010, 604 pages.

T. Ziadé. – **Programmation Python**. *Conception et
implémentation.*
N°12483, 2e édition 2009, 586 pages.

P. Borghino, O. Dasini, A. Gadal. – **Audit et optimisation
MySQL 5**.
N°12634, 2010, 282 pages.

Chez le même éditeur

E. Marcotte. – **Responsive Web Design**.
N°13331, 2011, 160 pages. (A Book Apart).

J. Keith. – **HTML5 pour les web designers**.
N°12861, 2010, 98 pages. (A Book Apart).

D. Cederholm. – **CSS3 pour les web designers**.
N°12987, 2011, 132 pages. (A Book Apart).

E. Kissane. – **Stratégie de contenu web**.
N°13279, 2011, 96 pages. (A Book Apart).

A. Walter. – **Design émotionnel**.
N°13398, 2011, 110 pages. (A Book Apart).

E. Sloïm. – **Mémento Sites web**. *Les bonnes pratiques.*
N°12802, 3e édition, 2010, 18 pages.

A. Boucher. – **Ergonomie web illustrée**. *60 sites à la loupe.*
N°12695, 2010, 302 pages. (Design & Interface).

A. Boucher. – **Ergonomie web**. *Pour des sites web efficaces.*
N°13215, 3e édition, 2011, 356 pages.

I. Canivet. – **Bien rédiger pour le Web**. *Stratégie de contenu
pour améliorer son référencement naturel.*
N°12883, 2e édition, 2011, 552 pages.

O. Andrieu. – **Réussir son référencement web**. *Édition
2012.*
N°13396, 4e édition, 2011, 700 pages.

N. Chu. – **Réussir un projet de site web**.
N°12742, 6e édition, 2010, 256 pages.

S. Bordage, D. Thévenon, L. Dupaquier, F. Brousse. –
Conduite de projet Web.
N°13308, 6e édition, 2011, 480 pages.

jQuery Mobile

La bibliothèque JavaScript pour le Web mobile

Éric Sarrion

Avec la contribution de Thomas Bertet

EYROLLES

ÉDITIONS EYROLLES
61, bd Saint-Germain
75240 Paris Cedex 05
www.editions-eyrolles.com

Chaleureux remerciements à Thomas Berthet pour sa contribution
et à Anne Rothé pour sa relecture.

Avant-propos

La date du 16 novembre 2011 est une date importante dans le monde du Web mobile. C'est ce jour-là que Todd Parker, responsable du projet jQuery Mobile, annonce la sortie de la version officielle 1.0 tant attendue de la bibliothèque, après presque dix versions intermédiaires. Ayant bénéficié du retour d'expérience de milliers d'utilisateurs à travers le monde durant l'année écoulée, elle fait preuve d'une maturité certaine.

S'appuyant sur la bibliothèque JavaScript jQuery, qui est une référence dans le domaine, jQuery Mobile est aujourd'hui une bibliothèque adaptée aussi bien pour les téléphones mobiles que pour les tablettes tactiles. Elle prend en compte toutes les spécificités de ces nouveaux supports, dont les fonctionnalités et les interfaces se démarquent clairement du Web traditionnel. Conçue pour être facile d'utilisation, tout en étant performante et surtout portable sur la plupart des téléphones ou tablettes, on peut donc supposer qu'il sera difficile de la concurrencer. D'ailleurs, une semaine à peine après la sortie officielle de la version 1.0, elle a déjà gagné le titre de « *Innovation of the year* » décerné par .Net Awards.

Adressé aussi bien aux développeurs, intégrateurs et chefs de projet, qu'aux étudiants, ce livre a pour objectif d'expliquer toutes les facettes de cette bibliothèque, afin de permettre la construction de sites ou d'applications qui fonctionneront sur la plupart des supports mobiles actuels.

Alors en route pour découvrir cette fabuleuse bibliothèque qu'est jQuery Mobile !

À LIRE **Le guide zen du développeur mobile**

Avec le Web mobile, de nouveaux enjeux, aussi bien fonctionnels qu'ergonomiques apparaissent, sans compter la nécessité d'adaptation à la variété des terminaux disponibles sur le marché. Voici un ouvrage qui fait le point sur la situation, prodiguant conseils et bonnes pratiques pour éviter les écueils et répondre intelligemment aux problématiques mobiles.

📖 F. Daoust, D. Hazaël-Massieux, *Relever le défi du Web mobile : Bonnes pratiques de conception et de développement*, Eyrolles, 2011

> À LIRE   **jQuery et jQuery UI**
>
> Pour maîtriser toutes les fonctionnalités de la bibliothèque jQuery, ainsi que de son module jQuery UI, permettant de créer des composants graphiques avancés, référez-vous à l'ouvrage suivant :
>
> 📖 É. Sarrion, *jQuery & jQuery UI*, Eyrolles, 2011

Structure de l'ouvrage

Ce livre est découpé en trois parties.

- La première concerne l'étude de jQuery Mobile d'un point de vue « design de l'application ». Vous y apprendrez à utiliser les composants HTML et les attributs correspondants permettant d'afficher les fenêtres et leur contenu à l'écran. À l'issue de cette partie, l'aspect de votre site ou de votre application sera adapté au monde mobile, vraiment différent d'un site web traditionnel.

- La deuxième partie est une partie plus technique qui traite de l'utilisation de JavaScript avec jQuery Mobile. Elle vous montre comment faire communiquer votre application avec le monde extérieur, par exemple pour afficher des données d'un serveur ou afficher une carte Google Maps.

- Enfin, la troisième partie propose une étude de cas, afin de mettre en application les concepts exposés dans les parties précédentes. Nous y détaillons la réalisation d'une application de communication entre personnes (messagerie). Bien sûr, cette partie ne peut être comprise que si les précédentes ont été assimilées.

Table des matières

PREMIÈRE PARTIE

Afficher les composants graphiques

1

Installation de jQuery Mobile

Le but de ce livre étant d'utiliser jQuery Mobile afin de créer des sites web accessibles depuis les téléphones mobiles ou des tablettes graphiques comme l'iPad, nous devons pour cela commencer par installer un serveur web qui contiendra les pages HTML de notre site. Nous verrons ensuite comment installer la bibliothèque, en ajoutant quelques précisions quant aux paramétrages spécifiques au développement pour iPhone.

Installation d'un serveur web

Pour héberger notre site, n'importe quel type de serveur web fait l'affaire (PHP, .Net, Java, Ruby on Rails, etc.). Dans cet ouvrage, nous prenons en exemple un serveur PHP.

Le serveur PHP installé sera différent selon que l'on est sous Windows ou sous Mac OS :

- sous Windows, on installera AppServ (http://www.appservnetwork.com) ;
- sous Mac OS, on installera MAMP (Mac, Apache, MySQL, PHP, http://www.mamp.info).

Une fois le serveur installé et lancé, vérifiez que tout est correct en saisissant l'URL http://localhost dans la barre d'adresse de votre navigateur. Vous devriez voir s'afficher la page d'accueil du serveur. La figure 1-1 représente cette fenêtre pour AppServ sous Windows, dans un navigateur Firefox.

Figure 1–1
Page d'accueil du serveur PHP

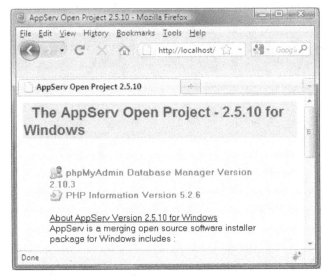

> REMARQUE **Emplacement des fichiers sur le serveur**
>
> Sous AppServ, les fichiers sont situés dans appserv/www.
> Sous MAMP, ils sont situés sous MAMP/htdocs.
> Des sous-répertoires peuvent être créés à ces emplacements pour contenir les pages de notre site (avec toutes ses composantes : images, etc.).

Si aucun nom de fichier n'est indiqué à la fin de l'URL, il correspond au fichier par défaut index.html. Donc l'URL http://localhost désigne en fait le fichier index.html situé dans appserv/www (sous Windows) ou MAMP/htdocs (sous Mac OS).

Installation de jQuery Mobile

Vous pouvez télécharger le fichier ZIP contenant les sources de la bibliothèque, à l'adresse http://jquerymobile.com/download/. Vous pouvez également utiliser les fichiers se trouvant sur le serveur code.jquery.com, comme cela est indiqué dans la page de téléchargement affichée (voir ci-après la section « Installation indépendante d'un type de serveur »).

Quelle que soit l'installation que vous choisissez (PHP, Ruby On Rails ou autre), vous devez utiliser la bibliothèque jQuery standard (à partir de la version 1.6), que vous pouvez télécharger sur http://jquery.com. Elle se trouve également dans le répertoire demos de jQuery Mobile.

Installation sous un serveur PHP

Décompressez le fichier ZIP dans le répertoire du serveur (ou un sous-répertoire que vous créez dans celui-ci) :

- répertoire appserv/www sous Windows ;
- répertoire MAMP/htdocs sous Mac OS.

Ici, nous décompressons les fichiers dans un répertoire test du serveur qui contiendra les fichiers de notre application. Après décompression, ce répertoire contient un sous-répertoire contenant jQuery Mobile (ici jquery.mobile-1.0, que l'on renomme en jquery.mobile). Le répertoire contenant jQuery Mobile contient une liste de fichiers :

- jquery.mobile-1.0.css, que l'on renomme en jquery.mobile.css : il correspond au fichier CSS _(Cascading Style Sheet)_ de jQuery Mobile, en version non compressée. Ce fichier servira à styler les pages HTML affichées dans le navigateur du téléphone ;
- jquery.mobile-1.0.js, que l'on renomme en jquery.mobile.js : il correspond au fichier JavaScript de jQuery Mobile, en version non compressée. Ce fichier servira à utiliser du code JavaScript pouvant s'exécuter dans le navigateur du téléphone ;
- jquery.mobile-1.0.min.css : version compressée de jquery.mobile-1.0.css ;
- jquery.mobile-1.0.min.js : version compressée de jquery.mobile-1.0.js ;
- enfin, le répertoire images, contenant certaines images qui seront affichées dans les pages HTML à l'aide de directives CSS (fonctionnement géré en interne par jQuery Mobile).

Un exemple de code d'une application basique sous PHP serait le suivant (il correspond au fichier index.html).

Code d'une application sous PHP (fichier index.html)

```
<!DOCTYPE html>
<html>
<head>
  <meta name=viewport content="user-scalable=no,width=device-width" />
  <link rel=stylesheet href=jquery.mobile/jquery.mobile.css />
  <script src=jquery.js></script>
  <script src=jquery.mobile/jquery.mobile.js></script>
</head>
```

```
<body>

<div data-role=page>
  <div data-role=header>
    <h1>Titre de la fenêtre</h1>
  </div>

  <div data-role=content>
    <p> Contenu de la fenêtre </p>
  </div>
</div>

</body>
</html>
```

Nous incluons le fichier CSS de jQuery Mobile, puis les deux fichiers JavaScript correspondant à jQuery et jQuery Mobile. Notez que le fichier de jQuery doit être inclus avant celui de jQuery Mobile, le second ayant besoin du premier pour fonctionner. Le fichier `jquery.js` est supposé ici être situé dans le même répertoire que le fichier `index.html`.

La directive `<!DOCTYPE html>` permet de s'assurer que le navigateur utilisé dans le téléphone prendra en compte certaines spécificités incluses dans jQuery Mobile (qui, autrement, ne le seraient peut être pas). On inclura donc cette directive dans chacune de nos pages HTML.

La directive `<meta>` et ses attributs permettent d'indiquer que l'affichage peut s'effectuer sur un écran dont les dimensions sont inférieures aux écrans traditionnels (par exemple, un écran de téléphone mobile). Ainsi, la taille des caractères est ajustée en conséquence.

Les éléments `<div>` inclus dans la page HTML correspondent aux éléments qui seront affichés dans la fenêtre du navigateur. Ces éléments sont expliqués en détail dans le chapitre suivant.

Vérifions que la page s'affiche correctement dans le navigateur d'un téléphone mobile (ici, sur la figure 1-2, un iPhone, mais le résultat est identique pour les autres types de téléphones pris en charge par jQuery Mobile). Le test doit s'effectuer en indiquant l'adresse IP du serveur (ici http://192.168.1.30/test, car notre application est dans le répertoire `test` du serveur).

REMARQUE **Connaître l'adresse IP du serveur**

Pour connaître l'adresse IP du serveur, il suffit de taper, dans une fenêtre de commandes, l'instruction `ipconfig` sous Windows, ou `ifconfig` dans un environnement Unix (Mac OS ou Linux).

Figure 1–2
Test d'une application
minimale

Installation indépendante d'un type de serveur

Dans le cas où l'on ne souhaite pas avoir les fichiers JavaScript et CSS sur son serveur, il est possible de les inclure depuis un serveur externe. Ils sont présents sur le serveur code.jquery.com. Le fichier index.html contient dans ce cas le code suivant.

Fichier index.html

```
<html>
<head>
  <meta name=viewport content="user-scalable=no,width=device-width" />
  <link rel=stylesheet
      href=http://code.jquery.com/mobile/1.0/jquery.mobile-1.0.min.css />
  <script src=http://code.jquery.com/jquery-1.6.min.js></script>
  <script
      src=http://code.jquery.com/mobile/1.0/jquery.mobile-1.0.min.js>
  </script>
</head>

<body>
<div data-role=page>
  <div data-role=header>
    <h1>Titre de la fenêtre</h1>
  </div>
```

```
  <div data-role=content>
    <p> Contenu de la fenêtre </p>
  </div>
</div>
</body>
</html>
```

L'affichage est identique au précédent (figure 1-2).

> À SAVOIR **Attributs HTML utilisés par jQuery Mobile**
>
> Vous remarquerez dans les exemples précédents que nous avons introduit de nouveaux attributs dans certains éléments HTML, en particulier l'attribut data-role, pouvant valoir "page", "header", etc.
> Ces attributs (et bien d'autres) ont été créés par jQuery Mobile afin de faciliter l'écriture du code HTML. Ils sont interprétés par jQuery Mobile afin de donner une nouvelle apparence à la page HTML, et de permettre ainsi d'afficher des fenêtres sur l'écran. Nous verrons plus loin que l'on peut donner une nouvelle apparence à la plupart des éléments classiques d'une page HTML, comme par exemple les boutons, les cases à cocher, les listes de sélection, etc.

Paramétrages spécifiques à l'iPhone

Rendre l'application accessible depuis le bureau de l'iPhone

Pour l'instant, notre application est utilisable à travers le navigateur Safari, en donnant l'URL du serveur dans sa barre d'adresse. Une application web peut être aussi accessible comme une autre application iPhone, en ayant sa propre icône sur le bureau. Voici comment procéder :

1 Il faut d'abord qu'une icône puisse être associée à cette application. Pour cela, il faut l'indiquer dans le code HTML :

```
<link rel="apple-touch-icon" href="nom_fichier.png" />
```

Sur un serveur PHP, l'emplacement du fichier sera relatif à celui de la page HTML qui contient l'instruction HTML précédente.

2 Ensuite, une fois la page d'accueil de notre site affichée dans le navigateur Safari de l'iPhone, il suffit de cliquer sur le bouton + de la barre de boutons située dans la partie basse de l'écran. Un menu s'affiche, dans lequel on choisit *Ajouter à*

l'écran d'accueil. Une nouvelle page s'affiche, dans laquelle on retrouve l'icône indiquée dans notre code HTML (si elle n'est pas visible, c'est que le chemin d'accès indiqué dans le code HTML n'est pas correct), et un libellé modifiable pour indiquer le nom de notre application. Après avoir cliqué sur le bouton *Ajouter*, l'icône s'affiche sur le bureau de l'iPhone et permet un accès direct à notre application.

REMARQUE **Taille de l'icône**

L'icône doit être de 57 x 57 pixels, sans bords arrondis (elles seront automatiquement affichées de façon arrondie par le système d'exploitation de l'iPhone).

Supprimer l'affichage de la barre d'adresse du navigateur

Une fois l'application accessible via l'icône sur le bureau de l'iPhone, il subsiste un léger problème : le lancement de l'application via l'icône affiche d'abord la barre d'adresse du navigateur, qui disparaît ensuite pour laisser place à notre page HTML. En fait, cette barre d'adresse n'a pas complètement disparu, elle est simplement remontée vers le haut. Si l'on descend la page, elle réapparaît.

Comment la faire disparaître de façon définitive, de façon à ce que l'utilisateur ait vraiment l'impression d'utiliser une application native, et non pas de naviguer sur un site web ? Il suffit d'indiquer dans le code HTML que l'application doit être ouverte en plein écran, grâce à la balise `<meta>` suivante (ajoutée dans la partie `<head>` de la page HTML) :

```
<meta name="apple-mobile-web-app-capable" content="yes" />
```

ATTENTION **Quand insérer cette balise `<meta>` ?**

Ce tag doit être inscrit dans la page HTML *avant* que l'icône ne soit créée sur le bureau de l'iPhone, sinon cette instruction n'est pas prise en compte. Pensez donc à l'insérer dès le début de la création de votre application et, surtout, avant que les premiers utilisateurs y aient accédé.

Vous remarquerez également que cette instruction fait disparaître la barre de boutons du bas de l'écran de Safari. Nous avons ainsi vraiment l'impression d'être dans une application native comme celles téléchargées sur l'App Store !

Définir une image affichée au démarrage

Pour donner à l'utilisateur encore davantage l'impression que l'application qu'il utilise est native, il peut être intéressant d'afficher une page au démarrage de l'application. Cette page sera en fait une image de 320 × 460 pixels, destinée à couvrir la zone d'affichage de l'iPhone. On utilise pour cela la balise `<link>` de la façon suivante (dans la partie `<head>` de la page HTML) :

```
<link rel="apple-touch-startup-image" href="nom_fichier.png" />
```

Sur un serveur PHP, l'emplacement du fichier sera relatif à celui de la page HTML qui contient l'instruction HTML précédente.

ATTENTION   **Quand insérer cette balise <link> ?**

Comme précédemment, ce tag doit être inscrit dans la page HTML *avant* que l'icône ne soit créée sur le bureau de l'iPhone, sinon cette instruction n'est pas prise en compte. Pensez donc à l'insérer dès le début de la création de votre application, et surtout avant que les premiers utilisateurs y aient accédé.

2

Afficher des fenêtres

Dans ce chapitre, nous expliquons la structure minimale des différentes fenêtres, ainsi que les différentes façons de les afficher, de passer de l'une à l'autre (transitions) ou de modifier leur aspect graphique via les feuilles de styles CSS.

Une première fenêtre

Reprenons l'exemple du chapitre 1, qui consistait à afficher une première page HTML dans le navigateur, en utilisant les fonctionnalités de jQuery Mobile.

Une première page HTML utilisant jQuery Mobile

```
<!DOCTYPE html>
<html>
<head>
  <meta name=viewport content="user-scalable=no,width=device-width" />
  <link rel=stylesheet href=jquery.mobile/jquery.mobile.css />
  <script src=jquery.js></script>
  <script src=jquery.mobile/jquery.mobile.js></script>
</head>

<body>
```

```
<div data-role=page>
  <div data-role=header>
    <h1>Titre de la fenêtre</h1>
  </div>

  <div data-role=content>
    <p> Contenu de la fenêtre </p>
  </div>
</div>

</body>
</html>
```

Notre page HTML inclut principalement un élément `<div>` possédant l'attribut `data-role` de valeur `"page"`. Il correspond à une fenêtre qui sera affichée à l'écran (figure 2-1).

La fenêtre possède, dans notre exemple, deux éléments `<div>` principaux :

- Le premier correspond à la barre de titre de l'application (*header*, en anglais) et possède pour cela l'attribut `data-role` de valeur `"header"`. Il servira à contenir le titre de la fenêtre, ici inclus dans un élément `<h1>`.

- Le second correspond au contenu propre de la fenêtre (*content*, en anglais), situé en dessous de la barre de titre. Il correspond à un élément `<div>` contenant l'attribut `data-role` de valeur `"content"` et pouvant contenir n'importe quels éléments HTML, qui seront affichés dans la fenêtre.

Figure 2–1
Une première fenêtre

Il est également possible de définir une barre située en bas de page. Cette barre est appelée *footer* (pied de page). On l'indique dans le code HTML au moyen de l'attribut `data-role="footer"`. Par exemple :

Une fenêtre contenant un header et un footer

```
<!DOCTYPE html>
<html>
<head>
  <meta name=viewport content="user-scalable=no,width=device-width" />
  <link rel=stylesheet href=jquery.mobile/jquery.mobile.css />
  <script src=jquery.js></script>
  <script src=jquery.mobile/jquery.mobile.js></script>
</head>

<body>

<div data-role=page>
  <div data-role=header>
    <h1>Titre de la fenêtre</h1>
  </div>

  <div data-role=content>
    <p> Contenu de la fenêtre </p>
  </div>

  <div data-role=footer>
    <h1>Bas de la fenêtre</h1>
  </div>
</div>

</body>
</html>
```

Comme le montre la figure 2-2, une barre est apparue en bas de la page (à la suite du contenu). Pour placer ce pied de page (ou *footer*) en bas de la fenêtre, il faut que le contenu de la fenêtre soit plus conséquent ou que l'élément `<div>` associé à la barre possède l'attribut `data-position="fixed"`. Cela est étudié dans le chapitre 7, concernant les barres d'outils.

Figure 2–2
Une fenêtre comportant
un footer

Important   **Pages et fenêtres : définissons les termes employés**

jQuery Mobile utilise principalement le terme de *page*, par exemple dans l'attribut `data-role="page"`. La page correspond à la fenêtre affichée à l'écran. On ne doit pas confondre avec la page HTML elle-même, qui, en fait, peut contenir plusieurs fenêtres (ou pages, au sens de jQuery Mobile).
Pour éviter toute confusion, nous emploierons le terme *fenêtre* lorsqu'il s'agit de fenêtre à l'affichage (correspondant aux éléments `<div>` possédant l'attribut `data-role` de valeur `"page"`), et le terme *page HTML* lorsqu'il s'agit de la page HTML incluant une ou plusieurs fenêtres. Nous éviterons d'utiliser le terme *page* employé sans autre qualificatif, trop ambigu selon nous.

Et si on n'utilise pas de fenêtres ?

jQuery Mobile a prévu que vous puissiez écrire une page HTML sans utiliser les conventions précédentes. Cette facilité permet de ne pas bloquer l'affichage si le code HTML n'est pas écrit de façon attendue.

Écrivons maintenant une page HTML basique ne contenant pas les éléments `<div>` tels que précédemment décrits.

Une page HTML s'affichant comme une fenêtre

```
<!DOCTYPE html>
<html>
<head>
  <meta name=viewport content="user-scalable=no,width=device-width" />
  <link rel=stylesheet href=jquery.mobile/jquery.mobile.css />
  <script src=jquery.js></script>
  <script src=jquery.mobile/jquery.mobile.js></script>
</head>

<body>

<p> Contenu de la fenêtre </p>

</body>
</html>
```

Figure 2–3
Une page HTML sans fenêtre

Nous n'indiquons plus ici les éléments `<div>` possédant les attributs `data-role` de valeur `"page"`, `"header"` ou `"content"`. Pourtant, grâce à jQuery Mobile, cette page HTML s'affiche en tant que fenêtre : le code HTML d'origine a été automatiquement englobé dans un élément `<div>` possédant l'attribut `data-role="page"`.

Passer d'une fenêtre à l'autre

Pour l'instant, notre application ne contient qu'une seule fenêtre, en fait un seul élément `<div>` possédant l'attribut `data-role="page"`. Écrivons une page HTML contenant deux éléments `<div>` possédant cette caractéristique.

Une page HTML contenant deux fenêtres

```
<!DOCTYPE html>
<html>
<head>
  <meta name=viewport content="user-scalable=no,width=device-width" />
  <link rel=stylesheet href=jquery.mobile/jquery.mobile.css />
  <script src=jquery.js></script>
  <script src=jquery.mobile/jquery.mobile.js></script>
</head>

<body>

<div data-role=page id=win1>
  <div data-role=header>
    <h1>Fenêtre 1</h1>
  </div>

  <div data-role=content>
    <p> Contenu de la fenêtre 1</p>
    <a href=#win2> Aller sur la fenêtre 2 </a>
  </div>
</div>

<div data-role=page id=win2>
  <div data-role=header>
    <h1>Fenêtre 2</h1>
  </div>

  <div data-role=content>
    <p> Contenu de la fenêtre 2</p>
  </div>
</div>

</body>
</html>
```

Vous remarquerez que nous avons affecté un attribut `id` aux éléments `<div>` correspondant aux deux fenêtres. La première fenêtre contient un lien permettant d'aller vers la seconde fenêtre, au moyen de l'attribut `href="#win2"`, `win2` étant l'identifiant de cette fenêtre (figure 2-4). Vérifions que cela fonctionne en cliquant sur le lien.

Figure 2–4 Lien dans une fenêtre

Figure 2–5 Seconde fenêtre de la page HTML

La nouvelle fenêtre apparaît (figure 2-5), mais il peut parfois être utile d'insérer un bouton *Back* permettant de revenir automatiquement à la fenêtre précédente. Ce bouton s'affiche normalement dans la barre de titre de la nouvelle fenêtre, dans sa partie gauche.

Pour cela, jQuery Mobile demande d'utiliser l'attribut `data-add-back-btn` de valeur `"true"`. Cet attribut doit être positionné sur l'élément `<div>` correspondant à la fenêtre dans laquelle sera affiché le bouton. On aura donc :

Afficher le bouton Back dans la seconde fenêtre

```
<!DOCTYPE html>
<html>
<head>
  <meta name=viewport content="user-scalable=no,width=device-width" />
  <link rel=stylesheet href=jquery.mobile/jquery.mobile.css />
  <script src=jquery.js></script>
  <script src=jquery.mobile/jquery.mobile.js></script>
</head>

<body>
```

```
<div data-role=page id=win1>
  <div data-role=header>
    <h1>Fenêtre 1</h1>
  </div>

  <div data-role=content>
    <p> Contenu de la fenêtre 1</p>
    <a href=#win2> Aller sur la fenêtre 2 </a>
  </div>
</div>

<div data-role=page id=win2 data-add-back-btn=true>
  <div data-role=header>
    <h1>Fenêtre 2</h1>
  </div>

  <div data-role=content>
    <p> Contenu de la fenêtre 2</p>
  </div>
</div>

</body>
</html>
```

On obtient maintenant l'écran représenté sur la figure 2-6.

Figure 2–6
Affichage du bouton Back

Cas des fenêtres situées dans des pages HTML différentes

Les fenêtres précédentes étaient toutes incluses dans un seul fichier. La transition entre les deux fenêtres s'effectue sans requête au serveur, vu que les deux fenêtres sont présentes en mémoire lors du chargement de la page HTML (même si à un instant donné, une seule fenêtre est visible à l'affichage).

jQuery Mobile permet d'inscrire les fenêtres dans des fichiers séparés. Pour charger la seconde fenêtre, il effectue un appel Ajax au serveur, permettant de récupérer le code HTML de la fenêtre. Elle est alors insérée dans l'arborescence du DOM *(Document Object Model)* puis affichée.

Fichier contenant la première fenêtre (index.html)

```
<!DOCTYPE html>
<html>
<head>
  <meta name=viewport content="user-scalable=no,width=device-width" />
  <link rel=stylesheet href=jquery.mobile/jquery.mobile.css />
  <script src=jquery.js></script>
  <script src=jquery.mobile/jquery.mobile.js></script>
</head>

<body>

<div data-role=page id=home>
  <div data-role=header>
    <h1>Home</h1>
  </div>

  <div data-role=content>
    <p> Contenu de la Fenêtre 1 </p>
    <a href=index2.html> Aller dans la fenêtre située dans index2.html </a>
  </div>
</div>

</body>
</html>
```

Fichier contenant la seconde fenêtre (index2.html)

```
<!DOCTYPE html>
<html>
<head>
  <meta http-equiv=Content-Type content=text/html;charset=iso-8859-1 />
  <link rel=stylesheet href=jquery.mobile/jquery.mobile.css />
```

```
  <script src=jquery.js></script>
  <script src=jquery.mobile/jquery.mobile.js></script>
</head>

<body>

<div data-role=page id=win2 data-add-back-btn=true>
  <div data-role=header>
    <h1>Fenêtre 2</h1>
  </div>

  <div data-role=content>
    <p> Contenu de la Fenêtre 2 </p>
  </div>
</div>

</body>
</html>
```

Conserver les fenêtres en mémoire via l'attribut data-dom-cache

Dans l'exemple précédent, vous remarquerez que si vous naviguez entre les deux fenêtres, la seconde fenêtre s'affiche en provoquant l'apparition d'un message d'attente (*Loading*). Cela signifie que jQuery Mobile interroge le serveur via Ajax pour récupérer le code HTML de cette fenêtre. Cet appel Ajax est effectué avant l'affichage de la seconde fenêtre, et chaque fois que cette fenêtre sera affichée. La raison est que la seconde fenêtre est supprimée de l'arborescence du DOM lorsqu'elle devient cachée, ce qui permet à jQuery Mobile d'optimiser la place en mémoire. Un appel Ajax est alors nécessaire pour réafficher ultérieurement la fenêtre, étant donné que la fenêtre a été supprimée de la mémoire.

Il est possible d'indiquer à jQuery Mobile de n'effectuer le chargement de la fenêtre qu'une seule fois (la première), puis de conserver cette fenêtre constamment dans l'arborescence du DOM. Un seul appel Ajax sera alors effectué (le premier), permettant ainsi l'affichage plus rapide de la seconde fenêtre lors des affichages suivants. On utilise pour cela l'attribut data-dom-cache=true positionné sur la fenêtre que l'on désire conserver en mémoire.

La seconde fenêtre peut alors être codée de la façon suivante (le code de la première fenêtre n'est pas modifié).

Conserver la fenêtre en mémoire avec l'attribut data-dom-cache=true (fichier index2.html)

```
<!DOCTYPE html>
<html>
<head>
  <meta http-equiv=Content-Type content=text/html;charset=iso-8859-1 />
  <link rel=stylesheet href=jquery.mobile/jquery.mobile.css />
  <script src=jquery.js></script>
  <script src=jquery.mobile/jquery.mobile.js></script>
</head>

<body>

<div data-role=page id=win2 data-add-back-btn=true data-dom-cache=true>
  <div data-role=header>
    <h1>Fenêtre 2</h1>
  </div>

  <div data-role=content>
    <p> Contenu de la Fenêtre 2 </p>
  </div>
</div>

</body>
</html>
```

> REMARQUE **Appel Ajax**
>
> L'attribut `data-dom-cache` ne s'utilise que pour des fenêtres situées dans des fichiers externes, c'est-à-dire récupérées par Ajax. Lorsque les deux fenêtres sont situées dans le même fichier HTML, aucun appel Ajax n'est effectué par jQuery Mobile, donc les fenêtres restent en mémoire dans tous les cas.

Anticiper le chargement des fenêtres via l'attribut data-prefetch

Reprenons l'exemple précédent concernant les deux fenêtres situées dans des fichiers différents. Il est possible d'effectuer le chargement de la seconde fenêtre en tâche de fond, sans attendre d'avoir cliqué sur le lien permettant de l'afficher. Il suffit pour cela d'indiquer l'attribut `data-prefetch` (sans valeur associée) dans le lien `<a>` contenant la référence à cette fenêtre. Lors du chargement de la première fenêtre (celle contenant le lien), jQuery Mobile effectue une recherche de tous les liens contenant l'attribut `data-prefetch` et charge en tâche de fond les fenêtres correspondantes. Ces fenêtres seront alors immédiatement disponibles lorsqu'on cliquera sur le lien associé.

Code HTML de la première fenêtre

```html
<!DOCTYPE html>
<html>
<head>
  <meta name=viewport content="user-scalable=no,width=device-width" />
  <link rel=stylesheet href=jquery.mobile/jquery.mobile.css />
  <script src=jquery.js></script>
  <script src=jquery.mobile/jquery.mobile.js></script>
</head>

<body>

<div data-role=page id=home>
  <div data-role=header>
    <h1>Home</h1>
  </div>

  <div data-role=content>
    <p> Contenu de la Fenêtre 1 </p>
    <a href=index2.html data-prefetch>
          Aller dans la fenêtre située dans index2.html </a>
  </div>
</div>

</body>
</html>
```

L'utilisation de l'attribut data-prefetch permet de charger automatiquement la fenêtre située dans index2.html sans attendre un clic sur le lien.

Code HTML de la seconde fenêtre (chargée automatiquement en mémoire lors de l'affichage de la première fenêtre)

```html
<!DOCTYPE html>
<html>
<head>
  <meta http-equiv=Content-Type content=text/html;charset=iso-8859-1 />
  <link rel=stylesheet href=jquery.mobile/jquery.mobile.css />
  <script src=jquery.js></script>
  <script src=jquery.mobile/jquery.mobile.js></script>
</head>

<body>

<div data-role=page id=win2 data-add-back-btn=true>
  <div data-role=header>
    <h1>Fenêtre 2</h1>
```

```
  </div>

  <div data-role=content>
    <p> Contenu de la Fenêtre 2 </p>
  </div>
</div>

</body>
</html>
```

Nous constatons maintenant que le clic sur le lien affichant la seconde fenêtre ne provoque plus l'affichage du message d'attente (*Loading*). La seconde fenêtre est affichée directement, suite au clic sur le lien.

Transitions entre les fenêtres

La transition entre les deux fenêtres s'effectue pour l'instant par un glissement de la droite vers la gauche, la deuxième fenêtre poussant la première vers la gauche au fur et à mesure de son apparition. jQuery Mobile permet de modifier l'effet produit lors de la transition entre les deux fenêtres.

Utilisons par exemple une transition `flip`, consistant en un effet de rotation horizontale entre les deux fenêtres. Il suffit pour cela d'ajouter l'attribut `data-transition="flip"` dans le code HTML du lien vers la seconde fenêtre.

Utiliser une transition flip entre les deux fenêtres

```
<!DOCTYPE html>
<html>
<head>
  <meta name=viewport content="user-scalable=no,width=device-width" />
  <link rel=stylesheet href=jquery.mobile/jquery.mobile.css />
  <script src=jquery.js></script>
  <script src=jquery.mobile/jquery.mobile.js></script>
</head>

<body>

<div data-role=page id=win1>
  <div data-role=header>
    <h1>Fenêtre 1</h1>
  </div>
```

```
  <div data-role=content>
    <p> Contenu de la fenêtre 1</p>
    <a href=#win2 data-transition=flip> Aller sur la fenêtre 2 </a>
  </div>
</div>

<div data-role=page id=win2 data-add-back-btn=true>
  <div data-role=header>
    <h1>Fenêtre 2</h1>
  </div>

  <div data-role=content>
    <p> Contenu de la fenêtre 2</p>
  </div>
</div>

</body>
</html>
```

Lors du clic sur le lien, la transition entre les deux fenêtres s'effectue maintenant par rotation. Lors de l'appui sur le bouton *Back*, la transition produit le même effet, mais en sens inverse.

Voici la liste des transitions possibles entre deux fenêtres, utilisables au moyen de l'attribut data-transition.

Tableau 2–1 Valeurs possibles de l'attribut data-transition

data-transition	Signification
slide	On passe d'une fenêtre à l'autre par un déplacement horizontal de la droite vers la gauche. C'est la valeur par défaut.
slideup	La seconde fenêtre apparaît par le bas, en recouvrant progressivement la première.
slidedown	La seconde fenêtre apparaît par le haut, en recouvrant progressivement la première.
pop	La seconde fenêtre apparaît par le centre de la première, en s'élargissant jusqu'à la recouvrir.
fade	La première fenêtre disparaît grâce à une diminution de son opacité (de 1 vers 0), tandis que la seconde apparaît grâce une augmentation de son opacité (de 0 vers 1).
flip	La seconde fenêtre apparaît par un effet de rotation sur un axe vertical, faisant disparaître ainsi la première fenêtre.
none	Pas de transition entre les deux fenêtres. La seconde fenêtre s'affiche imédiatement.

Fenêtres superposées

Les transitions précédentes permettent de passer d'une fenêtre à l'autre : la deuxième fenêtre remplace la précédente à l'affichage et le retour à la fenêtre précédente s'effectue par le bouton *Back* situé dans la barre de titre.

jQuery Mobile a prévu la possibilité d'afficher une fenêtre par-dessus l'autre, au lieu de la remplacer à l'écran. On a donc des fenêtres superposées, par exemple une boîte de dialogue qui s'ouvre par-dessus une fenêtre affichée. Deux façons de procéder sont proposées par jQuery Mobile :

- soit on indique dans l'attribut du lien que l'on désire ouvrir une nouvelle fenêtre qui se superposera à la précédente ;
- soit on indique dans les attributs de la nouvelle fenêtre que c'est une fenêtre superposée, et chaque visualisation de cette fenêtre l'affichera comme telle.

Nous examinons ci-après ces deux possibilités.

La fenêtre superposée est définie par les attributs du lien

Cela correspond à la première façon de créer une fenêtre superposée. Pour la créer (au lieu d'une simple fenêtre), il suffit d'indiquer dans le lien du bouton l'attribut `data-rel="dialog"`. Le clic sur le lien ouvrira une nouvelle fenêtre (comme pour tous les liens), mais cette fenêtre se superposera au-dessus de la précédente, sans la faire disparaître (figure 2-7, page suivante).

Afficher une fenêtre superposée par l'attribut du lien

```
<!DOCTYPE html>
<html>
<head>
  <meta name=viewport content="user-scalable=no,width=device-width" />
  <link rel=stylesheet href=jquery.mobile/jquery.mobile.css />
  <script src=jquery.js></script>
  <script src=jquery.mobile/jquery.mobile.js></script>
</head>

<body>

<div data-role=page id=win1>
  <div data-role=header>
    <h1>Fenêtre 1</h1>
  </div>
```

```
    <div data-role=content>
      <p> Contenu de la fenêtre 1</p>
      <a href=#win2 data-rel=dialog data-transition=pop>
            Aller sur la fenêtre 2 </a>
    </div>
</div>

<div data-role=page id=win2>
  <div data-role=header>
     <h1>Fenêtre 2</h1>
  </div>

  <div data-role=content>
     <p> Contenu de la fenêtre 2</p>
  </div>
</div>

</body>
</html>
```

Figure 2–7
Une fenêtre superposée

jQuery Mobile a automatiquement ajouté, dans la barre de titre de la fenêtre superposée, un bouton de fermeture symbolisé par une croix (voir figure 2-7). Un clic sur ce
bouton permet de fermer cette fenêtre et de revenir à la précédente (située sous celle-ci).

> REMARQUE **Bouton Back**
>
> Il est possible d'insérer soi-même un bouton de fermeture dans le contenu de la fenêtre. Pour cela, il suffit de simuler le bouton *Back* (voir chapitre 7, « Simuler le bouton Back »).

La fenêtre superposée est définie par ses propres attributs

Plutôt que d'indiquer dans le lien que l'on souhaite ouvrir une fenêtre superposée, on indique dans les attributs de la fenêtre qu'il s'agit d'une fenêtre superposée. L'ouverture de cette fenêtre s'effectuera donc toujours au-dessus de la précédente.

Pour cela, on indique dans les attributs de la fenêtre `data-role="dialog"` (au lieu de `data-role="page"`). L'exemple précédent devient :

Afficher une fenêtre superposée au moyen de l'attribut de la fenêtre

```
<!DOCTYPE html>
<html>
<head>
  <meta name=viewport content="user-scalable=no,width=device-width" />
  <link rel=stylesheet href=jquery.mobile/jquery.mobile.css />
  <script src=jquery.js></script>
  <script src=jquery.mobile/jquery.mobile.js></script>
</head>

<body>

<div data-role=page id=win1>
  <div data-role=header>
    <h1>Fenêtre 1</h1>
  </div>

  <div data-role=content>
    <p> Contenu de la fenêtre 1</p>
    <a href=#win2 data-transition=pop>
         Aller sur la fenêtre 2 </a>
  </div>
</div>

<div data-role=dialog id=win2>
  <div data-role=header>
    <h1>Fenêtre 2</h1>
  </div>
```

```
    <div data-role=content>
      <p> Contenu de la fenêtre 2</p>
    </div>
  </div>

</body>
</html>
```

Le résultat est le même que celui de l'exemple précédent.

Utiliser les thèmes CSS

jQuery Mobile permet d'utiliser des styles différents pour chaque fenêtre créée dans les pages HTML. Par défaut, un style est déjà appliqué à celles-ci, mais il est très simple d'en utiliser un autre.

Les styles CSS définis par jQuery Mobile correspondent aux lettres a, b, c d et e. Ces styles sont définis dans le fichier jquery.mobile.css, en tête du fichier. Voici par exemple un extrait du fichier concernant les définitions de styles associées au thème "a" :

Définitions du thème "a" dans le fichier jquery.mobile.css

```
/* A
---------------------------------------------------------------------------------
---------------------------*/

.ui-bar-a {
  border: 1px solid #2A2A2A;
  background:         #111111;
  color:              #ffffff;
  font-weight: bold;
  text-shadow: 0 -1px 1px #000000;
  background-image: -webkit-gradient(linear, left top, left bottom,
          ➡ from(#3c3c3c), to(#111)); /* Saf4+, Chrome */
  background-image: -webkit-linear-gradient(top, #3c3c3c, #111); /* Chrome 10+,
          ➡ Saf5.1+ */
  background-image: -moz-linear-gradient(top, #3c3c3c, #111); /* FF3.6 */
  background-image:  -ms-linear-gradient(top, #3c3c3c, #111); /* IE10 */
  background-image:   -o-linear-gradient(top, #3c3c3c, #111); /* Opera 11.10+ */
  background-image:      linear-gradient(top, #3c3c3c, #111);
}
.ui-bar-a,
.ui-bar-a input,
```

```
.ui-bar-a select,
.ui-bar-a textarea,
.ui-bar-a button {
    font-family: Helvetica, Arial, sans-serif;
}
.ui-bar-a .ui-link-inherit {
  color:            #fff;
}
.ui-bar-a .ui-link {
  color:            #7cc4e7;
  font-weight: bold;
}
.ui-body-a {
  border: 1px solid    #2A2A2A;
  background:          #222222;
  color:               #fff;
  text-shadow: 0 1px 0 #000;
  font-weight: normal;
  background-image: -webkit-gradient(linear, left top, left bottom,
          ➥ from(#666), to(#222)); /* Saf4+, Chrome */
    background-image: -webkit-linear-gradient(top, #666, #222); /* Chrome 10+,
          ➥ Saf5.1+ */
  background-image: -moz-linear-gradient(top, #666, #222); /* FF3.6 */
  background-image:  -ms-linear-gradient(top, #666, #222); /* IE10 */
  background-image:   -o-linear-gradient(top, #666, #222); /* Opera 11.10+ */
  background-image:      linear-gradient(top, #666, #222);
}
.ui-body-a,
.ui-body-a input,
.ui-body-a select,
.ui-body-a textarea,
.ui-body-a button {
    font-family: Helvetica, Arial, sans-serif;
}
.ui-body-a .ui-link-inherit {
  color:           #fff;
}
.ui-body-a .ui-link {
  color:           #2489CE;
  font-weight: bold;
}
.ui-br {
  border-bottom: rgb(130,130,130);
  border-bottom: rgba(130,130,130,.3);
  border-bottom-width: 1px;
vborder-bottom-style: solid;
}
.ui-btn-up-a {
  border: 1px solid    #222;
  background:          #333333;
```

```
    font-weight: bold;
    color:               #fff;
    text-shadow: 0 -1px 1px #000;
    background-image: -webkit-gradient(linear, left top, left bottom,
            ➥ from(#555), to(#333)); /* Saf4+, Chrome */
      background-image: -webkit-linear-gradient(top, #555, #333); /* Chrome 10+,
          ➥ Saf5.1+ */
    background-image: -moz-linear-gradient(top, #555, #333); /* FF3.6 */
    background-image:  -ms-linear-gradient(top, #555, #333); /* IE10 */
    background-image:   -o-linear-gradient(top, #555, #333); /* Opera 11.10+ */
    background-image:      linear-gradient(top, #555, #333);
}
.ui-btn-up-a a.ui-link-inherit {
    color:               #fff;
}
.ui-btn-hover-a {
    border: 1px solid    #000;
    background:          #444444;
    font-weight: bold;
    color:               #fff;
    text-shadow: 0 -1px 1px #000;
    background-image: -webkit-gradient(linear, left top, left bottom,
            ➥ from(#666), to(#444)); /* Saf4+, Chrome */
      background-image: -webkit-linear-gradient(top, #666, #444); /* Chrome 10+,
          ➥ Saf5.1+ */
    background-image: -moz-linear-gradient(top, #666, #444); /* FF3.6 */
    background-image:  -ms-linear-gradient(top, #666, #444); /* IE10 */
    background-image:   -o-linear-gradient(top, #666, #444); /* Opera 11.10+ */
    background-image:      linear-gradient(top, #666, #444);
}
.ui-btn-hover-a a.ui-link-inherit {
    color:               #fff;
}
.ui-btn-down-a {
    border: 1px solid    #000;
    background:          #3d3d3d;
    font-weight: bold;
    color:               #fff;
vtext-shadow: 0 -1px 1px #000;
    background-image: -webkit-gradient(linear, left top, left bottom,
            ➥ from(#333), to(#5a5a5a)); /* Saf4+, Chrome */
    background-image: -webkit-linear-gradient(top, #333, #5a5a5a); /* Chrome 10+,
          ➥ Saf5.1+ */
    background-image: -moz-linear-gradient(top, #333, #5a5a5a); /* FF3.6 */
    background-image:  -ms-linear-gradient(top, #333, #5a5a5a); /* IE10 */
    background-image:   -o-linear-gradient(top, #333, #5a5a5a); /* Opera 11.10+ */
    background-image:      linear-gradient(top, #333, #5a5a5a);
}
```

```
.ui-btn-down-a a.ui-link-inherit {
  color:               #fff;
}
.ui-btn-up-a,
.ui-btn-hover-a,
.ui-btn-down-a {
  font-family: Helvetica, Arial, sans-serif;
  text-decoration: none;
}
```

La classe CSS `ui-bar-a` définit par exemple le style de la barre de titre dans le thème `"a"`, tandis que `ui-body-a` définit le style du contenu de la fenêtre dans ce même thème. Les autres classes CSS utilisées permettent de styler chacun des éléments de la page HTML selon ce thème (principalement, les différents états des boutons : `up`, `down`, `hover`).

Indiquer un nouveau thème pour une fenêtre

jQuery Mobile permet d'associer un thème indépendant à chacun des composants de la fenêtre (barre de titre, barre de bas de page et contenu de la fenêtre). Il fournit pour cela les attributs `data-theme`, `data-header-theme`, `data-footer-theme` et `data-content-theme`. Chacun de ces attributs peut posséder l'un des thèmes définis par jQuery Mobile (`"a"`, `"b"`, … `"e"`) ou un thème défini par notre application (voir section suivante).

Tableau 2–2 Utilisation des attributs associés aux thèmes

Attributs	Signification
`data-theme`	Cet attribut peut s'utiliser pour tous les éléments d'une fenêtre (y compris l'élément `<div>` associé à la fenêtre).
	Si on l'applique sur le `<div>` possédant l'attribut `data-role="page"` : le thème permet de définir alors le contenu de la fenêtre. Par défaut, le contenu de la fenêtre utilise le thème `"c"`.
	Si on l'applique sur le `<div>` possédant l'attribut `data-role="header"` : le thème permet de définir alors la barre de titre. Par défaut, la barre de titre de la fenêtre utilise le thème `"a"`.
	Si on l'applique sur le `<div>` possédant l'attribut `data-role="footer"` : le thème permet de définir alors la barre du bas de page. Par défaut, la barre du bas de page de la fenêtre utilise le thème `"a"`.
	Si on l'applique sur le `<div>` possédant l'attribut `data-role="content"` : le thème permet de définir alors le contenu de la fenêtre. Par défaut, le contenu de la fenêtre utilise le thème associé à la fenêtre.
`data-header-theme`	Cet attribut s'utilise sur l'élément `<div>` associé à la fenêtre (`data-role="page"`). Il permet de définir le thème de la barre de titre (par défaut, le thème `"a"`).

Tableau 2–2 Utilisation des attributs associés aux thèmes (suite)

Attributs	Signification
data-footer-theme	Cet attribut s'utilise sur l'élément `<div>` associé à la fenêtre (data-role="page"). Il permet de définir le thème de la barre du bas de page (par défaut, le thème "a").
data-content-theme	Cet attribut s'utilise sur l'élément `<div>` associé à la fenêtre (data-role="page"). Il permet de définir le thème du contenu de la fenêtre (par défaut, le thème associé à la fenêtre).

Comme le thème d'un élément de la fenêtre peut être défini à plusieurs endroits (par exemple, le thème de la barre de titre peut se définir par l'attribut data-theme utilisé sur celle-ci ou par l'attribut data-header-theme utilisé sur la fenêtre), jQuery Mobile a défini un ordre de priorité pour la prise en compte du thème final.

Pour la barre de titre *(header)*, les attributs suivants sont pris en compte par ordre de priorité *décroissante* :

1 attribut data-theme défini sur la barre de titre ;

2 attribut data-header-theme défini sur la fenêtre. Si cet attribut n'est pas défini dans le code HTML, il vaut "a" par défaut ;

3 attribut data-theme défini sur la fenêtre. Si cet attribut n'est pas défini dans le code HTML, il vaut "c" par défaut. Pour que la valeur de cet attribut soit prise en compte, il faut que l'attribut data-header-theme soit défini à "".

Pour la barre du bas de page *(footer)*, les attributs suivants sont pris en compte par ordre de priorité *décroissante* :

1 attribut data-theme défini sur la barre de bas de page ;

2 attribut data-footer-theme défini sur la fenêtre. Si cet attribut n'est pas défini dans le code HTML, il vaut "a" par défaut ;

3 attribut data-theme défini sur la fenêtre. Si cet attribut n'est pas défini dans le code HTML, il vaut "c" par défaut. Pour que la valeur de cet attribut soit prise en compte, il faut que l'attribut data-footer-theme soit défini à "".

Pour le contenu de la fenêtre, les attributs suivants sont pris en compte par ordre de priorité *décroissante* :

1 attribut data-theme défini sur le contenu de la fenêtre ;

2 attribut data-theme défini sur la fenêtre. Si cet attribut n'est pas défini dans le code HTML, il vaut "c" par défaut ;

3 attribut data-content-theme défini sur la fenêtre. La valeur par défaut est "" (pas de valeur définie).

> À RETENIR **L'attribut data-theme est prioritaire**
>
> On retiendra que l'attribut `data-theme` défini sur un élément de la fenêtre est prioritaire sur les autres attributs définis sur les autres éléments. L'attribut `data-theme` sera celui que nous utiliserons principalement.

Pour voir l'impact de l'utilisation de cet attribut dans nos pages HTML, définissons quelques fenêtres utilisant chacune un des thèmes, et s'enchaînant les unes aux autres au moyen d'un lien <a> dans chacune de celles-ci.

Utiliser un thème différent dans chaque fenêtre

```
<!DOCTYPE html>
<html>
<head>
  <meta name=viewport content="user-scalable=no,width=device-width" />
  <link rel=stylesheet href=jquery.mobile/jquery.mobile.css />
  <script src=jquery.js></script>
  <script src=jquery.mobile/jquery.mobile.js></script>
</head>

<body>

<div data-role=page id=win>                    <!-- thème par défaut -->
  <div data-role=header>
    <h1>Défaut</h1>
  </div>

  <div data-role=content>
    <p> Contenu de la fenêtre</p>
    <a href=#wina> Aller sur le thème a </a>
  </div>
</div>

<div data-role=page id=wina data-add-back-btn=true>
  <div data-role=header data-theme=a>
    <h1>Thème a</h1>
  </div>

  <div data-role=content data-theme=a>
    <p> Contenu de la fenêtre</p>
    <a href=#winb> Aller sur le thème b </a>
  </div>
</div>

<div data-role=page id=winb data-add-back-btn=true>
  <div data-role=header data-theme=b>
    <h1>Thème b</h1>
  </div>
```

```
    <div data-role=content data-theme=b>
      <p> Contenu de la fenêtre</p>
      <a href=#winc> Aller sur le thème c </a>
    </div>
</div>

<div data-role=page id=winc data-add-back-btn=true>
    <div data-role=header data-theme=c>
      <h1>Thème c</h1>
    </div>

    <div data-role=content data-theme=c>
      <p> Contenu de la fenêtre</p>
      <a href=#wind> Aller sur le thème d </a>
    </div>
</div>

<div data-role=page id=wind data-add-back-btn=true>
    <div data-role=header data-theme=d>
      <h1>Thème d</h1>
    </div>

    <div data-role=content data-theme=d>
      <p> Contenu de la fenêtre</p>
      <a href=#wine> Aller sur le thème e </a>
    </div>
</div>

<div data-role=page id=wine data-add-back-btn=true>
    <div data-role=header data-theme=e>
      <h1>Thème e</h1>
    </div>

    <div data-role=content data-theme=e>
      <p> Contenu de la fenêtre</p>
      <p> Fin des thèmes</p>
    </div>
</div>

</body>
</html>
```

Enchaînons chacune des fenêtres de la page HTML afin de visualiser les thèmes correspondants (figures 2-8 à 2-13).

Figure 2–8 Thème par défaut

Figure 2–9 Thème "a"

Figure 2–10 Thème "b"

Figure 2–11 Thème "c"

Figure 2–12 Thème "d"

Figure 2–13 Thème "e"

Créer ses propres thèmes

jQuery Mobile a créé une application permettant de créer ses propres thèmes. Elle est accessible à l'URL http://jquerymobile.com/themeroller. Elle permet de créer de nouveaux thèmes en vous construisant un fichier de thèmes CSS correspondant aux choix que vous aurez effectués dans l'application. Ce fichier devra ensuite être inclus dans votre page HTML.

Toutefois, en respectant les conventions de jQuery Mobile concernant l'écriture des styles CSS, nous pouvons écrire nous-même nos propres thèmes. Par exemple, écrivons le thème "z", inexistant à ce jour.

Création et utilisation du thème "z"

```
<!DOCTYPE html>
<html>
<head>
  <meta name=viewport content="user-scalable=no,width=device-width" />
  <link rel=stylesheet href=jquery.mobile/jquery.mobile.css />
  <script src=jquery.js></script>
  <script src=jquery.mobile/jquery.mobile.js></script>

  <style type=text/css>
    .ui-bar-z {
      color : red;
      background-color : gainsboro;
    }
    .ui-body-z {
      font-style : italic;
      font-family : comic sans MS;
    }
  </style>
</head>

<body>

<div data-role=page id=win>
  <div data-role=header data-theme=z>
    <h1>Thème z</h1>
  </div>

  <div data-role=content data-theme=z>
    <p> Le nouveau thème "z" est utilisé dans cette fenêtre !</p>
  </div>
</div>

</body>
</html>
```

Nous définissons ici le thème "z" de façon rudimentaire, en définissant uniquement l'aspect de la barre de titre et le contenu de la fenêtre, via respectivement les classes CSS ui-bar-z et ui-body-z. La fenêtre aura maintenant l'aspect suivant :

Figure 2–14
Application
d'un nouveau thème

REMARQUE **Nommage des thèmes**

jQuery Mobile conseille d'utiliser une seule lettre pour indiquer le nom du thème ("a", "b", … "z").

À LIRE **Feuilles de styles CSS**

Si vous souhaitez maîtriser les CSS, l'ouvrage suivant vous en livre toutes les subtilités.

R. Goetter, *CSS avancées : Vers HTML 5 et CSS 3*, Eyrolles, 2e édition, 2012

3

Afficher des listes

Nous avons décrit dans le précédent chapitre la structure minimale de chacune de nos fenêtres. Ce chapitre permet d'étudier comment y ajouter un contenu plus élaboré, en particulier des listes. Les listes sont en effet un élément de base pour l'affichage sur les terminaux mobiles, du fait de la taille réduite de ces derniers (en particulier pour les smartphones).

Afficher une liste simple

Pour afficher une liste d'éléments, on utilise les balises HTML `<ul>` ou `<ol>`, contenant les éléments de liste `<li>`. L'attribut `data-role="listview"` spécifié dans la balise `<ul>` ou `<ol>` permet de styler la liste selon les conventions définies dans les styles jQuery Mobile.

Une liste d'éléments affichée selon les conventions jQuery Mobile (figure 3-1)

```
<!DOCTYPE html>
<html>
<head>
  <meta name=viewport content="user-scalable=no,width=device-width" />
  <link rel=stylesheet href=jquery.mobile/jquery.mobile.css />
  <script src=jquery.js></script>
```

```
    <script src=jquery.mobile/jquery.mobile.js></script>
</head>

<body>

<div data-role=page id=win1>
  <div data-role=header>
    <h1>Fenêtre 1</h1>
  </div>

  <div data-role=content>
    <h3> Liste d'éléments</h3>
    <ul data-role=listview>
      <li> Elément 1 </li>
      <li> Elément 2 </li>
      <li> Elément 3 </li>
      <li> Elément 4 </li>
      <li> Elément 5 </li>
    </ul>
  </div>
</div>

</body>
</html>
```

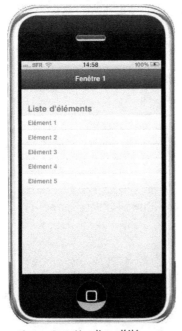

Figure 3–1 Une liste d'éléments

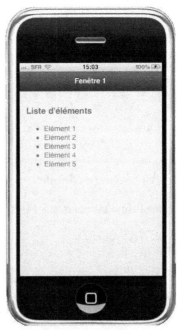

Figure 3–2 Une liste d'éléments sans styles

Si l'attribut `data-role="listview"` n'est pas indiqué, la liste s'affiche, mais ne profite pas des styles CSS définis par jQuery Mobile (figure 3-2).

Ajouter des liens

Supposons que l'on désire afficher une liste de menus pour notre application. Chaque élément de liste est un lien vers une autre fenêtre (situé dans la même page HTML ou non). On écrit alors :

Une liste contenant des liens vers d'autres fenêtres

```
<!DOCTYPE html>
<html>
<head>
  <meta name=viewport content="user-scalable=no,width=device-width" />
  <link rel=stylesheet href=jquery.mobile/jquery.mobile.css />
  <script src=jquery.js></script>
  <script src=jquery.mobile/jquery.mobile.js></script>
</head>

<body>

<div data-role=page id=home>
  <div data-role=header>
    <h1>Home</h1>
  </div>

  <div data-role=content>
    <h3> Menu principal</h3>
    <ul data-role=listview>
      <li><a href=#win1> Fenêtre 1 </a></li>
      <li><a href=#win2> Fenêtre 2 </a></li>
    </ul>
  </div>
</div>

<div data-role=page id=win1 data-add-back-btn=true>
  <div data-role=header>
    <h1>Fenêtre 1</h1>
  </div>

  <div data-role=content>
    <p> Contenu de la fenêtre 1 </p>
  </div>
</div>
```

```
<div data-role=page id=win2 data-add-back-btn=true>
  <div data-role=header>
    <h1>Fenêtre 2</h1>
  </div>

  <div data-role=content>
    <p> Contenu de la fenêtre 2 </p>
  </div>
</div>

</body>
</html>
```

Les liens vers les autres fenêtres sont indiqués dans chacune des balises `<li>`. La fenêtre s'affiche comme sur la figure 3-3.

Figure 3–3
Une liste avec des liens

> REMARQUE **Affichage des éléments cliquables**
>
> jQuery Mobile a augmenté la hauteur de chaque élément de liste (afin que l'on puisse plus facilement le sélectionner sur l'écran tactile) et a ajouté, à droite de chacun d'eux, une icône représentant une flèche pointant à droite (symbolisant le fait qu'une autre fenêtre apparaît si l'on clique sur l'élément de liste). Bien sûr, si l'on clique sur chacun des éléments de liste, la fenêtre correspondante apparaît.

Afficher une liste numérotée contenant des liens

Cet exemple est la suite du précédent. Nous souhaitons indiquer devant chaque élément de liste un numéro (à partir de 1). Il suffit pour cela de remplacer la balise <ul> par une balise <ol>.

Une liste numérotée contenant des liens vers d'autres fenêtres

```
<!DOCTYPE html>
<html>
<head>
  <meta name=viewport content="user-scalable=no,width=device-width" />
  <link rel=stylesheet href=jquery.mobile/jquery.mobile.css />
  <script src=jquery.js></script>
  <script src=jquery.mobile/jquery.mobile.js></script>
</head>

<body>

<div data-role=page id=home>
  <div data-role=header>
    <h1>Home</h1>
  </div>

  <div data-role=content>
    <h3> Menu principal</h3>
    <ol data-role=listview>
      <li><a href=#win1> Fenêtre 1 </a></li>
      <li><a href=#win2> Fenêtre 2 </a></li>
    </ol>
  </div>
</div>

<div data-role=page id=win1>
  <div data-role=header>
    <h1>Fenêtre 1</h1>
  </div>

  <div data-role=content>
    <p> Contenu de la fenêtre 1 </p>
  </div>
</div>

<div data-role=page id=win2>
  <div data-role=header>
    <h1>Fenêtre 2</h1>
  </div>
```

```
    <div data-role=content>
      <p> Contenu de la fenêtre 2 </p>
    </div>
</div>

</body>
</html>
```

Figure 3–4
Une liste numérotée
avec des liens

L'indice de l'élément dans la liste s'est directement inséré devant le contenu de l'élément (figure 3-4).

Insérer des séparateurs dans les listes

Il est souvent utile de regrouper sous un même titre certains éléments d'une liste, permettant ainsi d'aérer la présentation de la liste pour les utilisateurs. Pour cela, on insère dans la liste des éléments de séparation, en leur indiquant l'attribut data-role="list-divider".

Un menu avec des séparateurs (figure 3-5)

```
<!DOCTYPE html>
<html>
<head>
  <meta name=viewport content="user-scalable=no,width=device-width" />
  <link rel=stylesheet href=jquery.mobile/jquery.mobile.css />
  <script src=jquery.js></script>
  <script src=jquery.mobile/jquery.mobile.js></script>
</head>

<body>
<div data-role=page id=home>
  <div data-role=header>
    <h1>Home</h1>
  </div>

  <div data-role=content>
    <h3> Menu principal</h3>
    <ul data-role=listview>
      <li data-role=list-divider>Menu 1</li>
      <li><a href=#win1> Fenêtre 1 </a></li>
      <li data-role=list-divider>Menu 2</li>
      <li><a href=#win2> Fenêtre 2 </a></li>
    </ul>
  </div>
</div>

<div data-role=page id=win1>
  <div data-role=header>
    <h1>Fenêtre 1</h1>
  </div>

  <div data-role=content>
    <p> Contenu de la fenêtre 1 </p>
  </div>
</div>

<div data-role=page id=win2>
  <div data-role=header>
    <h1>Fenêtre 2</h1>
  </div>

  <div data-role=content>
    <p> Contenu de la fenêtre 2 </p>
  </div>
</div>

</body>
</html>
```

Figure 3–5 Une liste avec séparateurs   **Figure 3–6** Une liste avec des séparateurs sans styles

Sur la figure 3-5 (ici en noir et blanc), les éléments de séparation ont été stylés automatiquement par jQuery Mobile dans un fond bleu, grâce à la spécification de l'attribut `data-role="list-divider"` pour ces éléments. Si l'on n'indiquait pas cet attribut, on aurait alors un affichage plus conventionnel (et moins utile…), comme sur la figure 3-6.

Ajouter une fonction de recherche dans une liste

Lorsqu'une liste comporte beaucoup d'éléments, il peut être utile de pouvoir rechercher des éléments particuliers. On indique alors l'attribut `data-filter="true"` sur l'élément `<ul>` ou `<ol>`.

Ajout d'une fonction de recherche dans la liste

```
<!DOCTYPE html>
<html>
<head>
  <meta name=viewport content="user-scalable=no,width=device-width" />
  <link rel=stylesheet href=jquery.mobile/jquery.mobile.css />
  <script src=jquery.js></script>
```

```
    <script src=jquery.mobile/jquery.mobile.js></script>
</head>

<body>

<div data-role=page id=win1>
  <div data-role=header>
    <h1>Fenêtre 1</h1>
  </div>

  <div data-role=content>
    <h3> Liste d'éléments</h3>
    <ul data-role=listview data-filter=true>
      <li> Elément 1 </li>
      <li> Elément 2 </li>
      <li> Elément 3 </li>
      <li> Elément 4 </li>
      <li> Elément 5 </li>
    </ul>
  </div>
</div>

</body>
</html>
```

Figure 3–7
Une liste avec un
champ de recherche

Un champ de recherche est automatiquement inscrit dans la fenêtre par jQuery Mobile (figure 3-7, page précédente), permettant de saisir un texte à rechercher dans la liste. Introduisons le chiffre `"1"` dans le champ, de façon à rechercher tous les éléments le contenant. Dès validation du texte saisi, la liste se rafraîchit avec les éléments contenant le texte affiché sur la figure 3-8.

Figure 3–8
Une liste d'éléments filtrée

Afficher un compteur dans un élément de liste

jQuery Mobile permet d'afficher facilement une valeur dans un élément de liste, sous la forme d'une petite pastille contenant la valeur. Cela peut être utilisé, par exemple, pour indiquer le nombre de messages reçus par un utilisateur.

Pour le réaliser, il suffit que l'élément de liste inclue un élément `<span>` possédant la classe CSS `ui-li-count`. Cette classe CSS est définie par jQuery Mobile et permet de styler l'élément qui la possède sous la forme requise. Le contenu de cet élément `<span>` indique la valeur qui sera affichée dans la pastille. Cette valeur peut être un texte quelconque (chiffres ou lettres).

Utiliser un compteur dans les éléments d'une liste

```html
<!DOCTYPE html>
<html>
<head>
  <meta name=viewport content="user-scalable=no,width=device-width" />
  <link rel=stylesheet href=jquery.mobile/jquery.mobile.css />
  <script src=jquery.js></script>
  <script src=jquery.mobile/jquery.mobile.js></script>
</head>

<body>
<div data-role=page id=home>
  <div data-role=header>
    <h1>Home</h1>
  </div>

  <div data-role=content>
    <h3> Menu principal</h3>
    <ul data-role=listview>
      <li><a href=#win1> Fenêtre 1 </a>
          <span class=ui-li-count>2</span></li>
      <li><a href=#win2> Fenêtre 2 </a>
          <span class=ui-li-count>Plusieurs</span></li>
    </ul>
  </div>
</div>

<div data-role=page id=win1>
  <div data-role=header>
    <h1>Fenêtre 1</h1>
  </div>

  <div data-role=content>
    <p> Contenu de la fenêtre 1 </p>
  </div>
</div>

<div data-role=page id=win2>
  <div data-role=header>
    <h1>Fenêtre 2</h1>
  </div>

  <div data-role=content>
    <p> Contenu de la fenêtre 2 </p>
  </div>
</div>

</body>
</html>
```

Figure 3–9
Une liste avec des compteurs

REMARQUE **Pastilles et flèches**

Les pastilles affichées sont dues aux éléments `<span>` de classe `ui-li-count` inclus dans l'élément de liste `<li>`, tandis que les flèches à droite sont dues aux liens `<a>` inclus dans chaque élément de liste.

Inclure une image 80 × 80 dans les éléments de liste

jQuery Mobile permet de facilement inclure une image au début d'un élément de liste. L'image est affichée sur une hauteur et une largeur maximales de 80 pixels. Un texte peut être affiché à droite de l'image, en général sur une ou deux lignes.

Ajout d'images dans des éléments de liste

```
<!DOCTYPE html>
<html>
<head>
  <meta name=viewport content="user-scalable=no,width=device-width" />
  <link rel=stylesheet href=jquery.mobile/jquery.mobile.css />
  <script src=jquery.js></script>
  <script src=jquery.mobile/jquery.mobile.js></script>
</head>
```

```
<body>

<div data-role=page id=home>
  <div data-role=header>
    <h1>Home</h1>
  </div>

  <div data-role=content>
    <h3> Menu principal</h3>
    <ul data-role=listview>
      <li>
        <img src=images/html.jpg />
        <h1> Introduction à HTML et CSS</h1>
        <p> Eric Sarrion</p>
      </li>
      <li>
        <img src="images/j2ee.jpg" />
        <h3>Développement web avec J2EE</h3>
        <p> Eric Sarrion</p>
      </li>
      <li>
        <img src="images/jquery.jpg" />
        <h3>JQuery & jQuery UI</h3>
        <p> Eric Sarrion</p>
      </li>
    </ul>
  </div>
</div>

</body>
</html>
```

Les images sont positionnées en début de chaque élément `<li>`. Puis les éléments associés au texte sont insérés également : le fait d'utiliser un élément de titre (ici `<h1>`), puis un élément neutre (ici `<p>`) permet de disposer gracieusement les informations dans la fenêtre.

REMARQUE **Images et styles**

Remarquez que les images ont atteint une hauteur maximale dans chaque élément de liste. De même, les éléments `<h1>` et `<p>` correspondant au texte ont été stylés selon les conventions définies par jQuery Mobile.

Il est également possible de rendre ces éléments de liste cliquables. Pour cela, on englobe le contenu de chaque élément de liste `<li>` avec un lien `<a>`.

Figure 3–10
Une liste avec des images

Rendre les éléments de liste cliquables

```
<!DOCTYPE html>
<html>
<head>
  <meta name=viewport content="user-scalable=no,width=device-width" />
  <link rel=stylesheet href=jquery.mobile/jquery.mobile.css />
  <script src=jquery.js></script>
  <script src=jquery.mobile/jquery.mobile.js></script>
</head>

<body>

<div data-role=page id=home>
  <div data-role=header>
    <h1>Home</h1>
  </div>

  <div data-role=content>
    <h3> Menu principal</h3>
    <ul data-role=listview>
      <li>
        <a href=#>
          <img src=images/html.jpg />
          <h1> Introduction à HTML et CSS</h1>
```

```
            <p> Eric Sarrion</p>
          </a>
        </li>
        <li>
          <a href=#>
            <img src="images/j2ee.jpg" />
            <h3>Développement web avec J2EE</h3>
            <p> Eric Sarrion</p>
          </a>
        </li>
        <li>
          <a href=#>
            <img src="images/jquery.jpg" />
            <h3>JQuery & jQuery UI</h3>
            <p> Eric Sarrion</p>
          </a>
        </li>
      </ul>
    </div>
  </div>

</body>
</html>
```

Figure 3–11
Une liste de liens
avec des images

> **Quelle est la fenêtre qui s'ouvre lorsqu'on clique sur un lien ?**
>
> Remarquez que les liens ont un attribut `href` de valeur `"#"`, permettant de rester dans la même fenêtre une fois qu'on a cliqué sur un lien (les fenêtres vers lesquelles ces liens amènent n'ont ainsi pas besoin d'être définies). Dans la pratique, il sera bien sûr utile de créer les fenêtres correspondantes.

Inclure une image 20 × 15 dans les éléments de liste

À la différence de l'exemple précédent, l'image d'origine doit avoir une taille imposée qui ne doit pas dépasser 20 pixels de large et 15 pixels de haut (sinon le cadrage n'est pas harmonieux dans l'élément de liste). On utilise pour cela la classe CSS `ui-li-icon` appliquée à l'élément `<img>`.

Images 20 × 15 pixels dans des éléments de liste

```
<!DOCTYPE html>
<html>
<head>
  <meta name=viewport content="user-scalable=no,width=device-width" />
  <link rel=stylesheet href=jquery.mobile/jquery.mobile.css />
  <script src=jquery.js></script>
  <script src=jquery.mobile/jquery.mobile.js></script>
</head>

<body>

<div data-role=page id=home>
  <div data-role=header>
    <h1>Home</h1>
  </div>

  <div data-role=content>
    <h3> Menu principal</h3>
    <ul data-role="listview">
      <li>
        <a href=#>
          Image black 20x15 pixels
          <img src="images/black.jpg" class=ui-li-icon>
        </a>
      </li>
      <li>
        <a href=#>
          Image gray 20x15 pixels
          <img src="images/gray.jpg" class=ui-li-icon>
        </a>
```

```
        </li>
      </ul>
    </div>
  </div>

  </body>
  </html>
```

Figure 3–12
Une liste avec des images de taille 20 x 15

Figure 3–13
Une liste avec des images sans la classe ui-li-icon

L'utilisation de la classe CSS `ui-li-icon` sur les éléments `<img>` permet la disposition harmonieuse des éléments affichés (figure 3-12). Si nous supprimons cette classe CSS dans les éléments `<img>`, nous obtenons un affichage semblable à celui de l'exemple précédent (figure 3-13). Les éléments de liste se sont positionnés sur une hauteur de 80 pixels, et comme l'image que nous insérons n'atteint pas cette hauteur, l'affichage est disgracieux.

Personnaliser les listes

Modifier l'icône affichée dans les listes

Lorsqu'un lien `<a>` est inclus dans un élément de liste `<li>`, il s'affiche pour l'instant une icône représentant une flèche vers la droite, à droite de l'élément de liste (voir le précédent exemple). Cette icône est celle qui est affichée par défaut par jQuery Mobile. Il est possible d'en afficher une autre, prédéfinie, voire de la supprimer de l'affichage.

À partir de l'exemple précédent, modifions chaque élément `<li>` en ajoutant l'attribut `data-icon="delete"` de façon à afficher une croix au lieu de la flèche habituelle.

Afficher une croix au lieu de la flèche dans les éléments de liste

```
<!DOCTYPE html>
<html>
<head>
  <meta name=viewport content="user-scalable=no,width=device-width" />
  <link rel=stylesheet href=jquery.mobile/jquery.mobile.css />
  <script src=jquery.js></script>
  <script src=jquery.mobile/jquery.mobile.js></script>
</head>

<body>

<div data-role=page id=home>
  <div data-role=header>
    <h1>Home</h1>
  </div>

  <div data-role=content>
    <h3> Menu principal</h3>
    <ul data-role=listview>
      <li data-icon=delete>
        <a href=#>
          <img src=images/html.jpg />
          <h1> Introduction à HTML et CSS</h1>
          <p> Eric Sarrion</p>
        </a>
      </li>
      <li data-icon=delete>
        <a href=#>
          <img src="images/j2ee.jpg" />
          <h3>Développement web avec J2EE</h3>
          <p> Eric Sarrion</p>
        </a>
      </li>
```

```
      <li data-icon=delete>
        <a href=#>
          <img src="images/jquery.jpg" />
          <h3>JQuery & jQuery UI</h3>
          <p> Eric Sarrion</p>
        </a>
      </li>
    </ul>
  </div>
</div>

</body>
</html>
```

> REMARQUE **Lien et icône**
>
> L'utilisation d'un lien `<a>` est ici indispensable, car c'est sa présence qui autorise l'affichage de l'icône. Si vous le supprimez, vous obtenez l'affichage d'un élément de liste sans icône (même si l'attribut `data-icon` est présent).

Figure 3–14
Personnalisation
de l'icône dans la liste

Une croix symbolisant, par exemple, la possibilité de supprimer l'élément a remplacé la traditionnelle flèche vers la droite (figure 3-14). D'autres icônes sont disponibles dans jQuery Mobile, en indiquant simplement la valeur indiquée dans la liste suivante (figure 3-15) pour l'attribut `data-icon`.

Figure 3–15
Icônes affichées dans les listes

> REMARQUE **Emploi des icônes**
>
> Nous verrons que ces icônes ne s'utilisent pas uniquement pour les éléments de liste, mais aussi, par exemple, dans les boutons (voir le chapitre suivant).

Supprimer l'icône affichée dans les listes

Le cas traité ici concerne la suppression de l'icône dans les éléments de liste, mais en conservant le lien `<a>` dans chaque élément. On sait que l'inclusion d'un lien insère automatiquement une icône à droite de l'élément. Comment faire pour la supprimer ?

On fait pour cela appel à l'attribut `data-icon` de valeur `"false"` (dans l'élément de liste correspondant). Par exemple, avec la liste précédente, on indique de ne pas afficher l'icône pour le second élément de la liste.

Supprimer l'icône pour le second élément de la liste

```
<!DOCTYPE html>
<html>
<head>
  <meta name=viewport content="user-scalable=no,width=device-width" />
  <link rel=stylesheet href=jquery.mobile/jquery.mobile.css />
  <script src=jquery.js></script>
```

```
  <script src=jquery.mobile/jquery.mobile.js></script>
</head>

<body>

<div data-role=page id=home>
  <div data-role=header>
    <h1>Home</h1>
  </div>

  <div data-role=content>
    <h3> Menu principal</h3>
    <ul data-role=listview>
      <li data-icon=delete>
        <a href=#>
          <img src=images/html.jpg />
          <h1> Introduction à HTML et CSS</h1>
          <p> Eric Sarrion</p>
        </a>
      </li>
      <li data-icon=false>
        <a href=#>
          <img src="images/j2ee.jpg" />
          <h3>Développement web avec J2EE</h3>
          <p> Eric Sarrion</p>
        </a>
      </li>
      <li data-icon=delete>
        <a href=#>
          <img src="images/jquery.jpg" />
          <h3>JQuery & jQuery UI</h3>
          <p> Eric Sarrion</p>
        </a>
      </li>
    </ul>
  </div>
</div>

</body>
</html>
```

Sur la figure 3-16 (page suivante), le second élément de la liste ne possède plus d'icône sur le côté droit de l'élément de liste.

Figure 3–16
Éléments de liste sans icône

Afficher des listes avec des bords arrondis

Pour l'instant, toutes les listes que nous avons affichées avaient des bords rectangulaires. jQuery Mobile permet de les afficher également avec des bords arrondis, en utilisant l'attribut data-inset="true" positionné sur l'élément <ul> ou <ol> définissant la liste.

Listes avec des bords arrondis

```
<!DOCTYPE html>
<html>
<head>
  <meta name=viewport content="user-scalable=no,width=device-width" />
  <link rel=stylesheet href=jquery.mobile/jquery.mobile.css />
  <script src=jquery.js></script>
  <script src=jquery.mobile/jquery.mobile.js></script>
</head>

<body>

<div data-role=page id=win1>
  <div data-role=header>
    <h1>Fenêtre 1</h1>
  </div>
```

```
<div data-role=content>
  <h3> Liste 1</h3>
  <ul data-role=listview data-inset=true>
    <li> Elément 1 </li>
    <li> Elément 2 </li>
    <li> Elément 3 </li>
    <li> Elément 4 </li>
    <li> Elément 5 </li>
  </ul>
  <h3> Liste 2</h3>
  <ul data-role=listview data-inset=true>
    <li> Elément 1 </li>
    <li> Elément 2 </li>
    <li> Elément 3 </li>
    <li> Elément 4 </li>
    <li> Elément 5 </li>
  </ul>
</div>
</div>

</body>
</html>
```

Figure 3–17
Listes avec les bords arrondis

Sur la figure 3-17, les deux listes sont affichées avec des bords arrondis grâce à l'ajout de l'attribut data-inset de valeur true sur chacune des listes. Cette fonctionnalité est accessible pour toutes les listes que nous avons précédemment affichées, en particulier celles qui contiennent des liens et des images.

Positionner du texte à droite dans les éléments de liste

Pour l'instant, le texte affiché dans l'élément de liste s'inscrit sur son côté gauche. Il est possible de l'afficher sur le côté droit, en insérant le texte dans un élément utilisant la classe CSS ui-li-aside, lui-même inclus dans un élément <a>.

Positionner le texte de l'élément de liste sur la droite (figure 3-18)

```
<!DOCTYPE html>
<html>
<head>
  <meta name=viewport content="user-scalable=no,width=device-width" />
  <link rel=stylesheet href=jquery.mobile/jquery.mobile.css />
  <script src=jquery.js></script>
  <script src=jquery.mobile/jquery.mobile.js></script>
</head>

<body>

<div data-role=page id=win1>
  <div data-role=header>
    <h1>Fenêtre 1</h1>
  </div>

  <div data-role=content>
    <h3> Liste cadrée à droite</h3>
    <ul data-role=listview>
      <li><a><span class=ui-li-aside> Elément 1 </span></a></li>
      <li><a><span class=ui-li-aside> Elément 2 </span></a></li>
      <li><a><span class=ui-li-aside> Elément 3 </span></a></li>
      <li><a><span class=ui-li-aside> Elément 4 </span></a></li>
      <li><a><span class=ui-li-aside> Elément 5 </span></a></li>
    </ul>
  </div>
</div>

</body>
</html>
```

Il est également possible, à l'aide de la classe CSS ui-li-aside, de ne positionner à droite qu'une partie du texte contenu dans l'élément <li>. Par exemple, dans le cas où l'élément de liste contient des images et des textes, on peut indiquer qu'un de ces textes se situera à droite, tandis que les autres seront à gauche.

Figure 3–18
Éléments de liste alignés
à droite

Un texte situé à droite dans l'élément de liste, incluant des images

```
<!DOCTYPE html>
<html>
<head>
  <meta name=viewport content="user-scalable=no,width=device-width" />
  <link rel=stylesheet href=jquery.mobile/jquery.mobile.css />
  <script src=jquery.js></script>
  <script src=jquery.mobile/jquery.mobile.js></script>
</head>

<body>

<div data-role=page id=home>
  <div data-role=header>
    <h1>Home</h1>
  </div>

  <div data-role=content>
    <h3> Menu principal</h3>
    <ul data-role=listview>
      <li>
        <a href=#>
          <img src=images/html.jpg />
          <h1> Introduction à HTML et CSS</h1>
          <p> Eric Sarrion</p>
```

```
              <span class=ui-li-aside>2 avis</span>
          </a>
        </li>
        <li>
          <a href=#>
            <img src="images/j2ee.jpg" />
            <h3>Développement. web avec J2EE</h3>
            <p> Eric Sarrion</p>
            <span class=ui-li-aside>0 avis</span>
          </a>
        </li>
        <li>
          <a href=#>
            <img src="images/jquery.jpg" />
            <h3>JQuery & jQuery UI</h3>
            <p> Eric Sarrion</p>
            <span class=ui-li-aside>2 avis</span>
          </a>
        </li>
      </ul>
    </div>
  </div>

</body>
</html>
```

Figure 3–19
Plusieurs informations
dans un élément de liste

> REMARQUE **Positionnement des éléments <span>**
>
> Remarquons que les éléments <span> de classe ui-li-aside se positionnent quelques pixels plus haut que les autres textes. C'est le comportement par défaut des éléments de classe CSS ui-li-aside.

Utiliser les thèmes CSS

Une autre façon de personnaliser les listes est l'emploi des thèmes CSS. On sait que les thèmes CSS peuvent s'utiliser dans la définition de la fenêtre, mais jQuery Mobile permet également leur emploi dans les éléments <ul> ou <ol> (pour styler la liste dans sa globalité) ainsi que dans les éléments <li> (pour styler un élément particulier).

Plusieurs thèmes dans une liste

L'exemple suivant utilise le thème "e" pour la fenêtre, le thème "b" pour la liste et le thème "a" pour le deuxième élément de la liste, comme sur la figure 3-20.

Figure 3–20
Emploi des thèmes CSS
dans les listes

66   jQuery Mobile

Utiliser plusieurs thèmes pour les listes

```html
<!DOCTYPE html>
<html>
<head>
  <meta name=viewport content="user-scalable=no,width=device-width" />
  <link rel=stylesheet href=jquery.mobile/jquery.mobile.css />
  <script src=jquery.js></script>
  <script src=jquery.mobile/jquery.mobile.js></script>
</head>

<body>
<div data-role=page id=home data-theme=e>
  <div data-role=header>
    <h1>Home</h1>
  </div>

  <div data-role=content>
    <h3> Menu principal</h3>
    <ul data-role=listview data-theme=b>
      <li>
        <a href=#>
          <img src=images/html.jpg />
          <h1> Introduction à HTML et CSS</h1>
          <p> Eric Sarrion</p>
          <span class=ui-li-aside>2 avis</span>
        </a>
      </li>
      <li data-theme=a>
        <a href=#>
          <img src="images/j2ee.jpg" />
          <h3>Développement. web avec J2EE</h3>
          <p> Eric Sarrion</p>
          <span class=ui-li-aside>0 avis</span>
        </a>
      </li>
      <li>
        <a href=#>
          <img src="images/jquery.jpg" />
          <h3>jQuery & jQuery UI</h3>
          <p> Eric Sarrion</p>
          <span class=ui-li-aside>2 avis</span>
        </a>
      </li>
    </ul>
  </div>
</div>

</body>
</html>
```

Personnaliser les séparateurs dans les listes

Les séparateurs inclus entre les éléments d'une liste (au moyen de l'attribut `data-role="list-divider"` associé à l'élément `<li>`) peuvent être stylés grâce à l'attribut `data-dividertheme` ayant pour valeur le thème désiré. Cet attribut est positionné sur l'élément `<ul>` ou `<ol>` représentant la liste dans sa globalité. Tous les séparateurs de la liste bénéficieront du thème indiqué dans cet attribut.

Dans l'exemple qui suit, nous affichons deux listes utilisant chacune un thème pour les séparateurs qui y sont inclus (figure 3-21).

Figure 3–21
Personnalisation
des séparateurs
dans les listes

Personnaliser les séparateurs dans les listes

```
<!DOCTYPE html>
<html>
<head>
  <meta name=viewport content="user-scalable=no,width=device-width" />
  <link rel=stylesheet href=jquery.mobile/jquery.mobile.css />
  <script src=jquery.js></script>
  <script src=jquery.mobile/jquery.mobile.js></script>
</head>

<body>
<div data-role=page id=home>
```

```
<div data-role=header>
  <h1>Home</h1>
</div>

<div data-role=content>
  <h3> Liste 1</h3>
  <ul data-role=listview data-dividertheme=a data-inset=true>
    <li data-role=list-divider>Menu 1</li>
    <li> Elément 1</li>
    <li> Elément 2</li>
    <li data-role=list-divider>Menu 2</li>
    <li> Elément 3</li>
    <li> Elément 4</li>
  </ul>
  <h3> Liste 2</h3>
  <ul data-role=listview data-dividertheme=e data-inset=true>
    <li data-role=list-divider>Menu 3</li>
    <li> Elément 1</li>
    <li> Elément 2</li>
    <li data-role=list-divider>Menu 4</li>
    <li> Elément 3</li>
    <li> Elément 4</li>
  </ul>
</div>
</div>

</body>
</html>
```

Personnaliser les compteurs affichés dans les listes

On a vu comment insérer un compteur sous forme de pastille dans les éléments d'une liste, au moyen d'un élément `<span>` possédant la classe CSS `ui-li-count`. Comme pour les séparateurs, ces compteurs peuvent être stylés par l'application d'un thème. Cela est possible en ajoutant l'attribut `data-counttheme` ayant pour valeur le thème désiré sur l'élément `<ul>` ou `<ol>` définissant la liste.

Personnaliser les compteurs dans les listes

```
<!DOCTYPE html>
<html>
<head>
  <meta name=viewport content="user-scalable=no,width=device-width" />
  <link rel=stylesheet href=jquery.mobile/jquery.mobile.css />
  <script src=jquery.js></script>
  <script src=jquery.mobile/jquery.mobile.js></script>
</head>
```

```
<body>
<div data-role=page id=home>
  <div data-role=header>
    <h1>Home</h1>
  </div>

  <div data-role=content>
    <h3> Liste 1</h3>
    <ul data-role=listview data-inset=true data-counttheme=a>
      <li> Elément 1 <span class=ui-li-count>5</span></li>
      <li> Elément 2 <span class=ui-li-count>10</span></li>
    </ul>

    <h3> Liste 2</h3>
    <ul data-role=listview data-inset=true data-counttheme=e>
      <li> Elément 3 <span class=ui-li-count>1</span></li>
      <li> Elément 4 <span class=ui-li-count>7</span></li>
    </ul>
  </div>
</div>
</body>
</html>
```

Nous avons défini deux listes utilisant des compteurs. Chacune de ces listes utilise un thème différent pour afficher ses compteurs, comme on le voit sur la figure 3-22.

Figure 3–22
Thèmes dans
les éléments de liste

4

Afficher des boutons

Sur une interface mobile encore plus que sur un écran classique, les boutons sont une composante graphique essentielle, car ils permettent l'interaction avec les utilisateurs. Voyons comment définir, positionner et personnaliser les boutons avec jQuery Mobile.

Définir un bouton avec jQuery Mobile

Dans jQuery Mobile, les boutons sont des éléments `<div>` ou `<a>` pour lesquels l'attribut `data-role` vaut `"button"`. Si l'on utilise un lien `<a>` pour le représenter, l'URL indiquée dans l'attribut `href` du lien permet d'indiquer la nouvelle fenêtre (ou page HTML) qui sera affichée par un clic sur le bouton.

Par exemple, créons une fenêtre contenant un bouton permettant d'afficher une nouvelle fenêtre.

Un bouton permettant de passer à une autre fenêtre

```
<!DOCTYPE html>
<html>
<head>
  <meta name=viewport content="user-scalable=no,width=device-width" />
  <link rel=stylesheet href=jquery.mobile/jquery.mobile.css />
  <script src=jquery.js></script>
  <script src=jquery.mobile/jquery.mobile.js></script>
```

```
</head>

<body>
<div data-role=page id=win1>
  <div data-role=header>
    <h1>Fenêtre 1</h1>
  </div>

  <div data-role=content>
    <p> Contenu de la fenêtre 1</p>
    <a href=#win2 data-role=button> Aller sur la fenêtre 2 </a>
  </div>
</div>

<div data-role=page id=win2>
  <div data-role=header>
    <h1>Fenêtre 2</h1>
  </div>

  <div data-role=content>
    <p> Contenu de la fenêtre 2</p>
  </div>
</div>

</body>
</html>
```

Figure 4–1
Bouton permettant
de se rendre dans
une autre fenêtre

Le lien s'est affiché dans la fenêtre sous la forme d'un bouton (figure 4-1). Bien sûr, si l'on supprime l'attribut `data-role` de valeur `"button"` pour le lien, celui-ci s'affiche de la façon traditionnelle (texte souligné).

Que deviennent les anciens boutons définis par HTML ?

On sait que l'on peut définir ses propres boutons en HTML, au moyen des balises `<button>` ou `<input>`, cette dernière utilisant l'attribut `type` valant `"button"`, `"submit"`, `"image"` ou `"reset"` pour afficher le bouton.

jQuery Mobile tire parti de ces possibilités, en transformant l'aspect du bouton HTML selon ses propres critères. Pour cela, il insère dans le code HTML un élément `<div>` possédant la classe CSS `ui-btn` (ce qui lui donne l'aspect d'un bouton) et cache le bouton HTML original en lui affectant une opacité de 0 (le rendant invisible, mais toujours présent dans la page HTML). Cela permet de coder la partie HTML de façon naturelle dans les formulaires, en laissant à jQuery Mobile le soin de transformer ce code HTML pour donner un aspect plus agréable au bouton et à l'ensemble de la fenêtre.

Un bouton affiché au moyen de la balise <input> (figure 4-2, page suivante)

```
<!DOCTYPE html>
<html>
<head>
  <meta name=viewport content="user-scalable=no,width=device-width" />
  <link rel=stylesheet href=jquery.mobile/jquery.mobile.css />
  <script src=jquery.js></script>
  <script src=jquery.mobile/jquery.mobile.js></script>
</head>

<body>

<div data-role=page id=home>
  <div data-role=header>
    <h1>Home</h1>
  </div>

  <div data-role=content>
    <p> Voici un bouton</p>
    <input type=button value=Valider />
  </div>
</div>

</body>
</html>
```

Figure 4–2
Bouton HTML
dans une fenêtre

On peut vérifier que jQuery Mobile a créé un élément `<div>` superposé au bouton d'origine, avec une opacité de 0. Pour cela, on affiche la page HTML dans Firefox, couplé à l'extension Firebug. Le code HTML affiché dans Firebug est reproduit sur la figure 4-3.

Figure 4–3
Code HTML d'un bouton

```
<!DOCTYPE HTML>
<html class="ui-mobile landscape min-width-320px min-width-480px min-width-768px
max-width-1024px">
  <head>
  <body class="ui-mobile-viewport">
    <div id="home" data-role="page" data-url="home">
    <div class="ui-loader ui-body-a ui-corner-all" style="top: 107px;">
    <div id="home" class="ui-page ui-body-c ui-page-
    active" data-role="page" data-url="index.html">
        <div class="ui-bar-a ui-header" data-role="header" role="banner">
        <div class="ui-content" data-role="content" role="main">
            <p> Voici un bouton</p>
          <div class="ui-btn ui-btn-corner-all ui-shadow
          ui-btn-up-c" data-theme="c">
            <span class="ui-btn-inner ui-btn-corner-all">
                <span class="ui-btn-text">Valider</span>
            </span>
            <input class="ui-btn-hidden" type="button" value="Valider">
          </div>
        </div>
      </div>
    </div>
    </body>
</html>
```

Nous voyons que notre bouton HTML possède maintenant la classe CSS `ui-btn-hidden`, qui permet de le masquer lors de l'affichage. Un élément `<div>` de classe `ui-btn`, possédant le thème `"c"` (attribut `data-theme="c"`) a été créé par jQuery Mobile. Cet élément `<div>` contient un élément `<span>` contenant le texte affiché sur le bouton, ainsi que l'élément `<input>` d'origine qui est caché au moyen de la classe CSS `ui-btn-hidden`.

Associer une icône à un bouton

Il est possible d'associer une icône à un bouton. Par défaut, l'icône sera positionnée à gauche du bouton, mais on peut la positionner à droite, au-dessus ou au-dessous du texte du bouton.

Comme pour les listes (chapitre précédent), des icônes prédéfinies existent. On peut les afficher dans un bouton en utilisant l'attribut `data-icon` associé au nom de l'icône. Le schéma ci-après (figure 4-4) montre la correspondance entre les noms des icônes et leur représentation graphique.

Figure 4–4
Icônes dans les boutons

Utilisation des icônes prédéfinies dans les boutons

```html
<!DOCTYPE html>
<html>
<head>
  <meta name=viewport content="user-scalable=no,width=device-width" />
  <link rel=stylesheet href=jquery.mobile/jquery.mobile.css />
  <script src=jquery.js></script>
  <script src=jquery.mobile/jquery.mobile.js></script>
</head>
```

```
</head>

<body>

<div data-role=page id=home>
  <div data-role=header>
    <h1>Home</h1>
  </div>

  <div data-role=content>
    <p> Voici un bouton défini par input</p>
    <input type=button value=Valider data-icon=check />
    <p> Voici un bouton défini par un lien</p>
    <a href=# data-role=button data-icon=plus>Cliquez ici</a>
  </div>
</div>

</body>
</html>
```

Nous définissons ici deux boutons, l'un au moyen de la balise `<input>`, l'autre avec un lien `<a>`. Dans les deux cas, nous indiquons une icône affectée par l'intermédiaire de l'attribut `data-icon`.

Figure 4–5 Boutons avec des icônes

Figure 4–6 Icônes positionnées dans les boutons

Comme prévu, l'icône s'est placée par défaut sur le côté gauche du bouton (figure 4-5). Pour la placer à droite, il suffit d'utiliser l'attribut `data-iconpos` valant `"right"`. Les valeurs `"top"` et `"bottom"` permettent de placer l'icône respectivement au-dessus ou au-dessous du texte du bouton (voir figure 4-6).

Icônes placées à droite et au-dessous du texte du bouton

```
<!DOCTYPE html>
<html>
<head>
  <meta name=viewport content="user-scalable=no,width=device-width" />
  <link rel=stylesheet href=jquery.mobile/jquery.mobile.css />
  <script src=jquery.js></script>
  <script src=jquery.mobile/jquery.mobile.js></script>
</head>

<body>

<div data-role=page id=home>
  <div data-role=header>
    <h1>Home</h1>
  </div>

  <div data-role=content>
    <p> Voici un bouton défini par input</p>
    <input type=button value=Valider data-icon=check data-iconpos=right />
    <p> Voici un bouton défini par un lien</p>
    <a href=# data-role=button data-icon=plus data-iconpos=bottom>Cliquez ici</a>
  </div>
</div>

</body>
</html>
```

Définir un bouton sous forme d'icône (sans texte)

Un cas particulier est celui où le bouton contient seulement une icône et aucun texte. Il faut alors indiquer que ce bouton n'a pas de texte au moyen de l'attribut `data-iconpos="notext"`.

Boutons sous forme d'icônes

```
<!DOCTYPE html>
<html>
<head>
  <meta name=viewport content="user-scalable=no,width=device-width" />
```

```
   <link rel=stylesheet href=jquery.mobile/jquery.mobile.css />
   <script src=jquery.js></script>
   <script src=jquery.mobile/jquery.mobile.js></script>
</head>

<body>

<div data-role=page id=home>
   <div data-role=header>
      <h1>Home</h1>
   </div>

   <div data-role=content>
      <p> Voici plusieurs boutons sous forme d'icônes</p>
      <a href=# data-role=button data-icon=plus data-iconpos=notext></a>
      <a href=# data-role=button data-icon=minus data-iconpos=notext></a>
      <a href=# data-role=button data-icon=search data-iconpos=notext></a>
   </div>
</div>

</body>
</html>
```

Figure 4–7
Icônes sans texte

Bien sûr, les boutons affichés ici sont de taille réduite (figure 4-7). Ils viendront s'inscrire dans une barre de titre de l'application, permettant d'accéder à d'autres fenêtres.

Définir la largeur du bouton

Par défaut, les boutons occupent toute la largeur de la fenêtre dans laquelle ils sont inscrits. Il est possible de leur permettre d'occuper seulement la taille nécessaire pour afficher le texte et l'icône éventuelle. On utilise pour cela l'attribut data-inline de valeur "true" positionné sur l'élément définissant le bouton.

Ajuster la taille des boutons

```
<!DOCTYPE html>
<html>
<head>
  <meta name=viewport content="user-scalable=no,width=device-width" />
  <link rel=stylesheet href=jquery.mobile/jquery.mobile.css />
  <script src=jquery.js></script>
  <script src=jquery.mobile/jquery.mobile.js></script>
</head>

<body>

<div data-role=page id=home>
  <div data-role=header>
    <h1>Home</h1>
  </div>

  <div data-role=content>
    <p> Voici un bouton défini par input</p>
    <input type=button value=Valider data-inline=true />
    <p> Voici un bouton défini par un lien</p>
    <a href=# data-role=button data-inline=true data-icon=plus>Cliquez ici</a>
  </div>
</div>

</body>
</html>
```

Les contours des boutons se sont ajustés au texte et à l'icône qui les représentent (figure 4-8, page suivante). Cela permet aussi de placer les boutons côte à côte sur la même ligne, au lieu de les situer sur des lignes différentes à l'écran.

Deux boutons côte à côte (figure 4-9)

```
<!DOCTYPE html>
<html>
<head>
  <meta name=viewport content="user-scalable=no,width=device-width" />
  <link rel=stylesheet href=jquery.mobile/jquery.mobile.css />
```

```
    <script src=jquery.js></script>
    <script src=jquery.mobile/jquery.mobile.js></script>
</head>

<body>

<div data-role=page id=home>
  <div data-role=header>
    <h1>Home</h1>
  </div>

  <div data-role=content>
    <p> Voici deux boutons côte à côte</p>
    <input type=button value=Valider data-inline=true />
    <a href=# data-role=button data-inline=true data-icon=plus>Cliquez ici</a>
  </div>
</div>

</body>
</html>
```

Figure 4–8
Boutons de taille adaptée au texte inclus

Figure 4–9
Boutons côte à côte

Il suffit que les éléments définissant les boutons (ici `<input>` et `<a>`) soient situés à la suite dans le code HTML, sans élément cassant cette suite naturelle (comme l'introduction d'un paragraphe entre les deux, par exemple).

Juxtaposer les boutons verticalement

Lorsque deux boutons sont insérés dans la page HTML, ils se disposent par défaut l'un au-dessus de l'autre (sauf si l'attribut `data-inline="true"` est utilisé comme indiqué précédemment).

Bien qu'ils soient très proches l'un de l'autre, nous souhaitons ici les afficher de manière contiguë, sans espace entre les deux. On les regroupe pour cela dans un élément `<div>` auquel on affecte l'attribut `data-role` de valeur `"controlgroup"`.

Figure 4–10
Boutons juxtaposés
verticalement

Boutons juxtaposés verticalement (figure 4-10)

```
<!DOCTYPE html>
<html>
<head>
  <meta name=viewport content="user-scalable=no,width=device-width" />
  <link rel=stylesheet href=jquery.mobile/jquery.mobile.css />
```

```
    <script src=jquery.js></script>
    <script src=jquery.mobile/jquery.mobile.js></script>
</head>

<body>

<div data-role=page id=home>
  <div data-role=header>
    <h1>Home</h1>
  </div>

  <div data-role=content>
    <p> Voici deux boutons juxtaposés, verticalement</p>
    <div data-role=controlgroup>
      <input type=button value=Valider />
      <a href=# data-role=button data-icon=plus >Cliquez ici</a>
    </div>
  </div>
</div>

</body>
</html>
```

> REMARQUE **Largeur des boutons**
>
> Les boutons occupent la largeur maximale, et l'utilisation de l'attribut `data-inline="true"` ne fonctionne pas dans ce cas.

Juxtaposer les boutons horizontalement

On a vu précédemment que l'utilisation de l'attribut `data-role="controlgroup"` dans un élément `<div>` permettait de juxtaposer verticalement les boutons contenus dans le `<div>`. Si l'on ajoute l'attribut `data-type="horizontal"`, les boutons seront juxtaposés dans le sens horizontal.

Boutons juxtaposés horizontalement (figure 4-11)

```
<!DOCTYPE html>
<html>
<head>
  <meta name=viewport content="user-scalable=no,width=device-width" />
  <link rel=stylesheet href=jquery.mobile/jquery.mobile.css />
  <script src=jquery.js></script>
  <script src=jquery.mobile/jquery.mobile.js></script>
```

```
</head>

<body>

<div data-role=page id=home>
  <div data-role=header>
    <h1>Home</h1>
  </div>

  <div data-role=content>
    <p> Voici deux boutons juxtaposés, verticalement</p>
    <div data-role=controlgroup>
      <input type=button value=Valider />
      <a href=# data-role=button data-icon=plus >Cliquez ici</a>
    </div>
    <p> Voici deux boutons juxtaposés, horizontalement</p>
    <div data-role=controlgroup data-type=horizontal>
      <input type=button value=Valider />
      <a href=# data-role=button data-icon=plus >Cliquez ici</a>
    </div>
  </div>
</div>

</body>
</html>
```

Figure 4–11
Boutons juxtaposés
horizontalement
et verticalement

> REMARQUE **Largeur des boutons**
>
> Dans ce cas, les boutons réduisent leur taille maximale pour occuper seulement la place nécessaire pour afficher le texte et l'icône éventuelle. Nous verrons dans le chapitre suivant comment faire en sorte que les tailles des boutons restent fixes.

Personnaliser les boutons

Il est possible de personnaliser les boutons en créant de nouvelles icônes. Elles seront placées dans un nouveau fichier, par exemple `icones.png` situé dans le répertoire `images` du serveur. Les icônes sont de la taille 18 × 18 pixels, de façon à s'harmoniser avec les icônes déjà existantes.

Notre fichier `icones.png` contiendra ici deux icônes, l'une possédant un fond rouge (nommée `red`), l'autre un fond gris (nommée `gray`), comme sur la figure 4-12.

Figure 4–12
Images associées aux boutons (rouge à gauche, gris à droite)

Pour les utiliser dans une page HTML, jQuery Mobile permet de les considérer comme des icônes normales, à l'aide de l'attribut `data-icon` possédant la valeur de l'icône associée, ici `"red"` ou `"gray"`. Pour faire le lien entre ces noms et le fichier `icones.png`, on utilise les classes CSS `ui-icon-red` et `ui-icon-gray` décrites dans la partie CSS de notre page HTML.

Utiliser des icônes externes à jQuery Mobile

```
<!DOCTYPE html>
<html>
<head>
  <meta name=viewport content="user-scalable=no,width=device-width" />
  <link rel=stylesheet href=jquery.mobile/jquery.mobile.css />
  <script src=jquery.js></script>
  <script src=jquery.mobile/jquery.mobile.js></script>

  <style type=text/css>
    .ui-icon-red {
    background-image: url(images/icones.png);
      background-size: 36px 18px;
      background-position: -0px 0px;
    }
```

```
      .ui-icon-gray {
        background-image: url(images/icones.png);
        background-size: 36px 18px;
        background-position: -18px 0px;
      }
   </style>

</head>
<body>

<div data-role=page id=home>
   <div data-role=header>
     <h1>Home</h1>
   </div>

   <div data-role=content>
     <p> Voici un bouton utilisant l'icône red</p>
     <a href=# data-role=button data-icon=red >Cliquez ici</a>
     <p> Voici un bouton utilisant l'icône gray</p>
     <a href=# data-role=button data-icon=gray >Cliquez ici</a>
   </div>
</div>

</body>
</html>
```

Figure 4–13
Boutons avec images
personnalisées

Nous constatons sur la figure 4-13 que jQuery Mobile a automatiquement arrondi les bords de chaque icône, de façon à harmoniser l'affichage avec ses icônes prédéfinies. De plus, l'attribut `data-iconpos`, définissant l'emplacement de l'icône dans le bouton, fonctionne également avec les icônes personnalisées.

Utiliser les thèmes CSS

Comme nous l'avons vu au sujet des autres éléments, les thèmes CSS peuvent être utilisés pour styler les boutons. Il suffit pour cela d'utiliser l'attribut `data-theme` ayant pour valeur le thème CSS choisi (a, b, c, d ou e).

Voici un exemple affichant les boutons associés aux cinq thèmes prédéfinis par jQuery Mobile (figure 4-14).

Afficher les boutons associés aux thèmes

```
<!DOCTYPE html>
<html>
<head>
  <meta name=viewport content="user-scalable=no,width=device-width" />
  <link rel=stylesheet href=jquery.mobile/jquery.mobile.css />
  <script src=jquery.js></script>
  <script src=jquery.mobile/jquery.mobile.js></script>
</head>

<body>

<div data-role=page id=home>
  <div data-role=header>
    <h1>Home</h1>
  </div>

  <div data-role=content>
    <a href=# data-role=button data-icon=plus data-theme=a >Thème "a"</a>
    <a href=# data-role=button data-icon=plus data-theme=b >Thème "b"</a>
    <a href=# data-role=button data-icon=plus data-theme=c >Thème "c"</a>
    <a href=# data-role=button data-icon=plus data-theme=d >Thème "d"</a>
    <a href=# data-role=button data-icon=plus data-theme=e >Thème "e"</a>
  </div>
</div>

</body>
</html>
```

Figure 4–14
Boutons avec
différents thèmes

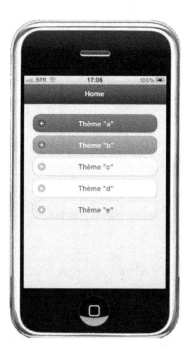

5

Afficher des données sous forme de tables

Les tables sont utilisées en HTML pour présenter les données sous forme de tableaux. Elles sont principalement utilisées au moyen de la balise `<table>` et quelquefois par l'intermédiaire de la balise `<div>`. jQuery Mobile a préféré l'utilisation de la balise `<div>` pour les représenter, permettant ainsi de s'affranchir des disparités d'affichage entre les navigateurs.

Afficher un tableau sur deux colonnes

Pour représenter les données sous forme d'un tableau sur deux colonnes, jQuery Mobile utilise un élément `<div>` qui possédera la classe CSS `ui-grid-a`. Cette classe CSS spécifie que le tableau sera sur deux colonnes. Les éléments du tableau, à l'intérieur du `<div>` de classe `ui-grid-a`, sont représentés par des éléments `<div>` possédant les classes CSS `ui-block-a` pour le premier élément, et `ui-block-b` pour le second.

Figure 5–1
Un tableau sur deux colonnes

Un tableau sur deux colonnes

```
<!DOCTYPE html>
<html>
<head>
  <meta name=viewport content="user-scalable=no,width=device-width" />
  <link rel=stylesheet href=jquery.mobile/jquery.mobile.css />
  <script src=jquery.js></script>
  <script src=jquery.mobile/jquery.mobile.js></script>
</head>

<body>

<div data-role=page id=home>
  <div data-role=header>
    <h1>Home</h1>
  </div>

  <div data-role=content>
    <h3> Un tableau sur deux colonnes </h3>
    <div class=ui-grid-a>
      <div class=ui-block-a>Un élément de classe ui-block-a</div>
      <div class=ui-block-b>Un élément de classe ui-block-b</div>
    </div>
```

```
    </div>
  </div>

  </body>
  </html>
```

Les éléments `<div>` de classe `ui-block-a` et `ui-block-b` ont été disposés l'un à côté de l'autre à l'affichage. Aucun espacement entre les cases du tableau n'est visible, ni aucune bordure.

À SAVOIR **Et la balise <table> ?**

Remarquons que si l'on avait utilisé une balise `<table>` pour représenter ce tableau, la disposition des données affichées aurait été presque la même, excepté les marges qui varient selon le navigateur utilisé.

Afficher un tableau sur plusieurs colonnes

On a vu précédemment que pour représenter un tableau sur deux colonnes, jQuery Mobile utilise un élément `<div>` de classe `ui-grid-a` contenant deux `<div>` de classe `ui-block-a` et `ui-block-b`. Le même principe s'applique pour trois, quatre ou cinq colonnes. Par exemple, pour un tableau sur trois colonnes, on créera un `<div>` englobant de classe CSS `ui-grid-b`, qui contiendra trois `<div>` de classes respectives `ui-block-a`, `ui-block-b` et `ui-block-c`.

Tableau 5–1 Tableaux sur plusieurs colonnes

Classe CSS du `<div>` englobant	Signification
ui-grid-a	Tableau sur deux colonnes correspondant à deux `<div>` de classe CSS `ui-block-a` et `ui-block-b`.
ui-grid-b	Tableau sur trois colonnes correspondant à trois `<div>` de classe CSS `ui-block-a`, `ui-block-b` et `ui-block-c`.
ui-grid-c	Tableau sur quatre colonnes correspondant à quatre `<div>` de classe CSS `ui-block-a`, `ui-block-b`, `ui-block-c` et `ui-block-d`.
ui-grid-d	Tableau sur cinq colonnes correspondant à cinq `<div>` de classe CSS `ui-block-a`, `ui-block-b`, `ui-block-c`, `ui-block-d` et `ui-block-e`.

Par exemple, pour un tableau de quatre colonnes (figure 5-2, page suivante), on aura :

Un tableau de quatre colonnes

```
<!DOCTYPE html>
<html>
<head>
  <meta name=viewport content="user-scalable=no,width=device-width" />
  <link rel=stylesheet href=jquery.mobile/jquery.mobile.css />
  <script src=jquery.js></script>
  <script src=jquery.mobile/jquery.mobile.js></script>
</head>

<body>

<div data-role=page id=home>
  <div data-role=header>
    <h1>Home</h1>
  </div>

  <div data-role=content>
    <h3> Un tableau sur quatre colonnes </h3>
    <div class=ui-grid-c>
      <div class=ui-block-a>Un élément de classe ui-block-a</div>
      <div class=ui-block-b>Un élément de classe ui-block-b</div>
      <div class=ui-block-c>Un élément de classe ui-block-c</div>
      <div class=ui-block-d>Un élément de classe ui-block-d</div>
    </div>
  </div>
</div>

</body>
</html>
```

Plusieurs lignes dans le tableau

Pour l'instant, nos tableaux n'ont qu'une seule ligne. Comment faire pour en insérer plusieurs ? jQuery Mobile utilise l'élément de classe CSS `ui-block-a` pour créer une nouvelle ligne. Chaque fois qu'un élément ayant cette classe CSS est trouvé, il est automatiquement positionné sur une nouvelle ligne dans le tableau. Les autres éléments de classe CSS `ui-block-b`, `ui-block-c`, `ui-block-d` et `ui-block-e` se mettent à la suite de celui-ci, sur la même ligne du tableau.

Figure 5–2
Un tableau sur quatre colonnes

Figure 5–3
Un tableau sur deux lignes et trois colonnes

Remarque

Si l'élément de classe `ui-block-a` est positionné automatiquement en première colonne dans le tableau, l'élément situé dans la case suivante est celui qui est indiqué dans le code HTML. Cet élément n'est pas obligatoirement de classe `ui-block-b`, mais peut être de toute autre classe sauf `ui-block-a` (sinon, il serait situé sur une nouvelle ligne).

Un tableau sur deux lignes et trois colonnes

```
<!DOCTYPE html>
<html>
<head>
  <meta name=viewport content="user-scalable=no,width=device-width" />
  <link rel=stylesheet href=jquery.mobile/jquery.mobile.css />
  <script src=jquery.js></script>
  <script src=jquery.mobile/jquery.mobile.js></script>
</head>

<body>

<div data-role=page id=home>
  <div data-role=header>
```

```
      <h1>Home</h1>
    </div>

    <div data-role=content>
      <h3> Un tableau sur 2 lignes et 3 colonnes </h3>
      <div class=ui-grid-b>
        <div class=ui-block-a>Elément 1.1</div>
        <div class=ui-block-b>Elément 1.2</div>
        <div class=ui-block-c>Elément 1.3</div>
        <div class=ui-block-a>Elément 2.1</div>
        <div class=ui-block-b>Elément 2.2</div>
        <div class=ui-block-c>Elément 2.3</div>
      </div>
    </div>
  </div>

  </body>
  </html>
```

Supposons que nous décrivions notre tableau de la façon suivante.

Un tableau avec deux éléments sur la première ligne et trois sur la seconde

```
    <div class=ui-grid-b>
      <div class=ui-block-a>Elément 1.1</div>
      <div class=ui-block-c>Elément 1.3</div>
      <div class=ui-block-a>Elément 2.1</div>
      <div class=ui-block-b>Elément 2.2</div>
      <div class=ui-block-c>Elément 2.3</div>
    </div>
```

L'élément de classe ui-block-b n'est pas inséré. L'affichage est maintenant tel que sur la figure 5-4. Nous constatons que l'élément ui-block-c est venu s'insérer en deuxième position et qu'une nouvelle ligne a été créée dès qu'un élément de classe ui-block-a a été rencontré.

Si nous souhaitons insérer une case vide, par exemple en deuxième position, il suffit d'indiquer un élément <div> contenant une espace insécable ( ) :

Une case vide dans le tableau (figure 5-5)

```
    <div class=ui-grid-b>
      <div class=ui-block-a>Elément 1.1</div>
      <div class=ui-block-b> </div>
      <div class=ui-block-c>Elément 1.3</div>
      <div class=ui-block-a>Elément 2.1</div>
      <div class=ui-block-b>Elément 2.2</div>
      <div class=ui-block-c>Elément 2.3</div>
    </div>
```

Figure 5–4 Un tableau sur deux colonnes

Figure 5–5 Élément manquant dans le tableau

Insérer des boutons dans les tableaux

L'utilisation de tableaux pour afficher les boutons permet de les aligner et de les dimensionner de façon harmonieuse dans la page HTML. Voici un exemple affichant deux boutons sur une même ligne.

Deux boutons alignés

```
<!DOCTYPE html>
<html>
<head>
  <meta name=viewport content="user-scalable=no,width=device-width" />
  <link rel=stylesheet href=jquery.mobile/jquery.mobile.css />
  <script src=jquery.js></script>
  <script src=jquery.mobile/jquery.mobile.js></script>
</head>

<body>

<div data-role=page id=home>
```

```
<div data-role=header>
  <h1>Home</h1>
</div>

<div data-role=content>
  <h3> Deux boutons alignés </h3>
  <div class=ui-grid-a>
    <div class=ui-block-a>
      <a href=# data-role=button> Valider </a></div>
    <div class=ui-block-b>
      <a href=# data-role=button> Supprimer </a></div>
  </div>
</div>
</div>

</body>
</html>
```

Figure 5–6
Un tableau contenant des boutons

Figure 5–7
Un tableau contenant des boutons avec des icônes

Sur la figure 5-6, les deux boutons sont alignés et de même dimension, étant donné qu'ils sont insérés dans des cellules de taille identique.

Il est aussi possible d'insérer des icônes sur les boutons, comme nous l'avons vu au chapitre précédent, afin d'obtenir un résultat tel que sur la figure 5-7.

Deux boutons alignés avec leur icône

```
<!DOCTYPE html>
<html>
<head>
  <meta name=viewport content="user-scalable=no,width=device-width" />
  <link rel=stylesheet href=jquery.mobile/jquery.mobile.css />
  <script src=jquery.js></script>
  <script src=jquery.mobile/jquery.mobile.js></script>
</head>

<body>

<div data-role=page id=home>
  <div data-role=header>
    <h1>Home</h1>
  </div>

  <div data-role=content>
    <h3> Deux boutons alignés </h3>
    <div class=ui-grid-a>
      <div class=ui-block-a>
        <a href=# data-role=button data-icon=check> Valider </a></div>
      <div class=ui-block-b>
        <a href=# data-role=button data-icon=delete> Supprimer </a></div>
    </div>
  </div>
</div>

</body>
</html>
```

Personnaliser les tableaux

Les tableaux utilisent les classes CSS `ui-grid-a`, `ui-grid-b`, etc., pour définir l'élément qui englobera le tableau, mais également les classes `ui-block-a`, `ui-block-b`, etc., pour définir chacune des cases du tableau. En personnalisant ces classes CSS, nous pouvons affecter différents styles à nos tableaux.

Un tableau aéré et centré

Nous allons utiliser la propriété CSS height, permettant d'indiquer une hauteur de cellules, et la propriété text-align pour centrer le contenu de celles-ci.

Styler le contenu des cellules du tableau

```html
<!DOCTYPE html>
<html>
<head>
  <meta name=viewport content="user-scalable=no,width=device-width" />
  <link rel=stylesheet href=jquery.mobile/jquery.mobile.css />
  <script src=jquery.js></script>
  <script src=jquery.mobile/jquery.mobile.js></script>

  <style type=text/css>
    .ui-block-a, .ui-block-b, .ui-block-c {
      height : 50px;
      text-align : center;
    }
  </style>
</head>

<body>

<div data-role=page id=home>
  <div data-role=header>
    <h1>Home</h1>
  </div>

  <div data-role=content>
    <h3> Un tableau aéré et centré </h3>
    <div class=ui-grid-b>
      <div class=ui-block-a>Elem 1.1</div>
      <div class=ui-block-b>Elem 1.2</div>
      <div class=ui-block-c>Elem 1.3</div>
      <div class=ui-block-a>Elem 2.1</div>
      <div class=ui-block-b>Elem 2.2</div>
      <div class=ui-block-c>Elem 2.3</div>
    </div>
  </div>
</div>

</body>
</html>
```

Ce code est similaire à celui que nous avions précédemment écrit. Nous avons seulement ajouté les quelques lignes de description des styles associés aux classes `ui-block-a`, `ui-block-b` et `ui-block-c`.

Figure 5–8
Un tableau aéré et centré

Alterner les lignes paires et impaires (en créant ses propres styles)

Nous souhaitons ici alterner le style des lignes paires et impaires du tableau, afin d'offrir une meilleure présentation. On ajoute pour cela deux nouvelles classes CSS que nous créons (de nom odd et even), que nous associons à nos lignes impaires et paires.

Styler les lignes impaires et paires

```
<!DOCTYPE html>
<html>
<head>
  <meta name=viewport content="user-scalable=no,width=device-width" />
  <link rel=stylesheet href=jquery.mobile/jquery.mobile.css />
  <script src=jquery.js></script>
  <script src=jquery.mobile/jquery.mobile.js></script>
```

```html
    <style type=text/css>
      .odd {
        background-color : black;
        color : white;
        text-align : center;
        height : 30px;
        padding-top : 5px;
      }
      .even {
        background-color : gray;
        color : white;
        text-align : center;
        height : 30px;
        padding-top : 5px;
      }
    </style>
</head>

<body>

<div data-role=page id=home>
  <div data-role=header>
    <h1>Home</h1>
  </div>

  <div data-role=content>
    <h3> Un tableau avec lignes alternées </h3>
    <div class=ui-grid-b>
      <div class="ui-block-a odd">Elem 1.1</div>
      <div class="ui-block-b odd">Elem 1.2</div>
      <div class="ui-block-c odd">Elem 1.3</div>
      <div class="ui-block-a even">Elem 2.1</div>
      <div class="ui-block-b even">Elem 2.2</div>
      <div class="ui-block-c even">Elem 2.3</div>
      <div class="ui-block-a odd">Elem 3.1</div>
      <div class="ui-block-b odd">Elem 3.2</div>
      <div class="ui-block-c odd">Elem 3.3</div>
      <div class="ui-block-a even">Elem 4.1</div>
      <div class="ui-block-b even">Elem 4.2</div>
      <div class="ui-block-c even">Elem 4.3</div>
      <div class="ui-block-a odd">Elem 5.1</div>
      <div class="ui-block-b odd">Elem 5.2</div>
      <div class="ui-block-c odd">Elem 5.3</div>
    </div>
  </div>
</div>

</body>
</html>
```

Figure 5–9
Un tableau stylé

Utiliser les styles définis par jQuery Mobile

jQuery Mobile définit des classes CSS permettant de personnaliser les cellules des tables. Ces styles correspondent aux classes CSS `ui-bar-a`, `ui-bar-b`, `ui-bar-c`, `ui-bar-d` et `ui-bar-e`.

Utilisation des classes ui-bar-a, ui-bar-b, etc.

```
<!DOCTYPE html>
<html>
<head>
  <meta name=viewport content="user-scalable=no,width=device-width" />
  <link rel=stylesheet href=jquery.mobile/jquery.mobile.css />
  <script src=jquery.js></script>
  <script src=jquery.mobile/jquery.mobile.js></script>
</head>

<body>

<div data-role=page id=home>
  <div data-role=header>
    <h1>Home</h1>
  </div>

  <div data-role=content>
```

```
<h3> Un tableau avec lignes alternées </h3>
<div class=ui-grid-b>
  <div class="ui-block-a ui-bar-a">Elem 1.1</div>
  <div class="ui-block-b ui-bar-a">Elem 1.2</div>
  <div class="ui-block-c ui-bar-a">Elem 1.3</div>
  <div class="ui-block-a ui-bar-b">Elem 2.1</div>
  <div class="ui-block-b ui-bar-b">Elem 2.2</div>
  <div class="ui-block-c ui-bar-b">Elem 2.3</div>
  <div class="ui-block-a ui-bar-c">Elem 3.1</div>
  <div class="ui-block-b ui-bar-c">Elem 3.2</div>
  <div class="ui-block-c ui-bar-c">Elem 3.3</div>
  <div class="ui-block-a ui-bar-d">Elem 4.1</div>
  <div class="ui-block-b ui-bar-d">Elem 4.2</div>
  <div class="ui-block-c ui-bar-d">Elem 4.3</div>
  <div class="ui-block-a ui-bar-e">Elem 5.1</div>
  <div class="ui-block-b ui-bar-e">Elem 5.2</div>
  <div class="ui-block-c ui-bar-e">Elem 5.3</div>
    </div>
  </div>
</div>

</body>
</html>
```

Figure 5–10
Un tableau stylé selon les styles de jQuery Mobile

Figure 5–11 Un tableau stylé avec nos styles
et ceux de jQuery Mobile

Il est possible de mélanger les styles définis par jQuery Mobile avec les nôtres. En voici un exemple.

Utiliser nos styles et ceux de jQuery Mobile (figure 5-11)

```
<!DOCTYPE html>
<html>
<head>
  <meta name=viewport content="user-scalable=no,width=device-width" />
  <link rel=stylesheet href=jquery.mobile/jquery.mobile.css />
  <script src=jquery.js></script>
  <script src=jquery.mobile/jquery.mobile.js></script>

  <style type=text/css>
    .ui-block-a, .ui-block-b, .ui-block-c {
      height : 30px;
      text-align : center;
      padding-top : 5px;
    }
  </style>
</head>

<body>

<div data-role=page id=home>
  <div data-role=header>
    <h1>Home</h1>
  </div>

  <div data-role=content>
    <h3> Un tableau avec lignes alternées </h3>
    <div class=ui-grid-b>
      <div class="ui-block-a ui-bar-a">Elem 1.1</div>
      <div class="ui-block-b ui-bar-a">Elem 1.2</div>
      <div class="ui-block-c ui-bar-a">Elem 1.3</div>
      <div class="ui-block-a ui-bar-b">Elem 2.1</div>
      <div class="ui-block-b ui-bar-b">Elem 2.2</div>
      <div class="ui-block-c ui-bar-b">Elem 2.3</div>
      <div class="ui-block-a ui-bar-c">Elem 3.1</div>
      <div class="ui-block-b ui-bar-c">Elem 3.2</div>
      <div class="ui-block-c ui-bar-c">Elem 3.3</div>
      <div class="ui-block-a ui-bar-d">Elem 4.1</div>
      <div class="ui-block-b ui-bar-d">Elem 4.2</div>
      <div class="ui-block-c ui-bar-d">Elem 4.3</div>
      <div class="ui-block-a ui-bar-e">Elem 5.1</div>
      <div class="ui-block-b ui-bar-e">Elem 5.2</div>
      <div class="ui-block-c ui-bar-e">Elem 5.3</div>
      <div class="ui-block-a ui-bar-f">Elem 5.1</div>
      <div class="ui-block-b ui-bar-f">Elem 5.2</div>
      <div class="ui-block-c ui-bar-f">Elem 5.3</div>
```

```
        </div>
      </div>
    </div>

    </body>
    </html>
```

Aligner les boutons côte à côte

Nous avons vu précédemment dans ce chapitre comment insérer des boutons dans les tableaux sur une même ligne. Nous désirons ici utiliser, en plus, la possibilité de pouvoir juxtaposer les boutons horizontalement, comme nous l'avions vu dans le chapitre sur les boutons. On utilise pour cela un élément `<div>` ayant l'attribut `data-role="controlgroup"` et l'attribut `data-type="horizontal"`.

Deux boutons alignés côte à côte (figure 5-12)

```html
<!DOCTYPE html>
<html>
<head>
  <meta name=viewport content="user-scalable=no,width=device-width" />
  <link rel=stylesheet href=jquery.mobile/jquery.mobile.css />
  <script src=jquery.js></script>
  <script src=jquery.mobile/jquery.mobile.js></script>
</head>

<body>

<div data-role=page id=home>
  <div data-role=header>
    <h1>Home</h1>
  </div>

  <div data-role=content>
    <h3> Deux boutons alignés côte à côte</h3>
    <div class=ui-grid-a data-role=controlgroup data-type=horizontal >
      <div class=ui-block-a style="text-align:right">
        <a href=# data-role=button style="width:140px"> Valider </a>
      </div>
      <div class=ui-block-b>
        <a href=# data-role=button style="width:140px"> Supprimer </a>
      </div>
    </div>
  </div>
</div>

</body>
</html>
```

Comme nous l'avons précédemment expliqué, l'utilisation des attributs `data-role="controlgroup"` et `data-type="horizontal"` permet de juxtaposer les boutons horizontalement. Toutefois, il faut aussi utiliser la propriété `text-align:right` pour la première case du tableau, de façon que son contenu soit juxtaposé sur le bord droit de la cellule. Enfin, l'utilisation des propriétés `width:140px` pour chaque bouton permet aux deux boutons d'avoir la même largeur.

Le principe est le même pour trois boutons affichés dans la même ligne du tableau, comme sur la figure 5-13. Bien sûr, il faut tenir compte de la taille des cellules, qui sont dans ce cas de taille moindre (par exemple, 100 pixels). Donc, le texte sur le bouton devra être plus court, sous peine de voir jQuery Mobile utiliser des `"..."` en remplacement du texte qui déborde.

Figure 5–12
Un tableau avec des boutons juxtaposés

Figure 5–13
Un tableau avec trois boutons juxtaposés

Trois boutons alignés côte à côte

```html
<!DOCTYPE html>
<html>
<head>
  <meta name=viewport content="user-scalable=no,width=device-width" />
  <link rel=stylesheet href=jquery.mobile/jquery.mobile.css />
  <script src=jquery.js></script>
  <script src=jquery.mobile/jquery.mobile.js></script>
</head>

<body>

<div data-role=page id=home>
  <div data-role=header>
    <h1>Home</h1>
  </div>

  <div data-role=content>
    <h3> Trois boutons alignés côte à côte </h3>
    <div class=ui-grid-b data-role=controlgroup data-type=horizontal >
      <div class=ui-block-a style="text-align:right">
        <a href=# data-role=button style="width:100px"> Oui </a></div>
      <div class=ui-block-b>
        <a href=# data-role=button style="width:100px"> ??? </a></div>
      <div class=ui-block-c>
        <a href=# data-role=button style="width:100px"> Non </a></div>
    </div>
  </div>
</div>

</body>
</html>
```

Utiliser les thèmes CSS

En plus de la personnalisation des tableaux vue précédemment, jQuery Mobile permet de positionner un thème CSS sur la fenêtre contenant les tables. Le contenu de la fenêtre (donc les tableaux qui y sont inclus) profite du thème CSS global de la fenêtre. Les éventuels boutons inclus dans la page seront également stylés selon ce thème.

Figure 5–14
Un tableau possédant
le style de la fenêtre

Positionner le thème "a" sur une fenêtre contenant un tableau

```
<!DOCTYPE html>
<html>
<head>
  <meta name=viewport content="user-scalable=no,width=device-width" />
  <link rel=stylesheet href=jquery.mobile/jquery.mobile.css />
  <script src=jquery.js></script>
  <script src=jquery.mobile/jquery.mobile.js></script>
</head>

<body>

<div data-role=page id=home data-theme=a>
  <div data-role=header>
    <h1>Home</h1>
  </div>

  <div data-role=content>
    <h3> Un tableau sur 2 lignes et 3 colonnes </h3>
    <div class=ui-grid-b>
      <div class=ui-block-a>Elément 1.1</div>
      <div class=ui-block-b>Elément 1.2</div>
```

```
            <div class=ui-block-c>Elément 1.3</div>
            <div class=ui-block-a>Elément 2.1</div>
            <div class=ui-block-b>Elément 2.2</div>
            <div class=ui-block-c>Elément 2.3</div>
        </div>
    </div>
</div>

</body>
</html>
```

6

Afficher les éléments de formulaires

jQuery Mobile utilise des classes CSS afin de redéfinir l'aspect des principaux éléments contenus dans les formulaires HTML (champs de saisie, listes, etc.). Il permet ainsi d'afficher les éléments de formulaires avec un aspect plus adapté aux terminaux mobiles.

Les champs de saisie

Les champs de saisie sont de deux sortes, selon qu'ils autorisent la saisie sur une seule ligne ou sur plusieurs. jQuery Mobile introduit en plus une variante permettant l'affichage d'un champ de recherche et la saisie sur une seule ligne. Ce concept est une extension de la norme HTML 5, adaptée ici à jQuery Mobile.

> À LIRE **HTML 5**
>
> Pour en savoir plus sur HTML 5 et ses nouvelles fonctionnalités, référez-vous à l'ouvrage suivant.
> 📖 R. Rimelé, *HTML 5*, Eyrolles, 2011

Saisie sur une ligne

Un champ de saisie sur une ligne est un élément `<input>`, possédant l'attribut `type` permettant d'indiquer le type de l'élément que l'on souhaite saisir.

Tableau 6–1 Valeurs de l'attribut type dans l'élément <input>

Valeur	Signification
text	Permet la saisie de texte quelconque.
password	Permet la saisie d'un mot de passe (caché à l'affichage).

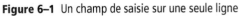

Figure 6–1 Un champ de saisie sur une seule ligne

Figure 6–2 Un champ de saisie avec le focus

Un champ de saisie d'un nom (figure 6-1)

```
<!DOCTYPE html>
<html>
<head>
  <meta name=viewport content="user-scalable=no,width=device-width" />
  <link rel=stylesheet href=jquery.mobile/jquery.mobile.css />
  <script src=jquery.js></script>
  <script src=jquery.mobile/jquery.mobile.js></script>
</head>

<body>

<div data-role=page id=home>
  <div data-role=header>
```

```
      <h1>Home</h1>
   </div>

   <div data-role=content>
      <span> Nom </span>
      <input type=text value=Sarrion>
   </div>
</div>

</body>
</html>
```

Nous avons inséré un élément `<input>` ayant l'attribut `type="text"`, permettant la saisie d'un nom. L'élément `<span>` contenant le texte *Nom* permet d'indiquer ce que signifie le champ qui suit ; il peut être remplacé par un élément `<label>`.

jQuery Mobile ne se contente pas d'afficher le champ de saisie avec un style plus avenant. Lorsque l'on clique dans celui-ci, il s'entoure d'un halo bleu permettant de voir qu'il est sélectionné (figure 6-2).

Saisie sur plusieurs lignes

Lorsque le texte à saisir peut comporter plusieurs lignes, on utilise alors l'élément `<textarea>`, qui est également stylé par jQuery Mobile. De plus, il s'agrandit automatiquement en hauteur dès que le texte saisi est plus important que la taille du champ.

Un champ de saisie sur plusieurs lignes

```
<!DOCTYPE html>
<html>
<head>
  <meta name=viewport content="user-scalable=no,width=device-width" />
  <link rel=stylesheet href=jquery.mobile/jquery.mobile.css />
  <script src=jquery.js></script>
  <script src=jquery.mobile/jquery.mobile.js></script>
</head>

<body>

<div data-role=page id=home>
  <div data-role=header>
    <h1>Home</h1>
  </div>
```

```
  <div data-role=content>
    <span> Description </span>
    <textarea></textarea>
  </div>
</div>

</body>
</html>
```

Avant saisie, le champ est de taille prédéfinie (deux lignes sur la largeur de l'écran, comme sur la figure 6-3). Au fur et à mesure de la saisie, sa hauteur augmente, permettant de visualiser le texte introduit dans son intégralité (figure 6-4).

Figure 6–3
Un champ de saisie multiligne

Figure 6–4
Un champ de saisie qui s'adapte au contenu

Champs de recherche

Cette forme de champ de saisie est inspirée de HTML 5. On indique l'attribut `type="search"` dans l'élément `<input>`, et jQuery Mobile stylera ce champ de manière adéquate.

Afficher un champ de recherche (figure 6-5)

```html
<!DOCTYPE html>
<html>
<head>
  <meta name=viewport content="user-scalable=no,width=device-width" />
  <link rel=stylesheet href=jquery.mobile/jquery.mobile.css />
  <script src=jquery.js></script>
  <script src=jquery.mobile/jquery.mobile.js></script>
</head>

<body>

<div data-role=page id=home>
  <div data-role=header>
    <h1>Home</h1>
  </div>

  <div data-role=content>
    <span> Rechercher... </span>
    <input type=search>
  </div>
</div>

</body>
</html>
```

Figure 6–5
Un champ de recherche

Les listes de sélection

Les listes de sélection s'utilisent au moyen de l'élément `<select>`, pouvant contenir un ou plusieurs éléments `<option>`. Deux types de listes sont disponibles :

- les listes de sélection simple (un seul élément peut être sélectionné dans la liste) ;
- les listes de sélection multiple (plusieurs choix sont possibles).

Listes de sélection simple

On utilise la balise `<select>` pour entourer la liste, puis la balise `<option>` pour décrire chaque élément de liste. jQuery Mobile impose d'utiliser l'attribut `value` dans chaque élément `<option>`, sinon l'élément correspondant n'est pas pris en compte.

Voici un exemple de liste de sélection simple, permettant de sélectionner un type d'appartement (figure 6-6).

Utiliser une liste de sélection simple

```
<!DOCTYPE html>
<html>
<head>
  <meta name=viewport content="user-scalable=no,width=device-width" />
  <link rel=stylesheet href=jquery.mobile/jquery.mobile.css />
  <script src=jquery.js></script>
  <script src=jquery.mobile/jquery.mobile.js></script>
</head>

<body>

<div data-role=page id=home>
  <div data-role=header>
    <h1>Home</h1>
  </div>

  <div data-role=content>
    <span> Choisissez un type d'appartement : </span>
    <select data-native-menu=false>
      <option value=1> 1 pièce </option>
      <option value=2> 2 pièces </option>
      <option value=3> 3 pièces </option>
      <option value=4> 4 pièces </option>
      <option value=5> 5 pièces et plus</option>
    </select>
```

```
    </div>
  </div>

  </body>
</html>
```

Figure 6–6
Une liste de sélection fermée

Figure 6–7
Une liste de sélection ouverte

Figure 6–8 Un nouvel élément
a été sélectionné dans la liste.

Si l'on clique sur l'élément affiché de la liste, la liste complète apparaît dans une nouvelle fenêtre superposée (figure 6-7). Puis, si l'on sélectionne un élément dans la liste affichée, il vient s'inscrire dans la première fenêtre (figure 6-8).

L'attribut `data-native-menu` positionné à `"false"` dans l'élément `<select>` permet de styler la liste selon les conventions de jQuery Mobile (comme sur les figures 6-6 à 6-8). Si vous l'omettez, la liste sera affichée selon l'aspect natif du navigateur utilisé. Par exemple, sur un iPhone, vous obtiendrez l'affichage classique des listes de sélection, comme sur la figure 6-9 (page suivante).

Figure 6–9
Une liste de sélection native

Remarquons, de plus, que si nous omettons l'attribut `value` dans un ou plusieurs éléments `<option>`, l'affichage ne prend plus en compte ces éléments (sauf le dernier, qui devient le titre de la liste affichée).

Par exemple, si nous supprimons l'attribut `value` pour le premier et le troisième éléments, on obtient un affichage tel que celui représenté sur la figure 6-10.

Des éléments de liste sans attribut value

```
<!DOCTYPE html>
<html>
<head>
  <meta name=viewport content="user-scalable=no,width=device-width" />
  <link rel=stylesheet href=jquery.mobile/jquery.mobile.css />
  <script src=jquery.js></script>
  <script src=jquery.mobile/jquery.mobile.js></script>
</head>

<body>

<div data-role=page id=home>
  <div data-role=header>
    <h1>Home</h1>
  </div>
```

```
   <div data-role=content>
     <span> Choisissez un type d'appartement : </span>
     <select data-native-menu=false>
       <option> 1 pièce </option>
       <option value=2> 2 pièces </option>
       <option> 3 pièces </option>
       <option value=4> 4 pièces </option>
       <option value=5> 5 pièces et plus</option>
     </select>
   </div>
 </div>

 </body>
 </html>
```

Figure 6–10
Une liste de sélection
contenant des éléments
sans attribut value

L'élément correspondant au « 1 pièce » a disparu, tandis que celui correspondant au « 3 pièces » s'inscrit en titre de la fenêtre, sans pouvoir être sélectionnable.

Par défaut, le premier élément de la liste est celui qui sera présélectionné dans celle-ci. Remarquons que si on utilise l'attribut selected dans un des éléments <option>, cet élément sera alors présélectionné lors de l'affichage de la liste. Par exemple, pour présélectionner « 2 pièces » par défaut, on écrira le code qui suit.

Présélection d'un élément dans la liste

```
<!DOCTYPE html>
<html>
<head>
  <meta name=viewport content="user-scalable=no,width=device-width" />
  <link rel=stylesheet href=jquery.mobile/jquery.mobile.css />
  <script src=jquery.js></script>
  <script src=jquery.mobile/jquery.mobile.js></script>
</head>

<body>

<div data-role=page id=home>
  <div data-role=header>
    <h1>Home</h1>
  </div>

  <div data-role=content>
    <span> Choisissez un type d'appartement : </span>
    <select data-native-menu=false>
      <option value=1> 1 pièce </option>
      <option value=2 selected=selected> 2 pièces </option>
      <option value=3> 3 pièces </option>
      <option value=4> 4 pièces </option>
      <option value=5> 5 pièces et plus</option>
    </select>
  </div>
</div>

</body>
</html>
```

Listes de sélection multiple

Les listes de sélection multiple permettent de choisir plusieurs éléments dans une liste.
On utilise l'attribut multiple dans l'élément <select> lors de la définition de la liste.

Utiliser une liste de sélection multiple

```
<!DOCTYPE html>
<html>
<head>
  <meta name=viewport content="user-scalable=no,width=device-width" />
  <link rel=stylesheet href=jquery.mobile/jquery.mobile.css />
  <script src=jquery.js></script>
```

```
    <script src=jquery.mobile/jquery.mobile.js></script>
</head>

<body>

<div data-role=page id=home>
  <div data-role=header>
    <h1>Home</h1>
  </div>

  <div data-role=content>
    <span> Choisissez un type d'appartement
           (plusieurs choix possibles) : </span>
    <select data-native-menu=false multiple=multiple>
      <option value=1> 1 pièce </option>
      <option value=2> 2 pièces </option>
      <option value=3> 3 pièces </option>
      <option value=4> 4 pièces </option>
      <option value=5> 5 pièces et plus</option>
    </select>
  </div>
</div>

</body>
</html>
```

Lors du premier affichage de la fenêtre, la liste s'affiche, mais aucun élément n'est présélectionné dans celle-ci, à l'inverse de ce qui se passait dans les listes de sélection simple (figure 6-11, page suivante).

Ouvrons la liste en cliquant sur l'élément affiché (ici, nous avons également sélectionné les deux éléments « 2 pièces » et « 3 pièces » dans la liste), puis refermons-la en cliquant sur la croix ou à l'extérieur de la liste (figure 6-12).

Les deux éléments choisis sont venus s'inscrire dans la liste, ainsi qu'une pastille indiquant le nombre d'éléments sélectionnés (figure 6-13).

Figure 6–11
Une liste de sélection multiple fermée

Figure 6–12
Une liste de sélection multiple ouverte

Figure 6–13
Une liste de sélection multiple
contenant deux éléments sélectionnés

Une amélioration possible consisterait à afficher un texte dans la liste lorsqu'aucun élément n'est sélectionné dans celle-ci. Cela éviterait d'avoir un champ vide à l'affichage. Pour cela, il suffit d'insérer un élément `<option>` *ne comportant pas* d'attribut `value`. Cet élément ne sera pas inscrit dans la liste, et correspondra à un titre pour la liste qui s'affiche (figure 6-14).

Donner un titre à la liste

```
<!DOCTYPE html>
<html>
<head>
  <meta name=viewport content="user-scalable=no,width=device-width" />
  <link rel=stylesheet href=jquery.mobile/jquery.mobile.css />
  <script src=jquery.js></script>
  <script src=jquery.mobile/jquery.mobile.js></script>
</head>

<body>

<div data-role=page id=home>
```

```
<div data-role=header>
  <h1>Home</h1>
</div>

<div data-role=content>
  <span> Choisissez un type d'appartement (plusieurs choix possibles) : </span>
  <select data-native-menu=false multiple=multiple>
    <option> Choisissez... </option>
    <option value=1> 1 pièce </option>
    <option value=2> 2 pièces </option>
    <option value=3> 3 pièces </option>
    <option value=4> 4 pièces </option>
    <option value=5> 5 pièces et plus</option>
  </select>
</div>
</div>

</body>
</html>
```

Figure 6–14
Afficher un prompt par défaut
dans une liste de sélection

Lorsqu'un ou plusieurs éléments auront été choisis dans la liste, le texte par défaut disparaîtra au profit des éléments sélectionnés.

Il est également possible de présélectionner une ou plusieurs valeurs dans la liste, qui s'afficheront directement dans l'élément. Il suffit pour cela de leur adjoindre l'attribut `selected="selected"`.

Par exemple, pour présélectionner les « 2 pièces » et les « 3 pièces » dans la liste :

Figure 6–15
Une liste de sélection multiple
avec éléments présélectionnés

Présélectionner des éléments dans une liste à sélection multiple

```
<!DOCTYPE html>
<html>
<head>
  <meta name=viewport content="user-scalable=no,width=device-width" />
  <link rel=stylesheet href=jquery.mobile/jquery.mobile.css />
  <script src=jquery.js></script>
  <script src=jquery.mobile/jquery.mobile.js></script>
</head>

<body>

<div data-role=page id=home>
  <div data-role=header>
    <h1>Home</h1>
  </div>

  <div data-role=content>
    <span> Choisissez un type d'appartement (plusieurs choix possibles) : </span>
    <select data-native-menu=false multiple=multiple>
      <option> Choisissez... </option>
```

```
        <option value=1> 1 pièce </option>
        <option value=2 selected=selected> 2 pièces </option>
        <option value=3 selected=selected> 3 pièces </option>
        <option value=4> 4 pièces </option>
        <option value=5> 5 pièces et plus</option>
      </select>
   </div>
</div>

</body>
</html>
```

La liste s'affiche avec ces éléments sélectionnés, comme sur la figure 6-15.

Grouper les éléments dans la liste

Dans le cas où la liste est longue, il est parfois utile de grouper certains éléments en donnant un titre à ce sous-ensemble. On utilise pour cela l'élément HTML `<optgroup>` afin de les regrouper.

Par exemple, distinguons les appartements 1, 2 et 3 pièces des autres. Les premiers sont regroupés dans « Basic », les seconds dans « Premium ».

Grouper les éléments de liste

```
<!DOCTYPE html>
<html>
<head>
  <meta name=viewport content="user-scalable=no,width=device-width" />
  <link rel=stylesheet href=jquery.mobile/jquery.mobile.css />
  <script src=jquery.js></script>
  <script src=jquery.mobile/jquery.mobile.js></script>
</head>

<body>

<div data-role=page id=home>
  <div data-role=header>
    <h1>Home</h1>
  </div>

  <div data-role=content>
    <span> Appartement : </span>
    <select data-native-menu=false>
      <optgroup label=Basic>
        <option value=1> 1 pièce </option>
        <option value=2> 2 pièces </option>
```

```
            <option value=3> 3 pièces </option>
        </optgroup>
        <optgroup label=Premium>
            <option value=4> 4 pièces </option>
            <option value=5> 5 pièces et plus</option>
        </optgroup>
      </select>
   </div>
</div>

</body>
</html>
```

Figure 6–16
Une liste de sélection multiple
avec éléments groupés

Un élément de liste non sélectionnable (ici « Basic » et « Premium ») est venu s'insérer pour chacun des groupes d'éléments (figure 6-16).

Modifier l'icône affichée pour la liste

Par défaut, jQuery Mobile affiche une icône en forme de flèche orientée vers le bas dans la liste affichée. Elle représente l'icône nommée arrow-d dans la liste des icônes prédéfinies par jQuery Mobile, que nous reproduisons en figure 6-17.

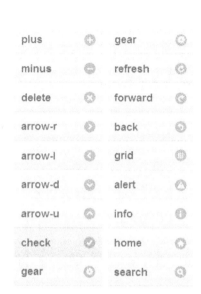

Figure 6–17
Icônes s'affichant dans les listes de sélection

Figure 6–18
Une liste de sélection avec icône personnalisée

Il est possible de modifier cette icône par défaut, au moyen de l'attribut `data-icon` spécifié sur l'élément `<select>`. Par exemple, indiquons l'icône `search`, de façon à obtenir l'écran de la figure 6-18.

Modifier l'icône par défaut dans les listes de sélection

```
<!DOCTYPE html>
<html>
<head>
  <meta name=viewport content="user-scalable=no,width=device-width" />
  <link rel=stylesheet href=jquery.mobile/jquery.mobile.css />
  <script src=jquery.js></script>
  <script src=jquery.mobile/jquery.mobile.js></script>
</head>

<body>

<div data-role=page id=home>
  <div data-role=header>
    <h1>Home</h1>
  </div>
```

```
  <div data-role=content>
    <span> Appartement : </span>
    <select data-native-menu=false data-icon=search>
      <option> Choisissez... </option>
      <option value=1> 1 pièce </option>
      <option value=2> 2 pièces </option>
      <option value=3> 3 pièces </option>
      <option value=4> 4 pièces </option>
      <option value=5> 5 pièces et plus</option>
    </select>
  </div>
</div>

</body>
</html>
```

Les cases à cocher

Les cases à cocher permettent de proposer des choix à l'utilisateur, qu'il pourra sélectionner ou non.

Afficher une case à cocher

Une case à cocher est créée au moyen de l'élément `<input>` possédant l'attribut `type="checkbox"`. Toutefois, jQuery Mobile demande en plus d'associer un élément `<label>` à `<input>`, afin que la zone cliquable soit plus large (surtout si l'on utilise un écran tactile). Enfin, l'élément `<input>` devra posséder un attribut `name`, sinon la sélection de la case à cocher ne s'effectuera pas.

Utiliser une case à cocher

```
<!DOCTYPE html>
<html>
<head>
  <meta name=viewport content="user-scalable=no,width=device-width" />
  <link rel=stylesheet href=jquery.mobile/jquery.mobile.css />
  <script src=jquery.js></script>
  <script src=jquery.mobile/jquery.mobile.js></script>
</head>

<body>

<div data-role=page id=home>
  <div data-role=header>
    <h1>Home</h1>
```

```
  </div>

  <div data-role=content>
    <span> Souhaitez-vous un appartement : </span>
    <label for=oui>Oui</label>
    <input type=checkbox id=oui name=appart_oui />
  </div>
</div>

</body>
</html>
```

> REMARQUE **L'attribut for**
>
> La relation entre les éléments `<label>` et `<input>` s'effectue au moyen des attributs `for` (dans `<label>`) et `id` (dans `<input>`), qui doivent posséder la même valeur (ici `oui`). Comme expliqué précédemment, l'attribut `name` ne sert qu'à permettre la sélection du champ lors d'un clic (il peut avoir une valeur quelconque).

Avant la sélection de la case à cocher, l'écran se présente comme sur la figure 6-19 puis, une fois cochée, comme sur la figure 6-20.

Figure 6–19 Une case à cocher non sélectionnée

Figure 6–20 Une case à cocher sélectionnée

Si vous souhaitez que la case à cocher le soit par défaut, il suffit d'ajouter l'attribut checked="checked" dans l'élément <input> correspondant.

Une case à cocher déjà sélectionnée

```
<input type=checkbox id=oui name=appart_oui checked=checked />
```

Disposer les cases à cocher verticalement

Voyons maintenant comment afficher plusieurs cases à cocher les unes en dessous des autres. Par exemple, pour choisir un appartement :

Cases à cocher verticales

```
<!DOCTYPE html>
<html>
<head>
  <meta name=viewport content="user-scalable=no,width=device-width" />
  <link rel=stylesheet href=jquery.mobile/jquery.mobile.css />
  <script src=jquery.js></script>
  <script src=jquery.mobile/jquery.mobile.js></script>
</head>

<body>

<div data-role=page id=home>
  <div data-role=header>
    <h1>Home</h1>
  </div>

  <div data-role=content>
    <span> Choisissez un appartement : </span>
    <label for=id1>1 pièce</label>
    <input type=checkbox id=id1 name=p1 />
    <label for=id2>2 pièces</label>
    <input type=checkbox id=id2 name=p2 />
    <label for=id3>3 pièces</label>
    <input type=checkbox id=id3 name=p3 />
    <label for=id4>4 pièces</label>
    <input type=checkbox id=id4 name=p4 />
    <label for=id5>5 pièces et plus</label>
    <input type=checkbox id=id5 name=p5 />
  </div>
</div>

</body>
</html>
```

On a simplement répété les éléments `<label>` et `<input>` autant de fois qu'il y a de cases à cocher. Le résultat est présenté sur la figure 6-21. Les cases à cocher s'affichent bien les unes sous les autres. Toutefois, elles apparaissent séparées, alors qu'elles se réfèrent au même objet (l'appartement).

Figure 6–21
Plusieurs cases à cocher

Figure 6–22
Cases à cocher regroupées verticalement

Pour les regrouper au sein d'une même entité, jQuery Mobile demande de les inclure dans un élément `<div>` possédant l'attribut `data-role="controlgroup"`. Cela permet de regrouper visuellement un ensemble d'éléments en supprimant les espaces verticaux qui les séparent (figure 6-22).

Cases à cocher regroupées

```
<!DOCTYPE html>
<html>
<head>
  <meta name=viewport content="user-scalable=no,width=device-width" />
  <link rel=stylesheet href=jquery.mobile/jquery.mobile.css />
  <script src=jquery.js></script>
  <script src=jquery.mobile/jquery.mobile.js></script>
</head>
```

```
<body>

<div data-role=page id=home>
  <div data-role=header>
    <h1>Home</h1>
  </div>

  <div data-role=content>
    <span> Choisissez un appartement : </span>
    <div data-role=controlgroup>
      <label for=id1>1 pièce</label>
      <input type=checkbox id=id1 name=p1 />
      <label for=id2>2 pièces</label>
      <input type=checkbox id=id2 name=p2 />
      <label for=id3>3 pièces</label>
      <input type=checkbox id=id3 name=p3 />
      <label for=id4>4 pièces</label>
      <input type=checkbox id=id4 name=p4 />
      <label for=id5>5 pièces et plus</label>
      <input type=checkbox id=id5 name=p5 />
    </div>
  </div>
</div>

</body>
</html>
```

Disposer les cases à cocher horizontalement

Par défaut, les cases à cocher se disposent dans le sens vertical, une par ligne. Il est également possible de les aligner horizontalement. Cela est utile lorsque leur nombre est limité (du fait de la largeur restreinte des écrans de mobiles).

Pour cela, on regroupe les cases à cocher dans un élément `<div>` possédant les attributs `data-role="controlgroup"` et `data-type="horizontal"`.

Voici, par exemple, la possibilité de sélectionner le nombre de pièces de l'appartement, dans des cases disposées dans le sens horizontal (figure 6-23).

Disposer les cases à cocher horizontalement

```
<!DOCTYPE html>
<html>
<head>
  <meta name=viewport content="user-scalable=no,width=device-width" />
  <link rel=stylesheet href=jquery.mobile/jquery.mobile.css />
  <script src=jquery.js></script>
  <script src=jquery.mobile/jquery.mobile.js></script>
```

```
</head>

<body>
<div data-role=page id=home>
  <div data-role=header>
    <h1>Home</h1>
  </div>

  <div data-role=content>
    <span> Choisissez le nombre de pièces : </span>
    <div data-role=controlgroup data-type=horizontal>
      <label for=id1>1</label>
      <input type=checkbox id=id1 name=p1 />
      <label for=id2>2</label>
      <input type=checkbox id=id2 name=p2 />
      <label for=id3>3</label>
      <input type=checkbox id=id3 name=p3 />
      <label for=id4>4</label>
      <input type=checkbox id=id4 name=p4 />
      <label for=id5>5 et plus</label>
      <input type=checkbox id=id5 name=p5 />
    </div>
  </div>
</div>

</body>
</html>
```

Figure 6–23
Cases à cocher regroupées
horizontalement

Sur la figure 6-23, nous avons sélectionné les cases 2 et 3. Le symbole de la case à cocher n'apparaît plus ici, mais la case sera considérée cochée selon l'aspect du bouton, sélectionné ou non.

REMARQUE **Retour à la ligne**

Remarquons que la dernière case à cocher, ne pouvant pas être contenue sur la ligne, s'affiche automatiquement sur la ligne en dessous, ce qui est disgracieux. On utilisera donc ce procédé lorsque les cases à cocher pourront tenir sur une seule ligne.

Les boutons radio

Les boutons radio sont similaires aux cases à cocher, mais ne permettent de sélectionner qu'un seul élément dans le groupe de boutons (au lieu de plusieurs dans les cases à cocher).

Disposer les boutons radio verticalement

Le principe est le même que pour les cases à cocher. On indique chaque bouton radio au moyen de l'élément `<input>` possédant l'attribut `type="radio"`, en l'associant à un élément `<label>` afin que la zone cliquable soit plus large que le bouton radio lui-même. De plus, l'élément `<input>` devra posséder un attribut `name` qui sera le même pour tous les boutons radio du groupe, cela permettant que les boutons radio s'excluent mutuellement.

Enfin, comme pour les cases à cocher, on regroupera les boutons radio et leurs labels dans un `<div>` possédant l'attribut `data-role="controlgroup"`, afin qu'ils soient contigus verticalement.

Boutons radio disposés verticalement

```
<!DOCTYPE html>
<html>
<head>
  <meta name=viewport content="user-scalable=no,width=device-width" />
  <link rel=stylesheet href=jquery.mobile/jquery.mobile.css />
  <script src=jquery.js></script>
  <script src=jquery.mobile/jquery.mobile.js></script>
</head>
```

```
<body>

<div data-role=page id=home>
  <div data-role=header>
    <h1>Home</h1>
  </div>

  <div data-role=content>
    <span> Choisissez le nombre de pièces : </span>
    <div data-role=controlgroup>
      <label for=id1>1</label>
      <input type=radio id=id1 name=pieces />
      <label for=id2>2</label>
      <input type=radio id=id2 name=pieces />
      <label for=id3>3</label>
      <input type=radio id=id3 name=pieces />
      <label for=id4>4</label>
      <input type=radio id=id4 name=pieces />
      <label for=id5>5 et plus</label>
      <input type=radio id=id5 name=pieces />
    </div>
  </div>
</div>

</body>
</html>
```

REMARQUE **L'attribut for**

La relation entre les éléments `<label>` et `<input>` s'effectue au moyen des attributs `for` (dans `<label>`) et `id` (dans `<input>`), qui doivent posséder la même valeur. De plus, tous les éléments `<input>` ont le même attribut `name` permettant ainsi aux boutons radio de s'exclure mutuellement.

La figure 6-24 représente l'écran avant qu'un bouton radio ne soit coché. Si on coche le deuxième, on obtient l'écran de la figure 6-25.

Il est possible de présélectionner un bouton radio lors de son affichage. Pour cela, il suffit d'indiquer l'attribut `checked="checked"` dans l'élément `<input>` associé.

Présélectionner un bouton radio

```
<input type=radio id=id1 name=pieces checked=checked />
```

Figure 6–24 Boutons radio

Figure 6–25 Bouton radio sélectionné

Disposer les boutons radio horizontalement

Par défaut, les boutons radio d'un même groupe s'alignent de façon verticale. Comme pour les cases à cocher, jQuery Mobile permet également de les disposer de façon horizontale, en les regroupant dans un élément `<div>` possédant les attributs `data-role="controlgroup"` et `data-type="horizontal"`.

Afin de conserver un affichage correct, nous ferons apparaître ici que quatre boutons radio, le cinquième débordant sur la ligne du dessous.

Aligner les boutons radio horizontalement (figure 6-26)

```
<!DOCTYPE html>
<html>
<head>
  <meta name=viewport content="user-scalable=no,width=device-width" />
  <link rel=stylesheet href=jquery.mobile/jquery.mobile.css />
  <script src=jquery.js></script>
  <script src=jquery.mobile/jquery.mobile.js></script>
</head>

<body>
```

```
<div data-role=page id=home>
  <div data-role=header>
    <h1>Home</h1>
  </div>

  <div data-role=content>
    <span> Choisissez le nombre de pièces : </span>
    <div data-role=controlgroup data-type=horizontal>
      <label for=id1>1</label>
      <input type=radio id=id1 name=pieces />
      <label for=id2>2</label>
      <input type=radio id=id2 name=pieces />
      <label for=id3>3</label>
      <input type=radio id=id3 name=pieces />
      <label for=id4>4</label>
      <input type=radio id=id4 name=pieces />
    </div>
  </div>
</div>

</body>
</html>
```

Figure 6–26
Boutons radio regroupés
horizontalement

Les interrupteurs

Depuis l'avènement des écrans tactiles, il est d'usage de représenter les boutons radio, lorsqu'ils sont au nombre de deux, sous forme d'interrupteur. Par exemple, dans les menus de l'iPhone, nous voyons souvent ce genre d'interrupteur (figure 6-27).

Figure 6–27
Interrupteur de style iPhone

jQuery Mobile a prévu de pouvoir représenter facilement ces éléments graphiques. Il utilise pour cela une liste de sélection `<select>` ne contenant que deux éléments `<option>`. Pour la distinguer des autres listes de sélection que l'on a précédemment étudiées, on positionne l'attribut `data-role="slider"` dans l'élément `<select>`.

Utiliser un interrupteur

```
<!DOCTYPE html>
<html>
<head>
  <meta name=viewport content="user-scalable=no,width=device-width" />
  <link rel=stylesheet href=jquery.mobile/jquery.mobile.css />
  <script src=jquery.js></script>
  <script src=jquery.mobile/jquery.mobile.js></script>
</head>

<body>

<div data-role=page id=home>
  <div data-role=header>
    <h1>Home</h1>
  </div>

  <div data-role=content>
    <span> Souhaitez-vous un appartement : </span>
    <select data-role=slider>
      <option value=non> Non </option>
      <option value=oui> Oui </option>
    </select>
  </div>
</div>

</body>
</html>
```

On obtient alors un aspect tel que représenté sur la figure 6-28.

Si l'on clique sur l'interrupteur, il se positionne sur l'autre bouton (figure 6-29).

Figure 6–28 Interrupteur de style jQuery Mobile   **Figure 6–29** Interrupteur sélectionné

On remarque que l'ordre d'écriture des éléments `<option>` est important.

- Le second élément `<option>` est celui qui sera positionné sur la gauche, visible lorsque l'interrupteur sera sur *ON* (partie bleue visible).
- À l'inverse, le premier élément `<option>` sera positionné sur la droite, visible dès le départ et sera associé à la position *OFF* de l'interrupteur (partie grisée visible).

Par défaut, l'interrupteur est donc en position *OFF* (partie droite grisée visible). Pour le positionner sur *ON*, il suffit d'indiquer l'attribut `selected="selected"` dans l'élément `<option>` correspondant.

Positionner l'interrupteur sur ON

```
<!DOCTYPE html>
<html>
<head>
  <meta name=viewport content="user-scalable=no,width=device-width" />
  <link rel=stylesheet href=jquery.mobile/jquery.mobile.css />
  <script src=jquery.js></script>
```

```
    <script src=jquery.mobile/jquery.mobile.js></script>
</head>

<body>

<div data-role=page id=home>
  <div data-role=header>
    <h1>Home</h1>
  </div>

  <div data-role=content>
    <span> Souhaitez-vous un appartement : </span>
    <select data-role=slider>
      <option value=non> Non </option>
      <option value=oui selected=selected> Oui </option>
    </select>
  </div>
</div>

</body>
</html>
```

Les sliders

Les *sliders* sont des composants d'interface graphique qui permettent de modifier la valeur numérique d'une donnée en déplaçant un curseur sur un axe gradué. Par exemple, un slider gradué de 1 à 5 permettra de sélectionner de manière graphique le nombre de pièces d'un appartement, plutôt que de l'entrer manuellement dans un champ de saisie.

jQuery Mobile permet d'afficher les sliders, et utilise pour cela la syntaxe fournie par HTML 5. Ils sont stylés par la bibliothèque de façon à les rendre plus accessibles à partir de terminaux tactiles.

Pour afficher un slider, on utilise un élément `<input>` possédant *au choix* :

- l'attribut `type="range"` ;
- l'attribut `data-type="range"` ;
- l'attribut `data-role="slider"`.

Ces trois possibilités sont permises par jQuery Mobile, même si seule la première est décrite dans la documentation officielle.

On doit également indiquer les attributs `min` et `max`, précisant les valeurs attribuées aux positions gauche et droite du curseur sur le slider. En fonction de ces valeurs, jQuery Mobile saura de combien il faut incrémenter la valeur du curseur en fonction de sa position.

De plus, on peut aussi indiquer la valeur initiale du curseur au moyen de l'attribut `value` dans l'élément `<input>`. Si cette valeur n'est pas précisée, le curseur se positionne à gauche du slider, correspondant à la valeur `min`.

Définir un slider

```
<!DOCTYPE html>
<html>
<head>
  <meta name=viewport content="user-scalable=no,width=device-width" />
  <link rel=stylesheet href=jquery.mobile/jquery.mobile.css />
  <script src=jquery.js></script>
  <script src=jquery.mobile/jquery.mobile.js></script>
</head>

<body>

<div data-role=page id=home>
  <div data-role=header>
    <h1>Home</h1>
  </div>

  <div data-role=content>
    <span> Indiquez le nombre de pièces : </span><br />
    <input type=range min=1 max=5 />
  </div>
</div>

</body>
</html>
```

Nous avons ici défini un slider pour indiquer le nombre de pièces souhaitées. La plus petite valeur est 1, la plus grande sera 5. Le curseur indiquera donc une valeur entre 1 et 5 inclus. L'affichage du slider, avant toute modification de la position du curseur, est tel que sur la figure 6-30.

Le curseur est bien positionné à gauche (valeur `min`) du fait que nous n'avons pas indiqué de valeur initiale par l'attribut `value`. jQuery Mobile affiche à gauche du slider un champ de saisie qui contiendra la valeur actuelle du slider (ici vide, le curseur n'ayant jamais été déplacé ni initialisé).

Déplaçons le curseur vers la droite (soit en le faisant glisser, soit en cliquant sur le slider lui-même), comme sur la figure 6-31. On peut aussi indiquer directement une valeur dans le champ de saisie à gauche du slider, mais cette façon d'opérer n'est évidemment pas celle recommandée (car dans ce cas, pourquoi utiliser un slider plutôt qu'un simple champ de saisie ?).

Figure 6–30 Slider jQuery Mobile

Figure 6–31 Curseur déplacé sur son axe

Mieux disposer les éléments sur l'écran

Nous avons étudié l'essentiel des composants graphiques permettant d'afficher des informations à l'écran en utilisant jQuery Mobile. Nous allons maintenant voir comment mieux disposer les éléments à l'écran, de façon à rendre plus attrayant et plus simple l'affichage pour les utilisateurs.

Les menus en accordéon

jQuery Mobile facilite l'utilisation des menus dits en accordéon. Ce sont des menus qui s'ouvrent et se ferment lorsqu'on clique sur leur en-tête. Ils sont pratiques pour ne pas afficher trop d'éléments en même temps à l'écran, et permettre aux utilisateurs de se diriger eux-mêmes vers les sujets qui les intéressent.

On crée un menu en accordéon avec un élément `<div>` ayant l'attribut `data-role="collapsible"`. À l'intérieur, on indique l'en-tête du menu qui sera un titre `<h1>`, `<h2>`... ou `<h6>`, puis le contenu de ce menu qui sera visible lorsque ce dernier sera ouvert (et caché dans le cas contraire). Ce contenu est du code HTML quelconque.

Dans l'exemple qui suit, nous affichons deux menus en accordéon consécutifs. Ils peuvent s'ouvrir et se fermer indépendamment l'un de l'autre.

Afficher deux menus en accordéon

```
<!DOCTYPE html>
<html>
<head>
  <meta name=viewport content="user-scalable=no,width=device-width" />
  <link rel=stylesheet href=jquery.mobile/jquery.mobile.css />
  <script src=jquery.js></script>
  <script src=jquery.mobile/jquery.mobile.js></script>
</head>

<body>

<div data-role=page id=home>
  <div data-role=header>
    <h1>Home</h1>
  </div>

  <div data-role=content>
    <div data-role=collapsible>
      <h1>Menu 1 : cliquez pour ouvrir / fermer</h1>
      <p> Paragraphe 1.1 </p>
      <p> Paragraphe 1.2 </p>
      <p> Paragraphe 1.3 </p>
    </div>
    <div data-role=collapsible>
      <h1>Menu 2 : cliquez pour ouvrir / fermer</h1>
      <p> Paragraphe 2.1 </p>
      <p> Paragraphe 2.2 </p>
      <p> Paragraphe 2.3 </p>
    </div>
  </div>
</div>

</body>
</html>
```

Chaque menu est contenu dans un élément `<div>` ayant l'attribut `data-role="collapsible"`. L'élément `<h1>` inclus dans celui-ci représente le titre du menu, tandis que les éléments suivants (ici les paragraphes) correspondent au contenu du menu qui sera affiché ou caché selon l'état du menu (ouvert ou fermé).

Lors du premier affichage de la fenêtre, les menus sont en position fermée (figure 6-32). Si, par exemple, on clique sur le titre du premier menu, il s'ouvre (figure 6-33).

Figure 6–32 Menus en accordéon fermés   **Figure 6–33** Menus en accordéon ouvert et fermé

On peut indiquer quels menus doivent être ouverts ou fermés lors du premier affichage, via l'attribut `data-collapsed="false"` dans l'élément `<div>` pour que le menu soit par défaut ouvert. Le positionnement de l'attribut `data-collapsed` à `"true"` le ferme (valeur par défaut).

Ouvrir les menus lors du premier affichage (figure 6-34)

```
<!DOCTYPE html>
<html>
<head>
  <meta name=viewport content="user-scalable=no,width=device-width" />
  <link rel=stylesheet href=jquery.mobile/jquery.mobile.css />
  <script src=jquery.js></script>
  <script src=jquery.mobile/jquery.mobile.js></script>
</head>

<body>
```

```
<div data-role=page id=home>
  <div data-role=header>
    <h1>Home</h1>
  </div>

  <div data-role=content>
    <div data-role=collapsible data-collapsed=false>
      <h1>Menu 1 : cliquez pour ouvrir / fermer</h1>
      <p> Paragraphe 1.1 </p>
      <p> Paragraphe 1.2 </p>
      <p> Paragraphe 1.3 </p>
    </div>
    <div data-role=collapsible data-collapsed=false>
      <h1>Menu 2 : cliquez pour ouvrir / fermer</h1>
      <p> Paragraphe 2.1 </p>
      <p> Paragraphe 2.2 </p>
      <p> Paragraphe 2.3 </p>
    </div>
  </div>
</div>

</body>
</html>
```

Figure 6–34
Menus en accordéon ouverts
dès le premier affichage

Il est possible de regrouper visuellement les titres des menus, de façon à ne faire qu'un seul bloc de menus. Les titres consécutifs ne seront donc plus espacés comme sur la figure précédente, mais seront contigus verticalement.

Pour cela, il faut regrouper l'ensemble des menus (c'est-à-dire les éléments `<div>` ayant l'attribut `data-role="collapsible"`) dans un élément `<div>` possédant l'attribut `data-role="collapsible-set"`.

Regrouper les titres des menus

```
<!DOCTYPE html>
<html>
<head>
  <meta name=viewport content="user-scalable=no,width=device-width" />
  <link rel=stylesheet href=jquery.mobile/jquery.mobile.css />
  <script src=jquery.js></script>
  <script src=jquery.mobile/jquery.mobile.js></script>
</head>

<body>

<div data-role=page id=home>
  <div data-role=header>
    <h1>Home</h1>
  </div>

  <div data-role=content>
    <div data-role=collapsible-set>
      <div data-role=collapsible>
        <h1>Menu 1 : cliquez pour ouvrir / fermer</h1>
        <p> Paragraphe 1.1 </p>
        <p> Paragraphe 1.2 </p>
        <p> Paragraphe 1.3 </p>
      </div>
      <div data-role=collapsible>
        <h1>Menu 2 : cliquez pour ouvrir / fermer</h1>
        <p> Paragraphe 2.1 </p>
        <p> Paragraphe 2.2 </p>
        <p> Paragraphe 2.3 </p>
      </div>
    </div>
  </div>
</div>

</body>
</html>
```

Figure 6–35
Menus en accordéon
juxtaposés verticalement

Espacer les groupes d'informations

Il est possible d'espacer les groupes d'informations en les regroupant dans un `<div>` possédant l'attribut `data-role="fieldcontain"`. Son utilisation insère, après le groupe d'informations, une ligne horizontale représentant une séparation avec le groupe suivant.

Espacer les informations

```
<!DOCTYPE html>
<html>
<head>
  <meta name=viewport content="user-scalable=no,width=device-width" />
  <link rel=stylesheet href=jquery.mobile/jquery.mobile.css />
  <script src=jquery.js></script>
  <script src=jquery.mobile/jquery.mobile.js></script>
</head>

<body>
<div data-role=page id=home>
  <div data-role=header>
    <h1>Home</h1>
  </div>

  <div data-role=content>
    <div data-role=fieldcontain>
      <h3> Premier groupe d'informations </h3>
```

```
        <p> Paragraphe 1.1 </p>
        <p> Paragraphe 1.2 </p>
     </div>
     <div data-role=fieldcontain>
        <h3> Second groupe d'informations </h3>
        <p> Paragraphe 2.1 </p>
        <p> Paragraphe 2.2 </p>
     </div>
   </div>
</div>

</body>
</html>
```

Figure 6–36
Informations regroupées

Remarquons l'espacement et le fin trait de séparation entre les deux groupes d'informations (figure 6-36).

Utiliser les thèmes CSS

Les thèmes CSS s'utilisent au moyen de l'attribut `data-theme`, positionné à la valeur du thème choisi (une des lettres a, b, c, d ou e). Cet attribut peut être utilisé :

- au niveau de la fenêtre (c'est-à-dire le `<div>` ayant l'attribut `data-role="page"`) : tous les éléments inclus dans la fenêtre auront l'aspect défini par ce thème ;
- au niveau d'un élément `<input>` ou `<select>` dans la fenêtre : seul cet élément possédera ce thème, qui outrepassera (pour cet élément) le thème défini au niveau du dessus.

Cette façon de procéder de jQuery Mobile permet une grande souplesse dans l'utilisation des thèmes. Toutefois, il sera souvent préférable de styler uniquement au niveau de la fenêtre de façon à conserver son harmonie.

Et si on veut conserver l'aspect d'origine des éléments ?

jQuery Mobile a prévu le cas où nous souhaiterions conserver l'aspect d'origine des éléments. Pour cela, il suffit d'indiquer l'attribut `data-role="none"` pour cet élément, qui ne sera alors plus « amélioré » par jQuery Mobile.

Par exemple, si nous ne souhaitons plus styler les listes de sélection et les boutons radio :

Supprimer le style sur les éléments HTML

```
<!DOCTYPE html>
<html>
<head>
  <meta name=viewport content="user-scalable=no,width=device-width" />
  <link rel=stylesheet href=jquery.mobile/jquery.mobile.css />
  <script src=jquery.js></script>
  <script src=jquery.mobile/jquery.mobile.js></script>
</head>

<body>

<div data-role=page id=home>
  <div data-role=header>
    <h1>Home</h1>
  </div>
  <div data-role=content>
    <span> Appartement : </span>
    <select data-role=none>
      <option> Choisissez... </option>
      <option value=1> 1 pièce </option>
      <option value=2> 2 pièces </option>
      <option value=3> 3 pièces </option>
      <option value=4> 4 pièces </option>
      <option value=5> 5 pièces et plus</option>
    </select>
```

```
  <br />
  <span> Choisissez un appartement : </span>
  <div data-role=controlgroup>
    <label for=id1>1 pièce</label>
    <input type=checkbox id=id1 name=p1 data-role=none />
    <label for=id2>2 pièces</label>
    <input type=checkbox id=id2 name=p2 data-role=none />
    <label for=id3>3 pièces</label>
    <input type=checkbox id=id3 name=p3 data-role=none />
    <label for=id4>4 pièces</label>
    <input type=checkbox id=id4 name=p4 data-role=none />
    <label for=id5>5 pièces et plus</label>
    <input type=checkbox id=id5 name=p5 data-role=none />
  </div>
 </div>
</div>

</body>
</html>
```

Le nouvel aspect de la fenêtre est représenté sur la figure 6-37. Pas très engageant, avouons-le... Supprimons donc les attributs `data-role="none"` afin de laisser jQuery Mobile effectuer le travail. On obtient alors l'écran présenté en figure 6-38.

Figure 6–37
Un formulaire sans les styles jQuery Mobile

Figure 6–38
Un formulaire avec les styles jQuery Mobile

7

Afficher les barres d'outils

jQuery Mobile nous permet de placer des barres d'outils dans nos fenêtres. Elles seront principalement disposées en haut (c'est-à-dire dans la barre de titre, aussi appelée *header*) ou en bas de la fenêtre *(footer)*.

Ces barres d'outils peuvent contenir du texte, des boutons, etc. De plus, elles peuvent être attachées aux bords de la fenêtre ou de l'écran.

- Si la barre d'outils est attachée aux bords de la fenêtre, cette barre se déplace (verticalement) au fur et à mesure du défilement (vertical) dans la fenêtre. C'est le comportement par défaut.

- Si la barre d'outils est attachée aux bords de l'écran, cette barre ne se déplace plus lorsque le contenu de la fenêtre défile verticalement. Elle disparaît le temps du défilement, puis réapparaît lorsqu'il est terminé. On dit que, dans ce cas, la barre d'outils a une position fixe (elle reste tout le temps en haut ou en bas de l'écran, quel que soit le déplacement dans la fenêtre).

À SAVOIR **Propriétés des headers et footers**

Les barres d'outils de type *header* ou *footer* peuvent posséder l'une ou l'autre de ces deux caractéristiques (c'est-à-dire être fixe ou pas). En outre, chaque barre d'outils est indépendante de l'autre, ce qui signifie que l'une peut être fixe et l'autre pas.

Les barres d'outils header et footer

La barre d'outils header est destinée à être positionnée en haut de la fenêtre, tandis que la barre d'outils footer sera positionnée en bas.

Header

Pour créer un header, il suffit d'insérer en haut de la fenêtre un élément <div> possédant l'attribut data-role="header". Cette barre d'outils sera la partie la plus haute de la fenêtre (correspondant à la barre de titre de l'application).

Figure 7–1
Une fenêtre avec
une barre d'outils header

Création d'une barre d'outils header (figure 7-1)

```
<!DOCTYPE html>
<html>
<head>
  <meta name=viewport content="user-scalable=no,width=device-width" />
  <link rel=stylesheet href=jquery.mobile/jquery.mobile.css />
  <script src=jquery.js></script>
  <script src=jquery.mobile/jquery.mobile.js></script>
</head>
<body>
```

```
<div data-role=page id=home>
  <div data-role=header>
    <h1>Home</h1>
  </div>

  <div data-role=content>
    <p> Contenu de la fenêtre</p>
  </div>
</div>

</body>
</html>
```

Footer

Pour créer un footer, il suffit d'insérer en bas de la fenêtre un élément `<div>` possédant l'attribut `data-role="footer"`. Cette barre d'outils sera la partie la plus basse de la fenêtre (correspondant au dernier élément de cette dernière).

Création d'une barre d'outils footer

```
<!DOCTYPE html>
<html>
<head>
  <meta name=viewport content="user-scalable=no,width=device-width" />
  <link rel=stylesheet href=jquery.mobile/jquery.mobile.css />
  <script src=jquery.js></script>
  <script src=jquery.mobile/jquery.mobile.js></script>
</head>

<body>

<div data-role=page id=home>
  <div data-role=header>
    <h1>Home</h1>
  </div>

  <div data-role=content>
    <p> Contenu de la fenêtre</p>
  </div>

  <div data-role=footer>
    <h1>Partie footer</h1>
  </div>
</div>

</body>
</html>
```

Nous utilisons ici les barres d'outils `header` et `footer`, car les applications mobiles possèdent en général toujours au moins une barre de titre (partie `header`).

Le footer est venu s'inscrire immédiatement après le contenu de la fenêtre (figure 7-2). Comme celui-ci ne contient qu'un petit paragraphe, cette barre d'outils est donc positionnée au milieu de l'écran.

Figure 7–2
Une fenêtre avec les barres
d'outils header et footer

Les barres d'outils de type fixe

Les barres d'outils précédentes ne sont pas fixes : elles se déplacent lors du défilement vertical de la fenêtre. C'est le comportement par défaut.

jQuery Mobile a prévu le cas où l'on souhaiterait laisser les barres d'outils en position fixe. Cela permet de laisser constamment accessibles le header et le footer. Pour cela, on utilise l'attribut `data-position="fixed"` lors de la définition du `<div>` correspondant à la barre d'outils.

Figure 7–3
Une fenêtre avec des barres
d'outils de type fixe

Barres d'outils en position fixe (figure 7-3)

```
<!DOCTYPE html>
<html>
<head>
  <meta name=viewport content="user-scalable=no,width=device-width" />
  <link rel=stylesheet href=jquery.mobile/jquery.mobile.css />
  <script src=jquery.js></script>
  <script src=jquery.mobile/jquery.mobile.js></script>
</head>

<body>

<div data-role=page id=home>
  <div data-role=header data-position=fixed>
    <h1>Home</h1>
  </div>

  <div data-role=content>
    <p> Contenu de la fenêtre</p>
  </div>

  <div data-role=footer data-position=fixed>
    <h1>Partie footer</h1>
  </div>
```

```
</div>

</body>
</html>
```

Remarquons que le footer reste maintenant constamment positionné en bas de l'écran. Supposons que le contenu de la fenêtre soit plus étoffé, par exemple avec vingt paragraphes (figure 7-4).

Vingt paragraphes dans le contenu de la fenêtre

```
<!DOCTYPE html>
<html>
<head>
  <meta name=viewport content="user-scalable=no,width=device-width" />
  <link rel=stylesheet href=jquery.mobile/jquery.mobile.css />
  <script src=jquery.js></script>
  <script src=jquery.mobile/jquery.mobile.js></script>
</head>

<body>

<div data-role=page id=home>
  <div data-role=header data-position=fixed>
    <h1>Home</h1>
  </div>

  <div data-role=content>
    <p> Paragraphe 1 </p>
    <p> Paragraphe 2 </p>
    <p> Paragraphe 3 </p>
    <p> Paragraphe 4 </p>
    <p> Paragraphe 5 </p>
    <p> Paragraphe 6 </p>
    <p> Paragraphe 7 </p>
    <p> Paragraphe 8 </p>
    <p> Paragraphe 9 </p>
    <p> Paragraphe 10 </p>
    <p> Paragraphe 11 </p>
    <p> Paragraphe 12 </p>
    <p> Paragraphe 13 </p>
    <p> Paragraphe 14 </p>
    <p> Paragraphe 15 </p>
    <p> Paragraphe 16 </p>
    <p> Paragraphe 17 </p>
    <p> Paragraphe 18 </p>
    <p> Paragraphe 19 </p>
```

```
      <p> Paragraphe 20 </p>
    </div>

    <div data-role=footer data-position=fixed>
      <h1>Partie footer</h1>
    </div>
  </div>

  </body>
  </html>
```

Les barres d'outils sont toujours laissées en position fixe par l'intermédiaire de l'attribut `data-position="fixed"`. Si nous faisons défiler le contenu de la fenêtre, les barres d'outils restent visibles après le défilement, contrairement à celles qui ne sont pas définies avec cet attribut.

Figure 7–4
Défilement dans une fenêtre
possédant des barres d'outils
de type fixe

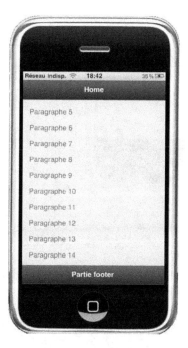

Faisons une remarque sur le fonctionnement des barres d'outils de type fixe. Elles disparaissent de l'écran lors du défilement vertical de la fenêtre, puis réapparaissent dès que ce défilement est terminé (lorsque le doigt ne touche plus l'écran). De plus, si l'on touche brièvement l'écran (après avoir fait défiler la fenêtre), les barres d'outils disparaissent, et un nouveau toucher de l'écran les fait réapparaître. C'est jQuery Mobile qui s'occupe de gérer ce comportement bien pratique pour les utilisateurs.

Par exemple, en supposant que l'on touche une fois l'écran après avoir fait défiler le contenu de la fenêtre, les barres d'outils ne sont plus visibles (figure 7-5), y compris si l'on fait encore défiler le contenu de la fenêtre (sauf si on arrive en haut ou en bas de la fenêtre). Elles redeviendront visibles lorsqu'on touchera de nouveau la fenêtre (sans faire défiler son contenu).

Figure 7–5
Barres d'outils de type fixe
cachées

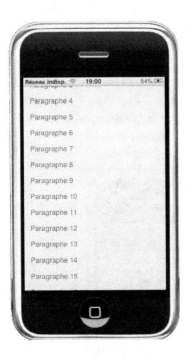

Gérer les fenêtres en mode plein écran

Le mode *fullscreen* (plein écran) s'utilise avec des barres d'outils de type fixe. Il permet de ne pas intégrer les barres d'outils directement dans le contenu de la fenêtre, mais de les superposer à ce contenu. Les barres d'outils viendront donc recouvrir une partie du contenu de la fenêtre (en haut ou en bas de l'écran).

Ce mode ne peut être efficace qu'avec des barres d'outils de type fixe. En effet, le contenu de la fenêtre étant caché par la barre d'outils, il ne serait jamais visible si les barres d'outils n'étaient pas fixes.

Pour gérer une fenêtre en mode plein écran, il suffit d'ajouter l'attribut `data-fullscreen="true"` dans l'élément `<div>` associé à la fenêtre (celui possédant l'attribut `data-role="page"`).

Fenêtre en mode plein écran

```html
<!DOCTYPE html>
<html>
<head>
  <meta name=viewport content="user-scalable=no,width=device-width" />
  <link rel=stylesheet href=jquery.mobile/jquery.mobile.css />
  <script src=jquery.js></script>
  <script src=jquery.mobile/jquery.mobile.js></script>
</head>

<body>

<div data-role=page id=home data-fullscreen=true>
  <div data-role=header data-position=fixed>
    <h1>Home</h1>
  </div>

  <div data-role=content>
    <p> Paragraphe 1 </p>
    <p> Paragraphe 2 </p>
    <p> Paragraphe 3 </p>
    <p> Paragraphe 4 </p>
    <p> Paragraphe 5 </p>
    <p> Paragraphe 6 </p>
    <p> Paragraphe 7 </p>
    <p> Paragraphe 8 </p>
    <p> Paragraphe 9 </p>
    <p> Paragraphe 10 </p>
    <p> Paragraphe 11 </p>
    <p> Paragraphe 12 </p>
    <p> Paragraphe 13 </p>
    <p> Paragraphe 14 </p>
    <p> Paragraphe 15 </p>
    <p> Paragraphe 16 </p>
    <p> Paragraphe 17 </p>
    <p> Paragraphe 18 </p>
    <p> Paragraphe 19 </p>
    <p> Paragraphe 20 </p>
  </div>

  <div data-role=footer data-position=fixed>
    <h1>Partie footer</h1>
  </div>
</div>

</body>
</html>
```

Nous avons conservé les barres de type fixe et nous avons simplement ajouté l'attribut `data-fullscreen="true"` sur l'élément `<div>` associé à la fenêtre.

Comme on le voit sur la figure 7-6, le paragraphe 1 est caché par la barre d'outils du haut, ce qui montre que celle-ci ne fait plus partie du contenu de la fenêtre. Si l'on clique dans la fenêtre, les barres d'outils disparaissent momentanément jusqu'au prochain clic dans celle-ci.

Figure 7–6
Une fenêtre
en mode fullscreen

Créer des boutons dans une barre d'outils header

Un header peut contenir le titre de la fenêtre (centré), mais aussi des boutons (un à droite et un à gauche du titre). En général, celui de gauche représente le bouton *Back*, permettant de revenir à la fenêtre précédente, tandis que celui de droite est un bouton d'action associé à la fenêtre (par exemple, *Options*, pour voir les options correspondantes).

Ces deux boutons peuvent être présents ou non, et être personnalisés avec un texte et une icône. De plus, le header peut également contenir une barre de navigation (`navbar`), qui sera décrite plus loin dans ce chapitre.

Insérer un ou plusieurs boutons

Un bouton sera représenté dans la barre d'outils par un lien <a>. Du fait que le lien est inscrit dans un header, il sera automatiquement transformé en bouton par jQuery Mobile (sans que nous indiquions l'attribut data-role="button").

Ajout de boutons dans le header

```
<!DOCTYPE html>
<html>
<head>
  <meta name=viewport content="user-scalable=no,width=device-width" />
  <link rel=stylesheet href=jquery.mobile/jquery.mobile.css />
  <script src=jquery.js></script>
  <script src=jquery.mobile/jquery.mobile.js></script>
</head>

<body>

<div data-role=page id=home>
  <div data-role=header>
    <h1>Home</h1>
    <a href=#>Copier</a>
    <a href=#>Coller</a>
  </div>

  <div data-role=content>
    <p> Contenu de la fenêtre </p>
  </div>

  <div data-role=footer data-position=fixed>
    <h1>Partie footer</h1>
  </div>
</div>

</body>
</html>
```

Nous avons inscrit deux liens (dénommés *Copier* et *Coller*), en plus du titre de la fenêtre, dans le header. Le premier lien sera positionné à gauche, tandis que le second sera positionné à droite dans la barre (figure 7-7).

Supposons que nous désirions inscrire un seul bouton, situé à droite dans le header. Le mécanisme précédent doit être légèrement modifié afin de tenir compte du fait qu'il manque le bouton de gauche.

Figure 7–7
Boutons dans une barre d'outils header

Figure 7–8
Un seul bouton à droite dans la barre d'outils header

Pour cela, on indique la classe CSS `ui-btn-right` lors de la définition du lien. Cette classe signale à l'élément correspondant de se positionner à droite. Il n'est donc plus nécessaire d'indiquer un bouton à gauche.

Positionner un seul bouton à droite dans le header (figure 7-8)

```
<!DOCTYPE html>
<html>
<head>
  <meta name=viewport content="user-scalable=no,width=device-width" />
  <link rel=stylesheet href=jquery.mobile/jquery.mobile.css />
  <script src=jquery.js></script>
  <script src=jquery.mobile/jquery.mobile.js></script>
</head>

<body>

<div data-role=page id=home>
  <div data-role=header>
    <h1>Home</h1>
    <a href=# class=ui-btn-right>Coller</a>
  </div>
```

```
    <div data-role=content>
      <p> Contenu de la fenêtre </p>
    </div>

    <div data-role=footer data-position=fixed>
      <h1>Partie footer</h1>
    </div>
  </div>

</body>
</html>
```

Grâce à l'utilisation de la classe CSS `ui-btn-right`, un seul bouton peut donc être inscrit dans la barre d'outils, positionné à droite.

Simuler le bouton Back

jQuery Mobile a prévu la possibilité de créer un bouton (ou un lien) qui permettrait de revenir à la fenêtre précédente, sans utiliser le bouton *Back* dans la barre d'outils. Pour cela, il suffit d'ajouter l'attribut `data-rel="back"` lors de la définition du lien. Quelle que soit la valeur indiquée dans l'attribut `href` du lien `<a>`, le clic sur le bouton permettra de revenir à la fenêtre précédente dans l'historique des fenêtres. Si la fenêtre précédente n'existe pas, rien ne se produit.

Utiliser l'attribut data-rel="back"

```
<!DOCTYPE html>
<html>
<head>
  <meta name=viewport content="user-scalable=no,width=device-width" />
  <link rel=stylesheet href=jquery.mobile/jquery.mobile.css />
  <script src=jquery.js></script>
  <script src=jquery.mobile/jquery.mobile.js></script>
</head>

<body>

<div data-role=page id=home>
  <div data-role=header>
    <h1>Home</h1>
    <a href=# class=ui-btn-right>Coller</a>
  </div>

  <div data-role=content>
    <p> Contenu de la fenêtre </p>
    <a href=#win2 data-role=button> Aller sur Fenêtre 2 </a>
```

```
      </div>

      <div data-role=footer data-position=fixed>
        <h1>Partie footer</h1>
      </div>
    </div>

    <div data-role=page id=win2>
      <div data-role=header>
        <h1>Fenêtre 2</h1>
        <a href=# class=ui-btn-right>Coller</a>
      </div>

      <div data-role=content>
        <p> Contenu de la fenêtre 2</p>
        <a href=# data-role=button data-rel=back>Back...</a>
      </div>

      <div data-role=footer data-position=fixed>
        <h1>Partie footer</h1>
      </div>
    </div>

  </body>
  </html>
```

Renommer le bouton Back

Enfin, jQuery Mobile permet de renommer le bouton *Back* (dans l'hypothèse où il est inséré dans le header). Il suffit pour cela d'ajouter l'attribut `data-back-btn-text="libellé"` sur l'élément `<div>` correspondant à la fenêtre.

Renommer le bouton Back en Précédent

```
<!DOCTYPE html>
<html>
<head>
  <meta name=viewport content="user-scalable=no,width=device-width" />
  <link rel=stylesheet href=jquery.mobile/jquery.mobile.css />
  <script src=jquery.js></script>
  <script src=jquery.mobile/jquery.mobile.js></script>
</head>

<body>

<div data-role=page id=home>
  <div data-role=header>
```

```
      <h1>Home</h1>
   </div>

   <div data-role=content>
     <p> Contenu de la fenêtre </p>
     <a href=#win2 data-role=button> Aller sur Fenêtre 2 </a>
   </div>
</div>

<div data-role=page id=win2 data-add-back-btn=true
      data-back-btn-text=Précédent>
   <div data-role=header>
     <h1>Fenêtre 2</h1>
   </div>

   <div data-role=content>
     <p> Contenu de la fenêtre 2</p>
   </div>
</div>

</body>
</html>
```

Figure 7–9
Ajout d'un bouton Back,
renommé en Précédent

Créer des boutons dans une barre d'outils footer

Nous avons pour l'instant seulement inséré un texte dans le footer, sous forme d'un élément `<h1>`. jQuery Mobile permet d'insérer tout type d'élément, en particulier des boutons, mais aussi des éléments de formulaires (un champ de saisie, une liste de sélection, etc.).

Insérer un ou plusieurs boutons

Insérons de façon traditionnelle les boutons *Copier* et *Coller* dans le footer.

Boutons Copier et Coller dans la barre d'outils footer

```
<!DOCTYPE html>
<html>
<head>
  <meta name=viewport content="user-scalable=no,width=device-width" />
  <link rel=stylesheet href=jquery.mobile/jquery.mobile.css />
  <script src=jquery.js></script>
  <script src=jquery.mobile/jquery.mobile.js></script>
</head>

<body>

<div data-role=page id=home>
  <div data-role=header>
    <h1>Home</h1>
  </div>

  <div data-role=content>
    <p> Contenu de la fenêtre </p>
  </div>

  <div data-role=footer data-position=fixed>
    <a href=# data-role=button> Copier </a>
    <a href=# data-role=button> Coller </a>
  </div>
</div>

</body>
</html>
```

Comme nous pouvons le voir sur la figure 7-10, les boutons se sont bien inscrits dans la barre d'outils, mais l'espacement n'est pas très harmonieux. Pour cela, jQuery Mobile a créé la classe CSS `ui-bar`, qui permet une meilleure disposition des éléments. On applique cette classe CSS à l'élément `<div>` correspondant au footer.

Figure 7–10
Boutons dans
la barre d'outils footer

Utiliser la classe CSS ui-bar pour mieux disposer les boutons

```
<!DOCTYPE html>
<html>
<head>
  <meta name=viewport content="user-scalable=no,width=device-width" />
  <link rel=stylesheet href=jquery.mobile/jquery.mobile.css />
  <script src=jquery.js></script>
  <script src=jquery.mobile/jquery.mobile.js></script>
</head>

<body>

<div data-role=page id=home>
  <div data-role=header>
    <h1>Home</h1>
  </div>

  <div data-role=content>
    <p> Contenu de la fenêtre </p>
  </div>

  <div data-role=footer data-position=fixed class=ui-bar>
    <a href=# data-role=button> Copier </a>
    <a href=# data-role=button> Coller </a>
```

```
    </div>
  </div>

  </body>
  </html>
```

Figure 7–11
Boutons espacés
dans la barre d'outils footer

Un espacement entre les boutons, vertical et horizontal, permet de mieux disposer le contenu de cette barre d'outils. Nous allons voir ci-après d'autres moyens d'agrémenter l'affichage du pied de page.

Grouper les boutons

Les boutons insérés dans le pied de page sont pour l'instant espacés. Il est possible de les regrouper côte à côte, comme nous le faisions pour les boutons dans les fenêtres (voir le chapitre 4).

On utilise pour cela le même mécanisme, qui consiste à regrouper les boutons dans un élément `<div>` possédant l'attribut `data-role="controlgroup"`, en utilisant également l'attribut `data-type="horizontal"` pour indiquer de juxtaposer les boutons dans le sens horizontal.

Figure 7–12
Boutons regroupés dans
une barre d'outils footer

Regrouper les boutons dans un footer

```
<!DOCTYPE html>
<html>
<head>
  <meta name=viewport content="user-scalable=no,width=device-width" />
  <link rel=stylesheet href=jquery.mobile/jquery.mobile.css />
  <script src=jquery.js></script>
  <script src=jquery.mobile/jquery.mobile.js></script>
</head>

<body>

<div data-role=page id=home>
  <div data-role=header>
    <h1>Home</h1>
  </div>

  <div data-role=content>
    <p> Contenu de la fenêtre </p>
  </div>

  <div data-role=footer data-position=fixed class=ui-bar>
    <div data-role=controlgroup data-type=horizontal>
```

```
        <a href=# data-role=button> Copier </a>
        <a href=# data-role=button> Coller </a>
      </div>
    </div>
</div>

</body>
</html>
```

> À SAVOIR   **Ajouter des icônes**
>
> Il est possible bien sûr d'insérer des icônes dans les boutons au moyen de l'attribut `data-icon`.

Utiliser les barres de navigation

jQuery Mobile autorise une autre possibilité d'affichage pour les boutons dans les barres d'outils (header et footer), qui auront des bords rectangulaires et non arrondis. Cette suite de boutons correspond à une barre de navigation appelée `navbar`.

Pour créer une barre de navigation `navbar` dans une barre d'outils, il suffit d'inclure dans celle-ci un élément `<div>` ayant l'attribut `data-role="navbar"`, contenant sous forme de liste `<ul>` des éléments `<li>`, ayant chacun un lien `<a>` correspondant au bouton.

Les barres de navigation `navbar` peuvent s'inscrire dans les barres d'outils `header` et `footer`. Nous étudions ci-après ces deux possibilités.

Insertion dans une barre d'outils header

Insérer une barre de navigation dans un header (figure 7-13)

```
<!DOCTYPE html>
<html>
<head>
  <meta name=viewport content="user-scalable=no,width=device-width" />
  <link rel=stylesheet href=jquery.mobile/jquery.mobile.css />
  <script src=jquery.js></script>
  <script src=jquery.mobile/jquery.mobile.js></script>
</head>

<body>

<div data-role=page id=home>
  <div data-role=header data-position=fixed>
```

```
      <h1>Home</h1>
      <a href=# class=ui-btn-right>Coller</a>
      <div data-role=navbar>
        <ul>
          <li><a href=#>Menu 1</a></li>
          <li><a href=#>Menu 2</a></li>
          <li><a href=#>Menu 3</a></li>
          <li><a href=#>Menu 4</a></li>
        </ul>
      </div>
    </div>

    <div data-role=content>
      <p> Contenu de la fenêtre </p>
    </div>

    <div data-role=footer data-position=fixed>
      <h1>Partie footer</h1>
    </div>
  </div>

  </body>
  </html>
```

Figure 7–13
Barre de navigation
dans un header

La barre de navigation s'est bien inscrite dans le header, en dessous de celui-ci. Chaque bouton est cliquable et change d'état lorsqu'il est sélectionné. Par exemple, en cliquant sur le second bouton correspondant à *Menu 2*, on obtient l'écran représenté sur la figure 7-14.

Figure 7–14
Bouton sélectionné dans
une barre de navigation

La sélection d'un bouton désélectionne celui qui l'était précédemment. Il est possible d'en présélectionner un dès le premier affichage, en indiquant la classe CSS `ui-btn-active` dans le lien `<a>` correspondant à ce bouton.

Présélectionner par défaut le second bouton de la barre de navigation

```
<!DOCTYPE html>
<html>
<head>
  <meta name=viewport content="user-scalable=no,width=device-width" />
  <link rel=stylesheet href=jquery.mobile/jquery.mobile.css />
  <script src=jquery.js></script>
  <script src=jquery.mobile/jquery.mobile.js></script>
</head>

<body>
```

```
<div data-role=page id=home>
  <div data-role=header data-position=fixed>
    <h1>Home</h1>
    <a href=# class=ui-btn-right>Coller</a>
    <div data-role=navbar>
     <ul>
        <li><a href=#>Menu 1</a></li>
        <li><a href=# class=ui-btn-active>Menu 2</a></li>
        <li><a href=#>Menu 3</a></li>
        <li><a href=#>Menu 4</a></li>
     </ul>
    </div>
  </div>

  <div data-role=content>
    <p> Contenu de la fenêtre </p>
  </div>

  <div data-role=footer data-position=fixed>
    <h1>Partie footer</h1>
  </div>
</div>

</body>
</html>
```

Remarquons, de plus, que jQuery Mobile autorise *cinq boutons maximum* sur une même ligne. Lorsque plus de cinq boutons sont présents, ils sont disposés sur plusieurs lignes, en essayant de les dimensionner tous à la même taille. Par exemple, ajoutons deux boutons correspondant à *Menu 5* et *Menu 6* (figure 7-15).

Ajout des menus 5 et 6 dans la barre de navigation

```
<div data-role=navbar>
 <ul>
    <li><a href=#>Menu 1</a></li>
    <li><a href=#>Menu 2</a></li>
    <li><a href=#>Menu 3</a></li>
    <li><a href=#>Menu 4</a></li>
    <li><a href=#>Menu 5</a></li>
    <li><a href=#>Menu 6</a></li>
 </ul>
</div>
```

La disposition des boutons est maintenant complètement différente. Ils sont répartis sur trois lignes au lieu de deux, afin de ne pas laisser de place vide sur la deuxième ligne (voir figure 7-15, page suivante).

Figure 7–15
Six boutons dans
une barre de navigation

Insertion dans une barre d'outils footer

Le principe est le même que lors de l'insertion dans un header. La seule différence vient du fait que le footer est plus souple, car la barre de navigation peut être disposée avant ou après le titre `<h1>` inclus dans la barre d'outils (alors que pour le header, la barre de navigation s'inscrit après celle-ci).

Insérer une barre de navigation dans un footer (figure 7-16)

```
<!DOCTYPE html>
<html>
<head>
  <meta name=viewport content="user-scalable=no,width=device-width" />
  <link rel=stylesheet href=jquery.mobile/jquery.mobile.css />
  <script src=jquery.js></script>
  <script src=jquery.mobile/jquery.mobile.js></script>
</head>

<body>

<div data-role=page id=home>
  <div data-role=header data-position=fixed>
    <h1>Home</h1>
  </div>
```

```
<div data-role=content>
  <p> Contenu de la fenêtre </p>
</div>

<div data-role=footer data-position=fixed>
  <div data-role=navbar>
   <ul>
      <li><a href=#>Menu 1</a></li>
      <li><a href=#>Menu 2</a></li>
      <li><a href=#>Menu 3</a></li>
      <li><a href=#>Menu 4</a></li>
      <li><a href=#>Menu 5</a></li>
      <li><a href=#>Menu 6</a></li>
   </ul>
  </div>
 </div>
</div>

</body>
</html>
```

Figure 7–16
Barre de navigation incluse
dans le pied de page (footer)

On peut scinder la barre de navigation en deux, en créant deux barres de navigation indépendantes (cela est possible également dans la partie header).

Utiliser deux barres de navigation indépendantes (figure 7-17)

```html
<!DOCTYPE html>
<html>
<head>
  <meta name=viewport content="user-scalable=no,width=device-width" />
  <link rel=stylesheet href=jquery.mobile/jquery.mobile.css />
  <script src=jquery.js></script>
  <script src=jquery.mobile/jquery.mobile.js></script>
</head>

<body>

<div data-role=page id=home>
  <div data-role=header data-position=fixed>
    <h1>Home</h1>
  </div>

  <div data-role=content>
    <p> Contenu de la fenêtre </p>
  </div>

  <div data-role=footer data-position=fixed>
    <div data-role=navbar>
     <ul>
        <li><a href=#>Menu 1</a></li>
        <li><a href=#>Menu 2</a></li>
        <li><a href=#>Menu 3</a></li>
        <li><a href=#>Menu 4</a></li>
     </ul>
    </div>
    <h1> Partie footer </h1>
    <div data-role=navbar>
     <ul>
        <li><a href=#>Menu 5</a></li>
        <li><a href=#>Menu 6</a></li>
     </ul>
    </div>
  </div>
</div>

</body>
</html>
```

REMARQUE **Indépendance des barres de navigation**

Les barres de navigation sont réellement indépendantes : la taille des boutons n'est pas la même, et les boutons ne s'excluent pas entre deux listes.

Figure 7–17
Plusieurs barres de navigation
dans la partie footer

Insertion en dehors d'une barre d'outils

La question qui se pose est la suivante : les barres de navigation peuvent-elles être utilisées en dehors des barres d'outils ?

La réponse est oui. Toutefois, elles sont principalement utilisées dans les barres d'outils, du fait qu'elles possèdent des bords rectangulaires qui s'inscrivent mal dans le contenu de la page. À cet emplacement, on leur préférera une table de boutons (voir chapitre 5).

Pour voir à quoi elles ressembleraient si on les utilise quand même dans la page, écrivons le code HTML suivant.

Barre de navigation dans le contenu de la fenêtre (figure 7-18)

```
<!DOCTYPE html>
<html>
<head>
  <meta name=viewport content="user-scalable=no,width=device-width" />
  <link rel=stylesheet href=jquery.mobile/jquery.mobile.css />
  <script src=jquery.js></script>
  <script src=jquery.mobile/jquery.mobile.js></script>
</head>

<body>
```

```
<div data-role=page id=home>
  <div data-role=header data-position=fixed>
    <h1>Home</h1>
  </div>

  <div data-role=content>
    <p> Contenu de la fenêtre </p>
    <div data-role=navbar>
     <ul>
        <li><a href=#>Menu 1</a></li>
        <li><a href=#>Menu 2</a></li>
        <li><a href=#>Menu 3</a></li>
        <li><a href=#>Menu 4</a></li>
     </ul>
    </div>
  </div>

  <div data-role=footer data-position=fixed>
   <h1> Partie footer </h1>
  </div>
</div>

</body>
</html>
```

Figure 7–18
Barre de navigation
indépendante

On voit la différence avec les autres barres de navigation inscrites dans les barres d'outils. Elles ne sont maintenant plus alignées sur les bords de l'écran. Leur fonctionnement reste cependant identique.

Répartir les boutons dans plusieurs lignes de la barre de navigation

On a vu précédemment que les boutons se répartissaient au mieux sur une ou plusieurs lignes de la barre de navigation. On peut décider de le réaliser nous-mêmes au moyen de l'attribut `data-grid` positionné sur l'élément `<div>` représentant la barre de navigation (c'est-à-dire l'élément ayant l'attribut `data-role="navbar"`).

Tableau 7–1 Valeurs possibles de l'attribut data-grid

Valeurs de data-grid	Signification
a	Deux boutons maximum par ligne dans la barre de navigation.
b	Trois boutons maximum par ligne dans la barre de navigation.
c	Quatre boutons maximum par ligne dans la barre de navigation.
d	Cinq boutons maximum par ligne dans la barre de navigation.

Six boutons, dont quatre affichés sur la même ligne (figure 7-19)

```
<!DOCTYPE html>
<html>
<head>
  <meta name=viewport content="user-scalable=no,width=device-width" />
  <link rel=stylesheet href=jquery.mobile/jquery.mobile.css />
  <script src=jquery.js></script>
  <script src=jquery.mobile/jquery.mobile.js></script>
</head>

<body>

<div data-role=page id=home>
  <div data-role=header data-position=fixed>
    <h1>Home</h1>
    <div data-role=navbar data-grid=c>
     <ul>
        <li><a href=#>Menu 1</a></li>
        <li><a href=#>Menu 2</a></li>
        <li><a href=#>Menu 3</a></li>
        <li><a href=#>Menu 4</a></li>
        <li><a href=#>Menu 5</a></li>
        <li><a href=#>Menu 6</a></li>
     </ul>
```

```
      </div>
   </div>

   <div data-role=content>
     <p> Contenu de la fenêtre </p>
   </div>

   <div data-role=footer data-position=fixed>
     <h1>Partie footer</h1>
   </div>
</div>

</body>
</html>
```

Figure 7–19
Barre de navigation
avec les boutons répartis
sur plusieurs lignes

L'attribut `data-grid` force jQuery Mobile à afficher sur chaque ligne de la barre de navigation le nombre de boutons indiqués. Les boutons restants sont affichés à la suite en conservant la taille de ceux précédemment insérés.

Insérer des icônes dans les barres de navigation

Chaque bouton de la barre de navigation peut contenir du texte et une icône. Les icônes se positionnent automatiquement au-dessus du texte. On peut utiliser les icônes standards définies par jQuery Mobile, mais également créer ses propres icônes.

Insérer une icône standard

Pour utiliser une icône standard dans un bouton de la barre de navigation, il suffit d'utiliser l'attribut `data-icon` ayant pour valeur le nom de l'icône désirée. Les noms des icônes sont fournis à la figure 7-20.

Figure 7–20
Icônes dans une barre de navigation

Utiliser des icônes standards dans les barres de navigation (figure 7-21)

```
<!DOCTYPE html>
<html>
<head>
  <meta name=viewport content="user-scalable=no,width=device-width" />
  <link rel=stylesheet href=jquery.mobile/jquery.mobile.css />
  <script src=jquery.js></script>
  <script src=jquery.mobile/jquery.mobile.js></script>
</head>

<body>
```

```
<div data-role=page id=home>
  <div data-role=header data-position=fixed>
    <h1>Home</h1>
  </div>

  <div data-role=content>
    <p> Contenu de la fenêtre </p>
  </div>

  <div data-role=footer data-position=fixed>
   <h1> Partie footer </h1>
    <div data-role=navbar>
     <ul>
        <li><a href=# data-icon=refresh>Rafraîchir</a></li>
        <li><a href=# data-icon=info>Infos</a></li>
        <li><a href=# data-icon=delete>Fermer</a></li>
     </ul>
    </div>
  </div>
</div>

</body>
</html>
```

Figure 7–21
Icônes dans la barre
de navigation du footer

Insérer une icône personnalisée

jQuery Mobile autorise l'utilisation d'icônes externes, créées par nous-même ou obtenues à partir de bibliothèques tierces. La documentation de jQuery Mobile fait mention en particulier de la bibliothèque Glyphish (http://glyphish.com), qui regroupe un certain nombre d'icônes pour tous les besoins.

Téléchargeons cette bibliothèque et installons-la sur le serveur. Les premiers fichiers contenus dans le répertoire icons sont les suivants (figure 7-22).

Figure 7–22
Icônes de la bibliothèque
Glyphish

Ce que nous décrivons ici peut s'appliquer à d'autres bibliothèques d'icônes, ainsi qu'à nos propres icônes.

Nous devons indiquer dans le code HTML que nous utilisons des icônes personnalisées. On utilise pour cela l'attribut data-icon="custom" dans l'élément <a> décrivant le bouton. Ensuite, nous stylons notre barre de navigation et ses boutons au moyen de styles CSS.

Utiliser des icônes personnalisées dans les barres de navigation

```
<!DOCTYPE html>
<html>
<head>
  <meta name=viewport content="user-scalable=no,width=device-width" />
```

```html
    <link rel=stylesheet href=jquery.mobile/jquery.mobile.css />
    <script src=jquery.js></script>
    <script src=jquery.mobile/jquery.mobile.js></script>

    <style type=text/css>
      div[data-role=navbar] .ui-btn .ui-btn-inner {
        padding-top: 50px;
      }
      div[data-role=navbar] .ui-btn .ui-icon {
        width: 40px;
        height: 40px;
        margin-left: -20px;
      }
      #refresh .ui-icon {
        background: url(icons/01-refresh.png) 50% 50% no-repeat;
      }
      #magnify .ui-icon {
        background: url(icons/06-magnify.png) 50% 50% no-repeat;
      }
      #chart .ui-icon {
        background: url(icons/16-line-chart.png) 50% 50% no-repeat;
      }
    </style>
  </head>

  <body>

  <div data-role=page id=home>
    <div data-role=header>
      <h1>Home</h1>
    </div>

    <div data-role=content>
     <p> Contenu de la fenêtre </p>
    </div>

    <div data-role=footer data-theme=d data-position=fixed>
      <div data-role=navbar>
        <ul>
          <li><a href=# id=refresh data-icon=custom>Rafraîchir</a></li>
          <li><a href=# id=magnify data-icon=custom>Agrandir</a></li>
          <li><a href=# id=chart data-icon=custom>Graphique</a></li>
        </ul>
      </div>
    </div>
  </div>

  </body>
  </html>
```

Les classes CSS `ui-btn`, `ui-icon` et `ui-btn-inner` sont définies par jQuery Mobile :

- `ui-btn` définit l'aspect général du bouton ;
- `ui-icon` définit l'icône associée au bouton ;
- `ui-btn-inner` définit le texte du bouton.

Nous utilisons de plus l'attribut `data-theme` positionné à `"d"` de façon à permettre une visualisation correcte des icônes dans la fenêtre (un fond noir ne permettrait pas de les voir facilement, contrairement à un fond blanc).

Figure 7–23
Utilisation des icônes
personnalisées dans
la barre de navigation

L'aspect bleu du second bouton signale qu'on a cliqué dessus (figure 7-23).

Créer un footer persistant dans les fenêtres

Barre d'outils simple

Pour l'instant, si nous définissons un pied de page `footer` dans une fenêtre, il reste localisé à cette fenêtre, et disparaît lors de l'affichage de la fenêtre suivante. Si la fenêtre suivante comporte la même barre d'outils, elle s'affiche avec celle-ci.

Une barre d'outils présente dans deux fenêtres

```
<!DOCTYPE html>
<html>
<head>
  <meta name=viewport content="user-scalable=no,width=device-width" />
  <link rel=stylesheet href=jquery.mobile/jquery.mobile.css />
  <script src=jquery.js></script>
  <script src=jquery.mobile/jquery.mobile.js></script>
</head>

<body>

<div data-role=page id=home>
  <div data-role=header data-position=fixed>
    <h1>Home</h1>
  </div>

  <div data-role=content>
    <p> Contenu de la fenêtre </p>
    <a data-role=button href=#win2> Fenêtre 2 </a>
  </div>

  <div data-role=footer data-position=fixed>
    <h1> Partie footer </h1>
  </div>
</div>

<div data-role=page id=win2 data-add-back-btn=true>
  <div data-role=header data-position=fixed>
    <h1>Fenêtre 2</h1>
  </div>

  <div data-role=content>
    <p> Contenu de la fenêtre 2</p>
  </div>

  <div data-role=footer data-position=fixed>
    <h1> Partie footer </h1>
  </div>
</div>

</body>
</html>
```

Nous avons défini la même barre d'outils dans les deux fenêtres. Lorsqu'on clique sur le bouton permettant de se déplacer sur la seconde fenêtre, tout le contenu de la première (y compris le footer) se déplace pour laisser place à la seconde fenêtre. C'est le comportement par défaut.

jQuery Mobile a prévu la possibilité d'afficher des pieds de page persistants entre les
fenêtres. Il suffit que la barre d'outils ait l'attribut data-id positionné à la même valeur
dans toutes les fenêtres pour lesquelles on souhaite la persistance. On écrira donc :

Conserver la persistance du footer entre les fenêtres

```
<!DOCTYPE html>
<html>
<head>
  <meta name=viewport content="user-scalable=no,width=device-width" />
  <link rel=stylesheet href=jquery.mobile/jquery.mobile.css />
  <script src=jquery.js></script>
  <script src=jquery.mobile/jquery.mobile.js></script>
</head>

<body>

<div data-role=page id=home>
  <div data-role=header data-position=fixed>
    <h1>Home</h1>
  </div>

  <div data-role=content>
    <p> Contenu de la fenêtre </p>
    <a data-role=button href=#win2> Fenêtre 2 </a>
  </div>

  <div data-role=footer data-position=fixed data-id=footer>
    <h1> Partie footer </h1>
  </div>
</div>

<div data-role=page id=win2 data-add-back-btn=true>
  <div data-role=header data-position=fixed>
    <h1>Fenêtre 2</h1>
  </div>

  <div data-role=content>
    <p> Contenu de la fenêtre 2</p>
  </div>

  <div data-role=footer data-position=fixed data-id=footer>
    <h1> Partie footer </h1>
  </div>
</div>

</body>
</html>
```

Lorsqu'on se déplace sur la seconde fenêtre, la barre d'outils reste affichée en bas de l'écran.

> **À SAVOIR Attribut data-id="footer"**
>
> Nous avons simplement ajouté l'attribut `data-id="footer"` à chacune de nos barres d'outils `footer`. La valeur de l'attribut (ici `"footer"`) est quelconque. La seule contrainte est que cette valeur doit être la même pour chacun des footers.

Barre de navigation

Un cas particulier est celui où le footer prend la forme d'une barre de navigation avec des boutons. On souhaite conserver l'affichage de la barre d'outils lorsqu'on clique sur chacun des boutons. Le clic sur un des boutons de la barre de navigation affiche donc une nouvelle fenêtre contenant cette barre de navigation.

Barre d'outils persistante contenant des boutons

```html
<!DOCTYPE html>
<html>
<head>
  <meta name=viewport content="user-scalable=no,width=device-width" />
  <link rel=stylesheet href=jquery.mobile/jquery.mobile.css />
  <script src=jquery.js></script>
  <script src=jquery.mobile/jquery.mobile.js></script>
</head>

<body>

<div data-role=page id=home>
  <div data-role=header data-position=fixed>
    <h1>Home</h1>
  </div>

  <div data-role=content>
    <p> Contenu de la fenêtre </p>
  </div>

  <div data-role=footer data-position=fixed data-id=footer>
    <div data-role=navbar>
      <ul>
        <li><a href=#home data-icon=refresh>Rafraîchir</a></li>
        <li><a href=#win2 data-icon=info>Infos</a></li>
        <li><a href=#win3 data-icon=delete>Fermer</a></li>
      </ul>
    </div>
  </div>
```

```
</div>
<div data-role=page id=win2>
  <div data-role=header data-position=fixed>
    <h1>Fenêtre 2</h1>
  </div>

  <div data-role=content>
    <p> Contenu de la fenêtre 2</p>
  </div>

  <div data-role=footer data-position=fixed data-id=footer>
    <div data-role=navbar>
      <ul>
        <li><a href=#home data-icon=refresh>Rafraîchir</a></li>
        <li><a href=#win2 data-icon=info>Infos</a></li>
        <li><a href=#win3 data-icon=delete>Fermer</a></li>
      </ul>
    </div>
  </div>
</div>

<div data-role=page id=win3>
  <div data-role=header data-position=fixed>
    <h1>Fenêtre 3</h1>
  </div>

  <div data-role=content>
    <p> Contenu de la fenêtre 3</p>
  </div>

  <div data-role=footer data-position=fixed data-id=footer>
    <div data-role=navbar>
      <ul>
        <li><a href=#home data-icon=refresh>Rafraîchir</a></li>
        <li><a href=#win2 data-icon=info>Infos</a></li>
        <li><a href=#win3 data-icon=delete>Fermer</a></li>
      </ul>
    </div>
  </div>
</div>

</body>
</html>
```

Chaque clic sur un bouton de la barre de navigation affiche une nouvelle fenêtre incluant cette même barre de navigation.

Utiliser les thèmes CSS

Comme pour tous les autres composants de jQuery Mobile, il est possible d'appliquer un thème CSS aux barres d'outils de notre application. On utilise l'attribut data-theme avec comme valeur l'un des thèmes prédéfinis par jQuery Mobile (a, b, c, d ou e), défini sur l'élément <div> associé au header ou au footer.

Utiliser les thèmes CSS sur les barres d'outils

```
<!DOCTYPE html>
<html>
<head>
  <meta name=viewport content="user-scalable=no,width=device-width" />
  <link rel=stylesheet href=jquery.mobile/jquery.mobile.css />
  <script src=jquery.js></script>
  <script src=jquery.mobile/jquery.mobile.js></script>
</head>

<body>

<div data-role=page id=home>
  <div data-role=header data-position=fixed data-theme=e>
    <h1>Home</h1>
  </div>

  <div data-role=content>
    <p> Contenu de la fenêtre </p>
  </div>

  <div data-role=footer data-position=fixed data-theme=b>
   <h1> Partie footer </h1>
    <div data-role=navbar>
     <ul>
        <li><a href=# data-icon=refresh>Rafraîchir</a></li>
        <li><a href=# data-icon=info>Infos</a></li>
        <li><a href=# data-icon=delete>Fermer</a></li>
     </ul>
    </div>
  </div>
</div>

</body>
</html>
```

Figure 7–24
Barre de navigation stylée

Manipuler les éléments avec JavaScript

Cette partie concerne la programmation JavaScript associée à jQuery Mobile. Elle permet de manipuler les éléments d'affichage décrits dans la partie précédente. Nous verrons qu'à partir de quelques concepts simples, nous arrivons facilement à donner vie à nos fenêtres et à leur contenu, et à les faire, par exemple, communiquer avec un serveur web.

Conventions de jQuery Mobile

À partir de ce chapitre, nous commençons l'exploration de jQuery Mobile vue du côté JavaScript. Nous exposons ici les concepts généraux permettant de développer des programmes avec cet outil. Les aspects se rattachant à des notions spécifiques comme la gestion des fenêtres, les listes, etc., sont traités dans les chapitres suivants.

L'objet $.mobile

jQuery Mobile a défini l'objet `$.mobile` à partir duquel les fonctionnalités de la bibliothèque vont être accessibles. Créons un programme permettant de voir les propriétés et les méthodes définies sur cet objet.

Affichage des propriétés et méthodes définies sur $.mobile

```
<!DOCTYPE html>
<html>
<head>
  <meta name=viewport content="user-scalable=no,width=device-width" />
  <link rel=stylesheet href=jquery.mobile/jquery.mobile.css />
  <script src=jquery.js></script>
  <script src=jquery.mobile/jquery.mobile.js></script>
  <style type=text/css>
```

```
    p {
      font-style : italic;
      margin-bottom : 0px;
      text-align : center;
      text-transform : uppercase;
    }
  </style>
</head>

<body>

<div data-role=page id=home>
  <div data-role=header>
    <h1>Home</h1>
  </div>

  <div data-role=content>
  </div>
</div>

</body>
</html>

<script>

var $content = $("[data-role=content]");
var obj = $.mobile;

$content.append ("<p> Propriétés </p>");
for (var prop in obj)
  if (!$.isFunction (obj[prop])) $content.append (
        "<b>" + prop + "</b> = " + obj[prop] + "<br />");

$content.append ("<p> Méthodes </p>");
for (var prop in obj)
  if ($.isFunction (obj[prop])) $content.append (
        "<b>" + prop + "</b>  () " + "<br />");

</script>
```

Pour les propriétés de l'objet $.mobile, nous affichons son nom et sa valeur, tandis que nous affichons simplement le nom de la méthode si la propriété est une méthode.

Les propriétés définies sur l'objet $.mobile sont présentées sur la figure 8-1, tandis que les méthodes définies sur ce même objet apparaissent sur la figure 8-2 (la liste est tronquée du fait de la hauteur de la fenêtre).

Figure 8–1 Propriétés définies sur l'objet $.mobile

Figure 8–2 Méthodes définies sur l'objet $.mobile

Toutes ces propriétés et méthodes n'ont pas la même importance. Nous étudierons, dans la suite de l'ouvrage, celles qui nous paraissent essentielles (par exemple, la méthode changePage () permettant d'afficher une nouvelle fenêtre).

Initialisation de jQuery Mobile

Dès l'inclusion du fichier JavaScript de jQuery Mobile, le code contenu dans celui-ci s'exécute. Il est créé un objet $.mobile, qui contiendra des méthodes et propriétés associées (celles que l'on a vues précédemment). Des valeurs par défaut de fonctionnement sont affectées à divers objets (en général, des options de configuration), par exemple :

- le texte affiché sur le bouton *Back* ;
- le thème CSS associé à ce bouton (de "a" à "e") ;
- l'icône affichée par défaut dans les listes de sélection (positionnée à arrow-d par défaut), etc.

Les valeurs par défaut de ces options sont modifiables (pour la plupart, les exceptions seront signalées), mais seulement à un moment particulier du démarrage du programme. Une fois cet instant passé, il est trop tard et la modification de la valeur de l'option n'est pas prise en compte (car ces valeurs ont servi à initialiser des variables internes à jQuery Mobile qui ne sont plus réinitialisées par la suite). L'instant limite correspond au déclenchement de l'événement mobileinit, reçu par l'objet document. On écrira donc, dans le traitement de cet événement, toutes les modifications des options de configuration de jQuery Mobile (pour celles dont on ne désire pas utiliser la valeur par défaut). Ces options de configuration sont décrites dans la section suivante.

Voyons comment traiter l'événement mobileinit.

Traitement de l'événement mobileinit

```html
<!DOCTYPE html>
<html>
<head>
  <meta name=viewport content="user-scalable=no,width=device-width" />
  <link rel=stylesheet href=jquery.mobile/jquery.mobile.css />
  <script src=jquery.js></script>
  <script>
    $(document).bind ("mobileinit", function ()
    {
      alert ("mobileinit");
    });
  </script>
  <script src=jquery.mobile/jquery.mobile.js></script>
</head>

<body>

<div data-role=page id=home>
  <div data-role=header>
    <h1>Home</h1>
  </div>

  <div data-role=content>
    <p> Contenu de la fenêtre </p>
  </div>
</div>

</body>
</html>

<script>

$(document).ready (function ()
{
  alert ("DOM ready");
});

</script>
```

En résultat du précédent programme, nous pouvons voir d'abord le message indiquant le déclenchement de l'événement `mobileinit`, puis celui précisant que le DOM est *ready*.

Options de configuration

L'événement `mobileinit` représente le dernier instant avant lequel on peut modifier les options de configuration de jQuery Mobile. Remarquons que cela est vrai pour une majorité d'options. Quelques options peuvent toutefois être encore modifiées après le déclenchement de cet événement. Cependant, nous utiliserons toujours l'événement `mobileinit` pour effectuer cette modification, de façon à être certains du résultat. Dans le cas où une option n'est pas modifiée, une valeur par défaut lui est affectée par jQuery Mobile.

La plupart de ces options sont liées aux attributs définis par jQuery Mobile, par exemple `data-icon`, `data-transition`, `data-back-btn-text`, etc. Lorsque la valeur d'un attribut n'est pas spécifiée dans le code HTML, une valeur par défaut est prise correspondant à la valeur de l'option associée, qui a pu être modifiée (ou non) lors du traitement de l'événement `mobileinit`.

Tableau 8–1 Options générales

Option	Signification
`$.mobile.ns`	Définit le *namespace* (voir section suivante). Par défaut, `""` (aucun namespace).
`$.mobile.activePageClass`	Classe CSS ajoutée à l'élément `<div>` définissant la fenêtre lorsqu'elle devient active. Par défaut, `"ui-page-active"`.
`$.mobile.ajaxEnabled`	Booléen indiquant si les pages HTML sont récupérées via Ajax (si `true`) ou non (si `false`). Par défaut, `true`. Si les pages ne sont pas récupérées via Ajax, les fenêtres précédentes sont supprimées du DOM.
`$.mobile.defaultPageTransition`	Transition par défaut entre deux fenêtres. Par défaut, `"slide"`.
`$.mobile.defaultDialogTransition`	Transition par défaut entre deux fenêtres, dont l'une est superposée. Par défaut, `"pop"`.

Tableau 8–1 Options générales (suite)

Option	Signification
`$.mobile.loadingMessage`	Message affiché pour indiquer qu'une page HTML est en cours de chargement. Par défaut, `"loading"`. Cette option peut être modifiée en dehors du traitement de l'événement `mobileinit`.
`$.mobile.pageLoadErrorMessage`	Message affiché pour indiquer qu'une page HTML n'a pas pu être chargée avec succès. Par défaut, `"Error Loading page"`.
`$.mobile.autoInitializePage`	Booléen indiquant si on laisse jQuery Mobile effectuer lui-même l'affichage de la première fenêtre. Si `true` (valeur par défaut), la méthode `$.mobile.initializePage ()` est automatiquement appelée par jQuery Mobile permettant ainsi d'afficher la première fenêtre. Si `false`, ce sera à notre programme d'effectuer ce premier affichage (en appelant nous-mêmes la méthode `$.mobile.initializePage ()`).

Options gérant les fenêtres

Ces options sont des propriétés de l'objet `$.mobile.page.prototype.options` et s'utilisent donc, par exemple, sous la forme `$.mobile.page.prototype.options.backBtnText` pour l'option `backBtnText`.

Tableau 8–2 Options gérant les fenêtres

Option	Signification
`backBtnText`	Définit le texte affiché sur le bouton *Back*. Par défaut, `"Back"`.
`addBackBtn`	Booléen indiquant si le bouton *Back* sera affiché dans la fenêtre. Par défaut, `false` (non affiché).
`backBtnTheme`	Thème (`"a"`, …, `"e"`) associé au bouton *Back*. Par défaut, `null`, indiquant d'utiliser le thème de l'élément englobant.
`keepNative`	Sélecteur précisant les éléments HTML qui ne devront pas être transformés par jQuery Mobile en un autre code HTML. Par défaut, ceux dont l'attribut `data-role` vaut `"none"` ou `"nojs"`.
`domCache`	Booléen indiquant si la fenêtre doit être conservée dans l'arborescence du DOM une fois qu'elle ne sera plus visible. Cette option ne gère que les fenêtres qui ne sont pas déjà présentes dans la page HTML, c'est-à-dire celles récupérées par jQuery Mobile via Ajax. Par défaut, `false` (les fenêtres chargées ultérieurement sont supprimées du DOM lorsqu'elles deviennent cachées).
`theme`	Thème (`"a"`, …, `"e"`) associé à la fenêtre. Par défaut, `"c"`.
`headerTheme`	Thème (`"a"`, …, `"e"`) associé à la barre de titre. Par défaut, `"a"`.
`footerTheme`	Thème (`"a"`, …, `"e"`) associé à la barre de bas de page. Par défaut, `"a"`.
`contentTheme`	Thème (`"a"`, …, `"e"`) associé au contenu de la fenêtre. Par défaut, `""`.

Options gérant les listes

Ces options sont des propriétés de l'objet `$.mobile.listview.prototype.options` et s'utilisent donc, par exemple, sous la forme `$.mobile.listview.prototype.options.theme` pour l'option `theme`.

Tableau 8–3 Options gérant les listes

Option	Signification
initSelector	Définit le sélecteur permettant de rechercher les listes dans la page HTML. Par défaut, `":jqmData(role='listview')"`.
theme	Thème (`"a"`, ..., `"e"`) associé aux éléments de liste. Par défaut, `"c"`.
countTheme	Thème (`"a"`, ..., `"e"`) associé aux éléments HTML ayant la classe `"ui-li-count"`. Par défaut, `"c"`.
dividerTheme	Thème (`"a"`, ..., `"e"`) associé aux éléments de liste ayant l'attribut `data-role="list-divider"`. Par défaut, `"b"`.
filterTheme	Thème (`"a"`, ..., `"e"`) associé au champ de recherche dans la liste.
inset	Booléen indiquant si les listes doivent être affichées avec des bords arrondis. Par défaut, `false`.
filter	Booléen indiquant s'il faut afficher un champ de recherche pour les éléments de liste. Par défaut, `false`.
filterPlaceHolder	Chaîne de caractères s'affichant dans le champ de recherche d'une liste possédant l'attribut `data-filter="true"`. Par défaut, `"Filter items..."`.

Options gérant les barres de navigation

Ces options sont des propriétés de l'objet `$.mobile.navbar.prototype.options` et s'utilisent donc, par exemple, sous la forme `$.mobile.navbar.prototype.options.iconpos` pour l'option `iconpos`.

Tableau 8–4 Options gérant les barres de navigation

Option	Signification
initSelector	Définit le sélecteur permettant de rechercher les barres de navigation dans la page HTML. Par défaut, `":jqmData(role='navbar')"`.
iconpos	Indique le positionnement de l'icône (`"top"`, `"right"`, `"bottom"`, `"left"`) lorsqu'elle est présente dans les boutons de la barre de navigation. Par défaut, `"top"`.
grid	Indique le nombre maximal de boutons pouvant figurer dans une ligne de la barre de navigation (`"a"` pour 2 boutons maximum, `"b"` pour 3, `"c"` pour 4 et `"d"` pour 5). Par défaut, `null`, indiquant de disposer au mieux les boutons.

Options gérant les boutons

Ces options sont des propriétés de l'objet `$.mobile.button.prototype.options` et s'utilisent donc, par exemple, sous la forme `$.mobile.button.prototype.options.theme`
pour l'option `theme`.

> ATTENTION **Création des boutons**
>
> Ces options ne sont prises en compte que si le bouton est créé à l'aide de la méthode `button ()`. Voir
> le chapitre 12, « Manipuler les boutons ».

Tableau 8–5 Options gérant les boutons

Option	Signification
initSelector	Définit le sélecteur permettant de rechercher les boutons dans la page HTML. Par défaut, `"button, [type='button'], [type='submit'], [type='reset'], [type='image']"`.
theme	Thème (`"a"`, ..., `"e"`) associé aux boutons. Par défaut `null`, indiquant d'utiliser le thème associé à l'élément englobant.
icon	Icône associée aux boutons. Par défaut, `null` (pas d'icône).
iconpos	Position de l'icône dans les boutons, lorsqu'elle est présente. Par défaut, `"left"`.
inline	Booléen indiquant si la largeur du bouton s'adapte à son contenu (si `true`) ou s'inscrit sur la largeur de la fenêtre (si `false`). Par défaut, `false`.
corners	Définit si les boutons ont des bords arrondis (si `true`) ou rectangulaires (si `false`). Par défaut, `true` (bords arrondis).
shadow	Booléen indiquant si une ombre est associée aux boutons. Par défaut, `true` (boutons ombrés).
iconshadow	Booléen indiquant si une ombre est associée aux icônes sur les boutons. Par défaut, `true` (ombre présente).

Options gérant les champs de saisie

Ces options sont des propriétés de l'objet `$.mobile.textinput.prototype.options` et s'utilisent donc, par exemple, sous la forme `$.mobile.textinput.prototype.options.theme`
pour l'option `theme`.

Tableau 8–6 Options gérant les champs de saisie

Option	Signification
initSelector	Définit le sélecteur permettant de rechercher les champs de saisie dans la page HTML. Par défaut, `"input[type='text'], input[type='search'], :jqmData(type='search'), input[type='number'], :jqmData(type='number'), input[type='password'], input[type='email'], input[type='url'], input[type='tel'], textarea"`.
theme	Thème (`"a"`, ..., `"e"`) associé aux champs de saisie. Par défaut, `null`, indiquant d'utiliser le thème associé à l'élément englobant.

Options gérant les cases à cocher et les boutons radio

Ces options sont des propriétés de l'objet `$.mobile.checkboxradio.prototype.options` et s'utilisent donc, par exemple, sous la forme `$.mobile.checkboxradio.prototype.options.theme` pour l'option `theme`.

Tableau 8–7 Options gérant les cases à cocher et les boutons radio

Option	Signification
initSelector	Définit le sélecteur permettant de rechercher les cases à cocher et les boutons radio dans la page HTML. Par défaut, `"input[type='checkbox'],input[type='radio']"`.
theme	Thème (`"a"`, ..., `"e"`) associé aux cases à cocher et aux boutons radio. Par défaut, `null`, indiquant d'utiliser le thème associé à l'élément englobant.

Options gérant les listes de sélection

Ces options sont des propriétés de l'objet `$.mobile.selectmenu.prototype.options` et s'utilisent donc, par exemple, sous la forme `$.mobile.selectmenu.prototype.options.theme` pour l'option `theme`.

Tableau 8–8 Options gérant les listes de sélection

Option	Signification
initSelector	Définit le sélecteur permettant de rechercher les listes de sélection dans la page HTML. Par défaut, `"select:not(:jqmData(role='slider'))"`.
theme	Thème (`"a"`, ..., `"e"`) associé aux éléments de la liste de sélection. Par défaut, `null`, indiquant d'utiliser le thème associé à l'élément englobant.
icon	Icône affichée dans le bouton associé à la liste de sélection. Par défaut, `"arrow-d"` (flèche vers le bas).

Tableau 8–8 Options gérant les listes de sélection (suite)

Option	Signification
iconpos	Position de l'icône dans le bouton associé à la liste de sélection ("top", "right", "bottom", "left"). Par défaut, "right".
inline	Booléen indiquant si le bouton associé à la liste de sélection s'adapte en largeur à son contenu (si true) ou s'étale sur la largeur de la fenêtre (si false). Par défaut, false.
corners	Définit si les boutons associés aux listes de sélection ont des bords arrondis (si true) ou rectangulaires (si false). Par défaut, true (bords arrondis).
shadow	Booléen indiquant si une ombre est associée aux boutons liés aux listes de sélection. Par défaut, true (boutons ombrés).
overlayTheme	Thème ("a", ..., "e") associé à la bordure entourant les éléments de la liste de sélection. Par défaut, "a".
nativeMenu	Booléen indiquant si la liste de sélection s'affiche de façon native (si true) ou de manière améliorée par jQuery Mobile (si false). Par défaut, true (liste de sélection affichée de façon native).

Options gérant les sliders

Ces options sont des propriétés de l'objet `$.mobile.slider.prototype.options` et s'utilisent donc, par exemple, sous la forme `$.mobile.slider.prototype.options.theme` pour l'option theme.

Tableau 8–9 Options gérant les sliders

Option	Signification
initSelector	Définit le sélecteur permettant de rechercher les sliders dans la page HTML. Par défaut, "input[type='range'], :jqmData(type='range'), :jqmData(role='slider')".
theme	Thème ("a", ..., "e") associé au *curseur* qui se déplace sur le slider. Par défaut, null, indiquant d'utiliser le thème associé à l'élément englobant.
trackTheme	Thème ("a", ..., "e") associé à l'*axe* sur lequel se déplace le curseur. Par défaut, null, indiquant d'utiliser le thème associé à l'élément englobant.

Options gérant les menus en accordéon

Ces options sont des propriétés de l'objet `$.mobile.collapsible.prototype.options` et s'utilisent donc, par exemple, sous la forme `$.mobile.collapsible.prototype.options.theme` pour l'option theme.

Tableau 8–10 Options gérant les listes

Option	Signification
initSelector	Définit le sélecteur permettant de rechercher les menus en accordéon dans la page HTML. Par défaut, ":jqmData(role='collapsible')".
theme	Thème ("a", ..., "e") associé au menu. Par défaut, null, indiquant d'utiliser le thème associé à l'élément englobant.
iconTheme	Thème ("a", ..., "e") associé aux icônes dans le menu en accordéon. Par défaut, "d".
collapsed	Booléen indiquant si le menu doit être fermé ou ouvert au démarrage. Par défaut, false (menu ouvert).

Utilisation des namespaces

jQuery Mobile utilise beaucoup les attributs dont le nom commence par data, par exemple data-role, data-icon, etc. Ces attributs ont une signification pour jQuery Mobile, qui transforme ainsi le code HTML d'origine en un code HTML amélioré pour l'affichage.

Toutefois, que se passerait-il si une autre bibliothèque utilisait un ou plusieurs des attributs déjà utilisés par jQuery Mobile ? Il y aurait certainement conflit, avec des problèmes de fonctionnement à la clé...

Pour éviter cela, jQuery Mobile utilise les espaces de nom ou *namespaces*. Ils correspondent à une chaîne de caractères qui sera ajoutée après la chaîne "data", et qui garantira que deux attributs commençant par "data" et provenant de bibliothèques différentes (dont jQuery Mobile) n'auront pas le même nom. Par exemple, data-my-role pourra être utilisé si un conflit est possible avec data-role, en utilisant le namespace "my-".

Indiquer le namespace dans la page HTML

On utilise $.mobile.ns pour indiquer le nouveau namespace. Si aucun namespace n'est précisé, jQuery Mobile utilise "", permettant ainsi les noms d'attributs classiques comme data-role, data-icon, etc.

Définissons, par exemple, une fenêtre de base qui utilise le namespace "ns1-". Remarquons le "-" en fin du namespace : il est conseillé de l'utiliser afin d'espacer les mots dans les attributs.

Utilisation du namespace "ns1-"

```
<!DOCTYPE html>
<html>
<head>
  <meta name=viewport content="user-scalable=no,width=device-width" />
  <link rel=stylesheet href=jquery.mobile/jquery.mobile.css />
  <script src=jquery.js></script>
  <script>
    $(document).bind ("mobileinit", function ()
    {
      $.mobile.ns = "ns1-";
    });
  </script>
  <script src=jquery.mobile/jquery.mobile.js></script>


</head>

<body>

<div id=home data-ns1-role=page id=home data-ns1-theme=e>
  <div data-ns1-role=header>
    <h1>Home</h1>
  </div>

  <div data-ns1-role=content>
    <p> Contenu de la fenêtre </p>
  </div>
</div>

</body>
</html>
```

Nous utilisons l'événement mobileinit pour modifier la valeur de $.mobile.ns et permettre ainsi qu'il soit pris en compte par jQuery Mobile. Nous utilisons ensuite les attributs data-ns1-role (au lieu de data-role) et data-ns1-theme (au lieu de data-theme). Remarquons que si nous utilisons data-role et data-theme, cela ne fonctionnera plus.

Attention : dans la version 1.0 de jQuery Mobile, un bug empêche le fonctionnement correct des attributs possédant des namespaces. Il suffit de modifier la méthode nsNormalize ().

Figure 8–3
Utilisation des namespaces
dans la fenêtre

Nouvelle version de la méthode nsNormalize ()

```
nsNormalize: function( prop ) {
  if ( !prop ) {
    return;
  }

  return nsNormalizeDict[prop] || (nsNormalizeDict[prop] = $.mobile.ns + prop);
},
```

Accéder à l'attribut dans le code JavaScript

Nous avons vu que l'attribut data-role pouvait s'écrire data-ns1-role dans le cas où le namespace est "ns1-". On peut utiliser le nom d'attribut data-ns1-role dans le code JavaScript, mais il est préférable d'utiliser une autre forme d'écriture, qui permettra de s'affranchir de la valeur du namespace.

Par exemple, au lieu d'écrire :

Première forme d'écriture (à proscrire)

```
alert ($("div#home").attr ("data-ns1-role"));
```

on écrira plutôt :

Deuxième forme d'écriture (un peu meilleure)

```
alert ($("div#home").attr ("data-" + $.mobile.ns + "role"));
```

La deuxième forme d'écriture n'impose pas d'indiquer la valeur du namespace lors de l'écriture de l'attribut, à la différence de la première. Ainsi, au lieu d'utiliser le nom entier de l'attribut (data-ns1-role), on utilise la chaîne $.mobile.ns. Cela permet de s'affranchir du nom réel du namespace dans le code JavaScript, et permettrait éventuellement d'en changer aisément.

Cependant, cela devant être écrit fréquemment, jQuery Mobile a créé des méthodes permettant de simplifier l'écriture. On utilisera plutôt la méthode jqmData (name) équivalente.

Troisième forme d'écriture (celle à utiliser)

```
alert ($("div#home").jqmData ("role"));
```

> À SAVOIR **La méthode jqmData()**
>
> La méthode jqmData (name) permet d'effectuer la concaténation du namespace avec les chaînes de caractères "data-" et name, et de récupérer ainsi la valeur de l'attribut correspondant. La méthode attr () de jQuery permettant de récupérer la valeur de l'attribut n'est donc plus utilisée ici, remplacée par la méthode jqmData () proposée par jQuery Mobile.

Les méthodes jqmData (name) et jqmData (name, value)

Le but des méthodes jqmData () est de permettre la gestion des attributs correspondants sans utiliser la méthode attr () de jQuery, trop contraignante à écrire dans le cas où l'on utilise des namespaces.

Tableau 8–11 Méthodes gérant les attributs

Méthode	Signification
jqmData (name)	Récupérer la valeur de l'attribut data-xxx-name, par exemple data-ns1-role.
jqmData (name, value)	Affecter la valeur de l'attribut data-xxx-name, par exemple data-ns1-role.

Récupérer le thème associé à la fenêtre

```
alert ($("div#home").jqmData ("theme"));
```

Modifier le thème associé à la fenêtre

```
$("div#home").jqmData ("theme", "a");
```

Accéder à l'attribut dans les sélecteurs

Afin de compléter la gestion des attributs, jQuery Mobile a également donné la possibilité de pouvoir les gérer lors de l'écriture des sélecteurs. Il a pour cela créé la nouvelle pseudo-classe `:jqmData(value)`.

Ainsi, au lieu d'écrire :

Première forme d'écriture (à proscrire)

```
alert ($("div[data-ns1-role=page]").html ());
```

on écrira plutôt :

Deuxième forme d'écriture (un peu meilleure)

```
alert ($("div[data-" + $.mobile.ns + "role=page]").html ());
```

Mais avec la pseudo-classe `:jqmData(value)`, cela devient :

Troisième forme d'écriture (à utiliser)

```
alert ($("div:jqmData(role=page)").html ());
```

Le paramètre `value` est ici la chaîne `"role=page"` permettant de préciser que l'on souhaite récupérer les éléments `<div>` dont l'attribut `data-role` (incluant le namespace éventuel) vaut `"page"`.

Si on indique seulement la chaîne `"rôle"`, cela permet de récupérer tous les éléments `<div>` qui ont leur attribut `data-role` (incluant le namespace éventuel) positionné (quelle que soit la valeur correspondante).

Tous les éléments <div> ayant l'attribut data-role positionné à une valeur quelconque

```
alert ($("div:jqmData(role)").length);     // 3 : page, header, content
```

Tous les éléments <div> ayant l'attribut data-role positionné à la valeur "page"

```
alert ($("div:jqmData(role=page)").length);     // 1 : page
```

Événements virtuels

Le but des événements virtuels est d'uniformiser les événements liés au doigt ou à la souris pouvant se déclencher sur un élément HTML. Selon les systèmes, ces événements portent des noms différents (par exemple, `click` et `touchstart` pour ceux de type `click`, ou `touchmove` et `mousemove` pour ceux de type `move`). jQuery Mobile uniformise les noms de ces événements en créant des événements dits virtuels.

Tableau 8–12 Événements virtuels

Nom	Signification
vclick	Identique à `click`. Attention : les concepteurs de jQuery Mobile recommandent de ne pas utiliser l'événement `vclick` lorsque celui-ci produit une modification de l'affichage (par exemple, le clic sur un lien affichant une nouvelle fenêtre), car l'événement `vclick` est parfois déclenché deux fois – au lieu d'une seule – lorsqu'il est positionné sur un tel élément. Dans ce cas, ils recommandent d'utiliser plutôt `click ()`. En dehors de ces éléments pouvant poser des problèmes, on utilisera donc `vclick`.
vmousemove	Identique à `mousemove`.
vmouseover	Identique à `mouseover`.
vmousedown	Identique à `mousedown`.
vmouseup	Identique à `mouseup`.
vmouseout	Identique à `mouseout`.
vmousecancel	Identique à `mousecancel`.

Le programme suivant permet d'afficher le nom de l'événement lorsqu'il se produit dans la fenêtre.

Détecter et afficher les événements virtuels

```
<!DOCTYPE html>
<html>
<head>
  <meta name=viewport content="user-scalable=no,width=device-width" />
  <link rel=stylesheet href=jquery.mobile/jquery.mobile.css />
  <script src=jquery.js></script>
  <script src=jquery.mobile/jquery.mobile.js></script>
</head>

<body>

<div id=home data-role=page id=home>
  <div data-role=header>
    <h1>Home</h1>
```

```
    </div>

    <div data-role=content>
      <p> Evénements </p>
    </div>
</div>

</body>
</html>

<script>

var $content = $("#home div:jqmData(role=content)");

$("#home").bind ("vmouseover", function (event)
{
  $content.append (event.type + ", ");
});

$("#home").bind ("vmousedown", function (event)
{
  $content.append (event.type + ", ");
});

$("#home").bind ("vmousemove", function (event)
{
  $content.append (event.type + ", ");
});

$("#home").bind ("vmouseup", function (event)
{
  $content.append (event.type + ", ");
});

$("#home").bind ("vclick", function (event)
{
  $content.append (event.type + ", ");
});

$("#home").bind ("vmouseout", function (event)
{
  $content.append (event.type + ", ");
});

$("#home").bind ("vmousecancel", function (event)
{
  $content.append (event.type + ", ");
});

</script>
```

Figure 8–4
Événements virtuels

9

Créer un composant jQuery Mobile

Comme jQuery avec les plug-ins, jQuery Mobile est prévu pour être étendu afin de pouvoir créer ses propres composants. La plupart des composants graphiques que nous avons étudiés dans les chapitres précédents ont d'ailleurs été créés de cette façon.

Créer et utiliser un composant

Un composant jQuery Mobile est réalisé à l'aide de la méthode `$.widget ()` définie en interne dans jQuery Mobile. Cette méthode permet de créer et d'initialiser le composant et de lui ajouter éventuellement des méthodes spécifiques.

Pour créer le composant, on définit la méthode `_create ()`, puis éventuellement, la méthode `_init ()` permettant de l'initialiser. Seule la méthode `_create ()` est obligatoire. La différence entre les deux méthodes est juste l'ordre d'exécution : la méthode `_create ()` sera exécutée avant la méthode `_init ()`.

Pour concevoir un composant jQuery Mobile, on crée en général un fichier JavaScript dédié au composant, qu'il suffira d'inclure dans la page HTML pour avoir accès aux méthodes définies dans celui-ci. Par exemple, créons le composant `myplugin` qui sera défini dans le fichier `myplugin.js`.

Création d'un composant (fichier myplugin.js)

```
(function ($, undefined )
{
  // définition du composant
  $.widget ("mobile.myplugin", $.mobile.widget,
  {
    _create: function ()
    {
      var $elem = this.element;
      $elem.css ( { "background-color" : "black", color : "white" } );
    }
  });

  // prise en compte du composant lors de la création de la fenêtre
  // ou lors de l'événement create
  $(document).bind ("pagecreate create", function (e)
  {
    $(":jqmData(role=myplugin)", e.target).myplugin ();
  });

}) (jQuery);
```

Le composant ici créé sert à modifier le style de l'élément qui l'utilise, en changeant la couleur du texte et la couleur de fond de l'élément.

La méthode `$.widget ()` prend en premier paramètre le nom du plug-in (ici, `myplugin`), qui est de la forme `mobile.nomplugin`. Cette façon de procéder est toujours la même quel que soit le composant. La méthode `_create ()` permet d'accéder, via `this.element,` à l'élément HTML qui utilise la méthode. La valeur de `this.element` est l'objet de classe jQuery associé à l'élément HTML.

Remarquons le traitement effectué pour la gestion des événements `pagecreate` et `create`. Si ces événements surviennent, nous recherchons tous les éléments HTML possédant l'attribut `data-role=myplugin` inscrits dans l'élément sur lequel est survenu l'événement (`e.target`). Nous transformons alors ces éléments en composant `myplugin` à l'aide de la méthode `myplugin ()`. L'appel de cette méthode lance en interne la méthode `_create ()` permettant ainsi de créer le composant.

Il nous reste maintenant à utiliser ce composant dans une page HTML. Nous utilisons ici un élément `<div>` dans une fenêtre, pour lequel nous définissons l'attribut `data-role="myplugin"` afin de le relier au nouveau composant.

Utiliser le composant dans une page HTML

```
<!DOCTYPE html>
<html>
<head>
```

```
      <meta name=viewport content="user-scalable=no,width=device-width" />
      <link rel=stylesheet href=jquery.mobile/jquery.mobile.css />
      <script src=jquery.js></script>
      <script src=jquery.mobile/jquery.mobile.js></script>
      <script src=jquery.mobile/myplugin.js></script>
</head>

<body>

<div data-role=page id=home>
  <div data-role=header>
    <h1>Home</h1>
  </div>

  <div data-role=content>
    <p> Contenu de la Fenêtre 1 </p>
    <div id=plug1 data-role=myplugin>
      <p>Ceci est mon composant</p>
    </div>
  </div>
</div>

</body>
</html>
```

Figure 9–1
Utilisation d'un nouveau
composant

Remarquons sur la figure 9-1 (page précédente) l'inclusion du fichier `myplugin.js` dans la page HTML (après le fichier `jquery.mobile.js`) et la création d'un élément `<div>` ayant l'attribut `data-role="myplugin"`.

L'exécution de cette page HTML provoque la modification du style de l'élément par celui inscrit dans le corps de la méthode `_create ()` (figure 9-1).

Être prévenu de la création du composant

Afin de pouvoir utiliser le composant `myplugin` dans le code JavaScript, jQuery Mobile a prévu de générer un événement indiquant la fin de la création de ce composant, c'est-à-dire la fin de l'appel de la méthode `_create ()`. Pour cela, l'événement s'appelle `myplugincreate`, soit le nom du composant concaténé avec la chaîne `"create"`.

Cet événement est utilisable avec les méthodes standards de jQuery, par exemple `bind ()` ou `live ()`.

Utilisation de l'événement de création du composant

```html
<!DOCTYPE html>
<html>
<head>
  <meta name=viewport content="user-scalable=no,width=device-width" />
  <link rel=stylesheet href=jquery.mobile/jquery.mobile.css />
  <script src=jquery.js></script>
  <script src=jquery.mobile/jquery.mobile.js></script>
  <script src=jquery.mobile/myplugin.js></script>
</head>

<body>

<div data-role=page id=home>
  <div data-role=header>
    <h1>Home</h1>
  </div>

  <div data-role=content>
    <p> Contenu de la Fenêtre 1 </p>
    <div id=plug1 data-role=myplugin>
      <p>Ceci est mon composant</p>
    </div>
  </div>
</div>
```

```
</body>
</html>

<script>

$("#plug1").bind ("myplugincreate", function ()
{
  alert ("Le composant a été créé !");
});

</script>
```

L'utilisation de cet événement sera intéressante lorsqu'on souhaitera effectuer un traitement qui nécessite que le composant soit créé, par exemple utiliser une méthode définie sur le composant comme on le verra ci-après.

Transmettre des paramètres au composant

L'intérêt des composants jQuery Mobile est de pouvoir leur transmettre des paramètres via les attributs dans le code HTML. Par exemple, on pourrait ici transmettre la couleur du texte et la couleur de fond de l'élément, plutôt que d'inscrire ces valeurs directement dans le code du composant.

Le code HTML pourrait devenir celui-ci, en utilisant les nouveaux attributs data-color et data-background-color créés pour ce composant.

Transmettre la couleur du texte et la couleur de fond de l'élément

```
<!DOCTYPE html>
<html>
<head>
  <meta name=viewport content="user-scalable=no,width=device-width" />
  <link rel=stylesheet href=jquery.mobile/jquery.mobile.css />
  <script src=jquery.js></script>
  <script src=jquery.mobile/jquery.mobile.js></script>
  <script src=jquery.mobile/myplugin.js></script>
</head>

<body>

<div data-role=page id=home>
  <div data-role=header>
    <h1>Home</h1>
  </div>
```

```
  <div data-role=content>
    <p> Contenu de la Fenêtre 1 </p>
    <div id=plug1 data-role=myplugin
         data-color=white data-background-color=black>
      <p>Ceci est mon composant</p>
    </div>
  </div>
</div>

</body>
</html>
```

Le composant écrit précédemment ne sait pour l'instant pas quoi faire des attributs data-color et data-background-color inscrits dans le code HTML. Il faut donc modifier le code JavaScript du composant afin qu'il puisse les traiter.

Utiliser dans le composant les attributs transmis dans le code HTML

```
(function ($, undefined )
{
  // définition du composant
  $.widget ("mobile.myplugin", $.mobile.widget,
  {
    options : {
      backgroundColor : null,
      color : null
    },
    _create: function ()
    {
      var $elem = this.element;
      $elem.css ( { "background-color" : this.options.backgroundColor,
                    color : this.options.color } );
    }
  });

  // prise en compte du composant lors de la création de la fenêtre
  // ou lors de l'événement create
  $(document).bind ("pagecreate create", function (e)
  {
    $(":jqmData(role=myplugin)", e.target).myplugin ();
  });

}) (jQuery);
```

Nous avons défini une propriété options (ce nom est obligatoire), contenant les différents paramètres transmis sous forme d'attributs. L'attribut data-color correspond à la propriété color de options, tandis que l'attribut data-background-color correspond à la propriété `backgroundColor` de cet objet. Ces propriétés sont initialisées à `null` pour l'instant, car leurs valeurs seront celles transmises par les attributs.

Les mécanismes internes à jQuery Mobile font que l'objet `options` défini dans notre code sera initialisé automatiquement à partir des valeurs inscrites dans les attributs correspondants du code HTML.

Vérifions que cela fonctionne : on obtient l'écran représenté sur la figure 9-2.

Figure 9–2
Passage de paramètres
au composant

Si un attribut n'est pas indiqué dans le code HTML, la valeur qui sera utilisée dans le composant sera celle inscrite lors de la définition de l'objet `options`. Ici, les deux valeurs sont pour l'instant mises à `null`, mais si, par exemple, on positionne `color` à `"blue"` et `backgroundColor` à `"grey"`, ces valeurs seront celles prises par les attributs manquants dans le code HTML.

Utilisation du composant sans faire emploi des attributs

```
<!DOCTYPE html>
<html>
<head>
  <meta name=viewport content="user-scalable=no,width=device-width" />
  <link rel=stylesheet href=jquery.mobile/jquery.mobile.css />
  <script src=jquery.js></script>
```

```
  <script src=jquery.mobile/jquery.mobile.js></script>
  <script src=jquery.mobile/myplugin.js></script>
</head>

<body>

<div data-role=page id=home>
  <div data-role=header>
    <h1>Home</h1>
  </div>

  <div data-role=content>
    <p> Contenu de la Fenêtre 1 </p>
    <div id=plug1 data-role=myplugin>
      <p>Ceci est mon composant</p>
    </div>
  </div>
</div>

</body>
</html>
```

Utiliser des valeurs par défaut dans les attributs

```
(function ($, undefined )
{
  // définition du composant
  $.widget ("mobile.myplugin", $.mobile.widget,
  {
    options : {
      backgroundColor : "grey",
      color : "blue"
    },
    _create: function ()
    {
      var $elem = this.element;
      $elem.css ( { "background-color" : this.options.backgroundColor,
                    color : this.options.color } );
    }
  });

  // prise en compte du composant lors de la création de la fenêtre
  // ou lors de l'événement create
  $(document).bind ("pagecreate create", function (e)
  {
    $(":jqmData(role=myplugin)", e.target).myplugin ();
  });

}) (jQuery);
```

Figure 9–3
Valeurs par défaut
des attributs du composant

Utiliser le composant au moyen d'un appel Ajax

Il est intéressant de pouvoir insérer un composant par un appel Ajax. Nous le réalise-rons de deux façons : en utilisant la méthode de création du composant (ici, `myplugin ()`) ou via l'événement `create`. Ces deux façons de procéder produisent le même résultat.

Avec la méthode de création du composant

L'utilisation de la méthode `myplugin ()` est la première façon de créer le composant `myplugin` avec Ajax. La méthode de création du composant porte le même nom que le composant lui-même, donc la méthode `myplugin ()` permet de créer le composant `myplugin`.

Insérer le composant via Ajax en utilisant la méthode myplugin ()

```
<!DOCTYPE html>
<html>
<head>
  <meta name=viewport content="user-scalable=no,width=device-width" />
  <link rel=stylesheet href=jquery.mobile/jquery.mobile.css />
```

```
  <script src=jquery.js></script>
  <script src=jquery.mobile/jquery.mobile.js></script>
  <script src=jquery.mobile/myplugin.js></script>
</head>

<body>

<div data-role=page id=home>
  <div data-role=header>
    <h1>Home</h1>
  </div>

  <div data-role=content>
    <p> Contenu de la Fenêtre 1 </p>
  </div>
</div>

</body>
</html>

<script>

$.ajax (
{
  url : "action.php",
  complete : function (xhr, result)
  {
    if (result != "success") return;
    var response = xhr.responseText;
    $("#home div:jqmData(role=content)").append (response);

    $("#plug1").myplugin ();
  }
});

</script>
```

L'appel de la méthode myplugin () s'effectue sur l'élément HTML associé au composant lui-même (ici, le <div> dont l'identifiant est plug1).

Fichier action.php

```
<?
$html = "";
$html .= "<div id=plug1>";
$html .=    "<p>Ceci est mon composant</p>";
$html .= "</div>";

echo utf8_encode ($html);
?>
```

Avec l'événement create

L'utilisation de l'événement create est la seconde façon de procéder pour créer un composant via Ajax.

Insérer le composant via Ajax en utilisant l'événement create

```
<!DOCTYPE html>
<html>
<head>
  <meta name=viewport content="user-scalable=no,width=device-width" />
  <link rel=stylesheet href=jquery.mobile/jquery.mobile.css />
  <script src=jquery.js></script>
  <script src=jquery.mobile/jquery.mobile.js></script>
  <script src=jquery.mobile/myplugin.js></script>
</head>

<body>

<div data-role=page id=home>
  <div data-role=header>
    <h1>Home</h1>
  </div>

  <div data-role=content>
    <p> Contenu de la Fenêtre 1 </p>
  </div>
</div>

</body>
</html>

<script>

$.ajax (
{
  url : "action.php",
  complete : function (xhr, result)
  {
    if (result != "success") return;
    var response = xhr.responseText;
    $("#home div:jqmData(role=content)").append (response);

    $("#home").trigger ("create");
  }
});

</script>
```

L'événement `create` est généré sur un élément HTML englobant le composant (ici, la fenêtre dont l'identifiant est `home`).

Fichier action.php

```
<?
$html = "";
$html .= "<div id=plug1 data-role=myplugin>";
$html .=   "<p>Ceci est mon composant</p>";
$html .= "</div>";

echo utf8_encode ($html);
?>
```

La différence avec le précédent code PHP (que nous avons écrit lors de l'utilisation de la méthode `myplugin ()`) est que nous devons maintenant indiquer l'attribut `data-role="myplugin"` lors de la définition du composant. En effet, ce sont les éléments HTML possédant cet attribut qui sont recherchés lors du traitement effectué dans l'événement `create`, comme nous l'avons écrit dans le code JavaScript du plug-in.

Traitement de l'événement create dans le plug-in

```
// prise en compte du composant lors de la création de la fenêtre
// ou lors de l'événement create
$(document).bind ("pagecreate create", function (e)
{
  $(":jqmData(role=myplugin)", e.target).myplugin ();
});
```

Le paramètre `e.target` correspond dans notre exemple à l'élément `<div>` associé à la fenêtre, dont l'identifiant est `home`. Car c'est cet élément qui provoque l'événement `create` au moyen de l'instruction :

L'élément <div> associé à la fenêtre provoque l'événement create

```
$("#home").trigger ("create");
```

Ajouter des méthodes au composant

Pour l'instant, notre composant ne possède que la méthode `_create ()`, qui d'ailleurs ne doit pas être utilisée à l'extérieur du composant (d'où le préfixe `"_"` utilisé, signifiant *méthode privée*). Il est possible d'ajouter nos propres méthodes qui pourront être utilisées sur ce composant.

Définissons les méthodes show (), hide (), setColors (color, backgroundcolor) et getColors () sur ce composant.

- La méthode show () permet d'afficher le composant.
- La méthode hide () permet de le cacher.
- La méthode setColors (color, backgroundcolor) permet de modifier les couleurs utilisées.
- La méthode getColors () retourne un objet { color, backgroundColor } contenant les couleurs actuellement utilisées.

Définition des méthodes sur le composant

```
(function ($, undefined )
{
  // définition du composant
  $.widget ("mobile.myplugin", $.mobile.widget,
  {
    options : {
      backgroundColor : "grey",
      color : "blue"
    },
    _create: function ()
    {
      var $elem = this.element;
      $elem.css ( { "background-color" : this.options.backgroundColor,
                    color : this.options.color } );
    },
    show : function ()
    {
      var $elem = this.element;
      $elem.show ();
    },
    hide : function ()
    {
      var $elem = this.element;
      $elem.hide ();
    },
    setColors : function (color, backgroundcolor)
    {
      var $elem = this.element;
      this.options.color = color;
      this.options.backgroundColor = backgroundcolor;
      $elem.css ( { "background-color" : this.options.backgroundColor,
                    color : this.options.color } );
    },
    getColors : function ()
    {
```

```
      return { color : this.options.color,
              backgroundColor : this.options.backgroundColor };
  }
});

// prise en compte du composant lors de la création de la fenêtre
// ou lors de l'événement create
$(document).bind ("pagecreate create", function (e)
{
  $(":jqmData(role=myplugin)", e.target).myplugin ();
});

}) (jQuery);
```

> **REMARQUE   La méthode setColors ()**
>
> La méthode `setColors ()` mémorise les couleurs indiquées en paramètres, dans l'objet `options` associé au composant, de façon à permettre aux autres méthodes (par exemple, `getColors ()`) de les utiliser.

Nous avons pour l'instant défini de nouvelles méthodes dans le composant. Voyons comment les utiliser dans le code JavaScript.

Utiliser les méthodes créées sur le composant

```
<!DOCTYPE html>
<html>
<head>
  <meta name=viewport content="user-scalable=no,width=device-width" />
  <link rel=stylesheet href=jquery.mobile/jquery.mobile.css />
  <script src=jquery.js></script>
  <script src=jquery.mobile/jquery.mobile.js></script>
  <script src=jquery.mobile/myplugin.js></script>
</head>

<body>

<div data-role=page id=home>
  <div data-role=header>
    <h1>Home</h1>
  </div>

  <div data-role=content>
    <p> Contenu de la Fenêtre 1 </p>
    <div id=plug1 data-role=myplugin>
      <p>Ceci est mon composant</p>
    </div>
  </div>
```

```
</div>

</body>
</html>

<script>

$("#plug1").bind ("myplugincreate", function ()
{
  $(this).myplugin ("setColors", "white", "gainsboro");
  var colors = $(this).myplugin ("getColors");
  alert ("color = " + colors.color +
         "\n backgroundColor = " + colors.backgroundColor);
});

</script>
```

Les méthodes définies ne peuvent être employées que lorsque le composant a été créé, d'où l'utilisation de l'événement `myplugincreate` dans lequel s'effectue le traitement.

Remarquons comment on effectue l'appel d'une méthode du composant.

Appel de la méthode setColors () du composant myplugin

```
$(this).myplugin ("setColors", "white", "gainsboro");
```

Figure 9–4
Affichage des valeurs
des attributs du composant

Le nom de la méthode correspond au premier argument lors de l'appel, tandis que les paramètres éventuels de la méthode sont dans les arguments suivants. Tous les arguments sont transmis sous forme de chaîne de caractères.

Créer et gérer des événements sur le composant

Il est possible de créer de nouveaux événements à l'intérieur des composants. Il suffit pour cela d'appeler la méthode `trigger (eventName)` sur l'élément associé au composant. C'est la méthode standard de jQuery. L'événement pourra être géré au moyen de la méthode `bind ()` traditionnelle de jQuery.

Par exemple, créons deux événements permettant d'informer que la couleur du texte a été modifiée (événement `changecolor`) tout comme celle de l'arrière-plan (événement `changebackgroundcolor`).

Il faut modifier la méthode `setColors ()` afin de générer ces deux événements si la couleur correspondante a été modifiée. Le composant s'écrit maintenant de la façon suivante.

Déclencher un événement lors des modifications de couleur

```
(function ($, undefined )
{
  // définition du composant
  $.widget ("mobile.myplugin", $.mobile.widget,
  {
    options : {
      backgroundColor : "grey",
      color : "blue"
    },
    _create: function ()
    {
      var $elem = this.element;
      $elem.css ( { "background-color" : this.options.backgroundColor,
                 color : this.options.color } );
    },
    show : function ()
    {
      var $elem = this.element;
      $elem.show ();
    },
    hide : function ()
    {
      var $elem = this.element;
      $elem.hide ();
    },
```

```
    setColors : function (color, backgroundcolor)
    {
      var $elem = this.element;

      if (color != this.options.color)
        $elem.trigger ("changecolor", [color]);
      if (backgroundcolor != this.options.backgroundColor)
        $elem.trigger ("changebackgroundcolor", [backgroundcolor]);

      this.options.color = color;
      this.options.backgroundColor = backgroundcolor;
      $elem.css ( { "background-color" : this.options.backgroundColor,
                 color : this.options.color } );
    },
    getColors : function ()
    {
      return { color : this.options.color,
             backgroundColor : this.options.backgroundColor };
    }
  });

  // prise en compte du composant lors de la création de la fenêtre
  // ou lors de l'événement create
  $(document).bind ("pagecreate create", function (e)
  {
    $(":jqmData(role=myplugin)", e.target).myplugin ();
  });

}) (jQuery);
```

À SAVOIR **La méthode trigger()**

La méthode `trigger ()` prend en premier paramètre le nom de l'événement créé, et en second paramètre, un tableau contenant les paramètres passés à l'événement (ici, `[color]` et `[backgroundcolor]`).

L'événement peut être géré dans le code JavaScript de la façon suivante.

Prise en compte de l'événement

```
<!DOCTYPE html>
<html>
<head>
  <meta name=viewport content="user-scalable=no,width=device-width" />
  <link rel=stylesheet href=jquery.mobile/jquery.mobile.css />
  <script src=jquery.js></script>
  <script src=jquery.mobile/jquery.mobile.js></script>
```

```
    <script src=jquery.mobile/myplugin.js></script>
</head>

<body>

<div data-role=page id=home>
  <div data-role=header>
    <h1>Home</h1>
  </div>

  <div data-role=content>
    <p> Contenu de la Fenêtre 1 </p>
    <div id=plug1 data-role=myplugin>
      <p>Ceci est mon composant</p>
    </div>
  </div>
</div>

</body>
</html>

<script>

$("#plug1").bind ("myplugincreate", function ()
{
  $(this).myplugin ("setColors", "white", "gainsboro");
  var colors = $(this).myplugin ("getColors");
  alert ("color = " + colors.color +
         "\n backgroundColor = " + colors.backgroundColor);
});

$("#plug1").bind ("changecolor", function (event, color)
{
  alert ("changecolor : " + color);
});

$("#plug1").bind ("changebackgroundcolor", function (event,
backgroundcolor)
{
  alert ("changebackgroundcolor : " + backgroundcolor);
});

</script>
```

Remplacer deux événements par un seul

Nous avons précédemment créé deux événements, l'un pour le changement de couleur du texte (changecolor), l'autre pour le changement de la couleur du fond (changebackgroundcolor).

On pourrait remplacer ces deux événements par un seul s'appelant changecolors. Il transmettrait en paramètres les deux couleurs, au lieu d'une seule comme pour les événements actuels.

Nouvelle méthode setColors () gérant l'événement changecolors

```
setColors : function (color, backgroundcolor)
{
  var $elem = this.element;

  if (color != this.options.color ||
      backgroundcolor != this.options.backgroundColor)
    $elem.trigger ("changecolors", [color, backgroundcolor]);

  this.options.color = color;
  this.options.backgroundColor = backgroundcolor;
  $elem.css ( { "background-color" : this.options.backgroundColor,
               color : this.options.color } );
},
```

Prise en compte de l'événement changecolors

```
$("#plug1").bind ("changecolors", function (event, color,
backgroundcolor)
{
  alert ("changecolors : \n" + "color = " + color +
        "\n backgroundcolor = " + backgroundcolor);
});
```

La méthode de traitement de l'événement prend les paramètres color et backgroundcolor à la suite du paramètre event.

Une autre forme d'écriture est possible, en transmettant un seul paramètre qui est un objet contenant les propriétés color et backgroundcolor.

Transmettre color et backgroundcolor dans un objet

```
setColors : function (color, backgroundcolor)
{
  var $elem = this.element;

  if (color != this.options.color ||
      backgroundcolor != this.options.backgroundColor)
    $elem.trigger ("changecolors",
        [ { color : color, backgroundcolor : backgroundcolor } ]);

  this.options.color = color;
  this.options.backgroundColor = backgroundcolor;
  $elem.css ( { "background-color" : this.options.backgroundColor,
              color : this.options.color } );
},
```

L'objet transmis possède les propriétés color et backgroundcolor.

Prise en compte de l'événement changecolors

```
$("#plug1").bind ("changecolors", function (event, colors)
{
  alert ("changecolors : \n" + "color = " + colors.color +
        "\n backgroundcolor = " + colors.backgroundcolor);
});
```

Composants définis dans jQuery Mobile

Maintenant que vous savez créer vos propres composants, il devient plus aisé de regarder le code de jQuery Mobile pour voir ceux qu'il a lui-même créés de cette manière. On trouve entre autres les composants suivants.

Tableau 9–1 Composants standards de jQuery Mobile

Nom	Signification
page	Gestion des fenêtres de la page
checkboxradio	Gestion des cases à cocher et des boutons radio
textinput	Gestion des champs de saisie
selectmenu	Gestion des listes de sélection
button	Gestion des boutons
slider	Gestions des sliders

Tableau 9–1 Composants standards de jQuery Mobile (suite)

Nom	Signification
collapsible	Gestion des menus en accordéon
listview	Gestion des listes
dialog	Gestion des fenêtres superposées
navbar	Gestion des barres de navigation

Ce sont les composants que nous allons étudier dans les chapitres qui suivent. Lors de la création de chacun de ces composants, un événement de type create est généré : pagecreate, checkboxradiocreate, etc.

Chacun de ces composants définit sa propre méthode _create (), qui effectue bien souvent la création de nouveaux éléments HTML dans l'arborescence du DOM. En général, on trouve juste avant la définition de la méthode _create (), la définition de l'objet options que nous avons précédemment utilisé avec nos propres attributs.

Regardons l'objet options défini pour le composant selectmenu.

Définition des options du composant selectmenu dans jQuery Mobile

```
$.widget( "mobile.selectmenu", $.mobile.widget, {
    options: {
        theme: null,
        disabled: false,
        icon: 'arrow-d',
        iconpos: 'right',
        inline: null,
        corners: true,
        shadow: true,
        iconshadow: true,
        menuPageTheme: 'b',
        overlayTheme: 'a',
        hidePlaceholderMenuItems: true,
        closeText: 'Close',
        nativeMenu: true,
        initSelector: "select:not(:jqmData(role='slider'))"
    },
```

On a vu précédemment que ces options correspondent à des attributs de l'élément associé au composant dans le code HTML. Cela signifie que l'on pourra utiliser pour un élément <select> inscrit dans le code HTML, les attributs data-theme, data-disabled, data-icon, etc. Les valeurs par défaut de ces attributs sont celles indiquées lors de la définition de l'objet dans le code de jQuery Mobile.

10

Manipuler les fenêtres

Les fenêtres peuvent être manipulées de différentes façons dans jQuery Mobile :

- au moyen des attributs des liens `<a>`, qui permettent d'enchaîner les fenêtres les unes aux autres ;
- au moyen de la méthode `changePage ()` définie sur l'objet `$.mobile`.

Nous explorons dans ce chapitre ces deux possibilités.

Gérer les attributs des liens

Le passage d'une fenêtre à l'autre s'effectue par l'intermédiaire d'un lien, pouvant être représenté sous la forme d'un bouton, par exemple. Les attributs du lien permettent d'indiquer le traitement à effectuer lors du clic.

Lien vers une adresse e-mail ou un numéro de téléphone

Commençons par le plus simple. On souhaite pouvoir envoyer des e-mails, des SMS ou téléphoner depuis une fenêtre de l'application. Des valeurs particulières de l'attribut `href` du lien `<a>` permettent d'effectuer ces actions.

Liens vers une adresse e-mail et un numéro de téléphone

```
<!DOCTYPE html>
<html>
<head>
  <meta name=viewport content="user-scalable=no,width=device-width" />
  <link rel=stylesheet href=jquery.mobile/jquery.mobile.css />
  <script src=jquery.js></script>
  <script src=jquery.mobile/jquery.mobile.js></script>
</head>

<body>

<div data-role=page id=home>
  <div data-role=header>
    <h1>Home</h1>
  </div>

  <div data-role=content>
    <p> Dialoguer avec Eric Sarrion : </p>
    <a href=mailto:ericsarrion@gmail.com>Par mail</a><br /><br />
    <a href=tel:0625570924>Par téléphone</a><br /><br />
    <a href=sms:0625570924>Par SMS</a><br /><br />
  </div>
</div>

</body>
```

Figure 10–1
Liens dans une fenêtre

Lien vers une fenêtre située dans la même page HTML

Ceci est l'exemple classique que nous avons maintes fois utilisé précédemment. On indique la fenêtre à atteindre en inscrivant, dans l'attribut href du lien, l'identifiant id de l'élément <div> correspondant à la nouvelle fenêtre, précédé du caractère # (par exemple : href="#win2").

Une page HTML contenant deux fenêtres

```
<!DOCTYPE html>
<html>
<head>
  <meta name=viewport content="user-scalable=no,width=device-width" />
  <link rel=stylesheet href=jquery.mobile/jquery.mobile.css />
  <script src=jquery.js></script>
  <script src=jquery.mobile/jquery.mobile.js></script>
</head>

<body>

<div data-role=page id=home>
  <div data-role=header>
    <h1>Home</h1>
  </div>

  <div data-role=content>
    <p> Contenu de la Fenêtre 1 </p>
    <a href=#win2> Aller dans la fenêtre win2 située dans la même page
</a>
  </div>
</div>

<div data-role=page id=win2 data-add-back-btn=true>
  <div data-role=header>
    <h1>Fenêtre 2</h1>
  </div>

  <div data-role=content>
    <p> Contenu de la Fenêtre 2 </p>
  </div>
</div>

</body>
</html>
```

Lien vers une fenêtre située dans une autre page HTML sur le même serveur

Lorsque la fenêtre est située dans une autre page HTML du serveur, jQuery Mobile effectue (en interne) un appel Ajax vers le serveur afin de charger le contenu de la fenêtre et de l'insérer dans le flot des fenêtres. Les deux fichiers doivent être obligatoirement situés sur notre serveur, sinon l'appel Ajax ne peut être effectué par jQuery Mobile.

Fichier index.html contenant la première fenêtre

```
<!DOCTYPE html>
<html>
<head>
  <meta name=viewport content="user-scalable=no,width=device-width" />
  <link rel=stylesheet href=jquery.mobile/jquery.mobile.css />
  <script src=jquery.js></script>
  <script src=jquery.mobile/jquery.mobile.js></script>
</head>

<body>

<div data-role=page id=home>
  <div data-role=header>
    <h1>Home</h1>
  </div>

  <div data-role=content>
    <p> Contenu de la Fenêtre 1 </p>
    <a href=index2.html> Aller dans la fenêtre située dans index2.html
</a>
  </div>
</div>

</body>
</html>
```

Fichier index2.html contenant la deuxième fenêtre

```
<!DOCTYPE html>
<html>
<head>
  <meta http-equiv=Content-Type content=text/html;charset=iso-8859-1 />
  <link rel=stylesheet href=jquery.mobile/jquery.mobile.css />
  <script src=jquery.js></script>
  <script src=jquery.mobile/jquery.mobile.js></script>
</head>

<body>
```

```
<div data-role=page id=win2 data-add-back-btn=true>
  <div data-role=header>
    <h1>Fenêtre 2</h1>
  </div>

  <div data-role=content>
    <p> Contenu de la Fenêtre 2 </p>
  </div>
</div>

</body>
</html>
```

Ce qu'il faut noter ici, c'est l'utilisation de la balise `<meta>` pour indiquer l'encodage de la page chargée via Ajax (ici, `index2.html`). En effet, les deux fenêtres n'étant pas situées dans la même page HTML, l'encodage UTF-8 est utilisé par défaut pour les requêtes Ajax effectuées en interne par jQuery Mobile. L'encodage iso-8859-1 permet dans ce cas d'afficher les caractères accentués.

La figure 10-2 représente la première fenêtre contenant le lien. Après le clic sur celui-ci, la seconde page HTML s'affiche, incluant la nouvelle fenêtre (figure 10-3).

Figure 10–2
Lien vers une autre fenêtre

Figure 10–3 Nouvelle fenêtre
affichée après le clic sur le lien

Figure 10–4
Fenêtre affichée sans encodage

Remarquons que la nouvelle fenêtre s'est inscrite dans le flot des fenêtres et qu'un bouton *Back* permet de revenir à la fenêtre précédente, grâce à l'attribut `data-add-back-btn=true` ajouté dans la seconde fenêtre.

Supprimons la balise `<meta>` indiquant l'encodage dans la page `index2.html`. Cette page s'affiche maintenant comme sur la figure 10-4. Les caractères accentués ne sont plus pris en compte.

Pour comprendre comment jQuery Mobile a procédé lors du chargement de la nouvelle page HTML, il suffit d'utiliser Firefox associé à Firebug. Avant le clic sur le lien, le code HTML est le suivant (figure 10-5).

Figure 10–5
Code HTML
de la première fenêtre
(avant le clic)

```
<!DOCTYPE html>
<html class="ui-mobile">
  <head>
  <body class="ui-mobile-viewport">
    <div id="home" class="ui-page ui-body-c ui-page-
    active" data-role="page" data-url="home" tabindex="0" style="min-
    height: 417px;">
      <div class="ui-header ui-bar-a" data-role="header" role="banner">
      <div class="ui-content" data-role="content" role="main">
    </div>
    <div class="ui-loader ui-body-a ui-corner-all" style="top: 208.5px;">
  </body>
</html>
```

Après le clic sur le lien, le code HTML est devenu le suivant (figure 10-6).

Figure 10–6
Code HTML
des deux fenêtres
(après le clic)

```
<!DOCTYPE html>
<html class="ui-mobile">
  <head>
  <body class="ui-mobile-viewport">
    <div id="home" class="ui-page
    ui-body-c" data-role="page" data-url="home" tabindex="0" style="min-
    height: 417px;">
      <div class="ui-header ui-bar-a" data-role="header" role="banner">
      <div class="ui-content" data-role="content" role="main">
    </div>
    <div class="ui-loader ui-body-a ui-corner-all" style="top: 208.5px;">
    <div id="win2" class="ui-page ui-body-c ui-page-active" data-add-
    back-btn="true" data-role="page" data-url="/test
    /index2.html" data-external-page="true" tabindex="0" style="min-height:
    417px;">
  </body>
</html>
```

On voit qu'un second élément `<div>` (dont l'`id` est `win2`) est venu s'inscrire dans l'arborescence DOM des éléments de la page HTML. Il correspond à la seconde fenêtre, inscrite dans la page `index2.html`. Cela a été effectué en interne par jQuery Mobile au moyen des techniques Ajax. C'est pour cela que lors du premier clic, un message d'attente s'affiche brièvement (le temps de rapatrier le nouveau code HTML depuis le serveur et de l'insérer dans le code HTML actuel).

À SAVOIR **Et s'il y a plusieurs fenêtres ?**

Si plusieurs fenêtres sont inscrites dans la seconde page HTML, seule la première est récupérée par jQuery Mobile.

Revenons à la fenêtre précédente au moyen du bouton *Back*. Le code HTML affiché au moyen de Firebug est reproduit sur la figure 10-7.

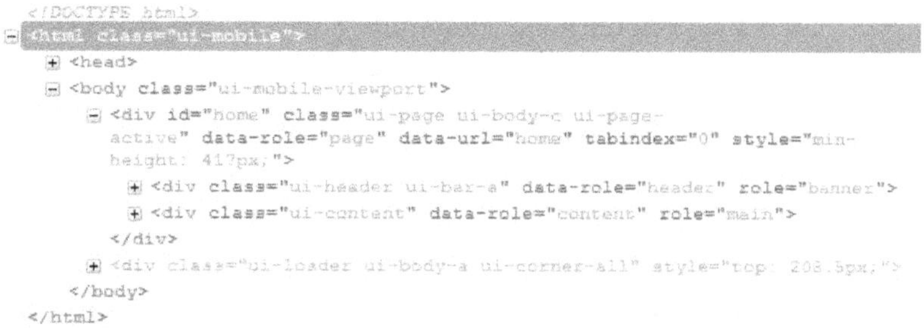

Figure 10–7
Code HTML après retour
à la première fenêtre

Nous voyons que la seconde fenêtre a disparu de l'arborescence du DOM. jQuery Mobile l'a supprimée de la mémoire afin d'économiser la place mémoire. Cette façon de procéder s'applique à toutes les fenêtres qui sont chargées au moyen d'Ajax. Si l'on veut conserver la fenêtre en mémoire malgré sa disparition de l'affichage, il suffit d'indiquer l'attribut `data-dom-cache=true` dans les attributs de l'élément `<div>` associé à cette fenêtre.

Fichier index2.html contenant la seconde fenêtre, qui sera conservée en mémoire, malgré sa disparition à l'affichage

```
<!DOCTYPE html>
<html>
<head>
  <meta http-equiv=Content-Type content=text/html;charset=iso-8859-1 />
  <link rel=stylesheet href=jquery.mobile/jquery.mobile.css />
  <script src=jquery.js></script>
  <script src=jquery.mobile/jquery.mobile.js></script>
</head>

<body>

<div data-role=page id=win2 data-add-back-btn=true data-dom-cache=true>
  <div data-role=header>
    <h1>Fenêtre 2</h1>
  </div>

  <div data-role=content>
    <p> Contenu de la Fenêtre 2 </p>
  </div>
</div>

</body>
</html>
```

Construction de la fenêtre par le serveur PHP

Pour faire suite à l'exemple précédent, nous supposons ici que le lien situé dans la première fenêtre pointe vers une page PHP (située sur notre serveur) qui construit dynamiquement la fenêtre qui sera affichée.

Fichier index.html contenant la première fenêtre

```
<!DOCTYPE html>
<html>
<head>
  <meta name=viewport content="user-scalable=no,width=device-width" />
  <link rel=stylesheet href=jquery.mobile/jquery.mobile.css />
  <script src=jquery.js></script>
  <script src=jquery.mobile/jquery.mobile.js></script>
</head>

<body>

<div data-role=page id=home>
  <div data-role=header>
    <h1>Home</h1>
  </div>

  <div data-role=content>
    <p> Contenu de la Fenêtre 1 </p>
    <a href=action.php> Aller dans la fenêtre située dans action.php </a>
  </div>
</div>

</body>
```

Fichier action.php construisant la seconde fenêtre

```
<?
  $html = "";
  $html .= "<div data-role=page>";
  $html .=   "<div data-role=header>";
  $html .=     "<h1>Home</h1>";
  $html .=   "</div>";
  $html .=   "<div data-role=content>éric</div>";
  $html .= "</div>";
  echo utf8_encode ($html);
?>
```

jQuery Mobile utilise Ajax pour récupérer la seconde fenêtre inscrite dans `action.php`. Pour cela, on doit utiliser `utf8_encode ()` afin que les caractères accentués soient correctement affichés.

> Remarque **Conflit de fenêtres**
>
> Si plusieurs fenêtres sont retournées par le code du serveur, seule la première fenêtre sera inscrite dans le flot des fenêtres.

Lien vers une autre page HTML située sur un autre serveur

Il est possible d'indiquer une URL externe dans l'attribut `href` d'un lien. Pour cela, il faut préciser l'URL complète (commençant par `http://`). Remarquons que dans ce cas, la nouvelle page s'affiche à la place de la précédente (elle ne s'inscrit pas dans le flot des fenêtres).

Lien vers http://yahoo.com

```
<!DOCTYPE html>
<html>
<head>
  <meta name=viewport content="user-scalable=no,width=device-width" />
  <link rel=stylesheet href=jquery.mobile/jquery.mobile.css />
  <script src=jquery.js></script>
  <script src=jquery.mobile/jquery.mobile.js></script>
</head>

<body>

<div data-role=page id=home>
  <div data-role=header>
    <h1>Home</h1>
  </div>

  <div data-role=content>
    <p> Contenu de la Fenêtre 1 </p>
    <a href=http://yahoo.com> Aller sur Yahoo </a>
  </div>
</div>

</body>
</html>
```

Une fois qu'on a cliqué sur le lien, la page de Yahoo! s'affiche à la place de notre fenêtre (figure 10-8, page suivante).

Figure 10–8
Page de Yahoo! affichée
dans notre application

Inhiber le chargement d'une page HTML avec Ajax

Par défaut, lorsque la valeur de l'attribut href indique une page HTML située sur le serveur, jQuery Mobile effectue un appel Ajax. Ce comportement permet d'inscrire la première fenêtre décrite dans la page HTML, dans le flot des fenêtres de l'application, et ainsi de pouvoir revenir à une précédente fenêtre au moyen du bouton *Back.*

Il est possible, en indiquant certains attributs dans le lien, de modifier ce comportement.

- data-ajax="false" indique de ne pas effectuer un appel Ajax. La nouvelle page HTML remplace la totalité de la précédente (les fenêtres précédentes sont perdues).
- rel="external" est similaire à data-ajax="false".
- target="une_valeur" ouvre une nouvelle fenêtre du navigateur. La précédente fenêtre du navigateur contient les fenêtres précédemment affichées.

Remarque

L'utilisation de ces mécanismes est assez rare, car il est préférable de rester dans la même page HTML et de charger les fenêtres de l'application au moyen d'Ajax (mécanisme par défaut).

Cas des fenêtres superposées

Ce cas avait déjà été traité dans la première partie de l'ouvrage (chapitre 2). Nous le reprenons ici pour montrer qu'une fenêtre superposée peut aussi être définie dans une autre page HTML (le cas traité précédemment incluait la fenêtre superposée dans la même page HTML que la fenêtre principale).

Fichier index.html contenant la première fenêtre

```
<!DOCTYPE html>
<html>
<head>
  <meta name=viewport content="user-scalable=no,width=device-width" />
  <link rel=stylesheet href=jquery.mobile/jquery.mobile.css />
  <script src=jquery.js></script>
  <script src=jquery.mobile/jquery.mobile.js></script>
</head>

<body>

<div data-role=page id=home>
  <div data-role=header>
    <h1>Home</h1>
  </div>

  <div data-role=content>
    <p> Contenu de la Fenêtre 1 </p>
    <a href=index2.html data-rel=dialog data-role=button>
      Aller dans la fenêtre win2 située dans une autre page HTML </a>
  </div>
</div>

</body>
</html>
```

Nous indiquons que le lien ouvre une fenêtre superposée au moyen de l'attribut `data-rel="dialog"`. De plus, pour un affichage harmonieux, nous définissons le lien comme un bouton à l'aide de l'attribut `data-role="button"`.

Fichier index2.html contenant la seconde fenêtre

```
<!DOCTYPE html>
<html>
<head>
  <meta http-equiv=Content-Type content=text/html;charset=iso-8859-1 />
  <link rel=stylesheet href=jquery.mobile/jquery.mobile.css />
```

```
    <script src=jquery.js></script>
    <script src=jquery.mobile/jquery.mobile.js></script>
</head>

<body>

<div data-role=page id=win2>
  <div data-role=header>
    <h1>Fenêtre 2</h1>
  </div>

  <div data-role=content>
    <p> Contenu de la Fenêtre 2 </p>
  </div>
</div>

</body>
</html>
```

La fenêtre superposée (définie dans `index2.html`) s'affiche lors d'un clic sur le bouton dans la première fenêtre (figure 10-9).

Figure 10–9
Affichage d'une fenêtre
superposée

La méthode $.mobile.changePage (toPage, options)

La précédente section a montré que la simple écriture de liens dans une page HTML permettait d'effectuer des transitions entre deux fenêtres, que celles-ci soient situées dans la même page HTML ou non.

Dans le cas où l'on souhaite gérer nous-même la transition entre deux fenêtres, jQuery Mobile met à notre disposition la méthode `$.mobile.changePage (toPage, options)`. Comme sa forme d'écriture le suggère, il s'agit de la méthode `changePage ()` définie sur l'objet `$.mobile`.

Le paramètre `toPage` (obligatoire) sert à désigner la fenêtre ou la page que l'on veut afficher, tandis que le paramètre `options` (facultatif) est un objet décrivant les options permettant d'afficher cette fenêtre.

Tableau 10–1 Paramètres de la méthode $.mobile.changePage (toPage, options)

Paramètre	Signification
toPage	Indique la fenêtre ou l'URL de la page que l'on veut afficher. - Pour une fenêtre, on indique un objet de classe jQuery (par exemple, `$("#win2")` pour afficher la fenêtre possédant cet identifiant). Dans ce cas, la fenêtre doit déjà exister dans le DOM. - Pour une URL, on indique celle-ci dans une chaîne de caractères (par exemple, `"index2.html"`). Dans ce cas, la première fenêtre inscrite dans le fichier s'affiche.
options.transition	Une des valeurs `slide`, `slideup`, `slidedown`, `pop`, `fade` ou `flip`, correspondant à l'effet de transition entre les deux fenêtres (`slide` par défaut). Voir le détail ci-après.
options.reverse	Si `true`, indique d'inverser le sens de l'effet de transition. Par défaut, `false`.
options.changeHash	Indique si l'URL apparaissant dans la barre d'adresse doit être modifiée pour tenir compte de l'URL de la nouvelle page ou fenêtre affichée (si `changeHash` vaut `true`, valeur par défaut) ou si elle doit conserver l'ancienne valeur (si `changeHash` vaut `false`).
options.pageContainer	Objet de classe jQuery indiquant l'élément dans lequel s'affichera la nouvelle fenêtre. Par défaut, `$.mobile.pageContainer`.
options.data	L'option `data` est un objet ou une chaîne de caractères correspondant à des paramètres transmis. - Si on utilise une chaîne de caractères, elle doit être de la forme `name1=value1&name2=value2...`, chaque `name` étant le nom d'un paramètre et `value` la valeur correspondante, encodée en UTF-8. - Si on utilise un objet, jQuery Mobile encode lui-même en UTF-8 chacune des valeurs et transmet au serveur une chaîne de la forme `name1=value1&name2=value2...`
options.type	Méthode de transmission des paramètres (`"post"` ou `"get"`). La valeur par défaut est `"get"`.

Tableau 10–1 Paramètres de la méthode $.mobile.changePage (toPage, options) (suite)

Paramètre	Signification
options.reloadPage	Si `true`, indique de recharger la fenêtre dans le DOM à chaque visualisation de la page. Par défaut, `false` (la fenêtre est chargée dans le DOM lors du premier affichage, puis est utilisée telle quelle). Cette option n'est utilisée que si l'argument `toPage` désigne une URL (la fenêtre est alors chargée par jQuery Mobile via Ajax).
options.showLoadMsg	Booléen indiquant d'afficher le message signifiant qu'une page HTML est en cours de chargement. Le message est indiqué dans `$.mobile.loadingMessage` (`"loading"` par défaut).

Tableau 10–2 Valeurs possibles de l'option transition

Valeur	Signification
slide	On passe d'une fenêtre à l'autre par un déplacement horizontal de la droite vers la gauche. C'est la valeur par défaut.
slideup	La seconde fenêtre apparaît par le bas, en recouvrant progressivement la première.
slidedown	La seconde fenêtre apparaît par le haut, en recouvrant progressivement la première.
pop	La seconde fenêtre apparaît par le centre de la première, en s'élargissant jusqu'à la recouvrir.
fade	La première fenêtre disparaît grâce à une diminution de son opacité (de 1 vers 0), tandis que la seconde apparaît grâce une augmentation de son opacité (de 0 vers 1).
flip	La seconde fenêtre apparaît par un effet de rotation sur un axe vertical, faisant disparaître ainsi la première fenêtre.

Une question qui peut se poser est la suivante : dans le cas où on utilise la méthode `$.mobile.changePage ()` lors du traitement du clic sur un lien, n'y a-t-il pas un problème avec la gestion de l'attribut `href` effectuée par jQuery Mobile ? Lequel des deux est prioritaire lors du traitement du clic ?

Pour éviter toute confusion, jQuery Mobile demande d'attribuer la valeur `"#"` à l'attribut `href` du lien `<a>` lorsque le traitement doit être effectué dans le code Java-Script. L'attribut `href="#"` dans un élément `<a>` indique à jQuery Mobile d'inhiber son traitement normal (et donc de laisser faire notre propre traitement en JavaScript).

Voyons ci-après quelques exemples d'utilisation de cette méthode.

Afficher une fenêtre située dans la même page HTML

On suppose ici que les deux fenêtres sont inscrites dans la même page HTML. On souhaite passer de la première à la seconde à l'aide d'un lien géré par nous-même au moyen de la méthode `$.mobile.changePage ()` (au lieu d'utiliser l'attribut `href` des liens).

Utiliser la méthode $.mobile.changePage () pour afficher une fenêtre située dans la même page HTML

```
<!DOCTYPE html>
<html>
<head>
  <meta name=viewport content="user-scalable=no,width=device-width" />
  <link rel=stylesheet href=jquery.mobile/jquery.mobile.css />
  <script src=jquery.js></script>
  <script src=jquery.mobile/jquery.mobile.js></script>
</head>

<body>

<div data-role=page id=home>
  <div data-role=header>
    <h1>Home</h1>
  </div>

  <div data-role=content>
    <p> Contenu de la Fenêtre 1 </p>
    <a href=# id=link1> Aller sur la Fenêtre 2 </a>
  </div>
</div>

<div data-role=page id=win2 data-add-back-btn=true>
  <div data-role=header>
    <h1>Fenêtre 2</h1>
  </div>

  <div data-role=content>
    <p> Contenu de la Fenêtre 2 </p>
  </div>
</div>

</body>
</html>

<script>

$("#link1").bind ("click", function (event)
{
  $.mobile.changePage ($("#win2"));
});

</script>
```

La fenêtre 2 possède l'identifiant win2 et correspond à l'objet de classe jQuery $("#win2"). Remarquons l'attribut href="#" dans le lien et l'utilisation de l'événement `click` (au lieu de `vclick`), car cet événement est positionné sur un lien (voir chapitre précédent).

Figure 10–10 Utilisation de la méthode $.mobile.changePage () sur un lien

Figure 10–11 Affichage de la seconde fenêtre

Afficher une fenêtre située dans une autre page HTML

Supposons maintenant que notre seconde fenêtre soit située dans une autre page HTML. Utilisons la méthode `$.mobile.changePage ()` pour l'afficher. On indique l'URL de la page HTML dans le premier paramètre de la méthode.

Utiliser la méthode $.mobile.changePage () pour afficher une fenêtre située dans une autre page HTML

```
<!DOCTYPE html>
<html>
<head>
  <meta name=viewport content="user-scalable=no,width=device-width" />
  <link rel=stylesheet href=jquery.mobile/jquery.mobile.css />
  <script src=jquery.js></script>
  <script src=jquery.mobile/jquery.mobile.js></script>
</head>

<body>
```

```
<div data-role=page id=home>
  <div data-role=header>
    <h1>Home</h1>
  </div>

  <div data-role=content>
    <p> Contenu de la Fenêtre 1 </p>
    <a href=# id=link1> Aller sur la Fenêtre 2 </a>
  </div>
</div>

</body>
</html>

<script>

$("#link1").bind ("click", function (event)
{
  $.mobile.changePage ("index2.html");
});

</script>
```

Fichier index2.html

```
<!DOCTYPE html>
<html>
<head>
  <meta http-equiv=Content-Type content=text/html;charset=iso-8859-1 />
  <link rel=stylesheet href=jquery.mobile/jquery.mobile.css />
  <script src=jquery.js></script>
  <script src=jquery.mobile/jquery.mobile.js></script>
</head>

<body>

<div data-role=page id=win2 data-add-back-btn=true>
  <div data-role=header>
    <h1>Fenêtre 2</h1>
  </div>

  <div data-role=content>
    <p> Contenu de la Fenêtre 2 </p>
  </div>
</div>

</body>
</html>
```

Le résultat est similaire au précédent, excepté lors du premier clic sur le lien. En effet, la fenêtre n'étant pas encore chargée dans la page HTML, un bref message indiquant *Loading* s'affiche le temps que cette fenêtre s'insère dans le flot des fenêtres.

> REMARQUE **Et s'il y a plusieurs fenêtres ?**
>
> Si plusieurs fenêtres se trouvent dans le fichier `index2.html`, seule la première fenêtre sera insérée dans le DOM par jQuery Mobile. Les autres fenêtres du fichier seront inaccessibles.

Transmettre des données lors de l'affichage de la fenêtre

Supposons que la première fenêtre ait besoin de transmettre des informations à la seconde fenêtre, qui doit les afficher. On utilise pour cela l'option `data` dans l'appel à la méthode `$.mobile.changePage ()`, afin de transmettre des paramètres à la fenêtre qui doit s'afficher.

Utiliser la méthode $.mobile.changePage () pour transmettre des informations

```
<!DOCTYPE html>
<html>
<head>
  <meta name=viewport content="user-scalable=no,width=device-width" />
  <link rel=stylesheet href=jquery.mobile/jquery.mobile.css />
  <script src=jquery.js></script>
  <script src=jquery.mobile/jquery.mobile.js></script>
</head>

<body>

<div data-role=page id=home>
  <div data-role=header>
    <h1>Home</h1>
  </div>

  <div data-role=content>
    <p> Contenu de la Fenêtre 1 </p>
    <a href=# id=link1> Aller sur la Fenêtre 2 </a>
  </div>
</div>

</body>
</html>

<script>
```

```
$("#link1").bind ("click", function (event)
{
  $.mobile.changePage ("action.php",
  {
    data : { nom : "Sarrion", prenom : "éric" }
  });
});

</script>
```

Figure 10–12
Fenêtre construite
dynamiquement

Afficher la nouvelle fenêtre (fichier action.php)

```
<?
  $nom = $_REQUEST["nom"];
  $prenom = $_REQUEST["prenom"];
  $nom= utf8_decode ($nom);
  $prenom= utf8_decode ($prenom);

  $html = "";
  $html .= "<div data-role=page data-add-back-btn=true>";
  $html .=   "<div data-role=header>";
  $html .=     "<h1>Fenêtre 2</h1>";
  $html .=   "</div>";
```

```
    $html .=    "<div data-role=content>";
    $html .=    "<p>Contenu de la Fenêtre 2</p>";
    $html .=    "<p>Nom : $nom</p>";
    $html .=    "<p>Prénom : $prenom</p>";
    $html .=    "</div>";
    $html .= "</div>";
    echo utf8_encode ($html);
 ?>
```

Nous pouvons voir sur la figure 10-12 (page précédente) la seconde fenêtre affichée suite au clic dans la première, incluant les informations (nom et prénom) transmises.

Modifier la transition affichant la fenêtre

Pour l'instant, nous utilisons la transition par défaut entre chaque fenêtre, à savoir la transition slide. jQuery Mobile permet de spécifier une transition particulière lors de l'appel à la méthode $.mobile.changePage () au moyen de l'option transition.

Reprenons le précédent exemple et ajoutons l'option transition dans la liste des options.

Effectuer une transition slideup entre les deux fenêtres

```
$.mobile.changePage ("action.php",
{
  data : { nom : "Sarrion", prenom : "éric" },
  transition : "slideup"
});
```

La seconde fenêtre apparaît alors, mais l'effet de transition est différent des précédents.

Créer une fenêtre dynamiquement, puis l'afficher suite à un clic

Plutôt que d'afficher une fenêtre déjà décrite dans le code HTML, nous souhaitons la créer dynamiquement, puis l'afficher par la méthode $.mobile.changePage () suite à un clic sur un bouton dans une première fenêtre.

Création dynamique de fenêtre

```
<!DOCTYPE html>
<html>
<head>
  <meta name=viewport content="user-scalable=no,width=device-width" />
  <link rel=stylesheet href=jquery.mobile/jquery.mobile.css />
  <script src=jquery.js></script>
```

```
        <script src=jquery.mobile/jquery.mobile.js></script>
</head>

<body>

<div data-role=page id=home>
  <div data-role=header>
    <h1>Home</h1>
  </div>

  <div data-role=content>
    <p> Contenu de la Fenêtre 1 </p>
    <a href=# id=link1> Aller sur la Fenêtre 2 </a>
  </div>
</div>

</body>
</html>

<script>

var html = "";
html += "<div data-role=page id=win2 data-add-back-btn=true>";
html +=   "<div data-role=header>";
html +=     "<h1>Fenêtre 2</h1>";
html +=   "</div>"
html +=   "<div data-role=content>";
html +=     "<p> Contenu de la Fenêtre 2 </p>";
html +=   "</div>";
html += "</div>";

$(html).insertAfter ("#home");

$("#link1").bind ("click", function (event)
{
  $.mobile.changePage ($("#win2"));
});

</script>
```

Nous utilisons ici la méthode insertAfter (selector) de jQuery afin d'insérer les éléments constituant la nouvelle fenêtre à la suite de la première dans le DOM. Puis la nouvelle fenêtre est affichée par un clic sur le lien.

La méthode $.mobile.loadPage (url, options)

La méthode `$.mobile.loadPage (url, options)` est utilisée en interne par la méthode `$.mobile.changePage (toPage, options)`. Elle permet de récupérer la page HTML indiquée dans l'URL et de charger la fenêtre correspondante en mémoire. La fenêtre active n'est pas modifiée à l'affichage.

jQuery Mobile met cette méthode à notre disposition afin de nous permettre de dissocier le chargement de la page HTML et son affichage. L'utilisation de cette méthode permet par exemple de précharger des fenêtres, afin qu'elles soient affichées sans délai d'attente lorsque l'utilisateur le demande. C'est ce principe que jQuery Mobile utilise en mettant l'attribut `data-prefetch` à notre disposition.

Tableau 10–3 Paramètres de la méthode $.mobile.loadPage (url, options)

Paramètre	Signification
url	Indique l'URL de la page que l'on veut charger en mémoire.
options.pageContainer	Objet de classe jQuery indiquant l'élément dans lequel s'affichera la nouvelle fenêtre. Par défaut, `$.mobile.pageContainer`.
options.data	L'option `data` est un objet ou une chaîne de caractères correspondant à des paramètres transmis. - Si on utilise une chaîne de caractères, elle doit être de la forme `name1=value1&name2=value2...`, chaque `name` étant le nom d'un paramètre et `value` la valeur correspondante, encodée en UTF-8. - Si on utilise un objet, jQuery Mobile encode lui-même en UTF-8 chacune des valeurs et transmet au serveur une chaîne de la forme `name1=value1&name2=value2...`.
options.type	Méthode de transmission des paramètres (`"post"` ou `"get"`). La valeur par défaut est `"get"`.
options.reloadPage	Si `true`, indique de recharger la fenêtre dans le DOM à chaque visualisation de la page. Par défaut, `false` (la fenêtre est chargée dans le DOM lors du premier affichage, puis est utilisée telle quelle).
options.showLoadMsg	Booléen indiquant d'afficher le message signifiant qu'une page HTML est en cours de chargement. Le message est indiqué dans `$.mobile.loadingMessage` (`"loading"` par défaut).

Simuler l'attribut data-prefetch en utilisant la méthode $.mobile.loadPage ()

Lorsqu'il est indiqué dans un lien, l'attribut `data-prefetch` autorise jQuery Mobile à charger en tâche de fond la page HTML correspondant à l'attribut `href` du lien. Pour cela, jQuery Mobile utilise la méthode `$.mobile.loadPage ()` afin de mettre en mémoire la fenêtre correspondante.

On peut simuler ce comportement et précharger une fenêtre décrite dans une autre page HTML. Pour cela, nous utilisons nous-même la méthode $.mobile.loadPage ().

Précharger une fenêtre avec $.mobile.loadPage ()

```
<!DOCTYPE html>
<html>
<head>
  <meta name=viewport content="user-scalable=no,width=device-width" />
  <link rel=stylesheet href=jquery.mobile/jquery.mobile.css />
  <script src=jquery.js></script>
  <script src=jquery.mobile/jquery.mobile.js></script>
</head>

<body>

<div data-role=page id=home>
  <div data-role=header>
    <h1>Home</h1>
  </div>

  <div data-role=content>
    <p> Contenu de la Fenêtre 1 </p>
    <a href=# id=link1> Aller sur la Fenêtre 2 </a>
  </div>
</div>

</body>
</html>

<script>

$("#home").bind ("pagecreate", function ()
{
  $.mobile.loadPage ("index2.html");
});

$("#link1").bind ("click", function (event)
{
  $.mobile.changePage ("index2.html");
});

</script>
```

Fichier index2.html contenant la seconde fenêtre

```
<!DOCTYPE html>
<html>
<head>
  <meta http-equiv=Content-Type content=text/html;charset=iso-8859-1 />
  <link rel=stylesheet href=jquery.mobile/jquery.mobile.css />
  <script src=jquery.js></script>
  <script src=jquery.mobile/jquery.mobile.js></script>
</head>

<body>

<div data-role=page id=win2 data-add-back-btn=true data-dom-cache=true>
  <div data-role=header>
    <h1>Fenêtre 2</h1>
  </div>

  <div data-role=content>
    <p> Contenu de la Fenêtre 2 </p>
  </div>
</div>

</body>
</html>
```

La seconde fenêtre est inscrite dans le fichier `index2.html`. Nous devons attendre que la première fenêtre ait été créée (événement `pagecreate`) de façon à ce que la seconde puisse être inscrite à la suite dans l'arborescence du DOM. Si on n'attend pas cet événement pour charger la seconde fenêtre, rien ne fonctionne…

Une fois que la seconde fenêtre a été chargée, un clic sur le lien dans la première permet de l'afficher au moyen de la méthode `$.mobile.changePage ()`. Remarquons que le message d'attente traditionnel (*Loading*) ne s'affiche plus, montrant que la fenêtre est déjà présente dans le DOM. Et on la conserve dans le DOM au moyen de l'attribut `data-dom-cache=true` positionné dans la seconde fenêtre.

Processus de création des fenêtres

Il est important de comprendre le principe de création de fenêtres dans jQuery Mobile. Une fenêtre est créée lors de l'appel de la méthode `$.mobile.changePage ()` ou de la méthode `$.mobile.loadPage ()`. Ces deux méthodes appellent la méthode `enhancePage ()` qui effectue la création de la fenêtre, si elle n'est pas déjà créée.

Traitement de l'événement pagecreate

Pour créer la fenêtre, la méthode enhancePage () appelle la méthode page () associée au composant page de jQuery Mobile. Cette méthode page () permet de créer le composant page, c'est-à-dire la fenêtre. Comme nous l'avons vu lors de l'étude des composants jQuery Mobile (chapitre précédent), l'appel de la méthode principale d'un composant (ici, la méthode page ()) déclenche un événement portant le nom du composant concaténé avec la chaîne create (ici, ce sera donc l'événement pagecreate). Vous remarquerez dans le code source de jQuery Mobile que cet événement pagecreate est traité dans différentes parties du code. On trouve par exemple ce morceau de code (qui a pu être légèrement modifié par les concepteurs de jQuery Mobile) :

Traitement de l'événement pagecreate permettant de créer la fenêtre (dans jquery.mobile.js)

```
$( ":jqmData(role='page'), :jqmData(role='dialog')" )
    .live( "pagecreate", function( e ) {

    var $page       = $( this ),
        o           = $page.data( "page" ).options,
        pageTheme   = o.theme;

    $( ":jqmData(role='header'),
        :jqmData(role='footer'),
        :jqmData(role='content')", this ).each(function() {

        /* … */

        //apply theming and markup modifications to page,header,content,footer
        if ( role === "header" || role === "footer" ) {

            /* … */

        } else if ( role === "content" ) {

            /* … */

        }
    });
});
```

Ce bloc de code permet de transformer un élément possédant les attributs data-role="page" ou data-role="dialog" en fenêtres stylées façon jQuery Mobile. On constate que les éléments HTML correspondant à la barre de titre (header), à la barre de bas de page (footer) et au contenu de la fenêtre (content) sont transformés, entre autres, par l'ajout de classes CSS.

Si nous observons encore le code source de jQuery Mobile, nous trouvons d'autres morceaux de code où l'événement `pagecreate` est également traité. Par exemple :

Création des champs regroupés stylés façon jQuery Mobile (dans jquery.mobile.js)

```
//auto self-init widgets
$( document ).bind( "pagecreate create", function( e ){
    $( ":jqmData(role='controlgroup')", e.target )
        .controlgroup({ excludeInvisible: false });
});
```

L'événement `pagecreate` précédemment déclenché lors de la création de la fenêtre est également reçu, puis traité par tous les éléments HTML qui sont à l'écoute de cet événement. Ce bloc de code montre que l'objet `document` est aussi à l'écoute de cet événement. Lorsqu'il le reçoit, la méthode `controlgroup ()` du composant jQuery Mobile `controlgroup` gérant le regroupement des champs est appliquée sur tous les éléments HTML correspondant au sélecteur indiqué (défini par `":jqmData(role='controlgroup')"`) et situés dans la descendance de l'élément `e.target`. L'appel de cette méthode permet d'effectuer la création du composant `controlgroup`, comme nous l'avions vu dans le chapitre précédent.

> REMARQUE **Le paramètre e-target**
>
> L'utilisation du paramètre `e.target` permet de rechercher les éléments HTML uniquement dans la descendance de cet élément `e.target` (en général, il correspond à la fenêtre), ce qui accélère le traitement. Au final, tous les éléments correspondant au sélecteur (et situés dans la descendance de `e.target`) seront transformés en champs de regroupement ayant l'aspect jQuery Mobile, cela uniquement par le fait que l'objet `document` a reçu l'événement `pagecreate`.

Ce processus de création des composants dans les fenêtres est mis en œuvre pour tous les éléments HTML correspondant à un composant jQuery Mobile. Cela correspond au tableau suivant.

Tableau 10–4 Composants standards de jQuery Mobile

Nom	Signification
`checkboxradio`	Gestion des cases à cocher et des boutons radio
`textinput`	Gestion des champs de saisie
`selectmenu`	Gestion des listes de sélection
`button`	Gestion des boutons
`slider`	Gestions des sliders
`collapsible`	Gestion des menus en accordéon
`listview`	Gestion des listes
`dialog`	Gestion des fenêtres superposées

Tableau 10–4 Composants standards de jQuery Mobile (suite)

Nom	Signification
navbar	Gestion des barres de navigation
controlgroup	Gestion du regroupement des éléments

Ce procédé va permettre de styler les boutons radio, les cases à cocher, les champs de saisie, etc., de façon transparente pour l'utilisateur.

> **Remarque**
>
> La première fenêtre affichée dans l'application est créée automatiquement par jQuery Mobile lors de l'exécution de la méthode $.mobile.initializePage (), qui appelle ensuite la méthode $.mobile.changePage () qui se charge du travail de transformation décrit ci-dessus.

Création des composants standards dans jQuery Mobile

Le bloc de code précédent montre comment un composant jQuery Mobile standard réagit à la réception de l'événement pagecreate envoyé lors de la création de la fenêtre. La méthode associée au composant (précédemment controlgroup ()) est appelée sur les éléments HTML correspondant au sélecteur, permettant ainsi de créer le composant.

Toutefois, nous voyons que ce traitement est également effectué lorsque les éléments HTML reçoivent l'événement create, comme indiqué en paramètres de la méthode bind (). Cela signifie que l'on pourra créer des composants standards jQuery Mobile de deux façons :

- soit en provoquant un événement create sur la fenêtre contenant l'élément HTML, ce qui déclenchera la création du composant via le traitement effectué dans l'événement reçu ;
- soit en appelant directement sur l'élément HTML, la méthode permettant de créer le composant (par exemple, la méthode controlgroup () permettant de créer le champ de regroupement).

> **Remarque**
>
> Ces deux façons de procéder sont équivalentes et aboutissent au même résultat : le composant est créé dans la fenêtre qui le contient. On les utilisera dans les chapitres qui suivent afin de créer dynamiquement les composants standard que jQuery Mobile met à notre disposition.

Synchronisation de la création des composants dans la fenêtre

L'événement pagecreate est émis lors de la création de la fenêtre, puis est reçu par l'objet document. Le traitement alors effectué par jQuery Mobile consiste à créer chacun des composants se trouvant dans la fenêtre, comme nous l'avons décrit dans la section précédente. La création de ces composants génère les événements de type create associés à ces composants. Par exemple :

- checkboxradiocreate pour un composant checkboxradio (correspondant à une case à cocher ou un bouton radio) ;
- textinputcreate pour un composant textinput (correspondant à un champ de saisie) ;
- slidercreate pour un composant slider (correspondant à un slider) ;
- etc.

La création d'une fenêtre génère donc de multiples événements associés à la fenêtre elle-même (pagecreate), mais aussi aux composants inclus dans celle-ci (checkboxradiocreate, textinputcreate, etc.). Il est intéressant de voir que ces événements sont indépendants les uns des autres. Ainsi, la réception de l'événement pagecreate ne signifie pas que le contenu de la fenêtre a été créé, car c'est lors du traitement de cet événement dans jQuery Mobile que les composants de la fenêtre sont créés, ce qui génère les autres événements de type create.

Fenêtres superposées

Afficher une fenêtre superposée

La méthode $.mobile.changePage () peut également servir à afficher des fenêtres superposées. La fenêtre superposée doit posséder l'attribut data-role="dialog" pour que cela fonctionne.

Utiliser la méthode $.mobile.changePage () pour afficher une fenêtre superposée

```
<!DOCTYPE html>
<html>
<head>
  <meta name=viewport content="user-scalable=no,width=device-width" />
  <link rel=stylesheet href=jquery.mobile/jquery.mobile.css />
  <script src=jquery.js></script>
  <script src=jquery.mobile/jquery.mobile.js></script>
</head>

<body>

<div data-role=page id=home>
  <div data-role=header>
    <h1>Home</h1>
  </div>
```

```
    <div data-role=content>
      <p> Contenu de la Fenêtre 1 </p>
      <a href=# id=link1> Aller sur la Fenêtre 2 </a>
    </div>
</div>

<div data-role=dialog id=win2>
  <div data-role=header>
    <h1>Fenêtre 2</h1>
  </div>

  <div data-role=content>
    <p> Contenu de la Fenêtre 2 </p>
  </div>
</div>
</body>
</html>

<script>

$("#link1").bind ("click", function (event)
{
  $.mobile.changePage ($("#win2"), { transition : "pop" });
});

</script>
```

Figure 10–13
Affichage d'une fenêtre
superposée

Fermer une fenêtre superposée

La fermeture de la fenêtre superposée s'effectuera le plus souvent en cliquant sur le bouton de fermeture, ajouté automatiquement par jQuery Mobile. Toutefois, il peut aussi être utile d'avoir son propre mécanisme de fermeture, par exemple un bouton inséré dans le contenu de la fenêtre. Il faut alors, dans le traitement du bouton, appeler la méthode `dialog ("close")` sur l'élément `<div>` correspondant à la fenêtre.

Utiliser un bouton de fermeture de la fenêtre superposée

```
<!DOCTYPE html>
<html>
<head>
  <meta name=viewport content="user-scalable=no,width=device-width" />
  <link rel=stylesheet href=jquery.mobile/jquery.mobile.css />
  <script src=jquery.js></script>
  <script src=jquery.mobile/jquery.mobile.js></script>
</head>

<body>

<div data-role=page id=home>
  <div data-role=header>
    <h1>Home</h1>
  </div>

  <div data-role=content>
    <p> Contenu de la Fenêtre 1 </p>
    <a href=# id=link1> Aller sur la Fenêtre 2 </a>
  </div>
</div>

<div data-role=dialog id=win2>
  <div data-role=header>
    <h1>Fenêtre 2</h1>
  </div>

  <div data-role=content>
    <p> Contenu de la Fenêtre 2 </p>
    <a id=close data-role=button> Fermer la fenêtre </a>
  </div>
</div>
</body>
</html>

<script>
```

```
$("#link1").bind ("click", function (event)
{
  $.mobile.changePage ($("#win2"), { transition : "pop" });
});

$("#close").bind ("click", function (event)
{
  $("#win2").dialog ("close");
});

</script>
```

Figure 10–14
Bouton de fermeture
dans la fenêtre superposée

Supprimer le bouton de fermeture de la fenêtre superposée

Enfin, regardons comment supprimer le bouton de fermeture ajouté par jQuery Mobile dans la barre de titre de la fenêtre superposée. Il correspond à un élément <a> situé dans la barre de titre, et serait donc accessible via le sélecteur $(this).find ("div:jqmData(role=header) a"), si this correspond à la fenêtre superposée.

Toutefois, on ne peut accéder à cet élément qu'une fois que le code HTML de la fenêtre superposée a été transformé par jQuery Mobile. Cet instant correspond à l'événement dialogcreate, du fait que la fenêtre superposée est gérée par le composant standard dialog de jQuery Mobile.

On écrira donc :

Suppression du bouton de fermeture dans une fenêtre superposée

```
<!DOCTYPE html>
<html>
<head>
  <meta name=viewport content="user-scalable=no,width=device-width" />
  <link rel=stylesheet href=jquery.mobile/jquery.mobile.css />
  <script src=jquery.js></script>
  <script src=jquery.mobile/jquery.mobile.js></script>
</head>

<body>

<div data-role=page id=home>
  <div data-role=header>
    <h1>Home</h1>
  </div>

  <div data-role=content>
    <p> Contenu de la Fenêtre 1 </p>
    <a href=#win2> Aller sur la Fenêtre 2 </a>
  </div>
</div>

<div data-role=dialog id=win2>
  <div data-role=header>
    <h1>Fenêtre 2</h1>
  </div>

  <div data-role=content>
    <p> Contenu de la Fenêtre 2 </p>
  </div>
</div>
</body>
</html>

<script>

$("#win2").bind ("dialogcreate", function ()
{
  $(this).find ("div:jqmData(role=header) a").hide ();
});

</script>
```

> REMARQUE **Événements pagecreate et dialogcreate**
>
> Remarquez que la fenêtre superposée reçoit aussi l'événement `pagecreate` (comme toutes les fenêtres), mais cet événement étant reçu avant l'événement `dialogcreate`, il ne permet pas de savoir que le code HTML a été transformé par jQuery Mobile. On est donc obligé ici d'utiliser l'événement `dialogcreate`.

Figure 10–15
La fenêtre superposée
ne possède plus de bouton
de fermeture.

Autres méthodes et propriétés

En plus de la méthode `$.mobile.changePage ()`, jQuery Mobile offre d'autres méthodes et propriétés, également définies sur l'objet `$.mobile`.

Tableau 10–5 Méthodes définies sur l'objet $.mobile

Méthode/Propriété	Signification
showPageLoadingMsg ()	Méthode permettant d'afficher un message d'attente indiquant le chargement d'une page. Le message est défini dans `$.mobile.loadingMessage` ("loading" par défaut).
hidePageLoadingMsg ()	Méthode permettant de cacher le message d'attente précédemment affiché par `showPageLoadingMsg ()`.

Tableau 10–5 Méthodes définies sur l'objet $.mobile (suite)

Méthode/Propriété	Signification
activePage	Propriété représentant l'objet de classe jQuery correspondant à la fenêtre actuellement affichée à l'écran.
firstPage	Propriété représentant l'objet de classe jQuery correspondant à la première fenêtre décrite dans la page HTML (celle qui sera normalement affichée en premier).
pageContainer	Propriété représentant l'objet de classe jQuery correspondant à l'élément dans lequel les fenêtres sont insérées. Par défaut, c'est l'élément parent de la première fenêtre, correspondant en général à l'élément <body>. Remarquons que jQuery Mobile attribue à cet élément la classe CSS ui-mobile-viewport. La valeur de cette propriété peut être modifiée uniquement lors du traitement de l'événement $(document).ready () ou après celui-ci. Les nouvelles fenêtres affichées s'inscriront alors dans cet élément.

Utilisons par exemple la propriété $.mobile.activePage afin de connaître le contenu HTML de la fenêtre active. Nous insérons dans la fenêtre un lien qui affiche ce contenu dans un message d'alerte.

Afficher le contenu HTML de la fenêtre active

```
<!DOCTYPE html>
<html>
<head>
  <meta name=viewport content="user-scalable=no,width=device-width" />
  <link rel=stylesheet href=jquery.mobile/jquery.mobile.css />
  <script src=jquery.js></script>
  <script src=jquery.mobile/jquery.mobile.js></script>
</head>

<body>

<div data-role=page id=home>
  <div data-role=header>
    <h1>Home</h1>
  </div>

  <div data-role=content>
    <p> Contenu de la Fenêtre 1 </p>
    <a href=# id=link1> Voir le contenu de la fenêtre active </a>
  </div>
</div>

</body>
</html>
```

```
<script>

$("#link1").bind ("click", function (event)
{
  alert ($.mobile.activePage.html ());
});

</script>
```

Gérer les événements sur les fenêtres

jQuery Mobile a mis en place un système événementiel associé aux fenêtres. Par exemple, il sera possible de gérer l'événement associé à la création d'une fenêtre (pagecreate), mais aussi les événements correspondant à l'affichage ou à la disparition d'une fenêtre (pageshow et pagehide).

Création de la fenêtre

Une fenêtre est créée par jQuery Mobile lorsqu'elle doit être affichée. La création de la fenêtre implique de transformer le code HTML initial en un code HTML qui permettra l'affichage sous forme de fenêtre à l'écran (en particulier, en ajoutant des classes CSS qui stylent les différents composants de la fenêtre).

Ce processus de création est effectué une seule fois, lors du premier affichage de la fenêtre (sauf si la fenêtre est supprimée de la mémoire entre-temps).

Tableau 10–6 Événements associés à la création des fenêtres

Événement	Signification
pagebeforecreate	Déclenché lors du premier affichage de la fenêtre, avant le processus de création de la fenêtre.
pagecreate	Déclenché à la fin du processus de création de la fenêtre. Les composants internes à la fenêtre (boutons radio, cases à cocher, listes, etc.) sont transformés indépendamment de la réception de l'événement pagecreate par la fenêtre, et ont donc pu être créés ou non (à cet instant-là).
pageinit	Déclenché après l'événement pagecreate, lorsque tous les composants de la fenêtre ont été créés.

Pour comprendre l'enchaînement de ces événements, faisons le petit programme suivant.

Événements de création de fenêtres

```
<!DOCTYPE html>
<html>
<head>
  <meta name=viewport content="user-scalable=no,width=device-width" />
  <link rel=stylesheet href=jquery.mobile/jquery.mobile.css />
  <script src=jquery.js></script>
  <script src=jquery.mobile/jquery.mobile.js></script>
</head>

<body>

<div data-role=page id=home>
  <div data-role=header>
    <h1>Home</h1>
  </div>

  <div data-role=content>
    <p> Contenu de la Fenêtre 1 </p>
    <input type=range id=slider1 min=1 max=100 />

    <label for=check1>checkbox</label>
    <input type=checkbox id=check1 />

    <a href=#win2 id=link1> Aller sur la Fenêtre 2 </a>
  </div>
</div>

<div data-role=page id=win2 data-add-back-btn=true>
  <div data-role=header>
    <h1>Fenêtre 2</h1>
  </div>

  <div data-role=content>
    <p> Contenu de la Fenêtre 2 </p>
  </div>
</div>

</body>
</html>

<script>

$("#check1").live ("checkboxradiocreate", function (event)
{
  alert ("checkbox créé");
});
```

```
$("#slider1").live ("slidercreate", function (event)
{
  alert ("slider créé");
});

$("div:jqmData(role=page)").bind ("pagebeforecreate", function (event)
{
  alert ("pagebeforecreate id=" + this.id);
});

$("div:jqmData(role=page)").bind ("pagecreate", function (event)
{
  alert ("pagecreate id=" + this.id);
});

$("div:jqmData(role=page)").bind ("pageinit", function (event)
{
  alert ("pageinit id=" + this.id);
});

</script>
```

Nous avons défini deux fenêtres, la seconde s'affichant suite à un clic sur un lien dans la première. Nous interceptons les événements de création de chacune des fenêtres. Chaque événement affiche son nom suivi de l'identifiant de la fenêtre qui l'a généré.

Remarquons que si la seconde fenêtre est située dans un fichier externe, les événements pagebeforecreate et pagecreate qui lui sont associés sont déclenchés lors de chaque affichage de la fenêtre (et non plus seulement le premier), sauf si la fenêtre est mise dans le cache au moyen de l'attribut data-dom-cache="true".

De plus, les événements checkboxradiocreate et slidercreate sont déclenchés juste avant l'événement pageinit, ce dernier signifiant que tous les composants de la fenêtre ont été créés.

Chargement de la fenêtre via Ajax

Lorsque la fenêtre n'est pas encore présente dans le DOM, jQuery Mobile la charge au moyen d'Ajax dans l'arborescence HTML. Il génère (sur l'objet document) l'événement pagebeforeload avant le chargement de la fenêtre, puis l'événement pageload si le chargement a réussi, ou l'événement pageloadfailed en cas d'échec.

Chacun des événements ci-dessus reçoit les paramètres event et data (dans cet ordre). Le paramètre data possède la propriété url contenant l'URL complète du fichier chargé via Ajax.

Tableau 10–7 Événements associés au chargement des fenêtres via Ajax

Événement	Signification
pagebeforeload	Déclenché avant le chargement de la fenêtre via Ajax. La fenêtre est située dans un fichier externe, qui pourra être ou non chargé avec succès.
pageload	Déclenché lorsque le chargement du fichier contenant la fenêtre a été effectué avec succès. La fenêtre a été créée dans l'arborescence du DOM (événement pagecreate déclenché avant pageload).
pageloadfailed	Déclenché lorsque le chargement du fichier contenant la fenêtre a échoué. Aucune fenêtre n'a été insérée dans l'arborescence du DOM.

Afin de comprendre l'enchaînement de ces événements, nous créons cinq fenêtres situées dans divers fichiers HTML.

- La fenêtre 1 correspond à la première fenêtre affichée, située dans le fichier index.html.
- La fenêtre 2 est située dans la page HTML d'origine (index.html), à la suite de la fenêtre 1.
- La fenêtre 3 est située dans le fichier index3.html existant.
- La fenêtre 4 est située dans le fichier index4.html existant. Elle possède l'attribut data-dom-cache=true indiquant de la conserver dans le DOM (au contraire de la fenêtre 3).
- La fenêtre 5 est située dans le fichier index5.html inexistant. Une erreur de chargement se produira lors de son affichage.

La fenêtre 1 contient des liens permettant d'accéder à chacune des quatre autres fenêtres. Nous affichons un message d'alerte dès qu'un des événements précédents se produit, mais également lorsque les événements pagebeforecreate, pagecreate et pageinit se déclenchent.

Événements de création des fenêtres via Ajax (fichier index.html)

```
<!DOCTYPE html>
<html>
<head>
  <meta name=viewport content="user-scalable=no,width=device-width" />
  <link rel=stylesheet href=jquery.mobile/jquery.mobile.css />
  <script src=jquery.js></script>
  <script src=jquery.mobile/jquery.mobile.js></script>
</head>

<body>

<div data-role=page id=home>
  <div data-role=header>
```

```
        <h1>Home</h1>
    </div>

    <div data-role=content>
        <p> Contenu de la Fenêtre 1 </p>
        <a href=#win2> Aller sur la Fenêtre 2 (dans le DOM) </a>
        <br /><br />

        <a href=index3.html>
            Aller sur la Fenêtre 3 dans index3.html (data-dom-cache=false) </a>
        <br /><br />

        <a href=index4.html>
            Aller sur la Fenêtre 4 dans index4.html (data-dom-cache=true) </a>
        <br /><br />

        <a href=index5.html> Aller sur la Fenêtre 5 (index5.html inexistant) </a>
        <br /><br />
    </div>
</div>

<div data-role=page id=win2 data-add-back-btn=true>
    <div data-role=header>
        <h1>Fenêtre 2</h1>
    </div>

    <div data-role=content>
        <p> Contenu de la Fenêtre 2 </p>
    </div>
</div>

</body>
</html>

<script>

$(document).bind ("pagebeforeload", function (event, data)
{
    alert ("pagebeforeload data.url = " + data.url);
});

$(document).bind ("pageload", function (event, data)
{
    alert ("pageload data.url = " + data.url);
});

$(document).bind ("pageloadfailed", function (event, data)
{
    alert ("pageloadfailed data.url = " + data.url);
});
```

```
$("div:jqmData(role=page)").live ("pagebeforecreate", function (event)
{
  alert ("pagebeforecreate id=" + this.id);
});

$("div:jqmData(role=page)").live ("pagecreate", function (event)
{
  alert ("pagecreate id=" + this.id);
});

$("div:jqmData(role=page)").live ("pageinit", function (event)
{
  alert ("pageinit id=" + this.id);
});

</script>
```

Fichier index3.html contenant la fenêtre 3

```
<!DOCTYPE html>
<html>
<head>
  <meta http-equiv=Content-Type content=text/html;charset=iso-8859-1 />
  <link rel=stylesheet href=jquery.mobile/jquery.mobile.css />
  <script src=jquery.js></script>
  <script src=jquery.mobile/jquery.mobile.js></script>
</head>

<body>

<div data-role=page id=win3 data-add-back-btn=true>
  <div data-role=header>
    <h1>Fenêtre 3</h1>
  </div>

  <div data-role=content>
    <p> Contenu de la Fenêtre 3 </p>
  </div>
</div>

</body>
</html>
```

Fichier index4.html contenant la fenêtre 4

```
<!DOCTYPE html>
<html>
<head>
  <meta http-equiv=Content-Type content=text/html;charset=iso-8859-1 />
  <link rel=stylesheet href=jquery.mobile/jquery.mobile.css />
  <script src=jquery.js></script>
  <script src=jquery.mobile/jquery.mobile.js></script>
</head>

<body>

<div data-role=page id=win4 data-add-back-btn=true data-dom-cache=true>
  <div data-role=header>
    <h1>Fenêtre 4</h1>
  </div>

  <div data-role=content>
    <p> Contenu de la Fenêtre 4 </p>
  </div>
</div>

</body>
</html>
```

Le fichier `index5.html` n'existe pas, de façon à provoquer volontairement une erreur de chargement via Ajax lors du clic sur le lien correspondant.

> REMARQUE **Déclenchement des événements**
>
> En naviguant entre la fenêtre d'accueil et les autres fenêtres, les événements se déclenchent. On peut remarquer que lorsqu'une fenêtre est déjà chargée en mémoire (dans le DOM), les événements liés à Ajax (`pagebeforeload`, `pageload` et `pageloadfailed`) ne sont plus déclenchés.

Suppression de la fenêtre dans le DOM

Afin de réduire au maximum la place prise par les fenêtres en mémoire, jQuery Mobile supprime de façon automatique celles qui ont été chargées via Ajax dès qu'elles ne sont plus visibles (sauf si elles possèdent l'attribut `data-dom-cache=true` signifiant de les conserver en mémoire).

Avant la suppression de la fenêtre en mémoire, l'événement `pageremove` est déclenché sur la fenêtre qui va être supprimée du DOM. Il est alors possible d'interdire la suppression de la fenêtre de la mémoire, en appelant `event.preventDefault ()` lors du traitement de l'événement `pageremove` sur la fenêtre. Dans le cas où cette instruction n'est pas appelée, la fenêtre est supprimée de l'arborescence du DOM. Si la fenêtre doit être réaffichée ultérieurement, un nouvel appel Ajax sera effectué par jQuery Mobile.

Interdire la suppression en mémoire des fenêtres chargées via Ajax

```
$("div:jqmData(role=page)").live ("pageremove", function (event)
{
  alert ("pageremove id=" + this.id);
  event.preventDefault ();
});
```

Affichage de la fenêtre

Une fois la fenêtre créée (correctement ou non), elle est prête à être affichée. Elle peut être affichée et cachée de multiples fois, tandis qu'elle n'est créée qu'une seule fois (sauf si la fenêtre est dans un fichier externe et que l'attribut data-dom-cache vaut "false").

Tableau 10–8 Événements associés à l'affichage des fenêtres

Événement	Signification
pagebeforeshow	Déclenché lorsque la fenêtre va être affichée (elle n'est pas encore visible).
pageshow	Déclenché lorsque la fenêtre est affichée (elle est visible).
pagebeforehide	Déclenché avant que la fenêtre soit cachée (elle est encore visible).
pagehide	Déclenché après que la fenêtre a été cachée (elle n'est plus visible).

Chacun de ces événements est déclenché après l'événement pagecreate associé à la fenêtre. Ils sont gérés par la méthode bind () sur l'objet de classe jQuery correspondant à la fenêtre. La fonction de callback appelée lors du traitement de l'événement est de la forme callback (event, ui) dans laquelle le paramètre ui est un objet possédant la propriété prevPage ou nextpage.

• Si l'événement est de type show (pagebeforeshow ou pageshow), ui.prevPage correspond à l'objet de classe jQuery définissant la fenêtre que l'on quitte ou que l'on a quittée (si elle existe) pour afficher celle-ci. La propriété ui.nextPage n'est pas définie dans ce cas.

• Si l'événement est de type hide (pagebeforehide ou pagehide), ui.nextPage correspond à l'objet de classe jQuery définissant la fenêtre que l'on va afficher ou que l'on a affichée en quittant celle-ci. La propriété ui.prevPage n'est pas définie dans ce cas.

Reprenons le précédent programme dans lequel nous interceptons les événements de type show et hide sur les deux fenêtres.

Événements d'affichage sur les fenêtres

```html
<!DOCTYPE html>
<html>
<head>
  <meta name=viewport content="user-scalable=no,width=device-width" />
  <link rel=stylesheet href=jquery.mobile/jquery.mobile.css />
  <script src=jquery.js></script>
  <script src=jquery.mobile/jquery.mobile.js></script>
</head>

<body>

<div data-role=page id=home>
  <div data-role=header>
    <h1>Home</h1>
  </div>

  <div data-role=content>
    <p> Contenu de la Fenêtre 1 </p>
    <a href=#win2 id=link1> Aller sur la Fenêtre 2 </a>
  </div>
</div>

<div data-role=page id=win2 data-add-back-btn=true>
  <div data-role=header>
    <h1>Fenêtre 2</h1>
  </div>

  <div data-role=content>
    <p> Contenu de la Fenêtre 2 </p>
  </div>
</div>

</body>
</html>

<script>

$("div:jqmData(role=page)").bind ("pagebeforeshow", function (event, ui)
{
  var txt = "pagebeforeshow id=" + this.id + "\n";
  if (ui.prevPage && ui.prevPage[0])
    txt += "ui.prevPage=" + ui.prevPage[0].id + "\n";
  if (ui.nextPage && ui.nextPage[0])
    txt += "ui.nextPage=" + ui.nextPage[0].id + "\n";
  alert (txt);
```

```
});

$("div:jqmData(role=page)").bind ("pageshow", function (event, ui)
{
  var txt = "pageshow id=" + this.id + "\n";
  if (ui.prevPage && ui.prevPage[0])
    txt += "ui.prevPage=" + ui.prevPage[0].id + "\n";
  if (ui.nextPage && ui.nextPage[0])
    txt += "ui.nextPage=" + ui.nextPage[0].id + "\n";
  alert (txt);
});

$("div:jqmData(role=page)").bind ("pagebeforehide", function (event, ui)
{
  var txt = "pagebeforehide id=" + this.id + "\n";
  if (ui.prevPage && ui.prevPage[0])
    txt += "ui.prevPage=" + ui.prevPage[0].id + "\n";
  if (ui.nextPage && ui.nextPage[0])
    txt += "ui.nextPage=" + ui.nextPage[0].id + "\n";
  alert (txt);
});

$("div:jqmData(role=page)").bind ("pagehide", function (event, ui)
{
  var txt = "pagehide id=" + this.id + "\n";
  if (ui.prevPage && ui.prevPage[0])
    txt += "ui.prevPage=" + ui.prevPage[0].id + "\n";
  if (ui.nextPage && ui.nextPage[0])
    txt += "ui.nextPage=" + ui.nextPage[0].id + "\n";
  alert (txt);
});

</script>
```

Événements liés à la méthode $.mobile.changePage ()

Lors de l'utilisation de la méthode $.mobile.changePage () (soit directement dans notre programme, soit en interne par jQuery Mobile), des événements spécifiques sont générés par jQuery Mobile, afin de connaître (voire d'interférer) avec le processus de changement de fenêtre. Ces événements sont déclenchés sur l'objet document.

pagebeforechange est le premier événement déclenché, avant tout autre (incluant ceux étudiés dans les sections précédentes). La méthode de gestion de l'événement prend les deux arguments event et data en paramètres. La propriété data.toPage représente une chaîne de caractères (dans ce cas, le nom du fichier contenant la fenêtre à afficher, par exemple "index2.html") ou un objet de classe jQuery (symbolisant alors la fenêtre que l'on désire afficher, par exemple $("#win2")).

> À SAVOIR **Appel de l'événement pagebeforechange**
>
> Remarquons que cet événement peut être appelé deux fois successivement : la première fois avant le chargement via Ajax du fichier contenant la fenêtre (`data.toPage` est une chaîne de caractères), la seconde lorsque la fenêtre est chargée en mémoire (`data.toPage` est un objet de classe jQuery). Dans tous les cas, au moins le second appel est effectué (car la fenêtre doit forcément être présente en mémoire avant d'être affichée).

De plus, nous avons la possibilité d'interrompre le processus d'affichage de la fenêtre en exécutant l'instruction `event.preventDefault ()` lors du traitement de l'événement `pagebeforechange`. Cette instruction peut être exécutée lors de l'un des deux appels effectués à cet événement. La suite du processus d'affichage est alors arrêtée.

Interrompre l'affichage de la fenêtre

```
$(document).bind ("pagebeforechange", function (event, data)
{
    event.preventDefault ();
});
```

Dans le cas où le processus d'affichage n'est pas stoppé (par l'instruction `event.preventDefault ()` dans l'événement `pagebeforechange`), les événements `pagechange` ou `pagechangefailed` sont déclenchés sur l'objet `document`.

- L'événement `pagechange` indique que la nouvelle fenêtre a pu être affichée. C'est le dernier événement émis par jQuery Mobile, indiquant qu'une fenêtre est créée et affichée. La fonction de traitement de l'événement utilise les deux paramètres `event` et `data`, ce dernier possédant la propriété `data.toPage` qui représente l'objet de classe jQuery associé à la fenêtre active (qui vient de s'afficher).

- L'événement `pagechangefailed` indique que la fenêtre n'a pu être affichée. Ceci est dû à l'échec de l'appel Ajax lors du chargement de la fenêtre (un événement `pageloadfailed` a été préalablement déclenché).

Mouvements dans la fenêtre

En plus des événements classiques tels que `vclick`, `vmouseover`, `vmousedown`, `vmousemove`, `vmouseup`, `vmouseout` et `vmousecancel`, jQuery Mobile a créé de nouveaux événements bien utiles dans le contexte mobile.

Tableau 10–9 Événements associés aux mouvements dans la fenêtre

Événement	Signification
tap	Déclenché lorsque la souris (bouton gauche enfoncé) ou le doigt clique l'écran. Similaire à un clic traditionnel.
taphold	Déclenché lorsque la souris (bouton gauche enfoncé) ou le doigt reste appuyé au moins une seconde.
swipe	Déclenché lorsque la souris (bouton gauche enfoncé) ou le doigt bouge horizontalement sur l'écran.
swipeleft	Déclenché lorsque la souris (bouton gauche enfoncé) ou le doigt bouge horizontalement sur l'écran, de la droite vers la gauche.
swiperight	Déclenché lorsque la souris (bouton gauche enfoncé) ou le doigt bouge horizontalement sur l'écran, de la gauche vers la droite.

Les événements de type swipe permettent, par exemple, de faire défiler des images à l'écran, en balayant celui-ci avec son doigt vers la droite ou vers la gauche. Remarquons que jQuery Mobile s'est attaché à assurer une compatibilité entre les écrans tactiles et les écrans classiques.

Le programme suivant affiche dans une fenêtre les événements de type swipe (et taphold) qui surviennent sur celle-ci.

Afficher les événements de type swipe et taphold dans une fenêtre

```
<!DOCTYPE html>
<html>
<head>
  <meta name=viewport content="user-scalable=no,width=device-width" />
  <link rel=stylesheet href=jquery.mobile/jquery.mobile.css />
  <script src=jquery.js></script>
  <script src=jquery.mobile/jquery.mobile.js></script>
</head>

<body>

<div data-role=page id=home>
  <div data-role=header>
    <h1>Home</h1>
  </div>

  <div data-role=content>
    <p> Evénements : </p>
    <div id=evt></div>
  </div>
</div>

</body>
</html>
```

```
<script>

$("#home").bind ("taphold", function (event)
{
  var txt= "taphold, ";
  $("#evt").append (txt);
});

$("#home").bind ("swipe", function (event)
{
  var txt= "swipe, ";
  $("#evt").append (txt);
});

$("#home").bind ("swipeleft", function (event)
{
  var txt= "swipeleft, ";
  $("#evt").append (txt);
});

$("#home").bind ("swiperight", function (event)
{
  var txt= "swiperight, ";
  $("#evt").append (txt);
});

</script>
```

Figure 10–16
Événements affichés
après plusieurs mouvements
dans la fenêtre

Les événements de type swipe détectent les mouvements dans le sens horizontal. jQuery Mobile a aussi créé les événements de type scroll qui détectent les mouvements dans le sens vertical.

Tableau 10–10 Événements associés aux mouvements verticaux dans la fenêtre

Événement	Signification
scrollstart	Déclenché lorsque la souris (bouton gauche enfoncé) ou le doigt bouge verticalement sur l'écran, vers le haut ou vers le bas.
scrollstop	Déclenché lorsque la souris (bouton gauche enfoncé) ou le doigt est relevé de l'écran (fin du déplacement vertical).

Afficher les événements de type scroll dans une fenêtre

```
<!DOCTYPE html>
<html>
<head>
  <meta name=viewport content="user-scalable=no,width=device-width" />
  <link rel=stylesheet href=jquery.mobile/jquery.mobile.css />
  <script src=jquery.js></script>
  <script src=jquery.mobile/jquery.mobile.js></script>
</head>

<body>

<div data-role=page id=home>
  <div data-role=header>
    <h1>Home</h1>
  </div>

  <div data-role=content>
    <p> Evénements : </p>
    <div id=evt></div>
  </div>
</div>

</body>
</html>

<script>

$("#home").bind ("scrollstart", function (event)
{
  var txt= "scrollstart, ";
  $("#evt").append (txt);
});
```

```
$("#home").bind ("scrollstop", function (event)
{
  var txt= "scrollstop, ";
  $("#evt").append (txt);
});

</script>
```

Figure 10–17
Événements scroll affichés
dans la fenêtre

Changement d'orientation de l'écran

jQuery Mobile propose l'événement orientationchange afin de détecter le changement d'orientation de l'écran. Le paramètre event de la fonction de callback fournit
la propriété orientation valant "portrait" ou "landscape" selon le mode d'orientation de l'écran.

Tableau 10–11 Événement associé au changement d'orientation de l'écran

Événement	Signification
orientationchange	Déclenché lors d'un changement d'orientation de l'écran. La propriété event.orientation indique "portrait" ou "landscape" selon le mode d'orientation de l'écran.

Le programme suivant affiche dans un message d'alerte tous les changements d'orientation effectués dans une fenêtre.

Afficher le changement d'orientation d'une fenêtre

```html
<!DOCTYPE html>
<html>
<head>
  <meta name=viewport content="user-scalable=no,width=device-width" />
  <link rel=stylesheet href=jquery.mobile/jquery.mobile.css />
  <script src=jquery.js></script>
  <script src=jquery.mobile/jquery.mobile.js></script>
</head>

<body>

<div data-role=page id=home>
  <div data-role=header>
    <h1>Home</h1>
  </div>

  <div data-role=content>
    <p> Contenu de la Fenêtre 1 </p>
  </div>
</div>

</body>
</html>

<script>

$("#home").bind ("orientationchange", function (event)
{
  alert (event.orientation);
});

</script>
```

Il est également possible de récupérer l'orientation actuelle de l'écran, sans avoir provoqué un changement d'orientation. Cette valeur ("portrait" ou "landscape") est disponible via la méthode $.event.special.orientationchange.orientation ().

Récupérer l'orientation actuelle

```
alert ($.event.special.orientationchange.orientation ());
                                        // "portrait" ou "landscape"
```

Figure 10–18
Afficher l'orientation
de la fenêtre

Personnaliser les fenêtres

Une fenêtre contient principalement les trois zones header, content et footer. Seule la partie content est obligatoire, car elle correspond au contenu de la fenêtre. Nous étudions ici comment personnaliser cette partie de la fenêtre, sachant que la personnalisation des autres zones sera étudiée dans le chapitre 21, concernant les barres d'outils.

Pour voir comment personnaliser l'affichage du contenu de la fenêtre, partons du code HTML suivant, affichant une simple fenêtre.

Une fenêtre minimale

```
<!DOCTYPE html>
<html>
<head>
  <meta name=viewport content="user-scalable=no,width=device-width" />
  <link rel=stylesheet href=jquery.mobile/jquery.mobile.css />
  <script src=jquery.js></script>
  <script src=jquery.mobile/jquery.mobile.js></script>
</head>

<body>
```

```
<div data-role=page id=home>
  <div data-role=header>
    <h1>Home</h1>
  </div>

  <div data-role=content>
    <p> Paragraphe 1 </p>
    <p> Paragraphe 2 </p>
    <p> Paragraphe 3 </p>
    <p> Paragraphe 4 </p>
    <p> Paragraphe 5 </p>
    <p> Paragraphe 6 </p>
    <p> Paragraphe 7 </p>
    <p> Paragraphe 8 </p>
    <p> Paragraphe 9 </p>
  </div>
</div>

</body>
</html>
```

Nous avons simplement inséré une barre d'outils header ainsi qu'un contenu composé de neuf paragraphes. Cette fenêtre s'affiche de la façon traditionnelle (figure 10-19).

Figure 10–19
Une fenêtre minimale

Pour comprendre comment on peut personnaliser le contenu de la fenêtre, il suffit de regarder le code HTML généré par jQuery Mobile à partir de celui que nous avons écrit (figure 10-20). Pour cela, nous utilisons par exemple Firebug couplé avec Firefox.

Figure 10–20
Code HTML de la fenêtre minimale

```
<!DOCTYPE html>
<html class="ui-mobile">
  <head>
  <body class="ui-mobile-viewport">
    <div id="home" class="ui-page ui-body-c ui-page-
      active" data-role="page" data-url="home" tabindex="0" style="min-
      height: 320px;">
      <div class="ui-header ui-bar-a" data-role="header" role="banner">
      <div class="ui-content" data-role="content" role="main">
        <p> Paragraphe 1 </p>
        <p> Paragraphe 2 </p>
        <p> Paragraphe 3 </p>
        <p> Paragraphe 4 </p>
        <p> Paragraphe 5 </p>
        <p> Paragraphe 6 </p>
        <p> Paragraphe 7 </p>
        <p> Paragraphe 8 </p>
        <p> Paragraphe 9 </p>
      </div>
    </div>
    <div class="ui-loader ui-body-a ui-corner-all" style="top: 208.5px;">
    </body>
  </html>
```

L'élément `<div>` correspondant au contenu de la fenêtre possède maintenant la classe CSS `ui-content`. Si nous définissons ce style dans notre page HTML, le contenu de la fenêtre verra son aspect modifié (figure 10-21).

Figure 10–21
Fenêtre personnalisée

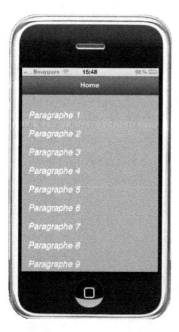

Modification du style associé au contenu de la fenêtre

```html
<!DOCTYPE html>
<html>
<head>
  <meta name=viewport content="user-scalable=no,width=device-width" />
  <link rel=stylesheet href=jquery.mobile/jquery.mobile.css />
  <script src=jquery.js></script>
  <script src=jquery.mobile/jquery.mobile.js></script>

  <style type=text/css>
    .ui-content {
      font-style : italic;
      font-size : 20px;
      background-color : grey;
      color : white;
    }
  </style>
</head>

<body>

<div data-role=page id=home>
  <div data-role=header>
    <h1>Home</h1>
  </div>

  <div data-role=content>
    <p> Paragraphe 1 </p>
    <p> Paragraphe 2 </p>
    <p> Paragraphe 3 </p>
    <p> Paragraphe 4 </p>
    <p> Paragraphe 5 </p>
    <p> Paragraphe 6 </p>
    <p> Paragraphe 7 </p>
    <p> Paragraphe 8 </p>
    <p> Paragraphe 9 </p>
  </div>
</div>

</body>
</html>
```

Exemples de manipulation des fenêtres

Naviguer entre plusieurs fenêtres grâce aux événements « swipe »

Nous souhaitons utiliser ici les événements de type `swipe` afin de naviguer entre trois fenêtres. Un événement `swipeleft` permet d'aller à la fenêtre suivante (si elle existe), tandis qu'un événement `swiperight` permet de revenir à la fenêtre précédente (équivalent au bouton *Back*).

Utiliser les événements swipe pour naviguer entre trois fenêtres

```
<!DOCTYPE html>
<html>
<head>
  <meta name=viewport content="user-scalable=no,width=device-width" />
  <link rel=stylesheet href=jquery.mobile/jquery.mobile.css />
  <script src=jquery.js></script>
  <script src=jquery.mobile/jquery.mobile.js></script>
</head>

<body>

<div data-role=page id=home>
  <div data-role=header>
    <h1>Home</h1>
  </div>

  <div data-role=content>
    <p> Contenu de la Fenêtre 1 </p>
  </div>
</div>

<div data-role=page id=win2>
  <div data-role=header>
    <h1>Fenêtre 2</h1>
  </div>

  <div data-role=content>
    <p> Contenu de la Fenêtre 2 </p>
  </div>
</div>

<div data-role=page id=win3>
  <div data-role=header>
    <h1>Fenêtre 3</h1>
  </div>
```

```
    <div data-role=content>
      <p> Contenu de la Fenêtre 3 </p>
    </div>
</div>

</body>
</html>

<script>

$("div:jqmData(role=page)").bind ("swipeleft", function (event)
{
  var id = this.id;
  var next;   // id de la prochaine fenêtre visible
  if (id == "home") next = "win2";
  else if (id == "win2") next = "win3";
  if (next) $.mobile.changePage ($("#" + next),
  {
    transition : "slide"
  });
});

$("div:jqmData(role=page)").bind ("swiperight", function (event)
{
  var id = this.id;
  var next;   // id de la prochaine fenêtre visible
  if (id == "win2") next = "home";
  else if (id == "win3") next = "win2";
  if (next) $.mobile.changePage ($("#" + next),
  {
    transition : "slide",
    reverse : true
  });
});

</script>
```

REMARQUE **L'option reverse de valeur true**

Nous utilisons l'option reverse avec la valeur true dans la méthode $.mobile.changePage (), lors du traitement de l'événement swiperight. En effet, nous désirons dans cet événement revenir à la fenêtre précédente. Si nous utilisons uniquement la transition slide, nous reviendrons à la fenêtre précédente, mais avec un effet de défilement comme si nous allions vers la fenêtre suivante (de la gauche vers la droite). L'option reverse : true permet d'inverser le sens de l'effet (de la droite vers la gauche).

Créer une fenêtre dynamiquement puis l'afficher

Nous améliorons ici un exemple précédemment étudié dans ce chapitre, qui consistait à créer dynamiquement une fenêtre, puis à l'afficher suite à un clic dans une fenêtre précédente. Nous souhaitons maintenant afficher directement la fenêtre créée dynamiquement, sans effectuer un clic dans la fenêtre précédente.

Afficher directement une fenêtre créée dynamiquement

```
<!DOCTYPE html>
<html>
<head>
  <meta name=viewport content="user-scalable=no,width=device-width" />
  <link rel=stylesheet href=jquery.mobile/jquery.mobile.css />
  <script src=jquery.js></script>
  <script src=jquery.mobile/jquery.mobile.js></script>
</head>

<body>

<div data-role=page id=home>
  <div data-role=header>
    <h1>Home</h1>
  </div>

  <div data-role=content>
    <p> Contenu de la Fenêtre 1 </p>
    <a href=#win2 id=link1 data-role=button> Aller sur la Fenêtre 2 </a>
  </div>
</div>

</body>
</html>

<script>

var html = "";
html += "<div data-role=page id=win2 data-add-back-btn=true>";
html +=   "<div data-role=header>";
html +=     "<h1>Fenêtre 2</h1>";
html +=   "</div>"
html +=   "<div data-role=content>";
html +=     "<p> Contenu de la Fenêtre 2 </p>";
html +=   "</div>";
html += "</div>";
```

```
$("body").append (html);

$("#home").bind ("pagecreate", function (event)
{
  $.mobile.changePage ($("#win2"));
});

</script>
```

Le code HTML de la seconde fenêtre est inséré dès le lancement de l'application dans l'arborescence du DOM. Puis, à la fin de la création de la première fenêtre, la seconde fenêtre est affichée. Si on n'attend pas la fin de création de la fenêtre, la transition entre les fenêtres ne s'effectue pas.

Figure 10–22
Fenêtre créée
dynamiquement

11

Manipuler les listes

La manipulation des listes affichées par jQuery Mobile s'effectue au moyen des techniques de base de jQuery, auxquelles jQuery Mobile a associé la méthode `listview ()` permettant de les utiliser. Les listes sont associées au composant standard `listview`.

Créer dynamiquement une liste

Les listes peuvent être créées directement dans le code HTML, comme nous l'avons fait dans la partie précédente (voir chapitre 3). jQuery Mobile transforme automatiquement le code HTML en y ajoutant de nouvelles classes CSS pour visualiser les éléments de liste de manière plus agréable.

Il est également possible de créer dynamiquement une nouvelle liste, à partir des méthodes de jQuery.

Liste sans images

Dans l'exemple qui suit, nous créons une première liste à partir du code HTML inscrit dans la page, puis une seconde liste est créée dynamiquement par le code Java-Script. Au final, l'aspect des deux listes est identique, ce qui signifie que la façon de les créer est sans importance.

Création dynamique d'une liste

```
<!DOCTYPE html>
<html>
<head>
  <meta name=viewport content="user-scalable=no,width=device-width" />
  <link rel=stylesheet href=jquery.mobile/jquery.mobile.css />
  <script src=jquery.js></script>
  <script src=jquery.mobile/jquery.mobile.js></script>
</head>

<body>

<div data-role=page id=win1>
  <div data-role=header>
    <h1>Fenêtre 1</h1>
  </div>

  <div data-role=content>
    <ol id=list1 data-role=listview data-inset=true>
      <li data-role=list-divider>Liste statique</li>
      <li data-icon=delete>
        <a href=#>Élément 1.1</a>
      </li>
      <li data-icon=delete>
        <a href=#>Élément 1.2</a>
      </li>
      <li data-icon=delete>
        <a href=#>Élément 1.3</a>
      </li>
    </ol>
  </div>
</div>

</body>
</html>

<script>

var html = "";
html += "<ol id=list2 data-role=listview data-inset=true>";
html += "<li data-role=list-divider>Liste dynamique</li>";
html += "<li data-icon=delete>";
html += "<a href=#>Élément 2.1</a>";
html += "</li>";
html += "<li data-icon=delete>";
html += "<a href=#>Élément 2.2</a>";
html += "</li>";
html += "<li data-icon=delete>";
```

```
html +=        "<a href=#>Élément 2.3</a>";
html +=     "</li>";
html += "</ol>";

$("#win1 div:jqmData(role=content)").append (html);

</script>
```

La première liste est créée de façon traditionnelle dans le code HTML (liste statique), tandis que la seconde est créée dynamiquement par le code JavaScript et insérée dans l'arborescence du DOM au moyen de l'instruction `append (html)` de jQuery (liste dynamique).

Figure 11–1
Listes statique et dynamique

Liste avec images

Nous reprenons le même exemple que le précédent, mais en incluant des images dans les éléments de liste. La liste statique contient deux éléments, tandis que la liste dynamique en contiendra un seul.

Création dynamique d'une liste avec des images

```
<!DOCTYPE html>
<html>
```

```html
<head>
  <meta name=viewport content="user-scalable=no,width=device-width" />
  <meta name="apple-mobile-web-app-capable" content="yes" />
  <link rel=stylesheet href=jquery.mobile/jquery.mobile.css />
  <script src=jquery.js></script>
  <script src=jquery.mobile/jquery.mobile.js></script>
</head>

<body>

<div data-role=page id=win1>
  <div data-role=header>
    <h1>Fenêtre 1</h1>
  </div>

  <div data-role=content>
    <ul id=list1 data-role=listview data-inset=true>
      <li data-role=list-divider>Liste statique</li>
      <li>
        <img src=images/html.jpg />
        <h1> Introduction à HTML et CSS</h1>
        <p> Eric Sarrion</p>
      </li>
      <li>
        <img src="images/j2ee.jpg" />
        <h3>Développement web avec J2EE</h3>
        <p> Eric Sarrion</p>
      </li>
    </ul>
  </div>
</div>

</body>
</html>

<script>

var html = "";
html += "<ul id=list2 data-role=listview data-inset=true>";
html +=   "<li data-role=list-divider>Liste dynamique</li>";
html +=   "<li>";
html +=     "<img src=images/jquery.jpg />";
html +=     "<h3>JQuery & jQuery UI</h3>";
html +=     "<p> Eric Sarrion</p>";
html +=   "</li>";
html += "</ul>";

$("#win1 div:jqmData(role=content)").append (html);

</script>
```

Figure 11–2
Listes statique et dynamique
avec images

Transformer une liste HTML en une liste jQuery Mobile

Le but ici est de transformer le code HTML classique d'une liste `<ul>` ou `<ol>` en
une liste qui sera affichée selon les conventions de jQuery Mobile. On sait qu'il suffit
pour cela que l'élément `<ul>` ou `<ol>` possède l'attribut `data-role="listview"`. Nous
étudions ici comment procéder pour intégrer cet attribut à l'élément `<ul>` ou `<ol>`
correspondant.

Pour cela, nous supposons que la liste est dépouillée de tous ses attributs classiques
(`data-role`, `data-icon`, etc.). Le code HTML de la liste est le suivant.

Une liste HTML sans les conventions jQuery Mobile

```
<!DOCTYPE html>
<html>
<head>
  <meta name=viewport content="user-scalable=no,width=device-width" />
  <meta name="apple-mobile-web-app-capable" content="yes" />
  <link rel=stylesheet href=jquery.mobile/jquery.mobile.css />
  <script src=jquery.js></script>
  <script src=jquery.mobile/jquery.mobile.js></script>
</head>
```

```
<body>

<div data-role=page id=home>
  <div data-role=header>
    <h1>Home</h1>
  </div>

  <div data-role=content>
    <ol id=list1>
      <li>Elément 1.1</li>
      <li>Elément 1.2</li>
      <li>Elément 1.3</li>
    </ol>
  </div>
</div>

</body>
</html>

<script>

</script>
```

Cette liste est intégrée dans une fenêtre classique, mais comme l'élément `<ol>` ne possède pas l'attribut `data-role="listview"`, la liste s'affiche de façon rudimentaire.

Figure 11–3
Liste non stylée

Il faudrait pouvoir indiquer dans le code JavaScript que la liste doit être affichée selon les conventions de style de jQuery Mobile. Pour cela, on utilise la méthode listview () associée au composant listview de jQuery Mobile, permettant de transformer le code HTML de base en une liste jQuery Mobile.

Ajoutons cette instruction dans notre code JavaScript.

Appel de la méthode listview () sur la liste

```
<!DOCTYPE html>
<html>
<head>
  <meta name=viewport content="user-scalable=no,width=device-width" />
  <meta name="apple-mobile-web-app-capable" content="yes" />
  <link rel=stylesheet href=jquery.mobile/jquery.mobile.css />
  <script src=jquery.js></script>
  <script src=jquery.mobile/jquery.mobile.js></script>
</head>

<body>

<div data-role=page id=home>
  <div data-role=header>
    <h1>Home</h1>
  </div>

  <div data-role=content>
    <ol id=list1>
      <li>Elément 1.1</li>
      <li>Elément 1.2</li>
      <li>Elément 1.3</li>
    </ol>
  </div>
</div>

</body>
</html>

<script>

$("#list1").listview ();

</script>
```

Vous constaterez sur la figure 11-4 (page suivante) que le résultat n'est pas celui attendu ! En effet, on demande de créer un composant jQuery Mobile (la liste), alors que la fenêtre qui le contient est elle-même en cours de transformation à cet instant-là. Il faut donc attendre la fin de création de la fenêtre pour effectuer cette transformation.

Figure 11–4
Liste stylée mais
s'affichant sans styles

Insérons plutôt l'instruction `listview ()` dans le traitement de l'événement `pagecreate` sur la fenêtre, cet événement indiquant que la création de la fenêtre est terminée.

Appel de la méthode listview () dans le traitement de l'événement pagecreate

```
<!DOCTYPE html>
<html>
<head>
  <meta name=viewport content="user-scalable=no,width=device-width" />
  <meta name="apple-mobile-web-app-capable" content="yes" />
  <link rel=stylesheet href=jquery.mobile/jquery.mobile.css />
  <script src=jquery.js></script>
  <script src=jquery.mobile/jquery.mobile.js></script>
</head>

<body>

<div data-role=page id=home>
  <div data-role=header>
    <h1>Home</h1>
  </div>
```

```
      <div data-role=content>
        <ol id=list1>
          <li>Elément 1.1</li>
          <li>Elément 1.2</li>
          <li>Elément 1.3</li>
        </ol>
      </div>
    </div>

    </body>
    </html>

    <script>

    $("#home").bind ("pagecreate", function ()
    {
      $("#list1").listview ();
    });

    </script>
```

La liste s'affiche maintenant de façon attendue.

Récupérer une liste par un appel Ajax

Nous affichons une fenêtre dans laquelle nous souhaitons intégrer une liste récupérée via Ajax. La liste est insérée en tant que dernier élément du contenu de la fenêtre.

Récupération d'une liste via Ajax et insertion dans la fenêtre

```
<!DOCTYPE html>
<html>
<head>
  <meta name=viewport content="user-scalable=no,width=device-width" />
  <link rel=stylesheet href=jquery.mobile/jquery.mobile.css />
  <script src=jquery.js></script>
  <script src=jquery.mobile/jquery.mobile.js></script>
</head>

<body>

<div data-role=page id=home>
  <div data-role=header>
    <h1>Home</h1>
  </div>
```

```
      <div data-role=content>
        <p> Contenu de la Fenêtre 1 </p>
      </div>
    </div>
</div>

</body>
</html>

<script>

$.ajax (
{
  url : "action.php",
  complete : function (xhr, result)
  {
    if (result != "success") return;
    var response = xhr.responseText;
    $("#home div:jqmData(role=content)").append (response);
    $("#list").listview ();
  }
});

</script>
```

Le fichier `action.php` contient le programme serveur qui retourne la liste à insérer dans la fenêtre.

Fichier action.php

```
<?
$html = "";
$html .= "<ol id=list data-role=listview data-inset=true>";
$html .=   "<li data-role=list-divider>Liste récupérée par Ajax</li>";
$html .=   "<li data-icon=delete>";
$html .=     "<a href=#>Elément 1</a>";
$html .=   "</li>";
$html .=   "<li data-icon=delete>";
$html .=     "<a href=#>Elément 2</a>";
$html .=   "</li>";
$html .=   "<li data-icon=delete>";
$html .=     "<a href=#>Elément 3</a>";
$html .=   "</li>";
$html .= "</ol>";

echo utf8_encode ($html);
?>
```

> REMARQUE **L'instruction $("#list").listview ()**
>
> L'instruction `$("#list").listview ()` dans le code JavaScript permet de transformer le code
> HTML reçu du serveur en une liste affichée selon les conventions de jQuery Mobile. Si elle n'est pas pré-
> sente, l'affichage de la liste ne s'effectue plus selon ces conventions, mais comme une simple liste HTML.

L'affichage selon les conventions jQuery Mobile est le suivant.

Figure 11–5
Liste récupérée via Ajax

Remarquons que l'on peut également utiliser l'événement create pour créer la liste
dans la fenêtre. Il suffit de remplacer la ligne :

Création de la liste au moyen de listview ()

```
$("#list").listview ();
```

par celle-ci :

Création de la liste au moyen de l'événement create

```
$("#home").trigger ("create");
```

> À SAVOIR   **Utilisation de l'événement create**
>
> Si vous utilisez l'événement `create`, la liste rapatriée du serveur doit obligatoirement comporter l'attribut `data-role="listview"`, sinon jQuery Mobile ne saura pas quels éléments HTML il doit transformer en liste jQuery Mobile. L'indication de cet attribut est superflue si on utilise la méthode `listview ()`, puisque c'est l'élément sur lequel on appelle la méthode qui sera transformé en liste jQuery Mobile (ici, l'élément `#list1`).

Insérer un élément dans une liste

On utilise les méthodes jQuery pour insérer un élément dans une liste. Par exemple, la méthode `append (html)` permet d'insérer les éléments définis par le code HTML indiqué en fin de l'élément `<ul>` ou `<ol>` qui utilise la méthode.

Nous définissons ici une liste `<ol>` vide pour l'instant. Un bouton *Insérer un élément en fin de liste* permet d'insérer un élément `<li>` en fin de la liste `<ol>`.

Insérer un élément en fin de liste

```
<!DOCTYPE html>
<html>
<head>
  <meta name=viewport content="user-scalable=no,width=device-width" />
  <link rel=stylesheet href=jquery.mobile/jquery.mobile.css />
  <script src=jquery.js></script>
  <script src=jquery.mobile/jquery.mobile.js></script>
</head>

<body>

<div data-role=page id=home>
  <div data-role=header>
    <h1>Home</h1>
  </div>

  <div data-role=content>
    <ol id=list1 data-role=listview>
    </ol>
    <br />
    <a data-role=button id=add>Insérer un élément en fin de liste</a>
  </div>
</div>
```

```
</body>
</html>

<script>

$("#add").bind ("click", function (event)
{
  $("#list1").append ("<li>Elément inséré</li>");
});

</script>
```

Figure 11–6
Éléments de liste insérés

Après plusieurs insertions successives, la fenêtre est telle que sur la figure 11-6. Les éléments `<li>` ont bien été insérés, mais leur aspect n'est pas celui d'éléments de liste affichés selon les conventions de jQuery Mobile. La raison est que jQuery Mobile n'effectue pas un rafraîchissement de la liste après chacune des insertions. On peut lui indiquer de l'effectuer en appelant directement la méthode `listview` (`"refresh"`) utilisée sur l'élément `<ul>` ou `<ol>`.

Ajoutons cette instruction après l'insertion de l'élément de liste. Le code JavaScript exécuté lors de l'insertion de l'élément `<li>` devient :

Rafraîchir la liste après chaque insertion d'élément

```
$("#add").bind ("click", function (event)
{
  $("#list1").append ("<li>Elément inséré</li>");
  $("#list1").listview ("refresh");
});
```

Figure 11–7
Éléments de liste stylés

Supprimer un élément dans une liste

La suppression d'un élément de liste s'effectue au moyen de la méthode remove ()
de jQuery. Par exemple, ajoutons la possibilité de supprimer un élément inséré en
cliquant sur celui-ci.

Autoriser la suppression d'un élément inséré

```
<!DOCTYPE html>
<html>
<head>
  <meta name=viewport content="user-scalable=no,width=device-width" />
  <link rel=stylesheet href=jquery.mobile/jquery.mobile.css />
```

```
  <script src=jquery.js></script>
  <script src=jquery.mobile/jquery.mobile.js></script>
</head>

<body>

<div data-role=page id=home>
  <div data-role=header>
    <h1>Home</h1>
  </div>

  <div data-role=content>
    <ol id=list1 data-role=listview>
    </ol>
    <br />
    <a data-role=button id=add>Insérer un élément en fin de liste</a>
  </div>
</div>

</body>
</html>

<script>

$("#add").bind ("click", function (event)
{
  $("#list1").append ("<li>Elément inséré</li>");
  $("#list1").listview ("refresh");
});

$("li").live ("vclick", function (event)
{
  $(this).remove ();
});

</script>
```

La méthode `live ()` de jQuery permet d'ajouter un gestionnaire d'événements pour les éléments `<li>`, y compris pour les éléments qui ne sont pas présents dans l'arborescence du DOM au moment de l'appel de la méthode.

REMARQUE **Événements click et vclick**

Remarquez l'utilisation de l'événement `click` sur le lien, ainsi que l'utilisation de l'événement `vclick` sur l'élément `<li>`, comme cela est recommandé par jQuery Mobile.

Gérer les événements sur les listes

Le principal événement que l'on puisse gérer sur les listes est l'événement click, que jQuery Mobile associe à l'événement virtuel vclick.

Cet événement est géré au moyen de la méthode bind () de jQuery, utilisée sur un élément de liste. Par exemple, affichons une liste pour laquelle nous affichons le contenu de l'élément sur lequel on clique.

Prise en compte du clic sur un élément de liste

```
<!DOCTYPE html>
<html>
<head>
  <meta name=viewport content="user-scalable=no,width=device-width" />
  <link rel=stylesheet href=jquery.mobile/jquery.mobile.css />
  <script src=jquery.js></script>
  <script src=jquery.mobile/jquery.mobile.js></script>
</head>

<body>
<div data-role=page id=home>
  <div data-role=header>
    <h1>Home</h1>
  </div>

  <div data-role=content>
    <p> Contenu de la Fenêtre 1 </p>
    <ul data-role=listview data-inset=true>
      <li> Elément 1.1 </li>
      <li> Elément 1.2 </li>
      <li> Elément 1.3 </li>
      <li> Elément 1.4 </li>
      <li> Elément 1.5 </li>
    </ul>
  </div>
</div>

</body>
</html>

<script>

$("li").bind ("vclick", function (event)
{
  alert (this.innerHTML);
});

</script>
```

Personnaliser les listes

Reprenons le programme précédent contenant une liste de cinq éléments et affichons le code HTML généré par jQuery Mobile dans le navigateur Firefox associé à Firebug (figure 11-8).

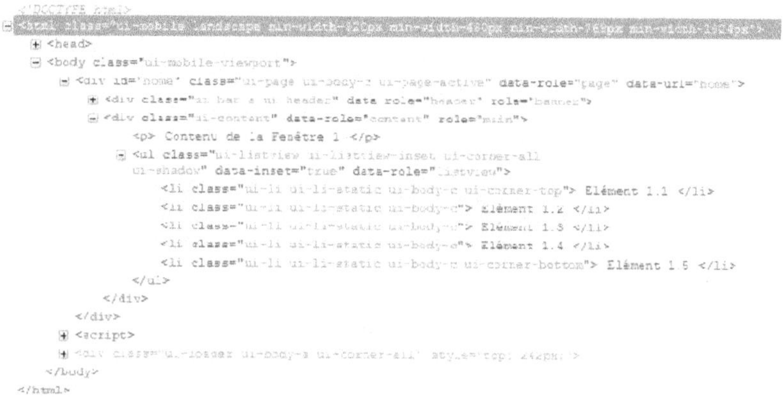

Figure 11–8
Code HTML d'une liste

Chacun des éléments de liste possède la classe CSS ui-li, tandis que l'élément <ul> englobant la liste possède la classe CSS ui-listview. Définissons ces deux classes dans notre code HTML afin de produire un nouvel affichage de la liste.

Modifier le style des éléments de liste

```
<!DOCTYPE html>
<html>
<head>
  <meta name=viewport content="user-scalable=no,width=device-width" />
  <link rel=stylesheet href=jquery.mobile/jquery.mobile.css />
  <script src=jquery.js></script>
  <script src=jquery.mobile/jquery.mobile.js></script>

  <style type=text/css>
    .ui-li {
      color : #0099FF;
      font-size : 20px;
      font-style : italic;
    }
    .ui-listview {
      padding : 10px;
      background-color : black;
    }
  </style>
```

```
</head>

<body>

<div data-role=page id=home>
  <div data-role=header>
    <h1>Home</h1>
  </div>

  <div data-role=content>
    <p> Contenu de la Fenêtre 1 </p>
    <ul data-role=listview data-inset=true>
      <li> Elément 1 </li>
      <li> Elément 2 </li>
      <li> Elément 3 </li>
      <li> Elément 4 </li>
      <li> Elément 5 </li>
    </ul>
  </div>
</div>

</body>
</html>
```

Figure 11–9
Liste personnalisée

Chacun des éléments de liste s'est agrandi en hauteur (pour tenir compte de la nouvelle taille de la police de caractères), tandis que la liste est entourée d'une bordure noire, due à la définition de la classe CSS `ui-listview`.

Exemples de manipulation des listes

Créer des listes contenant des sous-listes

On désire gérer le clic sur un élément de liste de manière à afficher une sous-liste incluse dans cet élément. La sous-liste s'affiche en dessous de l'élément sur lequel on a cliqué. Le clic suivant sur l'élément cache de nouveau la liste. C'est le principe des menus en accordéon.

Gérer les sous-listes dans une liste

```
<!DOCTYPE html>
<html>
<head>
  <meta name=viewport content="user-scalable=no,width=device-width" />
  <link rel=stylesheet href=jquery.mobile/jquery.mobile.css />
  <script src=jquery.js></script>
  <script src=jquery.mobile/jquery.mobile.js></script>
</head>

<body>

<div data-role=page id=home>
  <div data-role=header>
    <h1>Home</h1>
  </div>

  <div data-role=content>
    <p> Contenu de la Fenêtre 1 </p>
    <ul data-role=listview data-inset=true>
      <li data-role=list-divider data-icon=arrow-d>
        <a href=#> Liste 1 </a></li>
      <li> Elément 1.1 </li>
      <li> Elément 1.2 </li>
      <li> Elément 1.3 </li>
      <li> Elément 1.4 </li>
      <li> Elément 1.5 </li>
      <li data-role=list-divider data-icon=arrow-d>
        <a href=#> Liste 2 </a></li>
      <li> Elément 2.1 </li>
```

```
        <li> Elément 2.2 </li>
        <li> Elément 2.3 </li>
        <li> Elément 2.4 </li>
        <li> Elément 2.5 </li>
        <li data-role=list-divider data-icon=arrow-d>
          <a href=#> Liste 3 </a></li>
        <li> Elément 3.1 </li>
        <li> Elément 3.2 </li>
        <li> Elément 3.3 </li>
        <li> Elément 3.4 </li>
        <li> Elément 3.5 </li>
      </ul>
    </div>
</div>

</body>
</html>

<script>

$("li:not(:jqmData(role=list-divider))").hide ();

$("li:jqmData(role=list-divider)").bind ("vclick", function (event)
{
  $(this).nextUntil ("li:jqmData(role=list-divider)").toggle ();
});

</script>
```

Au lancement du programme, seuls les éléments correspondant aux titres des listes sont visibles, tandis que les éléments dans les sous-listes sont cachés. Les titres des listes correspondent aux éléments `<li>` ayant l'attribut `data-role="list-divider"`. Cela est réalisé par la première instruction du script :

Cacher les éléments de liste qui ne sont pas des titres de liste

```
$("li:not(:jqmData(role=list-divider))").hide ();
```

L'instruction `bind ()` qui suit sert à observer les événements `click` sur les éléments de titre. Le traitement consiste à cacher/afficher alternativement les éléments de liste qui suivent (jusqu'au prochain titre).

Au début du programme, toutes les listes sont fermées, comme sur la figure 11-10. Si nous cliquons sur le premier élément (*Liste 1*), la sous-liste contenue dans cette liste s'ouvre et s'affiche en dessous de l'élément (figure 11-11).

Figure 11–10 Liste fermée

Figure 11–11 Liste ouverte

Modifier l'icône d'un élément de liste

Améliorons le programme précédent. Lorsqu'une liste est ouverte, nous souhaitons modifier l'icône affichée dans le titre de la liste en affichant, par exemple, une flèche vers le haut (au lieu d'une flèche vers le bas). Lorsque la liste sera de nouveau fermée, il faudra remettre la précédente icône.

Pour réaliser cela, il faut regarder plus en détail comment est élaboré le code HTML créé par jQuery Mobile pour afficher un élément de la liste contenant l'icône (figure 11-12).

Figure 11–12
Code HTML d'un élément
de liste avec icône

```
<li class="ui-btn ui-btn-icon-right ui-li ui-corner-top
ui-btn-up-c" data-icon="arrow-d" data-role="list-divider" data-theme="c">
    <div class="ui-btn-inner ui-li ui-corner-top">
        <div class="ui-btn-text">
            <a class="ui-link-inherit" href="#"> Liste 1 </a>
        </div>
        <span class="ui-icon ui-icon-arrow-d"></span>
    </div>
</li>
<li class="ui-li ui-li-static ui-body-c" style="display: none;"> Elément 1.1 </li>
<li class="ui-li ui-li-static ui-body-c" style="display: none;"> Elément 1.2 </li>
<li class="ui-li ui-li-static ui-body-c" style="display: none;"> Elément 1.3 </li>
<li class="ui-li ui-li-static ui-body-c" style="display: none;"> Elément 1.4 </li>
<li class="ui-li ui-li-static ui-body-c" style="display: none;"> Elément 1.5 </li>
```

Nous voyons que l'icône est représentée par un élément `<span>` possédant la classe `ui-icon`, ainsi que la classe `ui-icon-arrow-d` qui représente le dessin de l'icône. Il suffit de changer cette dernière classe en `ui-icon-arrow-u` pour afficher une icône représentant une flèche vers le haut.

> REMARQUE **L'attribut data-icon**
>
> La modification de l'attribut `data-icon` est sans effet sur l'affichage de l'icône dans l'élément de liste. Cet attribut n'est utilisé que lors de la création de l'élément de liste et sa modification ultérieure est inopérante.

Figure 11–13
Liste avec icônes modifiables

Modifier l'icône affichée dans un élément de liste lors d'un clic

```
<!DOCTYPE html>
<html>
<head>
  <meta name=viewport content="user-scalable=no,width=device-width" />
  <link rel=stylesheet href=jquery.mobile/jquery.mobile.css />
  <script src=jquery.js></script>
  <script src=jquery.mobile/jquery.mobile.js></script>
</head>

<body>
```

```
<div data-role=page id=home>
  <div data-role=header>
    <h1>Home</h1>
  </div>

  <div data-role=content>
    <p> Contenu de la Fenêtre 1 </p>
    <ul data-role=listview data-inset=true>
      <li data-role=list-divider data-icon=arrow-d>
        <a href=#> Liste 1 </a></li>
      <li> Elément 1.1 </li>
      <li> Elément 1.2 </li>
      <li> Elément 1.3 </li>
      <li> Elément 1.4 </li>
      <li> Elément 1.5 </li>
      <li data-role=list-divider data-icon=arrow-d>
        <a href=#> Liste 2 </a></li>
      <li> Elément 2.1 </li>
      <li> Elément 2.2 </li>
      <li> Elément 2.3 </li>
      <li> Elément 2.4 </li>
      <li> Elément 2.5 </li>
      <li data-role=list-divider data-icon=arrow-d>
        <a href=#> Liste 3 </a></li>
      <li> Elément 3.1 </li>
      <li> Elément 3.2 </li>
      <li> Elément 3.3 </li>
      <li> Elément 3.4 </li>
      <li> Elément 3.5 </li>
    </ul>
  </div>
</div>

</body>
</html>

<script>

$("li:not(:jqmData(role=list-divider))").hide ();

$("li:jqmData(role=list-divider)").bind ("vclick", function (event)
{
  $(this).nextUntil ("li:jqmData(role=list-divider)").toggle ();
  var $span = $(this).find ("span.ui-icon");
  if ($span.hasClass ("ui-icon-arrow-d"))
  {
    $span.removeClass ("ui-icon-arrow-d");
    $span.addClass ("ui-icon-arrow-u");
  }
```

```
    else
    {
      $span.removeClass ("ui-icon-arrow-u");
      $span.addClass ("ui-icon-arrow-d");
    }
});

</script>
```

Par exemple, lorsque la liste 3 est ouverte, on obtient un affichage tel que sur la figure 11-13.

Gérer le clic sur l'icône d'un élément dans une liste statique

Nous voulons maintenant gérer le clic sur l'icône présente dans un élément de liste statique, c'est-à-dire une liste créée directement dans le code HTML. Par exemple, nous insérons cinq éléments dans une liste, chaque élément possédant sa propre icône *Delete* permettant de supprimer cet élément lorsqu'on clique dessus.

Nous devons pour cela gérer le clic sur l'icône de chaque élément <li>. Comme nous l'avons vu précédemment, cette icône est représentée par un élément <span> de classe CSS ui-icon. On écrira par exemple :

Gérer le clic sur l'icône delete des éléments de liste

```
<!DOCTYPE html>
<html>
<head>
  <meta name=viewport content="user-scalable=no,width=device-width" />
  <link rel=stylesheet href=jquery.mobile/jquery.mobile.css />
  <script src=jquery.js></script>
  <script src=jquery.mobile/jquery.mobile.js></script>
</head>

<body>

<div data-role=page id=home>
  <div data-role=header>
    <h1>Home</h1>
  </div>

  <div data-role=content>
    <p> Contenu de la Fenêtre 1 </p>
    <ul data-role=listview data-inset=true>
      <li data-icon=delete> <a href=#>Elément 1 </a></li>
      <li data-icon=delete> <a href=#>Elément 2 </a></li>
      <li data-icon=delete> <a href=#>Elément 3 </a></li>
```

```
        <li data-icon=delete> <a href=#>Elément 4 </a></li>
        <li data-icon=delete> <a href=#>Elément 5 </a></li>
    </ul>
  </div>
</div>

</body>
</html>

<script>

$("li .ui-icon").bind ("click", function (event)
{
  $(this).closest ("li").remove ();
});

</script>
```

Figure 11–14
Liste avec élément
de suppression

Toutefois, le clic sur l'icône *Delete* n'est pas pris en compte. La raison est très simple :
le sélecteur `"li .ui-icon"` ne correspond à aucun élément HTML tant que le code
HTML de la liste n'a pas été transformé en un code jQuery Mobile. Ce qui signifie
que l'on doit attendre que la liste ait finalisé sa création pour effectuer l'appel à la
méthode `bind ()`.

On écrira donc plutôt :

Attendre que la liste ait été créée pour gérer le clic sur l'icône delete

```html
<!DOCTYPE html>
<html>
<head>
  <meta name=viewport content="user-scalable=no,width=device-width" />
  <link rel=stylesheet href=jquery.mobile/jquery.mobile.css />
  <script src=jquery.js></script>
  <script src=jquery.mobile/jquery.mobile.js></script>
</head>

<body>

<div data-role=page id=home>
  <div data-role=header>
    <h1>Home</h1>
  </div>

  <div data-role=content>
    <p> Contenu de la Fenêtre 1 </p>
    <ul data-role=listview data-inset=true>
      <li data-icon=delete> <a href=#>Elément 1 </a></li>
      <li data-icon=delete> <a href=#>Elément 2 </a></li>
      <li data-icon=delete> <a href=#>Elément 3 </a></li>
      <li data-icon=delete> <a href=#>Elément 4 </a></li>
      <li data-icon=delete> <a href=#>Elément 5 </a></li>
    </ul>
  </div>
</div>

</body>
</html>

<script>

$("ul").bind ("listviewcreate", function (event)
{
  $("li .ui-icon").bind ("click", function (event)
  {
    $(this).closest ("li").remove ();
  }).css ("z-index", 10);
});

</script>
```

> REMARQUE **Position de l'icône par rapport à la liste**
>
> L'instruction `css ("z-index", 10)` permet de s'assurer que l'icône est au-dessus de l'élément de liste, ce qui n'est pas toujours le cas et empêche alors de capturer le clic sur l'icône.

Gérer le clic sur l'icône d'un élément dans une liste créée dynamiquement

Solution 1

Nous supposons maintenant que la liste n'est pas déjà présente dans le code HTML, mais est créée dynamiquement par JavaScript.

On pourrait alors envisager une deuxième solution (autre que celle de l'exemple précédent). Plutôt que d'attendre la création de la liste (événement `listviewcreate`), utilisons la méthode `listview ()` de jQuery Mobile afin de transformer le code HTML d'origine en code permettant un affichage selon les conventions de jQuery Mobile.

Le programme devient :

Utilisation directe de la méthode listview ()

```html
<!DOCTYPE html>
<html>
<head>
  <meta name=viewport content="user-scalable=no,width=device-width" />
  <link rel=stylesheet href=jquery.mobile/jquery.mobile.css />
  <script src=jquery.js></script>
  <script src=jquery.mobile/jquery.mobile.js></script>
</head>

<body>

<div data-role=page id=home>
  <div data-role=header>
    <h1>Home</h1>
  </div>

  <div data-role=content>
    <p> Contenu de la Fenêtre 1 </p>
  </div>
</div>

</body>
</html>

<script>
```

```
var html = "";
html += "<ul data-inset=true>";
html += "<li data-icon=delete> <a href=#>Elément 1 </a></li>";
html += "<li data-icon=delete> <a href=#>Elément 2 </a></li>";
html += "<li data-icon=delete> <a href=#>Elément 3 </a></li>";
html += "<li data-icon=delete> <a href=#>Elément 4 </a></li>";
html += "<li data-icon=delete> <a href=#>Elément 5 </a></li>";
html += "</ul>";
$("#home div:jqmData(role=content)").append (html);

$("#home").bind ("pagecreate", function ()
{
  $("ul").listview ();

  $("li .ui-icon").bind ("click", function (event)
  {
    $(this).closest ("li").remove ();
  ).css ("z-index", 10);
});

</script>
```

> **Remarque**
>
> L'appel de la méthode listview () transforme la liste créée dynamiquement en une liste jQuery Mobile. Toutefois, cette méthode ne peut être appelée que si la fenêtre est déjà créée, d'où l'utilisation de l'événement pagecreate sur la fenêtre.

Solution 2

Reprenons le même exemple que précédemment. Nous indiquons l'attribut data-role="listview" dans le code HTML de la liste, ce qui nous évite d'appeler la méthode listview () pour créer le composant.

Toutefois, l'observation de l'événement click sur l'icône dans l'élément de liste ne peut s'effectuer que lorsque la liste est créée, d'où l'utilisation de l'événement listviewcreate sur la liste.

Utilisation de l'événement listviewcreate

```
<!DOCTYPE html>
<html>
<head>
  <meta name=viewport content="user-scalable=no,width=device-width" />
  <link rel=stylesheet href=jquery.mobile/jquery.mobile.css />
  <script src=jquery.js></script>
  <script src=jquery.mobile/jquery.mobile.js></script>
</head>
```

```
<body>

<div data-role=page id=home>
  <div data-role=header>
    <h1>Home</h1>
  </div>

  <div data-role=content>
    <p> Contenu de la Fenêtre 1 </p>
  </div>
</div>

</body>
</html>

<script>

var html = "";
html += "<ul data-role=listview data-inset=true>";
html += "<li data-icon=delete> <a href=#>Elément 1 </a></li>";
html += "<li data-icon=delete> <a href=#>Elément 2 </a></li>";
html += "<li data-icon=delete> <a href=#>Elément 3 </a></li>";
html += "<li data-icon=delete> <a href=#>Elément 4 </a></li>";
html += "<li data-icon=delete> <a href=#>Elément 5 </a></li>";
html += "</ul>";
$("#home div:jqmData(role=content)").append (html);

$("ul").bind ("listviewcreate", function ()
{
  $("li .ui-icon").bind ("click", function (event)
  {
    $(this).closest ("li").remove ();
  }).css ("z-index", 10);
});

</script>
```

Si vous n'utilisez pas l'événement listviewcreate, la liste est créée, mais le clic sur l'icône n'est pas pris en compte.

Permettre la suppression d'un élément de liste par un clic prolongé

Plutôt que d'afficher une icône de suppression dans chaque élément de liste, on pourrait également utiliser le clic prolongé sur cet élément. L'événement correspondant est taphold (que nous avons étudié dans le chapitre précédent).

Supprimer un élément dans la liste suite à un clic prolongé sur cet élément

```html
<!DOCTYPE html>
<html>
<head>
  <meta name=viewport content="user-scalable=no,width=device-width" />
  <link rel=stylesheet href=jquery.mobile/jquery.mobile.css />
  <script src=jquery.js></script>
  <script src=jquery.mobile/jquery.mobile.js></script>
</head>

<body>

<div data-role=page id=home>
  <div data-role=header>
    <h1>Home</h1>
  </div>

  <div data-role=content>
    <p> Contenu de la Fenêtre 1 </p>
    <ul data-role=listview data-inset=true>
      <li> Elément 1 </li>
      <li> Elément 2 </li>
      <li> Elément 3 </li>
      <li> Elément 4 </li>
      <li> Elément 5 </li>
    </ul>
  </div>
</div>

</body>
</html>

<script>

$("li").bind ("taphold", function (event)
{
  $(this).remove ();
});

</script>
```

Permettre la suppression d'un élément de liste par un « swipe »

Nous désirons maintenant pouvoir supprimer les éléments de la liste en effectuant un mouvement swipe vers la droite sur ces éléments. On fait donc glisser le doigt sur l'élément de la gauche vers la droite, et l'élément disparaît.

L'événement géré ici est swiperight. Voici le programme :

Gérer les événements swiperight sur les éléments pour les supprimer

```html
<!DOCTYPE html>
<html>
<head>
  <meta name=viewport content="user-scalable=no,width=device-width" />
  <link rel=stylesheet href=jquery.mobile/jquery.mobile.css />
  <script src=jquery.js></script>
  <script src=jquery.mobile/jquery.mobile.js></script>
</head>

<body>

<div data-role=page id=home>
  <div data-role=header>
    <h1>Home</h1>
  </div>

  <div data-role=content>
    <p> Contenu de la Fenêtre 1 </p>
    <ul data-role=listview data-inset=true>
      <li> Elément 1 </li>
      <li> Elément 2 </li>
      <li> Elément 3 </li>
      <li> Elément 4 </li>
      <li> Elément 5 </li>
    </ul>
  </div>
</div>

</body>
</html>

<script>

$("li").bind ("swiperight", function (event)
[
  $(this).remove ();
});

</script>
```

Conserver l'aspect arrondi aux bords de la liste

Dans les exemples précédents, vous avez sûrement remarqué que la suppression d'un élément de liste situé en haut ou en bas de la liste cassait le côté arrondi des bords de la liste. Ces bords ont été arrondis grâce à l'attribut data-inset positionné à "true" sur l'élément <ul>.

Lors de la suppression d'un élément, il nous faut indiquer à jQuery Mobile d'arrondir de nouveau le premier et le dernier élément de la liste, dans le cas où l'un d'eux aurait été supprimé et remplacé par un autre élément. Pour cela, jQuery Mobile utilise la classe CSS `ui-corner-top` associée au premier élément de liste, ainsi que la classe CSS `ui-corner-bottom` associée au dernier élément de liste.

Reprenons l'exemple précédent et ajoutons ces classes CSS au premier et au dernier élément de la liste lors d'une suppression d'élément.

Conserver l'aspect arrondi aux bords de la liste

```
<!DOCTYPE html>
<html>
<head>
  <meta name=viewport content="user-scalable=no,width=device-width" />
  <link rel=stylesheet href=jquery.mobile/jquery.mobile.css />
  <script src=jquery.js></script>
  <script src=jquery.mobile/jquery.mobile.js></script>
</head>

<body>

<div data-role=page id=home>
  <div data-role=header>
    <h1>Home</h1>
  </div>

  <div data-role=content>
    <p> Contenu de la Fenêtre 1 </p>
    <ul data-role=listview data-inset=true>
      <li> Elément 1 </li>
      <li> Elément 2 </li>
      <li> Elément 3 </li>
      <li> Elément 4 </li>
      <li> Elément 5 </li>
    </ul>
  </div>
</div>

</body>
</html>

<script>

$("li").bind ("swiperight", function (event)
{
  $(this).remove ();
  $("ul").find ("li:first").addClass ("ui-corner-top");
```

```
    $("ul").find ("li:last").addClass ("ui-corner-bottom");
});

</script>
```

Voici l'affichage de la liste en ayant supprimé son premier et son dernier élément (figure 11-15). Les bords arrondis sont maintenant conservés.

Figure 11–15
Liste avec éléments supprimés

Une autre solution est également possible, encore plus simple. Laissons jQuery Mobile gérer lui-même les classes CSS permettant d'afficher les bords arrondis, grâce à la méthode listview ("refresh"). Pour cela, on remplace les deux lignes suivantes :

Gestion des bords arrondis dans les listes (avec des classes CSS)

```
$("ul").find ("li:first").addClass ("ui-corner-top");
$("ul").find ("li:last").addClass ("ui-corner-bottom");
```

Par celle-ci :

Gestion des bords arrondis dans les listes (avec la méthode listview ("refresh"))

```
$("ul").listview ("refresh");
```

Manipuler les boutons

La manipulation des boutons est similaire à celle des listes, que nous avons précédemment étudiée. Celle-ci s'effectue principalement au moyen des méthodes offertes par jQuery, auxquelles jQuery Mobile a ajouté la méthode `button ()` pour transformer un élément HTML en bouton. Les boutons sont associés au composant standard `button`.

Créer dynamiquement un bouton

Nous souhaitons ici créer dynamiquement un bouton dans la page HTML. Pour cela, il suffit de créer un élément `<a>` pour lequel on indique l'attribut `data-role="button"`. Les autres caractéristiques du bouton (`data-inline`, `data-icon`, etc.) peuvent être indiquées également dans les attributs de l'élément.

Création dynamique d'un bouton

```
<!DOCTYPE html>
<html>
<head>
  <meta name=viewport content="user-scalable=no,width=device-width" />
  <link rel=stylesheet href=jquery.mobile/jquery.mobile.css />
  <script src=jquery.js></script>
  <script src=jquery.mobile/jquery.mobile.js></script>
</head>
<body>

<div data-role=page id=home>
  <div data-role=header>
    <h1>Home</h1>
  </div>

  <div data-role=content>
    <p> Contenu de la Fenêtre 1 </p>
  </div>
</div>

</body>
</html>

<script>

var html = "";
html += "<a id=btn href=# data-role=button data-icon=check data-iconpos=right>";
html +=     "Cliquez sur le bouton";
html += "</a>";
$("#home div:jqmData(role=content)").append (html);

$("#btn").bind ("click", function (event)
{
  alert ("click");
});

</script>
```

Voici l'aspect de la fenêtre une fois que l'on a cliqué sur le bouton (figure 12-1). L'élément <a> inséré dynamiquement a l'aspect d'un bouton jQuery Mobile, tout en étant réactif aux événements effectués sur celui-ci.

Figure 12–1
Gestion du clic sur le bouton

Transformer un élément HTML en un bouton jQuery Mobile

Pour qu'un élément puisse être transformé en bouton, on utilise la méthode
button () sur l'élément HTML.

Appel de la méthode button ()

```
<!DOCTYPE html>
<html>
<head>
  <meta name=viewport content="user-scalable=no,width=device-width" />
  <link rel=stylesheet href=jquery.mobile/jquery.mobile.css />
  <script src=jquery.js></script>
  <script src=jquery.mobile/jquery.mobile.js></script>
</head>

<body>

<div data-role=page id=home>
  <div data-role=header>
    <h1>Home</h1>
  </div>
```

```
 <div data-role=content>
    <p> Contenu de la Fenêtre 1 </p>
  </div>
</div>

</body>
</html>

<script>

var html = "";
html += "<a id=btn href=#>";
html +=    "Cliquez sur le bouton";
html += "</a>";
$("#home div:jqmData(role=content)").append (html);

$("#home").bind ("pagecreate", function ()
{
  $("#btn").button ();
});

</script>
```

> REMARQUE **Création de la fenêtre**
>
> Remarquez qu'on attend que la fenêtre soit créée pour transformer le lien en bouton (événement `pagecreate`).

Figure 12–2
Bouton créé dynamiquement

Insérer des boutons via Ajax

Nous souhaitons maintenant récupérer des éléments HTML correspondant à des boutons via Ajax, afin de les insérer dans notre fenêtre. Le premier bouton sera sous forme de lien `<a>`, tandis que le second sera un bouton `<input>` dont l'attribut sera `type="submit"`.

Insérer des boutons via Ajax dans une fenêtre

```
<!DOCTYPE html>
<html>
<head>
  <meta name=viewport content="user-scalable=no,width=device-width" />
  <link rel=stylesheet href=jquery.mobile/jquery.mobile.css />
  <script src=jquery.js></script>
  <script src=jquery.mobile/jquery.mobile.js></script>
</head>

<body>

<div data-role=page id=home>
  <div data-role=header>
    <h1>Home</h1>
  </div>

  <div data-role=content>
    <p> Contenu de la Fenêtre 1 </p>
  </div>
</div>

</body>
</html>

<script>

$.ajax (
{
  url : "action.php",
  complete : function (xhr, result)
  {
    if (result != "success") return;
    var response = xhr.responseText;
    $("#home div:jqmData(role=content)").append (response);
    $("#btn").button ();
    $("input[type=submit]").button ();
  }
});

</script>
```

Le fichier `action.php` correspondant au programme serveur qui retourne le code HTML des deux boutons à insérer est le suivant :

Fichier action.php

```php
<?
$html = "";
$html .= "<a id=btn href=#>Menu 1</a>";
$html .= "<input type=submit value=Valider />";

echo utf8_encode ($html);
?>
```

Après un léger temps d'attente dû à l'appel du programme sur le serveur, les deux boutons s'inscrivent dans la fenêtre affichée (figure 12-3).

Remarquez l'utilisation de la méthode `button ()` dans le code JavaScript. Elle est nécessaire pour transformer les deux éléments HTML retournés par le serveur en boutons affichés selon le standard jQuery Mobile. Si vous les omettez, vous obtiendrez un affichage plus traditionnel (un lien et un bouton HTML classiques), comme sur la figure 12-4.

Figure 12–3 Boutons créés via Ajax

Figure 12–4 Boutons créés via Ajax, sans styles

Comme pour tous les composants jQuery Mobile, la méthode standard de création du composant (ici, la méthode button ()) peut être remplacée par l'appel de la méthode trigger ("create") sur l'élément contenant le bouton, ici la fenêtre. On pourrait donc aussi écrire :

Utiliser l'événement create pour créer les boutons

```
<!DOCTYPE html>
<html>
<head>
  <meta name=viewport content="user-scalable=no,width=device-width" />
  <link rel=stylesheet href=jquery.mobile/jquery.mobile.css />
  <script src=jquery.js></script>
  <script src=jquery.mobile/jquery.mobile.js></script>
</head>

<body>

<div data-role=page id=home>
  <div data-role=header>
    <h1>Home</h1>
  </div>

  <div data-role=content>
    <p> Contenu de la Fenêtre 1 </p>
  </div>
</div>

</body>
</html>

<script>

$.ajax (
{
  url : "action.php",
  complete : function (xhr, result)
  {
    if (result != "success") return;
    var response = xhr.responseText;
    $("#home div:jqmData(role=content)").append (response);
    $("#home").trigger ("create");
  }
});

</script>
```

> **À SAVOIR Création des boutons**
>
> Un seul événement `create` suffit pour créer les deux boutons. Toutefois, il est nécessaire d'ajouter l'attribut `data-role="button"` dans le code HTML du premier bouton pour indiquer que l'on souhaite le transformer en composant `button`. Le second bouton étant un élément `<input>`, il n'a pas besoin d'avoir cet attribut pour être transformé.

Fichier action.php

```php
<?
$html = "";
$html .= "<a id=btn data-role=button href=#>Menu 1</a>";
$html .= "<input type=submit value=Valider />";

echo utf8_encode ($html);
?>
```

Gérer les événements sur les boutons

Comme pour les listes, le principal événement géré par les boutons est l'événement `click`. Cet événement est géré par la méthode `bind ()` de jQuery, permettant d'effectuer un traitement lors du clic.

Traiter le clic sur le bouton

```html
<!DOCTYPE html>
<html>
<head>
  <meta name=viewport content="user-scalable=no,width=device-width" />
  <link rel=stylesheet href=jquery.mobile/jquery.mobile.css />
  <script src=jquery.js></script>
  <script src=jquery.mobile/jquery.mobile.js></script>
</head>

<body>

<div data-role=page id=home>
  <div data-role=header>
    <h1>Home</h1>
  </div>

  <div data-role=content>
    <p> Contenu de la Fenêtre 1 </p>
    <a id=btn data-role=button href=#> Bouton </a>
  </div>
</div>
```

```
</body>
</html>

<script>

$("#btn").bind ("click", function (event)
{
  alert ("click");
});

</script>
```

On notera que dans le cas des boutons, qui sont en fait des liens, jQuery Mobile conseille d'utiliser l'événement `click` et non pas `vclick`.

Personnaliser les boutons

Aspect général du bouton

Utilisons Firebug pour voir le code HTML généré par le bouton écrit précédemment (figure 12-5).

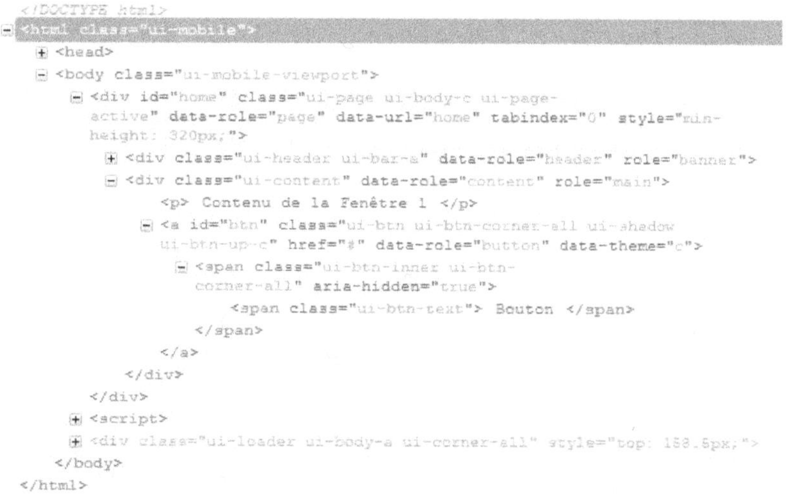

```
<!DOCTYPE html>
<html class="ui-mobile">
  <head>
  <body class="ui-mobile-viewport">
    <div id="home" class="ui-page ui-body-c ui-page-
    active" data-role="page" data-url="home" tabindex="0" style="min-
    height: 320px;">
      <div class="ui-header ui-bar-a" data-role="header" role="banner">
      <div class="ui-content" data-role="content" role="main">
          <p> Contenu de la Fenêtre 1 </p>
        <a id="btn" class="ui-btn ui-btn-corner-all ui-shadow
        ui-btn-up-c" href="#" data-role="button" data-theme="c">
          <span class="ui-btn-inner ui-btn-
          corner-all" aria-hidden="true">
              <span class="ui-btn-text"> Bouton </span>
          </span>
        </a>
      </div>
    </div>
    <script>
    <div class="ui-loader ui-body-a ui-corner-all" style="top: 158.5px;">
  </body>
</html>
```

Figure 12–5
Code HTML d'un bouton

Le lien `<a>` est maintenant de classe CSS `ui-btn` et inclut un élément `<span>` de classe `ui-btn-inner`, lui-même contenant un élément `<span>` de classe `ui-btn-text`.

Par exemple, définissons la classe CSS `ui-btn-text` afin de modifier le style du bouton.

Figure 12–6
Bouton personnalisé

Modification du style du bouton

```
<!DOCTYPE html>
<html>
<head>
  <meta name=viewport content="user-scalable=no,width=device-width" />
  <link rel=stylesheet href=jquery.mobile/jquery.mobile.css />
  <script src=jquery.js></script>
  <script src=jquery.mobile/jquery.mobile.js></script>

  <style type=text/css>
    .ui-btn-inner {
      padding : 25px;
      background-color : black;
    }
    .ui-btn-text {
      font-size : 25px;
      color : white;
    }
  </style>
</head>

<body>
```

```
<div data-role=page id=home>
  <div data-role=header>
    <h1>Home</h1>
  </div>

  <div data-role=content>
    <p> Contenu de la Fenêtre 1 </p>
    <a id=btn data-role=button href=#> Bouton </a>
  </div>
</div>

</body>
</html>
```

Aspect du bouton après un clic

Lorsque le bouton est enfoncé, jQuery Mobile lui affecte la classe CSS `ui-btn-down-c`. La lettre `"c"` en fin du nom de la classe représente le thème par défaut du bouton, modifiable par l'attribut `data-theme`. Nous pouvons également implémenter cette classe CSS dans nos styles CSS afin de donner un nouvel aspect au bouton lorsqu'on a cliqué dessus au moins une fois.

Ajoutons cette classe CSS dans la définition de nos styles.

Ajout de la classe CSS ui-btn-down-c dans les styles des boutons

```
<style type=text/css>
  .ui-btn-inner {
    padding : 25px;
    background-color : black;
  }
  .ui-btn-text {
    font-size : 25px;
    color : white;
  }
  .ui-btn-down-c {
    font-style : italic;
  }
</style>
```

Lorsque le bouton fera l'objet d'un clic, le style des caractères sera mis en italique.

Attention lors de l'utilisation de certaines propriétés CSS : si vous utilisez de nouveau la propriété `color` dans la définition de la classe `ui-btn-down-c`, celle-ci ne sera pas prise en compte, car elle est redéfinie dans un élément fils (celui de classe CSS `ui-btn-text`). Il faut alors procéder de la façon suivante.

Modification de la couleur du texte du bouton lors d'un clic

```
<style type=text/css>
    .ui-btn-inner {
      padding : 25px;
      background-color : black;
    }
    .ui-btn-text {
      font-size : 25px;
      color : white;
    }
    .ui-btn-down-c {
      font-style : italic;
    }
    .ui-btn-down-c .ui-btn-text {
      color : red;
    }
</style>
```

Exemples de manipulation des boutons

Gérer un bouton à deux états (enfoncé/non enfoncé)

Nous reprenons l'exemple précédent, permettant de donner un aspect au bouton selon que l'on ait ou non cliqué dessus. Pour gérer l'état du bouton (enfoncé/non enfoncé), nous devons alternativement ajouter/supprimer la classe CSS ui-btn-active positionnée sur l'élément <a>.

Gérer un bouton à deux états

```
<!DOCTYPE html>
<html>
<head>
  <meta name=viewport content="user-scalable=no,width=device-width" />
  <link rel=stylesheet href=jquery.mobile/jquery.mobile.css />
  <script src=jquery.js></script>
  <script src=jquery.mobile/jquery.mobile.js></script>

  <style type=text/css>
    .ui-btn-inner {
      padding : 25px;
      background-color : black;
    }
```

```
        .ui-btn-text {
          font-size : 25px;
          color : white;
        }
        .ui-btn-active {
          font-style : italic;
        }
    </style>
</head>

<body>

<div data-role=page id=home>
  <div data-role=header>
    <h1>Home</h1>
  </div>

  <div data-role=content>
    <p> Contenu de la Fenêtre 1 </p>
    <a id=btn data-role=button href=#> Bouton </a>
  </div>
</div>

</body>
</html>

<script>

$("#btn").bind ("click", function (event)
{
  $(this).toggleClass ("ui-btn-active");
});

</script>
```

Lors du clic, nous gérons la présence de la classe `ui-btn-active` de manière alternative grâce à l'utilisation de la méthode `toggleClass ()` de jQuery.

Modifier dynamiquement le texte et l'icône du bouton

Plutôt que de modifier, lors du clic, l'aspect du bouton avec les classes CSS, comme nous l'avons fait précédemment, on peut également modifier le texte et/ou l'icône affichés sur le bouton.

Nous gérons ici un bouton de volume qui peut être sur deux positions : *ON* ou *OFF*. Si le volume est sur *ON*, une icône *Check* est affichée à droite du bouton. L'icône est cachée si le volume est sur *OFF*.

Gestion du volume ON ou OFF

```html
<!DOCTYPE html>
<html>
<head>
  <meta name=viewport content="user-scalable=no,width=device-width" />
  <link rel=stylesheet href=jquery.mobile/jquery.mobile.css />
  <script src=jquery.js></script>
  <script src=jquery.mobile/jquery.mobile.js></script>
</head>

<body>

<div data-role=page id=home>
  <div data-role=header>
    <h1>Home</h1>
  </div>

  <div data-role=content>
    <p> Contenu de la Fenêtre 1 </p>
    <a id=btn data-role=button href=# data-icon=check
        data-iconpos=right selected=true> Volume ON </a>
  </div>
</div>

</body>
</html>

<script>

$("#btn").attr ("select", "true");

$("#btn").bind ("click", function (event)
{
  var selected = $(this).attr ("select");
  if (selected == "true")
  {
    $(this).attr ("select", "false");
    $(this).find (".ui-icon").hide ();
    $(this).find (".ui-btn-text").text ("Volume OFF");
  }
  else
  {
    $(this).attr ("select", "true");
    $(this).find (".ui-icon").show ();
    $(this).find (".ui-btn-text").text ("Volume ON");
  }
});

</script>
```

Nous mémorisons l'état du bouton grâce à l'attribut `select` que nous créons pour cela (initialisé par défaut à `"true"`). Si `select="true"`, le volume est sur *ON*, tandis que si `select="false"`, le volume est sur *OFF*. L'icône est récupérée grâce à sa classe CSS `ui-icon`, tandis que le texte du bouton est accessible via la classe `ui-btn-text`.

Au commencement de l'application, le volume est sur *ON* (figure 12-7). Si on clique sur le bouton, le volume passe sur *OFF* (figure 12-8).

Figure 12–7
Bouton avec une icône (état non enfoncé)

Figure 12–8
Bouton avec une icône (état enfoncé)

Afficher dynamiquement un bouton de suppression sur un élément de liste

Nous souhaitons ici traiter l'exemple classique où, pour supprimer un élément de liste, on le fait glisser vers la droite, puis on clique sur le bouton *Supprimer* apparu sur celui-ci. Ce cas est similaire à celui de la gestion des e-mails dans l'iPhone.

Bouton de suppression dynamique

```
<!DOCTYPE html>
<html>
<head>
  <meta name=viewport content="user-scalable=no,width=device-width" />
  <link rel=stylesheet href=jquery.mobile/jquery.mobile.css />
```

```
  <script src=jquery.js></script>
  <script src=jquery.mobile/jquery.mobile.js></script>

  <style type=text/css>
    .remove {
      position : absolute;
      right : 10px;
      top : 5px;
      font-size : 13px;
    }
  </style>
</head>

<body>

<div data-role=page id=home>
  <div data-role=header>
    <h1>Home</h1>
  </div>

  <div data-role=content>
    <p> Contenu de la Fenêtre 1 </p>
    <ul data-role=listview data-inset=true>
      <li> Elément 1 </li>
      <li> Elément 2 </li>
      <li> Elément 3 </li>
      <li> Elément 4 </li>
      <li> Elément 5 </li>
    </ul>
  </div>
</div>

</body>
</html>

<script>

$("li").bind ("swiperight", function (event)
{
  if ($(this).find (".remove").length) return;
  $(this).append ("<input type=button value=Supprimer class=remove />");
  $("input.remove").unbind ().bind ("click", function (event)
  {
    $(this).closest ("li").remove ();
    $("ul").find ("li:first").addClass ("ui-corner-top");
    $("ul").find ("li:last").addClass ("ui-corner-bottom");
  });
});

</script>
```

Le bouton *Supprimer* n'est ajouté que s'il n'est pas déjà présent dans l'élément de liste. Le clic sur le bouton supprime l'élément de liste auquel il appartient.

Par exemple, après avoir supprimé un élément et affiché plusieurs boutons *Supprimer*, on obtient un affichage tel que sur la figure 12-9.

Figure 12–9
Affichage dynamique
de boutons dans une liste

Vous remarquerez que le bouton de suppression, une fois affiché, reste visible dans l'élément de liste. Il serait intéressant de le supprimer lors d'un clic en dehors du bouton (mais sur l'élément de liste). Cela correspond à l'exemple suivant.

Cacher le bouton de suppression par un clic à l'extérieur du bouton

Nous désirons maintenant pouvoir enlever le bouton *Supprimer* lors d'un clic en dehors de celui-ci. Il faut pour cela gérer le clic sur l'élément <li>. Ajoutons ce traitement dans le code JavaScript :

Supprimer le bouton de suppression lors d'un clic en dehors du bouton

```
$("li").bind ("vclick", function (event)
{
    $(this).find ("input.remove").remove ();
});
```

Toutefois, l'ajout de ce code pose certains problèmes. En effet, le traitement du clic sur l'élément `<li>` va être effectué prioritairement à celui du clic sur le bouton de suppression, ce qui entraînera la suppression du bouton lors d'un clic sur celui-ci (au lieu de la suppression de l'élément de liste dans lequel est le bouton).

La solution consiste à ajouter un délai d'attente lors de la prise en compte du clic sur l'élément de liste. Ce délai permettra au traitement du clic sur le bouton de s'effectuer. Le programme devient alors :

Prise en compte d'un délai d'attente lors de la suppression du bouton

```
<!DOCTYPE html>
<html>
<head>
  <meta name=viewport content="user-scalable=no,width=device-width" />
  <link rel=stylesheet href=jquery.mobile/jquery.mobile.css />
  <script src=jquery.js></script>
  <script src=jquery.mobile/jquery.mobile.js></script>

  <style type=text/css>
    .remove {
      position : absolute;
      right : 10px;
      top : 5px;
      font-size : 13px;
    }
  </style>
</head>

<body>

<div data-role=page id=home>
  <div data-role=header>
    <h1>Home</h1>
  </div>

  <div data-role=content>
    <p> Contenu de la Fenêtre 1 </p>
    <ul data-role=listview data-inset=true>
      <li> Elément 1 </li>
      <li> Elément 2 </li>
      <li> Elément 3 </li>
      <li> Elément 4 </li>
      <li> Elément 5 </li>
    </ul>
  </div>
</div>
```

```
</body>
</html>

<script>

$("li").bind ("swiperight", function (event)
{
  if ($(this).find (".remove").length) return;
  $(this).append ("<input type=button value=Supprimer class=remove />");
  $("input.remove").unbind ().bind ("click", function (event)
  {
    $(this).closest ("li").remove ();
    $("ul").find ("li:first").addClass ("ui-corner-top");
    $("ul").find ("li:last").addClass ("ui-corner-bottom");
  });
});

$("li").bind ("vclick", function (event)
{
  var $this = $(this);
  setTimeout (function ()
  {
    $this.find ("input.remove").remove ();
  }, 500);
});

</script>
```

REMARQUE **Délai**

Nous utilisons un délai de 500 millisecondes afin de laisser le temps au traitement du clic sur le bouton de s'effectuer. Si dans cet intervalle de temps, l'élément de liste n'a pas été supprimé, le bouton peut alors être supprimé.

Manipuler les données sous forme de tables

La manipulation des données sous forme de tables s'effectue essentiellement par l'utilisation des méthodes de jQuery. La méthode `controlgroup ()` a été ajoutée par jQuery Mobile afin de donner un aspect visuel groupé aux divers éléments composant le tableau.

Créer dynamiquement un tableau

Nous souhaitons créer un tableau dynamiquement dans la fenêtre, contenant deux lignes et trois colonnes. Pour cela, nous créons un élément `<div>` de classe `ui-grid-b` contenant des éléments `<div>` de classe `ui-block-a`, `ui-block-b` et `ui-block-c`.

Création dynamique de tableau (2 lignes et 3 colonnes)

```
<!DOCTYPE html>
<html>
<head>
  <meta name=viewport content="user-scalable=no,width=device-width" />
  <link rel=stylesheet href=jquery.mobile/jquery.mobile.css />
  <script src=jquery.js></script>
  <script src=jquery.mobile/jquery.mobile.js></script>
</head>
```

```
<body>

<div data-role=page id=home>
  <div data-role=header>
    <h1>Home</h1>
  </div>

  <div data-role=content>
    <p> Contenu de la Fenêtre 1 </p>
  </div>
</div>

</body>
</html>

<script>

var html = "";
html += "<div class=ui-grid-b>";
html +=   "<div class=ui-block-a>Elément 1.1</div>";
html +=   "<div class=ui-block-b>Elément 1.2</div>";
html +=   "<div class=ui-block-c>Elément 1.3</div>";
html +=   "<div class=ui-block-a>Elément 2.1</div>";
html +=   "<div class=ui-block-b>Elément 2.2</div>";
html +=   "<div class=ui-block-c>Elément 2.3</div>";
html += "</div>";
$("#home div:jqmData(role=content)").append (html);

</script>
```

Transformer un élément HTML en un tableau jQuery Mobile

Tableau simple

Un tableau jQuery Mobile s'écrit au moyen de simples éléments `<div>` auxquels on associe des classes CSS spécialisées telles `ui-grid-a`, ..., `ui-grid-d` et `ui-block-a`, ..., `ui-block-e`. Ces classes CSS suffisent pour styler le tableau selon les conventions jQuery Mobile. On peut le vérifier en regardant dans Firebug le code HTML généré par le tableau créé précédement (figure 13-1).

On voit sur cette figure que le code HTML n'a pas été modifié par jQuery Mobile. En fait, l'utilisation des classes CSS suffit pour donner un nouvel aspect aux éléments du tableau.

Figure 13–1
Code HTML d'un tableau

```
<!DOCTYPE html>
<html class="ui-mobile">
  <head>
  <body class="ui-mobile-viewport">
    <div id="home" class="ui-page ui-body-c ui-page-
      active" data-role="page" data-url="home" tabindex="0" style="min-
      height: 333px;">
      <div class="ui-header ui-bar-a" data-role="header" role="banner">
      <div class="ui-content" data-role="content" role="main">
        <p> Contenu de la Fenêtre 1 </p>
        <div class="ui-grid-b">
          <div class="ui-block-a">Elément 1.1</div>
          <div class="ui-block-b">Elément 1.2</div>
          <div class="ui-block-c">Elément 1.3</div>
          <div class="ui-block-a">Elément 2.1</div>
          <div class="ui-block-b">Elément 2.2</div>
          <div class="ui-block-c">Elément 2.3</div>
        </div>
      </div>
    </div>
    <script>
    <div class="ui-loader ui-body-a ui-corner-all" style="top: 194px;">
  </body>
</html>
```

Tableau contenant des boutons

Compliquons les choses : on sait que les éléments d'un tableau peuvent contenir des boutons et que ces derniers peuvent être juxtaposés au moyen des attributs data-role="controlgroup" et data-type="horizontal".

Deux boutons juxtaposés dans les deux cases d'un tableau

```
<!DOCTYPE html>
<html>
<head>
  <meta name=viewport content="user-scalable=no,width=device-width" />
  <link rel=stylesheet href=jquery.mobile/jquery.mobile.css />
  <script src=jquery.js></script>
  <script src=jquery.mobile/jquery.mobile.js></script>
</head>

<body>

<div data-role=page id=home>
  <div data-role=header>
    <h1>Home</h1>
  </div>

  <div data-role=content>
    <p> Contenu de la Fenêtre 1 </p>
  </div>
</div>
```

```
</body>
</html>

<script>

var html = "";
html += "<div class=ui-grid-a data-role=controlgroup data-type=horizontal >";
html += "<div class=ui-block-a style=text-align:right>";
html += "<a href=# data-role=button style=width:140px> Valider </a>";
html += "</div>";
html += "<div class=ui-block-b>";
html += "<a href=# data-role=button style=width:140px> Supprimer </a>";
html += "</div>";
html += "</div>";
$("#home div:jqmData(role=content)").append (html);

</script>
```

Le code HTML généré par jQuery Mobile est visualisable dans Firebug (figure 13-2).

Figure 13–2
Code HTML d'un tableau
contenant des boutons

L'élément `<div>` englobant (celui qui possède l'attribut `data-role="controlgroup"`) possède maintenant les deux classes CSS `ui-controlgroup` et `ui-controlgroup-horizontal`, ajoutées par jQuery Mobile. Ensuite, nous retrouvons bien les deux éléments `<div>` de classe `ui-block-a` et `ui-block-b`, dans lesquels ont été insérés les boutons. Ces derniers ont subi une transformation, due à la présence de l'attribut `data-role="button"` sur le lien `<a>` correspondant au bouton.

En conclusion, le code HTML généré par jQuery Mobile pour afficher des tableaux est très peu modifié. Seuls les éventuels éléments inclus dans le tableau (les boutons, par exemple) sont modifiés, mais pas la structure du tableau lui-même.

Continuons l'exemple précédent en supposant que nous n'indiquions pas dans le code HTML les attributs `data-role="controlgroup"` et `data-role="button"`. Pour obtenir le même résultat, notre script devrait alors s'écrire :

Deux boutons juxtaposés dans les deux cases d'un tableau

```
<!DOCTYPE html>
<html>
<head>
  <meta name=viewport content="user-scalable=no,width=device-width" />
  <link rel=stylesheet href=jquery.mobile/jquery.mobile.css />
  <script src=jquery.js></script>
  <script src=jquery.mobile/jquery.mobile.js></script>
</head>

<body>

<div data-role=page id=home>
  <div data-role=header>
    <h1>Home</h1>
  </div>

  <div data-role=content>
    <p> Contenu de la Fenêtre 1 </p>
  </div>
</div>

</body>
</html>

<script>

var html = "";
html += "<div class=ui-grid-a data-type=horizontal >";
html +=    "<div class=ui-block-a style=text-align:right>";
html +=      "<a href=# style=width:140px> Valider </a>";
html +=    "</div>";
html +=    "<div class=ui-block-b>";
html +=      "<a href=# style=width:140px> Supprimer </a>";
html +=    "</div>";
```

```
html += "</div>";
$("#home div:jqmData(role=content)").append (html);

$("a").button ();
$(".ui-grid-a").controlgroup ();

</script>
```

> À SAVOIR **Les méthodes button () et controlgroup ()**
>
> Nous utilisons les méthodes button () et controlgroup () pour que les éléments correspondants soient transformés en boutons et regroupés côte à côte. La méthode button () s'utilise sur les éléments à transformer en boutons (ici, les liens <a>), tandis que la méthode controlgroup () s'utilise sur l'élément <div> contenant les éléments à regrouper (ici, le <div> de classe CSS ui-block-a).

Toutefois, si vous regardez l'affichage produit par jQuery Mobile, vous verrez certaines imperfections (figure 13-3). On constate que les deux boutons n'ont pas la même largeur. Pourtant, elle est indiquée dans le code HTML sur l'élément lui-même (140px). La raison est que l'appel à la méthode button () dans le script désactive le style CSS affecté à l'élément. La solution consiste à indiquer le style directement dans la classe CSS utilisée par jQuery Mobile pour définir le bouton, à savoir la classe ui-btn.

Figure 13–3
Boutons dans un tableau

Définissons cette classe CSS dans notre page HTML, dans la partie <head> de la page.

Définition de la classe ui-btn pour styler les boutons dans la page

```
<style type=text/css>
  .ui-btn {
    color : red;
    width : 140px;
  }
</style>
```

Désormais, les boutons ont la même largeur et une couleur de texte rouge (figure 13-4).

Figure 13–4
Boutons personnalisés
dans un tableau

Insérer des tableaux via Ajax

Tableau simple

Supposons que l'on veuille insérer au moyen d'Ajax un tableau contenant seulement des données classiques, comme du texte. Le programme est très simple.

Insérer un tableau contenant des éléments texte via Ajax

```html
<!DOCTYPE html>
<html>
<head>
  <meta name=viewport content="user-scalable=no,width=device-width" />
  <link rel=stylesheet href=jquery.mobile/jquery.mobile.css />
  <script src=jquery.js></script>
  <script src=jquery.mobile/jquery.mobile.js></script>
</head>

<body>

<div data-role=page id=home>
  <div data-role=header>
    <h1>Home</h1>
  </div>

  <div data-role=content>
    <p> Contenu de la Fenêtre 1 </p>
  </div>
</div>

</body>
</html>

<script>

$.ajax (
{
  url : "action.php",
  complete : function (xhr, result)
  {
    if (result != "success") return;
    var response = xhr.responseText;
    $("#home div:jqmData(role=content)").append (response);
  }
});

</script>
```

Le fichier `action.php` appelé sur le serveur par Ajax est le suivant.

Fichier action.php

```php
<?
$html = "";
$html .= "<div class=ui-grid-b>";
$html .=   "<div class=ui-block-a>Elément 1.1</div>";
$html .=   "<div class=ui-block-b>Elément 1.2</div>";
```

```
$html .=    "<div class=ui-block-c>Elément 1.3</div>";
$html .=    "<div class=ui-block-a>Elément 2.1</div>";
$html .=    "<div class=ui-block-b>Elément 2.2</div>";
$html .=    "<div class=ui-block-c>Elément 2.3</div>";
$html .= "</div>";

echo utf8_encode ($html);
?>
```

Au lancement du programme, le contenu du tableau s'affiche dans la fenêtre après un léger temps d'attente, dû à l'appel Ajax sur le serveur (figure 13-5).

Figure 13–5
Tableau récupéré via Ajax

Tableau contenant des boutons

Reprenons le même exemple et considérons que le serveur retourne un tableau composé de boutons. Par exemple, une ligne avec un bouton *Valider* juxtaposé au bouton *Supprimer*.

Insérer un tableau contenant des boutons via Ajax

```
<!DOCTYPE html>
<html>
<head>
  <meta name=viewport content="user-scalable=no,width=device-width" />
```

```
  <link rel=stylesheet href=jquery.mobile/jquery.mobile.css />
  <script src=jquery.js></script>
  <script src=jquery.mobile/jquery.mobile.js></script>
  <style type=text/css>
    .ui-btn {
      width : 140px;
    }
  </style>
</head>

<body>

<div data-role=page id=home>
  <div data-role=header>
    <h1>Home</h1>
  </div>

  <div data-role=content>
    <p> Contenu de la Fenêtre 1 </p>
  </div>
</div>

</body>
</html>

<script>

$.ajax (
{
  url : "action.php",
  complete : function (xhr, result)
  {
    if (result != "success") return;
    var response = xhr.responseText;
    $("#home div:jqmData(role=content)").append (response);

    $("a").button ();
    $(".ui-grid-a").controlgroup ();
  }
});

</script>
```

Remarque

Les liens `<a>` renvoyés par le serveur sont transformés en boutons grâce à la méthode `button ()`, tandis que les boutons sont entourés d'une bordure grâce à la méthode `controlgroup ()`. Notons la défini-tion de style pour la classe `ui-btn` permettant d'avoir les boutons à la même largeur.

Fichier action.php

```
<?
$html = "";
$html .= "<div class=ui-grid-a data-type=horizontal>";
$html .=    "<div class=ui-block-a style=text-align:right>";
$html .=       "<a href=#> Valider </a>";
$html .=    "</div>";
$html .=    "<div class=ui-block-b>";
$html .=       "<a href=#> Supprimer </a>";
$html .=    "</div>";
$html .= "</div>";

echo utf8_encode ($html);
?>
```

Figure 13–6
Boutons dans un tableau

Insérer dynamiquement une nouvelle colonne

Le tableau initial comporte deux lignes et trois colonnes. Nous souhaitons insérer une quatrième colonne sur la première ligne, à la fin de celle-ci.

Insertion dynamique de colonne dans un tableau

```
<!DOCTYPE html>
<html>
<head>
  <meta name=viewport content="user-scalable=no,width=device-width" />
  <link rel=stylesheet href=jquery.mobile/jquery.mobile.css />
  <script src=jquery.js></script>
  <script src=jquery.mobile/jquery.mobile.js></script>
</head>

<body>

<div data-role=page id=home>
  <div data-role=header>
    <h1>Home</h1>
  </div>

  <div data-role=content>
    <p> Contenu de la Fenêtre 1 </p>
    <div id=table class=ui-grid-b>
      <div class=ui-block-a>Elément 1.1</div>
      <div class=ui-block-b>Elément 1.2</div>
      <div class=ui-block-c id=insert>Elément 1.3</div>
      <div class=ui-block-a>Elément 2.1</div>
      <div class=ui-block-b>Elément 2.2</div>
      <div class=ui-block-c>Elément 2.3</div>
    </div>
  </div>
</div>

</body>
</html>

<script>

$("#table").removeClass ("ui-grid-b").addClass ("ui-grid-c");
var html = "<div class=ui-block-d> Element 1.4 </div>";
$("#insert").after (html);

</script>
```

Nous commençons par indiquer que le tableau contient une colonne de plus en modifiant sa classe CSS qui passe de ui-grid-b à ui-grid-c. Puis l'élément est inséré à la suite de l'emplacement repéré par l'identifiant insert au moyen de la méthode after ().

Le tableau initial (deux lignes et trois colonnes) est représenté sur la figure 13-7. Après exécution du script, une colonne s'est insérée à la fin de la première ligne (figure 13-8).

Figure 13–7
Création dynamique de colonne (avant la création)

Figure 13–8
Création dynamique de colonne (après la création)

Insérer dynamiquement une nouvelle ligne

On sait que jQuery Mobile utilise un élément <div> de classe ui-block-a pour indiquer le début d'une nouvelle ligne. Il suffit d'insérer un élément possédant cette classe pour démarrer une nouvelle ligne.

Insertion dynamique d'une nouvelle ligne dans un tableau

```
<!DOCTYPE html>
<html>
<head>
  <meta name=viewport content="user-scalable=no,width=device-width" />
  <link rel=stylesheet href=jquery.mobile/jquery.mobile.css />
  <script src=jquery.js></script>
  <script src=jquery.mobile/jquery.mobile.js></script>
</head>

<body>

<div data-role=page id=home>
```

```
<div data-role=header>
  <h1>Home</h1>
</div>

<div data-role=content>
  <p> Contenu de la Fenêtre 1 </p>
  <div id=table class=ui-grid-b>
    <div class=ui-block-a>Elément 1.1</div>
    <div class=ui-block-b>Elément 1.2</div>
    <div class=ui-block-c id=insert>Elément 1.3</div>
    <div class=ui-block-a>Elément 2.1</div>
    <div class=ui-block-b>Elément 2.2</div>
    <div class=ui-block-c>Elément 2.3</div>
  </div>
</div>
</div>

</body>
</html>

<script>

var html = "<div class=ui-block-a> Element 1bis.1 </div>";
html += "<div class=ui-block-b> Element 1bis.2 </div>";
$("#insert").after (html);

</script>
```

Figure 13–9
Création dynamique
de ligne dans le tableau

Gérer les événements sur les tableaux

Le principal événement géré sur les cases du tableau est l'événement `click`, utilisé aussi dans jQuery Mobile sous la forme de l'événement virtuel `vclick`. Les événements `taphold` et `swipe` peuvent également être employés selon les besoins.

Par exemple, voici comment effectuer un traitement lors d'un clic prolongé (`taphold`) sur une case du tableau. Nous supprimons ici le contenu de la case lors de ce clic prolongé.

Suppression d'éléments du tableau par un clic prolongé

```
<!DOCTYPE html>
<html>
<head>
  <meta name=viewport content="user-scalable=no,width=device-width" />
  <link rel=stylesheet href=jquery.mobile/jquery.mobile.css />
  <script src=jquery.js></script>
  <script src=jquery.mobile/jquery.mobile.js></script>
</head>

<body>

<div data-role=page id=home>
  <div data-role=header>
    <h1>Home</h1>
  </div>

  <div data-role=content>
    <p> Contenu de la Fenêtre 1 </p>
    <div class=ui-grid-b>
      <div class=ui-block-a>Elément 1.1</div>
      <div class=ui-block-b>Elément 1.2</div>
      <div class=ui-block-c>Elément 1.3</div>
      <div class=ui-block-a>Elément 2.1</div>
      <div class=ui-block-b>Elément 2.2</div>
      <div class=ui-block-c>Elément 2.3</div>
      <div class=ui-block-a>Elément 3.1</div>
      <div class=ui-block-b>Elément 3.2</div>
      <div class=ui-block-c>Elément 3.3</div>
    </div>
  </div>
</div>

</body>
</html>

<script>
```

```
$(".ui-block-a, .ui-block-b, .ui-block-c").bind ("taphold", function (event)
{
  $(this).html (" ");
});

</script>
```

Sur chacune des cases du tableau possédant les classes CSS ui-block-a, ui-block-b ou ui-block-c, nous implémentons l'événement taphold. Lors de la détection du clic prolongé, le contenu du <div> est remplacé par l'entité " " et non pas supprimé, car sa suppression comprimerait l'espace laissé vide au lieu de le laisser vacant.

Figure 13–10
Suppression dynamique
d'éléments dans le tableau

RAPPEL **Personnaliser les tableaux**

La personnalisation des tableaux s'effectue en affectant des styles aux éléments <div> présents dans celui-ci. On se reportera à ce que nous avions expliqué dans le chapitre 5 à ce sujet.

Exemple de manipulation des tableaux

Un menu principal sous forme d'images dans un tableau

On souhaite afficher la page d'accueil de notre site sous forme d'un tableau d'images. Un clic sur chacune de ces images affiche une nouvelle fenêtre correspondant à l'image choisie.

Menu principal sous forme d'images

```
<!DOCTYPE html>
<html>
<head>
  <meta name=viewport content="user-scalable=no,width=device-width" />
  <link rel=stylesheet href=jquery.mobile/jquery.mobile.css />
  <script src=jquery.js></script>
  <script src=jquery.mobile/jquery.mobile.js></script>
  <style type=text/css>
    .ui-grid-b img {
      width : 80px;
      margin : 5px;
    }
  </style>
</head>

<body>

<div data-role=page id=home>
  <div data-role=header>
    <h1>Home</h1>
  </div>

  <div data-role=content>
    <h3> Un menu principal sous forme d'images </h3>
    <div class=ui-grid-b>
      <div class=ui-block-a>
        <a href=#jquery><img src=images/jquery.jpg /></a>
      </div>
      <div class=ui-block-b>
        <a href=#html><img src=images/html.jpg /></a>
      </div>
      <div class=ui-block-c>
        <a href=#j2ee><img src=images/j2ee.jpg /></a>
      </div>
      <div class=ui-block-a>
        <a href=#rails><img src=images/rails.jpg /></a>
      </div>
      <div class=ui-block-b>
```

```
          <a href=#web_mobile><img src=images/web_mobile.jpg /></a>
       </div>
       <div class=ui-block-c>
          <a href=#phonegap><img src=images/phonegap.jpg /></a>
       </div>
     </div>
   </div>
</div>

<div data-role=page id=jquery data-add-back-btn=true>
  <div data-role=header>
    <h1>jQuery</h1>
  </div>

  <div data-role=content>
    <h3> Fenêtre jQuery </h3>
  </div>
</div>

<div data-role=page id=html data-add-back-btn=true>
  <div data-role=header>
    <h1>HTML et CSS</h1>
  </div>

  <div data-role=content>
    <h3> Fenêtre HTML </h3>
  </div>
</div>

<div data-role=page id=j2ee data-add-back-btn=true>
  <div data-role=header>
    <h1>J2EE</h1>
  </div>

  <div data-role=content>
    <h3> Fenêtre J2EE </h3>
  </div>
</div>

<div data-role=page id=rails data-add-back-btn=true>
  <div data-role=header>
    <h1>Ruby on Rails</h1>
  </div>

  <div data-role=content>
    <h3> Fenêtre Ruby on Rails </h3>
  </div>
</div>

<div data-role=page id=web_mobile data-add-back-btn=true>
```

```
   <div data-role=header>
     <h1>Web mobile</h1>
   </div>

   <div data-role=content>
     <h3> Fenêtre web mobile </h3>
   </div>
</div>

<div data-role=page id=phonegap data-add-back-btn=true>
   <div data-role=header>
     <h1>PhoneGap</h1>
   </div>

   <div data-role=content>
     <h3> Fenêtre PhoneGap </h3>
   </div>
</div>

</body>
</html>
```

Les images insérées dans le tableau sont stylées de façon à être proportionnées correctement en largeur dans celui-ci. Chacune des images est également insérée dans un lien <a> afin d'afficher une nouvelle fenêtre lorsque l'image sera sélectionnée.

Le menu apparaît comme sur la figure 13-11 (page suivante). Si nous cliquons sur une des images, par exemple « J2EE », la fenêtre correspondante s'ouvre (figure 13-12).

Figure 13–11 Un menu principal
sous forme d'images dans un tableau

Figure 13–12 Fenêtre affichée
suite au clic dans le menu principal

14

Manipuler les champs de saisie

Les champs de saisie peuvent être de deux types : une seule ligne ou multiligne. Dans le premier cas, ils correspondent à des éléments `<input>` possédant l'attribut `type="text"`, tandis que dans le second, ce sont des éléments `<textarea>`. jQuery Mobile a aussi introduit les champs dits de recherche, permettant de saisir une valeur à rechercher. Ces trois types de champs de saisie sont gérés par les méthodes standards de jQuery, auxquelles jQuery Mobile a ajouté la méthode `textinput ()`. Les champs de saisie sont associés au composant standard `textinput`.

Créer dynamiquement un champ de saisie

Champ de saisie d'une seule ligne

Pour créer un champ de saisie d'une seule ligne dynamiquement avec JavaScript, il suffit de créer un élément `<input>` possédant l'attribut `type="text"`.

Créer un champ de saisie dynamiquement

```
<!DOCTYPE html>
<html>
<head>
  <meta name=viewport content="user-scalable=no,width=device-width" />
```

```
  <link rel=stylesheet href=jquery.mobile/jquery.mobile.css />
  <script src=jquery.js></script>
  <script src=jquery.mobile/jquery.mobile.js></script>
</head>

<body>

<div data-role=page id=home>
  <div data-role=header>
    <h1>Home</h1>
  </div>

  <div data-role=content>
    <p> Contenu de la Fenêtre 1 </p>
  </div>
</div>

</body>
</html>

<script>

var html = "";
html += "Nom : <input type=text value='Sarrion' />";
$("#home div:jqmData(role=content)").append (html);

</script>
```

Figure 14–1
Champ de saisie
créé dynamiquement

Champ de saisie multiligne

Créons maintenant un élément `<textarea>` qui contiendra le champ de saisie multiligne.

Figure 14–2
Champ de saisie multiligne
créé dynamiquement

Créer un champ de saisie multiligne dynamiquement

```
<!DOCTYPE html>
<html>
<head>
  <meta name=viewport content="user-scalable=no,width=device-width" />
  <link rel=stylesheet href=jquery.mobile/jquery.mobile.css />
  <script src=jquery.js></script>
  <script src=jquery.mobile/jquery.mobile.js></script>
</head>

<body>

<div data-role=page id=home>
  <div data-role=header>
    <h1>Home</h1>
  </div>

  <div data-role=content>
    <p> Contenu de la Fenêtre 1 </p>
```

```
    </div>
  </div>

  </body>
</html>

<script>

var html = "";
html += "Description : <textarea> Joli studio bien ensoleillé. Prix
raisonnable.</textarea>";
$("#home div:jqmData(role=content)").append (html);

</script>
```

Champ de recherche

La création d'un champ de recherche s'effectue en utilisant un élément `<input>`
ayant l'attribut `type="search"`.

Création dynamique d'un champ de recherche

```
<!DOCTYPE html>
<html>
<head>
  <meta name=viewport content="user-scalable=no,width=device-width" />
  <link rel=stylesheet href=jquery.mobile/jquery.mobile.css />
  <script src=jquery.js></script>
  <script src=jquery.mobile/jquery.mobile.js></script>
</head>

<body>

<div data-role=page id=home>
  <div data-role=header>
    <h1>Home</h1>
  </div>

  <div data-role=content>
    <p> Contenu de la Fenêtre 1 </p>
  </div>
</div>

</body>
</html>
```

```
<script>

var html = "";
html += "Nom : <input type=search value='Sarrion' />";
$("#home div:jqmData(role=content)").append (html);

</script>
```

Figure 14–3
Champ de recherche créé
dynamiquement

Transformer un élément HTML en champ de saisie jQuery Mobile

Champ de saisie d'une seule ligne

Lors de la création d'un champ de saisie sur une seule ligne, jQuery Mobile ajoute à l'élément `<input>` correspondant certaines classes CSS qui permettent de lui affecter une largeur et une hauteur, ainsi qu'une bordure ombrée. Pour le vérifier, on peut utiliser le précédent programme et regarder dans Firebug le code HTML généré par jQuery Mobile (figure 14-4).

Figure 14–4
Code HTML d'un champ
de saisie

```
<!DOCTYPE html>
<html class="ui-mobile">
  <head>
  <body class="ui-mobile-viewport">
    <div id="home" class="ui-page ui-body-c ui-page-
      active" data-role="page" data-url="home" tabindex="0" style="min-
      height: 320px;">
      <div class="ui-header ui-bar-a" data-role="header" role="banner">
      <div class="ui-content" data-role="content" role="main">
        <p> Contenu de la Fenêtre 1 </p>
        Nom :
        <input class="ui-input-text ui-body-c ui-corner-all ui-shadow-
          inset" type="text" value="Sarrion">
      </div>
    </div>
    <script>
    <div class="ui-loader ui-body-a ui-corner-all" style="top: 158.5px;">
  </body>
</html>
```

On voit que l'élément `<input>` possède maintenant la nouvelle classe CSS `ui-input-text`, ainsi que d'autres classes gérant les bords arrondis de la bordure.

Champ de saisie multiligne

Examinons le code HTML généré par jQuery Mobile pour le programme précédent affichant le champ de saisie multiligne (figure 14-5).

Figure 14–5
Code HTML d'un champ
de saisie multiligne

```
<!DOCTYPE html>
<html class="ui-mobile">
  <head>
  <body class="ui-mobile-viewport">
    <div id="home" class="ui-page ui-body-c ui-page-
      active" data-role="page" data-url="home" tabindex="0" style="min-
      height: 320px;">
      <div class="ui-header ui-bar-a" data-role="header" role="banner">
      <div class="ui-content" data-role="content" role="main">
        <p> Contenu de la Fenêtre 1 </p>
        Description :
        <textarea class="ui-input-text ui-body-c ui-corner-all
          ui-shadow-inset"> Joli studio bien ensoleillé. Prix
          raisonnable. </textarea>
      </div>
    </div>
    <script>
    <div class="ui-loader ui-body-a ui-corner-all" style="top: 188.5px;">
  </body>
</html>
```

On retrouve la classe `ui-input-text`, mais appliquée cette fois-ci à l'élément `<textarea>`.

Champ de recherche

Faisons de même pour le programme précédent affichant le champ de recherche (figure 14-6).

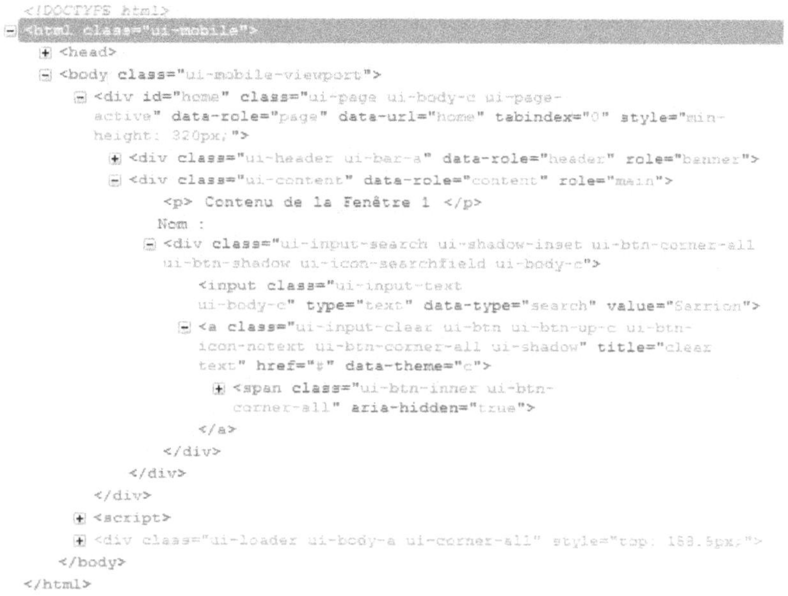

Figure 14–6
Code HTML d'un champ
de recherche

```
<!DOCTYPE html>
<html class="ui-mobile">
  <head>
  <body class="ui-mobile-viewport">
    <div id="home" class="ui-page ui-body-c ui-page-
      active" data-role="page" data-url="home" tabindex="0" style="min-
      height: 320px;">
      <div class="ui-header ui-bar-a" data-role="header" role="banner">
      <div class="ui-content" data-role="content" role="main">
          <p> Contenu de la Fenêtre 1 </p>
          Nom :
          <div class="ui-input-search ui-shadow-inset ui-btn-corner-all
            ui-btn-shadow ui-icon-searchfield ui-body-c">
              <input class="ui-input-text
              ui-body-c" type="text" data-type="search" value="Sarrion">
              <a class="ui-input-clear ui-btn ui-btn-up-c ui-btn-
                icon-notext ui-btn-corner-all ui-shadow" title="clear
                text" href="#" data-theme="c">
                  <span class="ui-btn-inner ui-btn-
                    corner-all" aria-hidden="true">
                  </a>
              </div>
          </div>
      </div>
      <script>
      <div class="ui-loader ui-body-a ui-corner-all" style="top: 188.5px;">
    </body>
  </html>
```

On voit que la transformation du code HTML effectuée par jQuery Mobile est plus complexe. Un élément `<div>` de classe `ui-input-search` englobant l'élément `<input>` a été créé, contenant également un élément `<a>` correspondant au bouton associé à l'icône d'effacement du texte, située à droite du champ.

On notera également que l'élément `<input>` possède maintenant l'attribut `type="true"` (au lieu de `type="search"`) et que le nouvel attribut `data-type` a été créé avec une valeur `"search"`.

Insérer des champs de saisie par un appel Ajax

Nous désirons maintenant récupérer du serveur le code HTML correspondant à un champ de saisie sur une ligne, un champ de recherche et un champ de saisie multi-ligne, puis insérer le résultat dans le contenu de la fenêtre.

Insérer des champs de saisie via Ajax

```html
<!DOCTYPE html>
<html>
<head>
  <meta name=viewport content="user-scalable=no,width=device-width" />
  <link rel=stylesheet href=jquery.mobile/jquery.mobile.css />
  <script src=jquery.js></script>
  <script src=jquery.mobile/jquery.mobile.js></script>
</head>

<body>

<div data-role=page id=home>
  <div data-role=header>
    <h1>Home</h1>
  </div>

  <div data-role=content>
    <p> Contenu de la Fenêtre 1 </p>
  </div>
</div>

</body>
</html>

<script>

$.ajax (
{
  url : "action.php",
  complete : function (xhr, result)
  {
    if (result != "success") return;
    var response = xhr.responseText;
    $("#home div:jqmData(role=content)").append (response);
    $(":text").textinput ();
    $("textarea").textinput ();
    $("[type=search]").textinput ();
  }
});

</script>
```

REMARQUE   **La méthode textinput ()**

Remarquons l'appel de la méthode `textinput ()` sur les éléments associés aux champs de saisie (`<input>` ou `<textarea>`). Elle est nécessaire pour transformer l'aspect des champs de saisie qui, sinon, seraient affichés sans leur aspect jQuery Mobile.

Fichier action.php

```php
<?
$html = "";
$html .= "Nom : <input type=text value=Sarrion /> <br />";
$html .= "Description : <textarea>Joli studio à rénover </textarea> <br
/>";
$html .= "Rechercher : <input type=search value=Nom />";

echo utf8_encode ($html);
?>
```

Figure 14–7
Champs insérés via Ajax

Affecter et récupérer la valeur inscrite dans un champ de saisie

La valeur inscrite dans le champ de saisie (sur une seule ligne ou multiligne) peut être affectée par la méthode `val (value)` et récupérée par la méthode `val ()`. Ces deux méthodes font partie des méthodes jQuery.

Supposons que nous ayons un code HTML contenant un champ de saisie de texte (le nom d'une personne), un élément `<textarea>` permettant de saisir une description, et enfin, un champ de recherche (pour le nom d'une personne). Ces trois champs sont initialisés avec des valeurs par défaut, mais nous désirons modifier cette valeur par programme JavaScript.

Voici le code HTML que l'on pourrait écrire. Nous verrons ensuite pourquoi certaines parties ne fonctionnent pas.

Initialiser des champs de saisie par JavaScript

```
<!DOCTYPE html>
<html>
<head>
  <meta name=viewport content="user-scalable=no,width=device-width" />
  <link rel=stylesheet href=jquery.mobile/jquery.mobile.css />
  <script src=jquery.js></script>
  <script src=jquery.mobile/jquery.mobile.js></script>
</head>

<body>

<div data-role=page id=home>
  <div data-role=header>
    <h1>Home</h1>
  </div>

  <div data-role=content>
    <p> Contenu de la Fenêtre 1 </p>
    Nom : <input type=text value="Votre nom" id=text /> <br />
    Description : <textarea> Description </textarea> <br />
    Rechercher : <input type=search value="Votre nom" id=search />
  </div>
</div>

</body>
</html>

<script>

alert ($("#text").val ("Eric").val ());
alert ($("textarea").val ("Joli studio à rénover").val ());
alert ($("#search").val ("Sarrion").val ());

</script>
```

Lors de l'exécution du programme, nous avons trois fenêtres d'alerte contenant respectivement les valeurs Eric, Joli studio à rénover, Sarrion. Ces valeurs viennent s'inscrire dans les champs de saisie de la fenêtre, sauf pour le dernier qui est le champ de recherche, qui reste non modifié (figure 14-8).

Figure 14–8
Champs initialisés

On voit que la valeur `Sarrion` n'a pas remplacé la valeur par défaut `Votre nom` inscrite dans le champ de recherche. Cela signifie que la façon de procéder pour les champs de recherche est différente des autres champs de saisie.

Champs de saisie simple et multiligne

On a vu précédemment que l'utilisation des méthodes `val ()` (pour récupérer la valeur d'un champ de saisie) et `val (value)` (pour affecter une nouvelle valeur dans un champ de saisie) fonctionnaient parfaitement.

Affecter puis lire la valeur d'un élément <input> de type="text"

```
alert ($(":text").val ("Eric").val ());
                            // affiche : Eric
```

Le sélecteur `":text"` correspond au sélecteur `"type=text"`.

Affecter puis lire la valeur d'un élément <textarea>

```
alert ($("textarea").val ("Joli studio à rénover").val ());
                            // affiche : Joli studio à rénover
```

Champs de recherche

Pour un champ de recherche, la technique est plus compliquée. En effet, le code HTML d'origine est modifié par jQuery Mobile, donc *il ne suffit pas d'écrire* :

Affecter puis lire la valeur d'un élément <input> de type="search" (ne fonctionne pas tel quel !!!)

```
alert ($("#search").val ("Sarrion").val ());
                    // affiche : Sarrion
```

Le message d'alerte fait apparaître le texte modifié (*Sarrion*), mais l'affichage dans la fenêtre ne contient pas cette valeur (le champ de saisie n'est pas modifié) ! La raison est simple : l'instruction val ("Sarrion") est exécutée avant que le champ de recherche ait été complètement créé. Il faut donc attendre la fin de sa création pour modifier son contenu.

Pour comprendre les actions à entreprendre, le plus simple est de regarder comment jQuery Mobile a modifié le code HTML de nos champs de saisie (figure 14-9).

Figure 14–9
Code HTML de champs
de saisie

```
<!DOCTYPE html>
<html class="ui-mobile">
  <head>
  <body class="ui-mobile-viewport">
    <div id="home" class="ui-page ui-body-c ui-page-
      active" data-role="page" data-url="home" tabindex="0" style="min-
      height: 320px;">
        <div class="ui-header ui-bar-a" data-role="header" role="banner">
        <div class="ui-content" data-role="content" role="main">
          <p> Contenu de la Fenêtre 1 </p>
          Nom :
          <input id="text" class="ui-input-text ui-body-c ui-corner-all
          ui-shadow-inset" type="text" value="Votre nom">
          <br>
          Description :
          <textarea class="ui-input-text ui-body-c ui-corner-all
          ui-shadow-inset"> Description </textarea>
          <br>
          Rechercher :
          <div class="ui-input-search ui-shadow-inset ui-btn-corner-all
            ui-btn-shadow ui-icon-searchfield ui-body-c">
              <input id="search" class="ui-input-text
              ui-body-c" type="text" data-type="search" value="Votre nom">
              <a class="ui-input-clear ui-btn ui-btn-up-c ui-btn-
              icon-notext ui-btn-corner-all ui-shadow" title="clear
              text" href="#" data-theme="c">
          </div>
        </div>
      </div>
      <script>
      <div class="ui-loader ui-body-a ui-corner-all" style="top: 113px;">
    </body>
  </html>
```

Nous voyons que le champ de saisie d'une seule ligne et le champ de saisie multiligne sont légèrement modifiés, par ajout de classes CSS qui permettent de les styler. La plus grosse modification intervient pour le champ de recherche qui est maintenant englobé dans un élément `<div>` de classe CSS `ui-input-search`. En fait, l'élément `<input>` initial est complètement recréé et inséré dans ce nouvel élément `<div>`.

Modifier le contenu du champ de recherche après sa création

```
<!DOCTYPE html>
<html>
<head>
  <meta name=viewport content="user-scalable=no,width=device-width" />
  <link rel=stylesheet href=jquery.mobile/jquery.mobile.css />
  <script src=jquery.js></script>
  <script src=jquery.mobile/jquery.mobile.js></script>
</head>

<body>

<div data-role=page id=home>
  <div data-role=header>
    <h1>Home</h1>
  </div>

  <div data-role=content>
    <p> Contenu de la Fenêtre 1 </p>
    Nom : <input type=text value="Votre nom" id=text /> <br />
    Description : <textarea> Description </textarea> <br />
    Rechercher : <input type=search value="Votre nom" id=search />
  </div>
</div>

</body>
</html>

<script>

alert ($("#text").val ("Eric").val ());
alert ($("textarea").val ("Joli studio à rénover").val ());

$("#search").live ("textinputcreate", function (event)
{
  alert ($("#search").val ("Sarrion").val ());
});

</script>
```

On peut vérifier que le champ de recherche est maintenant mis à jour avec la bonne valeur (figure 14-10).

À SAVOIR   **La méthode live ()**

L'élément `<input>` associé au champ de recherche (ayant l'identifiant `search`) doit être observé au moyen de la méthode `live ()` et non `bind ()`. En effet, l'élément `<input>` qui recevra l'événement `textinputcreate` n'existe pas encore au moment où l'événement est positionné, car cet élément va être créé par jQuery Mobile. La méthode `live ()` de jQuery permet de positionner un événement pour des éléments futurs dans l'arborescence du DOM, alors que la méthode `bind ()` ne traite que les éléments existants à cet instant-là.

Figure 14–10
Champs de saisie mis à jour

Gérer les événements sur les champs de saisie

Les champs de saisie reçoivent des événements standards qui peuvent être observés au moyen de la méthode `bind ()` de jQuery. Remarquons que jQuery Mobile conserve les mêmes noms d'événements que l'on soit sur un écran tactile ou sur un ordinateur classique.

Tableau 14–1 Événements sur les champs de saisie

Nom	Signification
`click` `vclick`	Un clic a été effectué dans le champ.
`focus`	Le champ vient de gagner le focus.
`blur`	Le champ vient de perdre le focus.

Tableau 14–1 Événements sur les champs de saisie (suite)

Nom	Signification
change	Le contenu du champ a changé (détecté lorsque le champ perd le focus).
keyup	Une touche du clavier a été enfoncée.
keydown	Une touche du clavier a été relâchée.
mousedown vmousedown	Le bouton gauche de la souris a été enfoncé (ou le doigt a touché le champ).
mouseup vmouseup	Le bouton gauche de la souris a été relâché (ou le doigt a été retiré de l'écran).

Prise en compte d'un clic dans un champ de saisie

```
<!DOCTYPE html>
<html>
<head>
  <meta name=viewport content="user-scalable=no,width=device-width" />
  <link rel=stylesheet href=jquery.mobile/jquery.mobile.css />
  <script src=jquery.js></script>
  <script src=jquery.mobile/jquery.mobile.js></script>
</head>

<body>
<div data-role=page id=home>
  <div data-role=header>
    <h1>Home</h1>
  </div>

  <div data-role=content>
    <p> Contenu de la Fenêtre 1 </p>
  </div>
</div>

</body>
</html>

<script>

var html = "";
html += "Nom : <input type=text value='Sarrion' />";
$("#home div:jqmData(role=content)").append (html);

$("input").bind ("vclick", function (event)
{
  alert ("click");
});

</script>
```

Prise en compte d'un clic dans un champ de recherche

```html
<!DOCTYPE html>
<html>
<head>
  <meta name=viewport content="user-scalable=no,width=device-width" />
  <link rel=stylesheet href=jquery.mobile/jquery.mobile.css />
  <script src=jquery.js></script>
  <script src=jquery.mobile/jquery.mobile.js></script>
</head>

<body>

<div data-role=page id=home>
  <div data-role=header>
    <h1>Home</h1>
  </div>

  <div data-role=content>
    <p> Contenu de la Fenêtre 1 </p>
  </div>
</div>

</body>
</html>

<script>

var html = "";
html += "Nom : <input type=search value='Votre nom' id=search />";
$("#home div:jqmData(role=content)").append (html);

$("#search").live ("textinputcreate", function (event)
{
  $("#search").bind ("vclick", function (event)
  {
    alert ("click");
  });
});

</script>
```

Nous sommes ici obligés d'attendre que le champ de recherche ait été créé, sinon l'élément `<input>` utilisé lors du `bind ("vclick", ...)` n'existe pas au moment de l'exécution du `bind ()`. On a le même problème si le code HTML du champ de recherche est inséré directement dans le code HTML (au lieu d'être inséré par JavaScript comme précédemment). Par exemple :

Champ de recherche inséré directement dans le code HTML

```
<!DOCTYPE html>
<html>
<head>
  <meta name=viewport content="user-scalable=no,width=device-width" />
  <link rel=stylesheet href=jquery.mobile/jquery.mobile.css />
  <script src=jquery.js></script>
  <script src=jquery.mobile/jquery.mobile.js></script>
</head>

<body>

<div data-role=page id=home>
  <div data-role=header>
    <h1>Home</h1>
  </div>

  <div data-role=content>
    <p> Contenu de la Fenêtre 1 </p>
    Nom : <input type=search value='Votre nom' id=search />
  </div>
</div>

</body>
</html>

<script>

$("#search").live ("textinputcreate", function (event)
{
  $("#search").bind ("vclick", function (event)
  {
    alert ("click");
  });
});

</script>
```

À SAVOIR **Prise en compte de l'événement click**

Comme expliqué précédemment, la prise en compte de l'événement click (ou vclick) dans le traitement de l'événement textinputcreate est indispensable, sinon le clic n'est pas pris en compte.

Personnaliser les champs de saisie

Modifier l'aspect d'un champ de saisie qui n'a pas le focus

Avec l'aide de Firebug, nous pouvons vérifier que les champs de saisie possèdent la classe CSS `ui-input-text`, qui est affectée sur l'élément `<input>` ou `<textarea>`. De plus, dans le cas où l'élément `<input>` est un champ de recherche, l'élément `<div>` englobant créé par jQuery Mobile possède la classe CSS `ui-input-search`.

Utilisons ces classes CSS pour donner un nouvel aspect aux champs de saisie.

Styler les champs de saisie

```
<!DOCTYPE html>
<html>
<head>
  <meta name=viewport content="user-scalable=no,width=device-width" />
  <link rel=stylesheet href=jquery.mobile/jquery.mobile.css />
  <script src=jquery.js></script>
  <script src=jquery.mobile/jquery.mobile.js></script>

  <style type=text/css>
    .ui-input-text, .ui-input-search {
      color : white;
      background-color : black;
    }
  </style>
</head>

<body>

<div data-role=page id=home>
  <div data-role=header>
    <h1>Home</h1>
  </div>

  <div data-role=content>
    <p> Contenu de la Fenêtre 1 </p>
    Nom : <input type=text value=Sarrion /> <br />
    Description : <textarea>Joli studio à rénover </textarea> <br />
    Rechercher : <input type=search value=Nom />
  </div>
</div>

</body>
</html>

<script>
</script>
```

Figure 14–11
Champs de saisie
personnalisés

Modifier l'aspect d'un champ de saisie qui a le focus

Lorsque le champ de saisie a le focus, jQuery Mobile lui attribue la classe CSS
`ui-focus`, qui est affectée :

- sur l'élément `<input>` pour un champ de saisie sur une seule ligne ;
- sur l'élément `<textarea>` pour un champ de saisie multiligne ;
- sur l'élément `<div>` englobant l'élément `<input>` pour un champ de recherche.
  Cet élément `<div>` est automatiquement créé par jQuery Mobile.

Utilisons cette classe pour styler comme précédemment uniquement les champs qui
ont le focus (les champs qui ne l'ont pas ne seront pas stylés par nos soins).

Styler les champs qui ont le focus

```
<!DOCTYPE html>
<html>
<head>
  <meta name=viewport content="user-scalable=no,width=device-width" />
  <link rel=stylesheet href=jquery.mobile/jquery.mobile.css />
  <script src=jquery.js></script>
  <script src=jquery.mobile/jquery.mobile.js></script>
```

```
  <style type=text/css>
    .ui-focus {
      color : white;
      background-color : black;
    }
    .ui-input-search.ui-focus > .ui-input-text {
      color : white;
    }
  </style>
</head>

<body>

<div data-role=page id=home>
  <div data-role=header>
    <h1>Home</h1>
  </div>

  <div data-role=content>
    <p> Contenu de la Fenêtre 1 </p>
    Nom : <input type=text value=Sarrion /> <br />
    Description : <textarea>Joli studio à rénover </textarea> <br />
    Rechercher : <input type=search value=Nom />
  </div>
</div>

</body>
</html>

<script>

</script>
```

Exemples de manipulation des champs de saisie

Transmettre la valeur d'un champ de saisie sur le serveur via Ajax

On désire saisir un nom, puis le transmettre au serveur qui nous le retourne dans sa réponse. Nous affichons cette réponse dans la fenêtre, permettant ainsi de vérifier que la communication vers le serveur est effective dans les deux sens.

Transmettre le nom saisi via Ajax

```
<!DOCTYPE html>
<html>
<head>
  <meta name=viewport content="user-scalable=no,width=device-width" />
  <link rel=stylesheet href=jquery.mobile/jquery.mobile.css />
  <script src=jquery.js></script>
  <script src=jquery.mobile/jquery.mobile.js></script>
</head>

<body>

<div data-role=page id=home>
  <div data-role=header>
    <h1>Home</h1>
  </div>

  <div data-role=content>
    <p> Contenu de la Fenêtre 1 </p>
    Nom : <input type=text /> <br />
  </div>
</div>

</body>
</html>

<script>

$("input").bind ("change", function (event)
{
  var nom = $(this).val ();

  $.ajax (
  {
    url : "action.php",
    data : { nom : nom },
    complete : function (xhr, result)
    {
      if (result != "success") return;
      var response = xhr.responseText;
      $("#home div:jqmData(role=content)").append (response);
    }
  });
});

</script>
```

Nous utilisons l'événement change pour transmettre le nom vers le serveur. Ce nom ne sera donc transmis que s'il a été modifié dans le champ de saisie. La réponse du serveur est insérée dans la fenêtre au moyen de append (response).

Fichier action.php

```
<?
$nom = $_REQUEST["nom"];
echo utf8_encode ("<p> Le nom saisi est $nom </p>");
?>
```

La fenêtre affichée lorsque plusieurs noms y ont été introduits est représentée en figure 14-12.

Figure 14–12
Champ de saisie transmis
via Ajax

Afficher la réponse du serveur dans une nouvelle fenêtre

Plutôt que d'insérer la réponse reçue dans la même fenêtre, nous souhaitons maintenant l'ajouter dans une nouvelle fenêtre puis l'afficher.

Afficher une nouvelle fenêtre contenant la réponse du serveur

```html
<!DOCTYPE html>
<html>
<head>
  <meta name=viewport content="user-scalable=no,width=device-width" />
  <link rel=stylesheet href=jquery.mobile/jquery.mobile.css />
  <script src=jquery.js></script>
  <script src=jquery.mobile/jquery.mobile.js></script>
</head>

<body>

<div data-role=page id=home>
  <div data-role=header>
    <h1>Home</h1>
  </div>

  <div data-role=content>
    <p> Contenu de la Fenêtre 1 </p>
    Nom : <input type=text /> <br />
  </div>
</div>

<div data-role=page id=win2 data-add-back-btn=true>
  <div data-role=header>
    <h1>Home</h1>
  </div>

  <div data-role=content>
    <p> Contenu de la Fenêtre 2 </p>
  </div>
</div>

</body>
</html>

<script>

$("input").bind ("change", function (event)
{
  var nom = $(this).val ();

  $.ajax (
  {
    url : "action.php",
    data : { nom : nom },
```

```
    complete : function (xhr, result)
    {
      if (result != "success") return;
      var response = xhr.responseText;
      $("#win2 div:jqmData(role=content)").append (response);
      $.mobile.changePage ($("#win2"));
    }
  });
});

</script>
```

Fichier action.php

```
<?
$nom = $_REQUEST["nom"];
echo utf8_encode ("<p> Le nom saisi est $nom </p>");
?>
```

Dès que le champ saisi est modifié (événement change), l'appel Ajax est effectué et la seconde fenêtre apparaît (figure 14-13).

Figure 14–13
Champ de saisie transmis
par un formulaire

15

Manipuler les listes de sélection

Les listes de sélection sont gérées par jQuery Mobile au moyen de l'élément `<select>`, incluant un ou plusieurs éléments `<option>`. Les méthodes standards de jQuery sont utilisables, ainsi que la méthode `selectmenu ()` ajoutée par jQuery Mobile et correspondant au composant `selectmenu`. Les listes de sélection sont ainsi associées au composant standard `selectmenu`.

Créer dynamiquement une liste de sélection

Pour créer une liste de sélection, il suffit d'insérer un élément `<select>` contenant un ou plusieurs éléments `<option>` correspondant aux éléments de la liste.

L'attribut `value` est obligatoire dans les éléments `<option>` afin que ces derniers soient considérés comme des éléments de la liste par jQuery Mobile : cela est vrai uniquement si on affiche la liste selon les conventions jQuery Mobile et non si la liste est affichée selon l'aspect natif du navigateur utilisé. Par la suite, nous utiliserons uniquement l'affichage non natif (c'est-à-dire celui amélioré par jQuery Mobile).

Création dynamique d'une liste de sélection

```
<!DOCTYPE html>
<html>
<head>
  <meta name=viewport content="user-scalable=no,width=device-width" />
  <link rel=stylesheet href=jquery.mobile/jquery.mobile.css />
  <script src=jquery.js></script>
  <script src=jquery.mobile/jquery.mobile.js></script>
</head>

<body>

<div data-role=page id=home>
  <div data-role=header>
    <h1>Home</h1>
  </div>

  <div data-role=content>
    <span> Choisissez un type d'appartement : </span>
  </div>
</div>

</body>
</html>

<script>

var html = "";
html += "<select data-native-menu=false>";
html +=   "<option value=1> 1 pièce </option>";
html +=   "<option value=2> 2 pièces </option>";
html +=   "<option value=3> 3 pièces </option>";
html +=   "<option value=4> 4 pièces </option>";
html +=   "<option value=5> 5 pièces et plus</option>";
html += "</select>";

$("#home div:jqmData(role=content)").append (html);

</script>
```

L'affichage est le suivant, en supposant que l'on a cliqué sur le bouton ouvrant la liste (figure 15-1).

Figure 15–1
Liste de sélection créée
dynamiquement

Transformer un élément HTML en une liste de sélection jQuery Mobile

Deux cas sont à explorer :

- d'abord, le cas où l'on utilise l'affichage natif des listes de sélection. Ce cas correspond au fait que l'attribut data-native-menu (positionné sur l'élément <select>) ne vaut pas "false" ;
- puis le cas inverse, où l'on utilise l'affichage non natif, c'est-à-dire l'affichage amélioré des listes de sélection offert par jQuery Mobile. Ce cas correspond à l'utilisation de l'attribut data-native-menu à la valeur "false".

Utiliser l'affichage natif des listes de sélection

Reprenons l'exemple précédent, mais sans indiquer l'attribut data-native-menu="false" dans la description de l'élément <select>.

Élément <select> sans l'attribut data-native-menu="false"

```
<script>

var html = "";
html += "<select>";
html +=    "<option value=1> 1 pièce </option>";
html +=    "<option value=2> 2 pièces </option>";
html +=    "<option value=3> 3 pièces </option>";
html +=    "<option value=4> 4 pièces </option>";
html +=    "<option value=5> 5 pièces et plus</option>";
html += "</select>";

$("#home div:jqmData(role=content)").append (html);

</script>
```

Le code HTML généré par jQuery Mobile s'affiche comme ceci dans Firebug (figure 15-2).

Figure 15–2
Code HTML d'une liste de sélection affichée nativement

```
</DOCTYPE html>
<html class="ui-mobile">
  <head>
  <body class="ui-mobile-viewport">
    <div id="home" class="ui-page ui-body-c ui-page-
      active" data-role="page" data-url="home" tabindex="0" style="min-
      height: 320px;">
      <div class="ui-header ui-bar-a" data-role="header" role="banner">
      <div class="ui-content" data-role="content" role="main">
        <span> Choisissez un type d'appartement : </span>
        <div class="ui-select">
          <div class="ui-btn ui-btn-icon-right ui-btn-corner-all
            ui-shadow ui-btn-up-c" data-theme="c">
            <span class="ui-btn-inner ui-btn-
              corner-all" aria-hidden="true">
              <span class="ui-btn-text"> 1 pièce </span>
              <span class="ui-icon ui-icon-arrow-d ui-icon-shadow">
              </span>
            </span>
            <select>
              <option value="1"> 1 pièce </option>
              <option value="2"> 2 pièces </option>
              <option value="3"> 3 pièces </option>
              <option value="4"> 4 pièces </option>
              <option value="5"> 5 pièces et plus</option>
            </select>
          </div>
        </div>
      </div>
    </div>
    <script>
    <div class="ui-loader ui-body-a ui-corner-all" style="top: 101px;">
  </body>
</html>
```

On voit que l'élément `<select>` d'origine est englobé dans deux éléments `<div>`, l'un de classe CSS `ui-select`, l'autre de classe `ui-btn`. Ils correspondent au bouton affiché dans la fenêtre, permettant d'ouvrir la liste de sélection. L'élément `<span>` de classe CSS `ui-btn-inner` qui précède correspond à l'élément sélectionné de la liste, affiché sur le bouton.

Utiliser l'affichage amélioré des listes de sélection

Indiquons maintenant l'attribut `data-native-menu="false"` dans la description de l'élément `<select>`.

Élément <select> avec l'attribut data-native-menu="false"

```
<script>

var html = "";
html += "<select data-native-menu=false>";
html +=    "<option value=1> 1 pièce </option>";
html +=    "<option value=2> 2 pièces </option>";
html +=    "<option value=3> 3 pièces </option>";
html +=    "<option value=4> 4 pièces </option>";
html +=    "<option value=5> 5 pièces et plus</option>";
html += "</select>";

$("#home div:jqmData(role=content)").append (html);

</script>
```

On retrouve les mêmes éléments que précédemment, excepté que :

- l'élément `<div>` de classe `ui-btn` est maintenant un élément `<a>`, possédant également la classe `ui-btn`. Il correspond au bouton permettant d'ouvrir la liste de sélection ;

- un élément `<div>` de classes CSS `ui-selectmenu` et `ui-selectmenu-hidden` est inséré à la suite des autres éléments. Il contient un élément `<ul>`, lui-même contenant plusieurs éléments `<li>`. Cet élément `<div>` correspond à la liste qui s'affiche lorsque l'on clique sur le bouton. On peut voir qu'elle est stylée de façon à produire un affichage amélioré par rapport à l'affichage natif.

Figure 15–3
Code HTML d'une
liste de sélection stylée
par jQuery Mobile

```html
</DOCTYPE html>
<html class="ui-mobile">
  <head>
  <body class="ui-mobile-viewport">
    <div id="home" class="ui-page ui-body-c ui-page-
    active" data-role="page" data-url="home" tabindex="0" style="min-height: 320px;">
      <div class="ui-header ui-bar-a" data-role="header" role="banner">
      <div class="ui-content" data-role="content" role="main">
        <span> Choisissez un type d'appartement : </span>
        <div class="ui-select">
          <a id="undefined-button" class="ui-btn ui-btn-icon-right ui-btn-corner-all
          ui-shadow
          ui-btn-up-c" href="#" role="button" aria-haspopup="true" aria-owns="undefined-
          menu" data-theme="c">
            <span class="ui-btn-inner ui-btn-corner-all" aria-hidden="true">
              <span class="ui-btn-text"> 1 pièce </span>
              <span class="ui-icon ui-icon-arrow-d ui-icon-shadow"></span>
            </span>
          </a>
          <select data-native-menu="false" tabindex="-1">
        </div>
      </div>
    </div>
    <div class="ui-selectmenu-screen ui-screen-hidden"></div>
    <div class="ui-selectmenu-hidden ui-overlay-shadow ui-corner-all
    ui-body-a pop">
      <div class="ui-header ui-bar-c" style="display: none;">
      <ul id="undefined-menu" class="ui-selectmenu-list
      ui-listview" role="listbox" aria-labelledby="undefined-button" data-theme="c">
        <li class="ui-btn ui-btn-up-c ui-btn-icon-right ui-li ui-btn-
        active" data-icon="false" data-option-
        index="0" role="option" tabindex="0" data-theme="c" aria-selected="true">
        <li class="ui-btn ui-btn-up-c ui-btn-icon-right
        ui-li" data-icon="false" data-option-
        index="1" role="option" tabindex="-1" data-theme="c" aria-selected="false">
        <li class="ui-btn ui-btn-up-c ui-btn-icon-right
        ui-li" data-icon="false" data-option-
        index="2" role="option" tabindex="-1" data-theme="c" aria-selected="false">
        <li class="ui-btn ui-btn-up-c ui-btn-icon-right
        ui-li" data-icon="false" data-option-
        index="3" role="option" tabindex="-1" data-theme="c" aria-selected="false">
        <li class="ui-btn ui-btn-up-c ui-btn-icon-right
        ui-li" data-icon="false" data-option-
        index="4" role="option" tabindex="-1" data-theme="c" aria-selected="false">
      </ul>
    </div>
    <script>
    <div class="ui-loader ui-body-a ui-corner-all" style="top: 101px;">
    <div class="ui-page ui-body-c ui-overlay-a ui-dialog" data-overlay-
    theme="a" data-theme="c" data-role="dialog" tabindex="0" role="dialog">
  </body>
</html>
```

> **À SAVOIR La classe ui-selectmenu-hidden**
>
> La classe `ui-selectmenu-hidden` indique que la liste n'est pour l'instant pas affichée (elle le sera
> que si l'on clique sur le bouton). Pour cela, cette classe CSS définit les propriétés `top` et `left` de l'élé-
> ment à `-9999px`, c'est-à-dire en dehors du champ d'affichage. Lorsque le bouton fera l'objet d'un clic,
> jQuery Mobile supprimera cette classe CSS et affectera les propriétés `top` et `left` de l'élément de façon
> à l'afficher dans la fenêtre.

Insérer une liste de sélection par un appel Ajax

Nous souhaitons récupérer une liste de sélection via Ajax, puis l'insérer dans notre
fenêtre.

Récupérer une liste de sélection via Ajax

```html
<!DOCTYPE html>
<html>
<head>
  <meta name=viewport content="user-scalable=no,width=device-width" />
  <link rel=stylesheet href=jquery.mobile/jquery.mobile.css />
  <script src=jquery.js></script>
  <script src=jquery.mobile/jquery.mobile.js></script>
</head>

<body>

<div data-role=page id=home>
  <div data-role=header>
    <h1>Home</h1>
  </div>

  <div data-role=content>
    <span> Choisissez un type d'appartement : </span>
  </div>
</div>

</body>
</html>

<script>

$.ajax (
{
  url : "action.php",
  complete : function (xhr, result)
  {
    if (result != "success") return;
    var response = xhr.responseText;
    $("#home div:jqmData(role=content)").append (response);
    $("select").selectmenu ();
  }
});

</script>
```

REMARQUE **La méthode selectmenu ()**

Il faut noter l'emploi de la méthode selectmenu () utilisée sur l'élément <select>. Elle permet de transformer le code HTML d'origine en un code HTML qui autorise l'affichage selon les conventions de jQuery Mobile. En particulier, un bouton sera affiché pour ouvrir la liste de sélection.

Fichier action.php

```php
<?
$html = "";
$html .= "<select data-native-menu=false data-icon=plus data-
iconpos=left>";
$html .=    "<option value=1> 1 pièce </option>";
$html .=    "<option value=2> 2 pièces </option>";
$html .=    "<option value=3> 3 pièces </option>";
$html .=    "<option value=4> 4 pièces </option>";
$html .=    "<option value=5> 5 pièces et plus</option>";
$html .= "</select>";
echo utf8_encode ($html);
?>
```

Figure 15–4
Liste de sélection créée via Ajax

Figure 15–5
Liste de sélection non stylée par jQuery Mobile

Si vous omettez l'appel de la méthode selectmenu (), le code HTML n'est pas transformé par jQuery Mobile et produit l'affichage classique d'une liste de sélection (figure 15-5).

Remarquons que l'on peut remplacer l'instruction $("select").selectmenu () par le déclenchement de l'événement create dans la fenêtre. On écrirait alors :

Transformer la liste de sélection en liste jQuery Mobile, en utilisant l'événement create sur la fenêtre

```
$("#home").trigger ("create");
```

Ouvrir et fermer une liste de sélection

Pour ouvrir une liste de sélection, il suffit d'utiliser la méthode selectmenu ("open") sur l'élément <select>. Pour fermer une liste ouverte, on utilisera selectmenu ("close").

Ces deux méthodes ne fonctionnent que si l'élément <select> possède l'attribut data-native-menu="false". En effet, les listes de sélection affichées de façon native ne peuvent pas être ouvertes ou fermées à l'aide de ces méthodes.

Nous montrons ci-après deux façons différentes de procéder, selon que la liste existe déjà dans le code HTML ou est créée dynamiquement par jQuery.

Liste de sélection déjà présente dans le code HTML

Ouvrir une liste de sélection dès sa création

```
<!DOCTYPE html>
<html>
<head>
  <meta name=viewport content="user-scalable=no,width=device-width" />
  <link rel=stylesheet href=jquery.mobile/jquery.mobile.css />
  <script src=jquery.js></script>
  <script src=jquery.mobile/jquery.mobile.js></script>
</head>

<body>

<div data-role=page id=home>
  <div data-role=header>
    <h1>Home</h1>
  </div>

  <div data-role=content>
    <span> Choisissez un type d'appartement : </span>
    <select data-native-menu=false>
      <option value=1> 1 pièce </option>
      <option value=2> 2 pièces </option>
      <option value=3> 3 pièces </option>
      <option value=4> 4 pièces </option>
```

```
        <option value=5> 5 pièces et plus</option>
    </select>
  </div>
</div>

</body>
</html>

<script>

$("select").bind ("selectmenucreate", function ()
{
  $("select").selectmenu ("open");
});

</script>
```

Le code HTML de la liste de sélection étant modifié par jQuery Mobile, nous devons attendre que la liste soit créée avant d'appeler la méthode selectmenu ("open"). Si la liste de sélection ne s'affiche pas correctement à la bonne position, vous pouvez modifier celle-ci à l'aide de la méthode css () :

Figure 15–6
Liste de sélection ouverte
dès l'affichage de la fenêtre

Positionner la liste de sélection à 25 pixels du bord gauche

```
$("select").bind ("selectmenucreate", function ()
{
  $("select").selectmenu ("open");
  $(".ui-selectmenu").css ( { top : "130px", left : "25px" } );
});
```

Liste de sélection créée dynamiquement

Insérons maintenant le code HTML de la liste de sélection via JavaScript.

Créer puis ouvrir une liste de sélection

```
<!DOCTYPE html>
<html>
<head>
  <meta name=viewport content="user-scalable=no,width=device-width" />
  <link rel=stylesheet href=jquery.mobile/jquery.mobile.css />
  <script src=jquery.js></script>
  <script src=jquery.mobile/jquery.mobile.js></script>
</head>

<body>

<div data-role=page id=home>
  <div data-role=header>
    <h1>Home</h1>
  </div>

  <div data-role=content>
    <span> Choisissez un type d'appartement : </span>
  </div>
</div>

</body>
</html>

<script>

var html = "";
html += "<select data-native-menu=false>";
html +=    "<option value=1> 1 pièce </option>";
html +=    "<option value=2> 2 pièces </option>";
html +=    "<option value=3> 3 pièces </option>";
html +=    "<option value=4> 4 pièces </option>";
html +=    "<option value=5> 5 pièces et plus</option>";
html += "</select>";
```

```
$("#home div:jqmData(role=content)").append (html);

$("select").bind ("selectmenucreate", function ()
{
  $("select").selectmenu ("open");
  $(".ui-selectmenu").css ( { top : "130px", left : "25px" } );
});

</script>
```

Une variante est possible. Si nous insérons le code HTML dans le traitement de l'événement pagecreate (au lieu de l'effectuer avant cet événement comme ci-dessus), la fenêtre sera déjà créée lorsque la liste sera insérée. Il faut alors indiquer de transformer le code HTML d'origine en un code permettant l'affichage selon les conventions de jQuery Mobile. On utilise pour cela la méthode selectmenu () appelée sur l'élément <select>.

Créer la liste de sélection après avoir créé la fenêtre

```
<!DOCTYPE html>
<html>
<head>
  <meta name=viewport content="user-scalable=no,width=device-width" />
  <link rel=stylesheet href=jquery.mobile/jquery.mobile.css />
  <script src=jquery.js></script>
  <script src=jquery.mobile/jquery.mobile.js></script>
</head>

<body>

<div data-role=page id=home>
  <div data-role=header>
    <h1>Home</h1>
  </div>

  <div data-role=content>
    <span> Choisissez un type d'appartement : </span>
  </div>
</div>

</body>
</html>

<script>
```

```
$("#home").bind ("pagecreate", function ()
{
  var html = "";
  html += "<select data-native-menu=false>";
  html +=    "<option value=1> 1 pièce </option>";
  html +=    "<option value=2> 2 pièces </option>";
  html +=    "<option value=3> 3 pièces </option>";
  html +=    "<option value=4> 4 pièces </option>";
  html +=    "<option value=5> 5 pièces et plus</option>";
  html += "</select>";

  $("#home div:jqmData(role=content)").append (html);

  $("select").selectmenu ();
  $("select").selectmenu ("open");
  $(".ui-selectmenu").css ( { top : "130px", left : "25px" } );
});

</script>
```

Affecter et récupérer les éléments sélectionnés dans une liste

Liste de sélection déjà présente dans le code HTML

On utilise la méthode val () de jQuery, sur l'élément <select> pour récupérer les valeurs sélectionnées dans la liste de sélection, tandis qu'on emploie val (value) pour indiquer une nouvelle sélection. Dans le cas d'une liste à sélection multiple, value correspond à un tableau de valeurs (éventuellement vide pour ne rien sélectionner).

Récupérer les valeurs associées aux éléments sélectionnés

```
<!DOCTYPE html>
<html>
<head>
  <meta name=viewport content="user-scalable=no,width=device-width" />
  <link rel=stylesheet href=jquery.mobile/jquery.mobile.css />
  <script src=jquery.js></script>
  <script src=jquery.mobile/jquery.mobile.js></script>
</head>

<body>
```

```
<div data-role=page id=home>
  <div data-role=header>
    <h1>Home</h1>
  </div>

  <div data-role=content>
    <span> Choisissez un type d'appartement : </span>
    <select data-native-menu=false multiple=multiple>
      <option value=1> 1 pièce </option>
      <option value=2 selected=selected> 2 pièces </option>
      <option value=3 selected=selected> 3 pièces </option>
      <option value=4> 4 pièces </option>
      <option value=5> 5 pièces et plus</option>
    </select>
  </div>
</div>

</body>
</html>

<script>

alert ($("select").val ());   // affiche un tableau contenant [2, 3]
$("select").val ([1, 2]);
alert ($("select").val ());   // affiche un tableau contenant [1, 2]

</script>
```

Figure 15–7
Liste de sélection
à choix multiples

Liste de sélection créée dynamiquement

Les méthodes `val ()` et `val (value)` sont également utilisées pour récupérer ou affecter une valeur à la liste de sélection. Toutefois, il y a des cas où le rafraîchissement de la liste de sélection ne s'effectue pas, d'où la nécessité d'employer également la méthode `selectmenu ("refresh")`.

Considérons une liste créée dynamiquement avec jQuery. Nous souhaitons, dans l'événement `selectmenucreate`, affecter une nouvelle valeur à la liste de sélection.

Affecter une valeur à une liste de sélection créée dynamiquement

```
<!DOCTYPE html>
<html>
<head>
  <meta name=viewport content="user-scalable=no,width=device-width" />
  <link rel=stylesheet href=jquery.mobile/jquery.mobile.css />
  <script src=jquery.js></script>
  <script src=jquery.mobile/jquery.mobile.js></script>
</head>

<body>

<div data-role=page id=home>
  <div data-role=header>
    <h1>Home</h1>
  </div>

  <div data-role=content>
    <span> Choisissez un type d'appartement : </span>
  </div>
</div>

</body>
</html>

<script>

var html = "";
html += "<select data-native-menu=false>";
html +=    "<option value=1> 1 pièce </option>";
html +=    "<option value=2> 2 pièces </option>";
html +=    "<option value=3> 3 pièces </option>";
html +=    "<option value=4> 4 pièces </option>";
html +=    "<option value=5> 5 pièces et plus</option>";
html += "</select>";

$("#home div:jqmData(role=content)").append (html);
```

```
$("select").bind ("selectmenucreate", function ()
{
  $("select").val (4);
  $("select").selectmenu ("refresh");
});

</script>
```

Figure 15–8
Liste de sélection initialisée
dynamiquement

REMARQUE **Rafraîchissement de la liste**

Si nous omettons l'instruction selectmenu ("refresh"), la liste n'est pas rafraîchie et la valeur sélectionnée n'est pas affichée (seule la première valeur de la liste est sélectionnée par défaut).

Remarquons que le programme suivant fonctionne également, sans utiliser l'instruction selectmenu ("refresh").

Affecter une valeur à une liste de sélection sans utiliser selectmenu ("refresh")

```
<!DOCTYPE html>
<html>
<head>
  <meta name=viewport content="user-scalable=no,width=device-width" />
  <link rel=stylesheet href=jquery.mobile/jquery.mobile.css />
```

```
   <script src=jquery.js></script>
   <script src=jquery.mobile/jquery.mobile.js></script>
</head>

<body>


<div data-role=page id=home>
  <div data-role=header>
     <h1>Home</h1>
  </div>

  <div data-role=content>
     <span> Choisissez un type d'appartement : </span>
  </div>
</div>

</body>
</html>

<script>

var html = "";
html += "<select data-native-menu=false>";
html +=    "<option value=1> 1 pièce </option>";
html +=    "<option value=2> 2 pièces </option>";
html +=    "<option value=3> 3 pièces </option>";
html +=    "<option value=4> 4 pièces </option>";
html +=    "<option value=5> 5 pièces et plus</option>";
html += "</select>";

$("#home div:jqmData(role=content)").append (html);
$("select").val (4);

</script>
```

REMARQUE **L'événement selectmenucreate**

Vous constaterez que dans ce cas, nous n'utilisons plus l'événement selectmenucreate. Cela fonctionne et c'est normal, car lors de l'affectation de la valeur à la liste de sélection, la liste n'est pas encore créée, donc elle peut être modifiée avant son affichage définitif. Lors du traitement dans l'événement selectmenucreate, la liste a fini d'être créée, donc toute modification nécessite un rafraîchissement de celle-ci.

Insérer et supprimer des éléments dans une liste de sélection

L'ajout et la suppression d'éléments dans la liste s'effectuent au moyen des méthodes de jQuery. Par exemple, append () permet d'insérer un élément en fin de liste, tandis que remove () supprime l'élément qui utilise la méthode.

Ajout et suppression d'éléments dans la liste de sélection

```
<!DOCTYPE html>
<html>
<head>
  <meta name=viewport content="user-scalable=no,width=device-width" />
  <link rel=stylesheet href=jquery.mobile/jquery.mobile.css />
  <script src=jquery.js></script>
  <script src=jquery.mobile/jquery.mobile.js></script>
</head>

<body>
<div data-role=page id=home>
  <div data-role=header>
    <h1>Home</h1>
  </div>

  <div data-role=content>
    <span> Choisissez un type d'appartement : </span>
    <select data-native-menu=false>
      <option value=1> 1 pièce </option>
      <option value=2> 2 pièces </option>
      <option value=3> 3 pièces </option>
      <option value=4> 4 pièces </option>
      <option value=5> 5 pièces et plus</option>
    </select>
  </div>
</div>

</body>
</html>

<script>

$("select").append ("<option value=6> 6 pièces </option>");
$("option[value=1]").remove ();

</script>
```

Sur la figure 15-9, on voit que le premier élément de la liste a été supprimé, tandis que les « 6 pièces » ont été insérés dans la liste de sélection.

Toutefois, ce fonctionnement n'est pas garanti. En effet, il marche ici car lorsque les éléments sont ajoutés ou supprimés, la liste n'est pas encore créée par jQuery Mobile. Donc, lorsque ce dernier effectue la transformation du code HTML, il utilise nos nouveaux éléments de la liste que nous avons ajoutés ou supprimés. Si nous effectuons, par exemple, l'insertion ou la suppression après que la liste ait été créée, la liste ne sera pas mise à jour, sauf si on utilise en plus la méthode `selectmenu ("refresh", true)`. La valeur `true` passée en paramètre indique au composant de reconstruire la liste des valeurs affichées.

Figure 15–9
Ajout et suppression
d'éléments dans
une liste de sélection

Insérer ou supprimer des éléments après la création de la liste

```
<!DOCTYPE html>
<html>
<head>
  <meta name=viewport content="user-scalable=no,width=device-width" />
  <link rel=stylesheet href=jquery.mobile/jquery.mobile.css />
  <script src=jquery.js></script>
  <script src=jquery.mobile/jquery.mobile.js></script>
</head>

<body>

<div data-role=page id=home>
  <div data-role=header>
    <h1>Home</h1>
  </div>
```

```
      <div data-role=content>
        <span> Choisissez un type d'appartement : </span>
        <select data-native-menu=false>
          <option value=1> 1 pièce </option>
          <option value=2> 2 pièces </option>
          <option value=3> 3 pièces </option>
          <option value=4> 4 pièces </option>
          <option value=5> 5 pièces et plus</option>
        </select>
      </div>
    </div>

</body>
</html>

<script>

$("select").bind ("selectmenucreate", function ()
{
  $("select").append ("<option value=6> 6 pièces </option>");
  $("option[value=1]").remove ();
  $("select").selectmenu ("refresh", true);   // true = forceRebuild
});

</script>
```

Gérer les événements sur les listes de sélection

L'événement change permet de savoir que la valeur sélectionnée dans la liste a été modifiée. On effectue un traitement sur cet événement au moyen de la méthode bind () de jQuery.

Utiliser l'événement change dans la liste de sélection

```
<!DOCTYPE html>
<html>
<head>
  <meta name=viewport content="user-scalable=no,width=device-width" />
  <link rel=stylesheet href=jquery.mobile/jquery.mobile.css />
  <script src=jquery.js></script>
  <script src=jquery.mobile/jquery.mobile.js></script>
</head>
<body>

<div data-role=page id=home>
  <div data-role=header>
    <h1>Home</h1>
```

```
    </div>

    <div data-role=content>
      <span> Choisissez un type d'appartement : </span>
      <select data-native-menu=false>
        <option value=1> 1 pièce </option>
        <option value=2> 2 pièces </option>
        <option value=3> 3 pièces </option>
        <option value=4> 4 pièces </option>
        <option value=5> 5 pièces et plus</option>
      </select>
    </div>
  </div>

</body>
</html>

<script>

$("select").bind ("change", function (event)
{
  alert ($(this).val ());
});

</script>
```

Personnaliser les listes de sélection

En utilisant Firebug, nous pouvons voir les classes CSS attribuées aux éléments HTML de la liste de sélection par jQuery Mobile. Nous ne considérons ici que les listes pour lesquelles l'attribut `data-native-menu` vaut `"false"` (listes non natives).

Utilisons, par exemple, le code HTML suivant, dans lequel nous affichons une liste avec des séparateurs entre les groupes d'éléments (en utilisant la balise `<optgroup>`).

Une liste de sélection avec des groupes d'éléments

```
<!DOCTYPE html>
<html>
<head>
  <meta name=viewport content="user-scalable=no,width=device-width" />
  <link rel=stylesheet href=jquery.mobile/jquery.mobile.css />
  <script src=jquery.js></script>
  <script src=jquery.mobile/jquery.mobile.js></script>
</head>
<body>
```

```
<div data-role=page id=home>
  <div data-role=header>
    <h1>Home</h1>
  </div>

  <div data-role=content>
    <span> Choisissez un type d'appartement : </span>
    <select data-native-menu=false>
      <optgroup label=Basic>
        <option value=1> 1 pièce </option>
        <option value=2> 2 pièces </option>
        <option value=3> 3 pièces </option>
      </optgroup>
      <optgroup label=Premium>
        <option value=4> 4 pièces </option>
        <option value=5> 5 pièces et plus</option>
      </optgroup>
    </select>
  </div>
</div>

</body>
</html>
```

Cette liste de sélection s'affiche comme sur la figure 15-10.

Figure 15–10
Liste de sélection
avec groupes d'éléments

Le code HTML créé par jQuery Mobile apparaît dans Firebug de la façon suivante (figure 15-11).

Figure 15–11
Code HTML d'une liste
de sélection avec groupes
d'éléments

```
<!DOCTYPE html>
<html class="ui-mobile">
  <head>
  <body class="ui-mobile-viewport">
    <div id="home" class="ui-page ui-body-c ui-page-
      active" data-role="page" data-url="home" tabindex="0" style="min-
      height: 320px;">
      <div class="ui-header
        ui-bar-a" data-role="header" role="banner">
      <div class="ui-content" data-role="content" role="main">
        <div class="ui-selectmenu-screen ui-screen-hidden"></div>
      <div class="ui-selectmenu ui-selectmenu-hidden ui-overlay-shadow
        ui-corner-all ui-body-a pop">
        <div class="ui-header ui-bar-c" style="display: none;">
        <ul id="undefined-menu" class="ui-selectmenu-list
          ui-listview" role="listbox" aria-labelledby="undefined-
          button" data-theme="c">
          <li class="ui-li ui-li-divider ui-btn
            ui-bar-b" data-role="list-
            divider" role="heading" tabindex="0">Basic</li>
          <li class="ui-btn ui-btn-up-c ui-btn-icon-right ui-li
            ui-btn-active" data-icon="false" data-option-
            index="0" role="option" tabindex="-1" data-theme="c" aria
            -selected="true">
          <li class="ui-btn ui-btn-up-c ui-btn-icon-right
            ui-li" data-icon="false" data-option-
            index="1" role="option" tabindex="-1" data-theme="c" aria
            -selected="false">
          <li class="ui-btn ui-btn-up-c ui-btn-icon-right
            ui-li" data-icon="false" data-option-
            index="2" role="option" tabindex="-1" data-theme="c" aria
            -selected="false">
          <li class="ui-li ui-li-divider ui-btn
            ui-bar-b" data-role="list-
            divider" role="heading" tabindex="-1">Premium</li>
          <li class="ui-btn ui-btn-up-c ui-btn-icon-right
            ui-li" data-icon="false" data-option-
            index="3" role="option" tabindex="-1" data-theme="c" aria
            -selected="false">
          <li class="ui-btn ui-btn-up-c ui-btn-icon-right
            ui-li" data-icon="false" data-option-
            index="4" role="option" tabindex="-1" data-theme="c" aria
            -selected="false">
        </ul>
      </div>
    </div>
    <div class="ui-loader ui-body-a ui-corner-all" style="top: 151px;">
    <div class="ui-page ui-body-c ui-overlay-a ui-dialog" data-overlay-
      theme="a" data-theme="c" data-role="dialog" tabindex="0" role="dial
      og">
  </body>
</html>
```

La liste affichée correspond à un élément `<div>` de classe CSS `ui-selectmenu`, contenant un élément `<ul>` de classe `ui-selectmenu-list`, lui-même composé d'éléments `<li>` correspondant aux éléments de la liste affichée. Chaque élément `<li>` est de classe `ui-li` et `ui-btn`, tandis que l'élément sélectionné dans la liste possède en plus la classe `ui-btn-active`.

L'élément séparateur, inséré par jQuery Mobile suite à l'utilisation de l'élément <optgroup>, est de classe ui-li, ui-li-divider, ui-btn et ui-bar-b.

Utilisons ces classes CSS pour donner un nouvel aspect à la liste de sélection (le résultat est représenté sur la figure 15-12, page 413).

Styler les éléments de la liste de sélection

```
<!DOCTYPE html>
<html>
<head>
  <meta name=viewport content="user-scalable=no,width=device-width" />
  <link rel=stylesheet href=jquery.mobile/jquery.mobile.css />
  <script src=jquery.js></script>
  <script src=jquery.mobile/jquery.mobile.js></script>

  <style type=text/css>
    .ui-selectmenu {
      padding : 15px;
    }
    .ui-li-divider.ui-bar-b {
      color : red;
      background : black;
    }
    .ui-li:not(.ui-li-divider) {
      font-style : italic;
    }
    .ui-li.ui-btn-active {
      color : white;
      background : grey;
    }
  </style>
</head>

<body>

<div data-role=page id=home>
  <div data-role=header>
    <h1>Home</h1>
  </div>

  <div data-role=content>
    <span> Choisissez un type d'appartement : </span>
    <select data-native-menu=false>
      <optgroup label=Basic>
        <option value=1> 1 pièce </option>
        <option value=2> 2 pièces </option>
        <option value=3> 3 pièces </option>
      </optgroup>
```

```
      <optgroup label=Premium>
        <option value=4> 4 pièces </option>
        <option value=5> 5 pièces et plus</option>
      </optgroup>
    </select>
  </div>
</div>

</body>
</html>

<script>

</script>
```

Figure 15–12
Liste de sélection
personnalisée

Exemples de manipulation des listes de sélection

Transmettre la valeur d'une liste de sélection sur le serveur via Ajax

On désire choisir un type d'appartement, puis le transmettre au serveur qui nous le retourne dans sa réponse. Nous affichons cette réponse dans la fenêtre, permettant ainsi de vérifier que la communication vers le serveur est effective dans les deux sens.

Transmettre le type d'appartement choisi via Ajax

```html
<!DOCTYPE html>
<html>
<head>
  <meta name=viewport content="user-scalable=no,width=device-width" />
  <link rel=stylesheet href=jquery.mobile/jquery.mobile.css />
  <script src=jquery.js></script>
  <script src=jquery.mobile/jquery.mobile.js></script>
</head>

<body>

<div data-role=page id=home>
  <div data-role=header>
    <h1>Home</h1>
  </div>

  <div data-role=content>
    <span> Choisissez un type d'appartement : </span>
    <select data-native-menu=false>
      <optgroup label=Basic>
        <option value=1> 1 pièce </option>
        <option value=2> 2 pièces </option>
        <option value=3> 3 pièces </option>
      </optgroup>
      <optgroup label=Premium>
        <option value=4> 4 pièces </option>
        <option value=5> 5 pièces et plus</option>
      </optgroup>
    </select>
  </div>
</div>

</body>
</html>

<script>

$("select").bind ("change", function (event)
{
  var type = $(this).val ();

  $.ajax (
  {
    url : "action.php",
    data : { type : type },
    complete : function (xhr, result)
    {
```

```
        if (result != "success") return;
        var response = xhr.responseText;
        $("#home div:jqmData(role=content)").append (response);
    }
  });
});

</script>
```

Nous utilisons l'événement `change` pour transmettre le type d'appartement vers le serveur. Ce type ne sera donc transmis que s'il a été modifié dans la liste de sélection. La réponse du serveur est insérée dans la fenêtre au moyen de `append (response)`.

Fichier action.php

```
<?
$type = $_REQUEST["type"];
echo utf8_encode ("<p> Le type d'appartement choisi est $type </p>");
?>
```

Après plusieurs sélections différentes dans la liste, l'affichage est tel que sur la figure 15-13.

Figure 15–13
Transmission via Ajax
de la valeur d'une
liste de sélection

Utiliser un bouton de type « submit » pour transmettre les informations

Plutôt que d'utiliser les mécanismes d'Ajax pour afficher la réponse du serveur, on souhaiterait valider un formulaire et afficher ensuite la nouvelle fenêtre retournée par le serveur, contenant la valeur de l'élément de liste sélectionné.

Transmettre la valeur de l'élément sélectionné lors d'un clic sur le bouton Valider

```
<!DOCTYPE html>
<html>
<head>
  <meta name=viewport content="user-scalable=no,width=device-width" />
  <link rel=stylesheet href=jquery.mobile/jquery.mobile.css />
  <script src=jquery.js></script>
  <script src=jquery.mobile/jquery.mobile.js></script>
</head>

<body>

<div data-role=page id=home>
  <div data-role=header>
    <h1>Home</h1>
  </div>

  <div data-role=content>
    <form action=action.php>
      <span> Choisissez un type d'appartement : </span>
      <select data-native-menu=false name=type>
        <optgroup label=Basic>
          <option value=1> 1 pièce </option>
          <option value=2> 2 pièces </option>
          <option value=3> 3 pièces </option>
        </optgroup>
        <optgroup label=Premium>
          <option value=4> 4 pièces </option>
          <option value=5> 5 pièces et plus</option>
        </optgroup>
      </select>
      <input type=submit value=Valider>
    </form>
  </div>
</div>

</body>
</html>

<script>

</script>
```

On a ajouté un attribut name à l'élément <select> de façon que la valeur sélectionnée soit transmise lors de la validation du formulaire.

Fichier action.php

```
<?
$type = $_REQUEST["type"];
?>

<!DOCTYPE html>
<html>
<head>
  <meta http-equiv=Content-Type content=text/html;charset=iso-8859-1 />
</head>

<body>
<div data-role=page id=win2 data-add-back-btn=true>
  <div data-role=header>
    <h1>Fenêtre 2</h1>
  </div>

  <div data-role=content>
    <p> Appartement sélectionné : <?= $type ?> </p>
  </div>
</div>
</body>

</html>
```

Ajouter un élément de liste suite à un clic sur un bouton

Nous affichons une liste de sélection dans laquelle nous souhaitons insérer dynamiquement un nouvel élément. L'insertion se fait par un bouton dont l'identifiant est add.

Ajouter un élément à la liste de sélection suite à un clic sur un bouton

```
<!DOCTYPE html>
<html>
<head>
  <meta name=viewport content="user-scalable=no,width=device-width" />
  <link rel=stylesheet href=jquery.mobile/jquery.mobile.css />
  <script src=jquery.js></script>
  <script src=jquery.mobile/jquery.mobile.js></script>
</head>

<body>

<div data-role=page id=home>
```

```
  <div data-role=header>
    <h1>Home</h1>
  </div>

  <div data-role=content>
    <span> Choisissez un type d'appartement : </span>
    <select data-native-menu=false>
      <option value=1> 1 pièce </option>
      <option value=2> 2 pièces </option>
      <option value=3> 3 pièces </option>
      <option value=4> 4 pièces </option>
      <option value=5> 5 pièces et plus</option>
    </select>
    <a href=# data-role=button id=add>
        Ajouter "6 pièces" à la liste </a>
  </div>
</div>

</body>
</html>

<script>

$("#add").bind ("click", function (event)
{
  $("select").append ("<option value=6> 6 pièces </option>");
  $("select").selectmenu ("refresh");
});

</script>
```

Effectuer un traitement lors d'un clic sur un élément quelconque de la liste

Nous avons remarqué que l'événement change ne permet que de récupérer le changement de valeur dans la liste de sélection. Si l'utilisateur choisit l'élément *déjà sélectionné* dans la liste, aucun événement change n'est généré.

Pour cela, il serait intéressant de récupérer le clic sur un élément de la liste, quel que soit cet élément. Dans l'exemple ci-après, nous affichons le contenu de cet élément de liste lors d'un clic, même s'il est déjà sélectionné.

Afficher le contenu de l'élément sur lequel on clique

```
<!DOCTYPE html>
<html>
<head>
  <meta name=viewport content="user-scalable=no,width=device-width" />
  <link rel=stylesheet href=jquery.mobile/jquery.mobile.css />
```

```
    <script src=jquery.js></script>
    <script src=jquery.mobile/jquery.mobile.js></script>
</head>

<body>

<div data-role=page id=home>
  <div data-role=header>
    <h1>Home</h1>
  </div>

  <div data-role=content>
    <span> Choisissez un type d'appartement : </span>
    <select data-native-menu=false>
      <optgroup label=Basic>
        <option value=1> 1 pièce </option>
        <option value=2> 2 pièces </option>
        <option value=3> 3 pièces </option>
      </optgroup>
      <optgroup label=Premium>
        <option value=4> 4 pièces </option>
        <option value=5> 5 pièces et plus</option>
      </optgroup>
    </select>
  </div>
</div>

</body>
</html>

<script>

$("select").bind ("selectmenucreate", function ()
{
  $(".ui-li:not(.ui-li-divider)").live ("vclick", function (event)
  {
    alert ($(this).find ("a").text ());
    event.stopPropagation ();
  });
});

</script>
```

Même si le code JavaScript tient en peu de lignes, il mérite quelques explications. Nous sommes obligés d'attendre que la liste soit créée (événement `selectmenucreate`), sinon le code HTML d'origine n'est pas encore transformé par jQuery Mobile et les éléments `<li>` créés par jQuery Mobile ne sont pas encore présents dans l'arborescence du DOM.

Le sélecteur `".ui-li:not(.ui-li-divider)"` correspond à un élément de liste qui n'est pas un séparateur (donc correspond aux éléments sélectionnables dans la liste). l'emploi de la méthode `live ()` au lieu de la méthode `bind ()` tient au fait que jQuery Mobile reconstruit entièrement la liste affichée lorsqu'un élément est sélectionné dans celle-ci. Si on utilisait `bind ()` au lieu de `live ()`, l'événement `click` ne serait pris en compte que lors de la première sélection, mais pas lors des suivantes.

Enfin, on affiche le contenu de l'élément sélectionné en récupérant l'élément `<a>` construit par jQuery Mobile et contenant le texte affiché dans la liste. L'instruction `event.stopPropagation ()` sert à éviter que le clic soit traité deux fois simultanément (en stoppant sa propagation).

Par exemple, si nous sélectionnons *4 pièces* dans la liste, le message « 4 pièces » s'affiche dans la fenêtre d'alerte.

Figure 15–14
Gérer le clic lors
de la sélection d'un élément
dans une liste de sélection

Plutôt que de récupérer le contenu de l'élément sélectionné, on peut également reprendre sa valeur, inscrite dans l'attribut `value` de l'élément `<option>` correspondant. Attention : cette valeur ne peut être récupérée de cette façon que si la liste n'est plus affichée.

Récupérer la valeur de l'élément sélectionné (uniquement si la liste est fermée)

```
alert ($("select").val ());    // affiche "4"
```

16

Manipuler les cases à cocher

Les cases à cocher sont gérées par jQuery Mobile au moyen de l'élément `<input>` possédant l'attribut `type="checkbox"`. Les méthodes standards de jQuery sont utilisables, ainsi que la méthode `checkboxradio ()` ajoutée par jQuery Mobile. Les cases à cocher sont associées au composant standard `checkboxradio`.

Créer dynamiquement des cases à cocher

On crée une case à cocher en insérant un élément `<input>` dont les attributs `type="checkbox"` et `name` sont obligatoirement indiqués. Cet élément doit être associé à un élément `<label>` contenant le texte de la case à cocher, dont l'attribut `for` correspond à l'attribut `id` de l'élément `<input>`.

Afin de regrouper les cases à cocher au sein d'un même ensemble, on les insère dans un élément `<div>` possédant l'attribut `data-role="controlgroup"`.

Figure 16–1
Cases à cocher affichées
dynamiquement

Création dynamique de cases à cocher

```
<!DOCTYPE html>
<html>
<head>
  <meta name=viewport content="user-scalable=no,width=device-width" />
  <link rel=stylesheet href=jquery.mobile/jquery.mobile.css />
  <script src=jquery.js></script>
  <script src=jquery.mobile/jquery.mobile.js></script>
</head>

<body>

<div data-role=page id=home>
  <div data-role=header>
    <h1>Home</h1>
  </div>

  <div data-role=content>
    <span> Choisissez un appartement : </span>
  </div>
</div>
```

```
</body>
</html>

<script>

var html = "";
html += "<div data-role=controlgroup>";
html +=    "<label for=id1>1 pièce</label>";
html +=    "<input type=checkbox id=id1 name=p1 />";
html +=    "<label for=id2>2 pièces</label>";
html +=    "<input type=checkbox id=id2 name=p2 />";
html +=    "<label for=id3>3 pièces</label>";
html +=    "<input type=checkbox id=id3 name=p3 />";
html +=    "<label for=id4>4 pièces</label>";
html +=    "<input type=checkbox id=id4 name=p4 />";
html +=    "<label for=id5>5 pièces et plus</label>";
html +=    "<input type=checkbox id=id5 name=p5 />";
html += "</div>";

$("#home div:jqmData(role=content)").append (html);

</script>
```

Transformer un élément HTML en case à cocher jQuery Mobile

Regardons, dans Firebug, le code HTML généré par jQuery Mobile après l'inclusion des cases à cocher précédentes (figure 16-2).

L'élément `<div>` englobant possède maintenant la classe CSS `ui-controlgroup`, tandis que chaque case à cocher est regroupée dans un élément `<div>` de classe `ui-checkbox`, comportant l'élément `<label>` (lui-même incluant plusieurs elements `<span>`) et l'élément `<input>` correspondant à la case à cocher.

Insérer des cases à cocher via Ajax

Plutôt que de créer les cases à cocher directement dans le code HTML comme précédemment, récupérons le code HTML correspondant à partir d'un serveur via Ajax.

Figure 16–2
Code HTML d'une case
à cocher

```
<!DOCTYPE html>
<html class="ui-mobile">
  <head>
  <body class="ui-mobile-viewport">
    <div id="home" class="ui-page ui-body-c ui-page-
      active" data-role="page" data-url="home" tabindex="0" style="min-
      height: 320px;">
        <div class="ui-header ui-bar-a" data-role="header" role="banner">
        <div class="ui-content" data-role="content" role="main">
            <span> Choisissez un appartement : </span>
            <div class="ui-corner-all ui-controlgroup ui-controlgroup-
              vertical" data-role="controlgroup">
              <div class="ui-checkbox">
                <label class="ui-btn ui-btn-up-c ui-btn-icon-left
                  ui-checkbox-off ui-corner-top" for="id1" data-theme="c">
                    <span class="ui-btn-inner
                      ui-corner-top" aria-hidden="true">
                        <span class="ui-btn-text">1 pièce</span>
                        <span class="ui-icon ui-icon-checkbox-off ui-icon-
                          shadow"></span>
                    </span>
                </label>
                <input id="id1" type="checkbox" name="p1">
              </div>
              <div class="ui-checkbox">
              <div class="ui-checkbox">
              <div class="ui-checkbox">
              <div class="ui-checkbox">
            </div>
        </div>
    </div>
    <script>
    <div class="ui-loader ui-body-a ui-corner-all" style="top: 273.5px;">
  </body>
</html>
```

Insérer des cases à cocher via Ajax

```
<!DOCTYPE html>
<html>
<head>
  <meta name=viewport content="user-scalable=no,width=device-width" />
  <link rel=stylesheet href=jquery.mobile/jquery.mobile.css />
  <script src=jquery.js></script>
  <script src=jquery.mobile/jquery.mobile.js></script>
</head>

<body>

<div data-role=page id=home>
  <div data-role=header>
    <h1>Home</h1>
  </div>

  <div data-role=content>
    <span> Choisissez un appartement : </span>
```

```
    </div>
  </div>

  </body>
  </html>

  <script>

  $.ajax (
  {
    url : "action.php",
    complete : function (xhr, result)
    {
      if (result != "success") return;
      var response = xhr.responseText;
      $("#home div:jqmData(role=content)").append (response);

      $("input").checkboxradio ();
      $("input").closest ("div:jqmData(role=controlgroup)").controlgroup ();
    }
  });

  </script>
```

> REMARQUE **Les méthodes checkboxradio () et controlgroup ()**
>
> Notons l'utilisation des méthodes checkboxradio () et controlgroup (). La méthode checkboxradio () sert à transformer le code HTML des éléments <label> et <input> en un élément <div> correspondant à la case à cocher (de classe ui-checkbox). Quant à la méthode controlgroup () appelée sur l'élément <div> englobant, elle permet de grouper les cases à cocher dans un même ensemble visuel.

Ficher action.php

```
<?
$html = "";
$html .= "<div data-role=controlgroup>";
$html .=    "<label for=id1>1 pièce</label>";
$html .=    "<input type=checkbox id=id1 name=p1 />";
$html .=    "<label for=id2>2 pièces</label>";
$html .=    "<input type=checkbox id=id2 name=p2 />";
$html .=    "<label for=id3>3 pièces</label>";
$html .=    "<input type=checkbox id=id3 name=p3 />";
$html .=    "<label for=id4>4 pièces</label>";
$html .=    "<input type=checkbox id=id4 name=p4 />";
```

```
$html .=    "<label for=id5>5 pièces et plus</label>";
$html .=    "<input type=checkbox id=id5 name=p5 />";
$html .= "</div>";
echo utf8_encode ($html);
?>
```

Remarquons que l'appel des méthodes checkboxradio () et controlgroup () peut être remplacé par le déclenchement de l'événement create. Ainsi à la place de :

Utilisation des méthodes standards sur les composants (1re façon)

```
$("input").checkboxradio ();
$("input").closest ("div:jqmData(role=controlgroup)").controlgroup ();
```

on peut aussi écrire :

Utilisation de l'événement create sur la fenêtre (2nde façon)

```
$("#home").trigger ("create");
```

L'événement create sera reçu par l'objet document dans jQuery Mobile, et le traitement de cet événement en interne recherchera les éléments HTML à transformer en composants jQuery Mobile. Donc, le déclenchement d'un seul événement create traite les cases à cocher et le groupe qui les englobe.

Affecter et récupérer la valeur d'une case à cocher

Case à cocher déjà présente dans le code HTML

On utilise l'attribut checked de l'élément <input> correspondant à la case à cocher pour gérer la sélection ou la désélection de cette case.

- La méthode attr ("checked", "checked"), utilisée sur l'élément <input>, sert à sélectionner la case (elle sera donc cochée), tandis que la méthode attr ("checked", "") sert à la désélectionner (elle ne sera plus cochée).
- La méthode attr ("checked") est utilisée pour récupérer la valeur de l'attribut checked. La valeur retournée dépend de la version utilisée de jQuery. Pour jQuery 1.5, cette valeur sera true si la case est cochée, false dans le cas contraire. À partir de jQuery 1.6, cette valeur sera "checked" si la case est cochée, undefined dans le cas contraire.

Cocher la case « 2 pièces »

```
$("input#id2").attr ("checked", "checked");
```

Décocher la case « 2 pièces »

```
$("input#id2").attr ("checked", "");
```

La case « 2 pièces » est-elle cochée ?

```
alert ($("input#id2").attr ("checked"));
    // true / "checked" (cochée), false / undefined (non cochée)
```

L'exemple suivant permet de mettre en œuvre les méthodes précédentes.

Sélection et désélection d'une case à cocher

```
<!DOCTYPE html>
<html>
<head>
  <meta name=viewport content="user-scalable=no,width=device-width" />
  <link rel=stylesheet href=jquery.mobile/jquery.mobile.css />
  <script src=jquery.js></script>
  <script src=jquery.mobile/jquery.mobile.js></script>
</head>

<body>

<div data-role=page id=home>
  <div data-role=header>
    <h1>Home</h1>
  </div>

  <div data-role=content>
    <span> Choisissez un appartement : </span>
    <div data-role=controlgroup>
      <label for=id1>1 pièce</label>
      <input type=checkbox id=id1 name=p1 />
      <label for=id2>2 pièces</label>
      <input type=checkbox id=id2 name=p2 />
      <label for=id3>3 pièces</label>
      <input type=checkbox id=id3 name=p3 />
      <label for=id4>4 pièces</label>
      <input type=checkbox id=id4 name=p4 />
      <label for=id5>5 pièces et plus</label>
      <input type=checkbox id=id5 name=p5 />
```

```
      </div>
    </div>
  </div>

  </body>
  </html>

  <script>

  $("#id2").attr ("checked", "checked");
  alert ($("#id2").attr ("checked"));    // affiche true ou checked
  alert ($("#id3").attr ("checked"));    // affiche false ou undefined

  </script>
```

Figure 16–3
Sélection dynamique
des cases à cocher

Case à cocher créée dynamiquement

Les méthodes attr ("checked") et attr ("checked", "checked" / "") sont également
employées pour récupérer ou affecter une valeur à la case à cocher. Toutefois, il y a
des cas où le rafraîchissement de la case à cocher ne s'effectue pas, d'où la nécessité
d'utiliser également la méthode checkboxradio ("refresh").

Considérons plusieurs cases à cocher créées dynamiquement avec jQuery. Nous souhaitons, dans l'événement `checkboxradiocreate`, cocher celles représentant les « 2 pièces » et les « 3 pièces ».

Cocher les « 2 pièces » et les « 3 pièces » dans la liste

```html
<!DOCTYPE html>
<html>
<head>
  <meta name=viewport content="user-scalable=no,width=device-width" />
  <link rel=stylesheet href=jquery.mobile/jquery.mobile.css />
  <script src=jquery.js></script>
  <script src=jquery.mobile/jquery.mobile.js></script>
</head>

<body>

<div data-role=page id=home>
  <div data-role=header>
    <h1>Home</h1>
  </div>

  <div data-role=content>
    <span> Choisissez un appartement : </span>
  </div>
</div>

</body>
</html>

<script>

var html = "";
html += "<div data-role=controlgroup>";
html +=   "<label for=id1>1 pièce</label>";
html +=   "<input type=checkbox id=id1 name=p1 />";
html +=   "<label for=id2>2 pièces</label>";
html +=   "<input type=checkbox id=id2 name=p2 />";
html +=   "<label for=id3>3 pièces</label>";
html +=   "<input type=checkbox id=id3 name=p3 />";
html +=   "<label for=id4>4 pièces</label>";
html +=   "<input type=checkbox id=id4 name=p4 />";
html +=   "<label for=id5>5 pièces et plus</label>";
html +=   "<input type=checkbox id=id5 name=p5 />";
html += "</div>";

$("#home div:jqmData(role=content)").append (html);
```

```
$("input").bind ("checkboxradiocreate", function (event)
{
  if (this.id == "id2" || this.id == "id3")
    $(this).attr ("checked", "checked").checkboxradio ("refresh");
});

</script>
```

Figure 16–4
Plusieurs cases à cocher
sélectionnées

> À SAVOIR **La méthode checkboxradio ("refresh")**
>
> L'utilisation de la méthode checkboxradio ("refresh") est ici obligatoire, car la case à cocher est
> affectée après avoir été créée (c'est-à-dire dans l'événement checkboxradiocreate). Si on effectue la
> modification avant cette création (donc en dehors de cet événement), l'appel de la méthode est inutile
> (et même interdit, car il provoque une erreur jQuery, comme on peut le voir avec Firebug, due à l'utilisa-
> tion de la méthode dans un contexte non autorisé).

Insérer et supprimer une case à cocher dans une liste existante

On utilise les méthodes standards de jQuery afin d'insérer ou de supprimer les éléments correspondant à une case à cocher.

Insertion et suppression de cases à cocher

```
<!DOCTYPE html>
<html>
<head>
  <meta name=viewport content="user-scalable=no,width=device-width" />
  <link rel=stylesheet href=jquery.mobile/jquery.mobile.css />
  <script src=jquery.js></script>
  <script src=jquery.mobile/jquery.mobile.js></script>
</head>

<body>

<div data-role=page id=home>
  <div data-role=header>
    <h1>Home</h1>
  </div>

  <div data-role=content>
    <span> Choisissez un appartement : </span>
    <div data-role=controlgroup>
      <label for=id1>1 pièce</label>
      <input type=checkbox id=id1 name=p1 />
      <label for=id2>2 pièces</label>
      <input type=checkbox id=id2 name=p2 />
      <label for=id3>3 pièces</label>
      <input type=checkbox id=id3 name=p3 />
      <label for=id4>4 pièces</label>
      <input type=checkbox id=id4 name=p4 />
      <label for=id5>5 pièces et plus</label>
      <input type=checkbox id=id5 name=p5 />
    </div>
  </div>
</div>

</body>
</html>

<script>

var html = "";
```

```
html += "<label for=id0>Chambre</label>";
html += "<input type=checkbox id=id0 name=p0 />";

$("input#id1").after (html);
$("input#id1, label[for=id1]").remove ();

</script>
```

Figure 16–5
Cases à cocher insérées et
supprimées dynamiquement

Toutefois, ce fonctionnement n'est pas toujours garanti. Il marche ici car le code HTML n'a pas encore été transformé par jQuery Mobile au moment de l'insertion ou de la suppression de la case à cocher. Dès que le code HTML sera transformé par jQuery Mobile, d'autres mécanismes seront à mettre en œuvre pour arriver à nos fins.

Insertion et suppression de cases à cocher dans une fenêtre déjà créée

```
<!DOCTYPE html>
<html>
<head>
  <meta name=viewport content="user-scalable=no,width=device-width" />
  <link rel=stylesheet href=jquery.mobile/jquery.mobile.css />
  <script src=jquery.js></script>
  <script src=jquery.mobile/jquery.mobile.js></script>
</head>
```

```
<body>

<div data-role=page id=home>
  <div data-role=header>
    <h1>Home</h1>
  </div>

  <div data-role=content>
    <span> Choisissez un appartement : </span>
    <div data-role=controlgroup>
      <label for=id1>1 pièce</label>
      <input type=checkbox id=id1 name=p1 />
      <label for=id2>2 pièces</label>
      <input type=checkbox id=id2 name=p2 />
      <label for=id3>3 pièces</label>
      <input type=checkbox id=id3 name=p3 />
      <label for=id4>4 pièces</label>
      <input type=checkbox id=id4 name=p4 />
      <label for=id5>5 pièces et plus</label>
      <input type=checkbox id=id5 name=p5 />
    </div>
  </div>
</div>

</body>
</html>

<script>

$("#id1").bind ("checkboxradiocreate", function (event)
{
  var html = "";
  html += "<label for=id0>Chambre</label>";
  html += "<input type=checkbox id=id0 name=p0 />";

  $(this).parent ("div.ui-checkbox").after (html);    // insertion
  $(this).parent ("div.ui-checkbox").remove ();       // suppression
  $("#id0").checkboxradio ();
  $("div:jqmData(role=controlgroup)").controlgroup ();
});

</script>
```

Comme nous souhaitons manipuler la première case à cocher, nous attendons qu'elle soit créée par l'événement checkboxradiocreate. Son code HTML ayant déjà été transformé par jQuery Mobile, cette case à cocher est maintenant regroupée dans un élément `<div>` de classe CSS `ui-checkbox`. L'ajout d'une case à cocher nécessite d'utiliser la méthode `checkboxradio ()` sur cet élément inséré de façon à transformer le code HTML. De plus, l'élément ajouté modifie la structure correspondant au `<div>` regroupant l'ensemble des cases à cocher, d'où la nécessité d'utiliser la méthode `controlgroup ()` sur cet élément `<div>`.

Remarquons que nous pouvons aussi utiliser l'événement `create` pour créer la nouvelle case à cocher et rafraîchir l'affichage du groupe d'éléments. Ainsi, à la place de :

Utiliser les méthodes standards sur les composants (1re façon)

```
$("#id0").checkboxradio ();
$("div:jqmData(role=controlgroup)").controlgroup ();
```

on peut aussi écrire :

Utiliser l'événement create sur la fenêtre (2nde façon)

```
$("#home").trigger ("create");
```

Gérer les événements sur les cases à cocher

jQuery Mobile permet d'observer l'événement `change` sur les cases à cocher. Comme une case à cocher possède seulement deux états (cochée ou non), cet événement est généré à chaque clic sur la case à cocher. L'événement `click` existe également, mais n'est pas utilisable directement comme nous le verrons ci-après.

Utiliser l'événement change sur les cases à cocher

```
<!DOCTYPE html>
<html>
<head>
  <meta name=viewport content="user-scalable=no,width=device-width" />
  <link rel=stylesheet href=jquery.mobile/jquery.mobile.css />
  <script src=jquery.js></script>
  <script src=jquery.mobile/jquery.mobile.js></script>
</head>

<body>

<div data-role=page id=home>
  <div data-role=header>
    <h1>Home</h1>
```

```
    </div>

    <div data-role=content>
      <span> Choisissez un appartement : </span>
      <div data-role=controlgroup>
        <label for=id1>1 pièce</label>
        <input type=checkbox id=id1 name=p1 />
        <label for=id2>2 pièces</label>
        <input type=checkbox id=id2 name=p2 />
        <label for=id3>3 pièces</label>
        <input type=checkbox id=id3 name=p3 />
        <label for=id4>4 pièces</label>
        <input type=checkbox id=id4 name=p4 />
        <label for=id5>5 pièces et plus</label>
        <input type=checkbox id=id5 name=p5 />
      </div>
    </div>
</div>

</body>
</html>

<script>

$(":checkbox").bind ("change", function (event)
{
  alert ($(this).attr ("checked"));
});

</script>
```

> À SAVOIR **Pourquoi l'événement click ne peut-il pas être utilisé directement ?**
>
> N'oublions pas que jQuery Mobile transforme le code HTML initial et, de ce fait, c'est l'élément <div> de classe CSS ui-checkbox qui reçoit l'événement click, au lieu de l'élément <input> directement. En revanche, tout clic sur l'élément <div> provoque un événement change sur l'élément <input>, d'où son utilisation.

Personnaliser les cases à cocher

Nous avons précédemment vu comment jQuery Mobile transformait le code HTML initial en un code HTML permettant l'affichage selon les conventions de jQuery Mobile. Par exemple, modifions certaines classes CSS utilisées par jQuery Mobile pour effectuer l'affichage des cases à cocher.

Styler les cases à cocher

```
<!DOCTYPE html>
<html>
<head>
  <meta name=viewport content="user-scalable=no,width=device-width" />
  <link rel=stylesheet href=jquery.mobile/jquery.mobile.css />
  <script src=jquery.js></script>
  <script src=jquery.mobile/jquery.mobile.js></script>

  <style type=text/css>
    .ui-controlgroup .ui-checkbox label {
      font-size : 25px;
      font-style : italic;
    }
    .ui-checkbox .ui-btn {
      text-align : right;
    }
  </style>
</head>

<body>

<div data-role=page id=home>
  <div data-role=header>
    <h1>Home</h1>
  </div>

  <div data-role=content>
    <span> Choisissez un appartement : </span>
    <div data-role=controlgroup>
      <label for=id1>1 pièce</label>
      <input type=checkbox id=id1 name=p1 />
      <label for=id2>2 pièces</label>
      <input type=checkbox id=id2 name=p2 />
      <label for=id3>3 pièces</label>
      <input type=checkbox id=id3 name=p3 />
      <label for=id4>4 pièces</label>
      <input type=checkbox id=id4 name=p4 />
      <label for=id5>5 pièces et plus</label>
      <input type=checkbox id=id5 name=p5 />
    </div>
  </div>
</div>

</body>
</html>
```

Figure 16–6
Cases à cocher personnalisées

Exemples de manipulation des cases à cocher

Transmettre l'ensemble des valeurs des cases à cocher au serveur, puis afficher une autre fenêtre

Nous souhaitons ici transmettre au serveur l'ensemble des valeurs des cases à cocher dès que l'une d'elles est modifiée. Le serveur renvoie alors une autre fenêtre contenant l'état de chacune des cases à cocher.

Transmettre les valeurs des cases à cocher, puis afficher une nouvelle fenêtre

```
<!DOCTYPE html>
<html>
<head>
  <meta name=viewport content="user-scalable=no,width=device-width" />
  <link rel=stylesheet href=jquery.mobile/jquery.mobile.css />
  <script src=jquery.js></script>
  <script src=jquery.mobile/jquery.mobile.js></script>
</head>
```

```
<body>

<div data-role=page id=home>
  <div data-role=header>
    <h1>Home</h1>
  </div>

  <div data-role=content>
    <span> Choisissez un appartement : </span>
    <div data-role=controlgroup>
      <label for=id1>1 pièce</label>
      <input type=checkbox id=id1 name=p1 />
      <label for=id2>2 pièces</label>
      <input type=checkbox id=id2 name=p2 />
      <label for=id3>3 pièces</label>
      <input type=checkbox id=id3 name=p3 />
      <label for=id4>4 pièces</label>
      <input type=checkbox id=id4 name=p4 />
      <label for=id5>5 pièces et plus</label>
      <input type=checkbox id=id5 name=p5 />
    </div>
  </div>
</div>

</body>
</html>

<script>

$(":checkbox").bind ("change", function (event)
{
  var data = { };
  $(":checkbox").each (function (index)
  {
    data[this.name] = $(this).attr ("checked");
  });

  $.mobile.changePage ("action.php", { data : data } );
});

</script>
```

À chaque clic sur une case à cocher, un appel au serveur est effectué et affiche une nouvelle fenêtre indiquant quelles cases sont cochées ou pas.

On utilise la propriété data qui contient les noms des champs transmis ainsi que leurs valeurs. Par exemple, p1 de valeur "true" (ou "checked") si cochée, ou "false" (ou "undefined") si non cochée.

Fichier action.php

```php
<?
$p1 = $_REQUEST["p1"];
$p2 = $_REQUEST["p2"];
$p3 = $_REQUEST["p3"];
$p4 = $_REQUEST["p4"];
$p5 = $_REQUEST["p5"];

function display_selected ($p)
{
   if ($p == "true" or $p == "checked")
     echo ("sélectionné");
   else
     echo ("non sélectionné");
}
?>

<!DOCTYPE html>
<html>
<head>
  <meta http-equiv=Content-Type content=text/html;charset=iso-8859-1 />
</head>

<body>
<div data-role=page id=win2 data-add-back-btn=true>
  <div data-role=header>
    <h1>Fenêtre 2</h1>
  </div>

  <div data-role=content>
    <p> Appartement 1 pièce : <?= display_selected ($p1) ?> </p>
    <p> Appartement 2 pièces: <?= display_selected ($p2) ?> </p>
    <p> Appartement 3 pièces : <?= display_selected ($p3) ?> </p>
    <p> Appartement 4 pièces : <?= display_selected ($p4) ?> </p>
    <p> Appartement 5 pièces et plus : <?= display_selected ($p5) ?> </p>
  </div>
</div>
</body>

</html>
```

Après plusieurs sélections de cases à cocher, on obtient l'affichage des valeurs tel qu'il est présenté sur la figure 16-7.

Figure 16–7
Afficher via Ajax la valeur
des cases à cocher

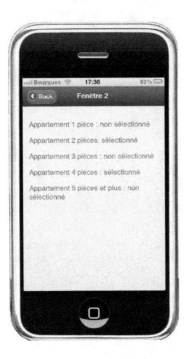

Utiliser un bouton de type « submit » pour transmettre les informations

Plutôt que de transmettre les valeurs des cases à cocher lors de chacun de leur changement d'état, on peut aussi utiliser un bouton de validation de type submit, qui affichera une nouvelle fenêtre contenant le récapitulatif des cases cochées ou non.

Transmettre les cases à cocher lors d'un clic sur le bouton Valider

```
<!DOCTYPE html>
<html>
<head>
  <meta name=viewport content="user-scalable=no,width=device-width" />
  <link rel=stylesheet href=jquery.mobile/jquery.mobile.css />
  <script src=jquery.js></script>
  <script src=jquery.mobile/jquery.mobile.js></script>
</head>

<body>

<div data-role=page id=home>
  <div data-role=header>
    <h1>Home</h1>
  </div>
```

```
    <div data-role=content>
      <form action=action.php>
        <span> Choisissez un appartement : </span>
        <div data-role=controlgroup>
          <label for=id1>1 pièce</label>
          <input type=checkbox id=id1 name=p1 />
          <label for=id2>2 pièces</label>
          <input type=checkbox id=id2 name=p2 />
          <label for=id3>3 pièces</label>
          <input type=checkbox id=id3 name=p3 />
          <label for=id4>4 pièces</label>
          <input type=checkbox id=id4 name=p4 />
          <label for=id5>5 pièces et plus</label>
          <input type=checkbox id=id5 name=p5 />
        </div>
        <input type=submit value=Valider>
      </form>
    </div>
  </div>
</div>

</body>
</html>

<script>

</script>
```

Le bouton *Valider* ainsi que les cases à cocher sont maintenant inscrits dans un formulaire appelant le fichier action.php lors de sa validation. Le programme JavaScript est extrêmement simple : il est vide ! En effet, tout le traitement est maintenant effectué en interne par jQuery Mobile, grâce à la validation du formulaire.

Le fichier action.php est presque similaire au précédent, avec une légère différence.

Fichier action.php

```
<?
$p1 = $_REQUEST["p1"];
$p2 = $_REQUEST["p2"];
$p3 = $_REQUEST["p3"];
$p4 = $_REQUEST["p4"];
$p5 = $_REQUEST["p5"];

function display_selected ($p)
{
   if ($p == "on")
     echo ("sélectionné");
```

```
   else
      echo ("non sélectionné");
}
?>

<!DOCTYPE html>
<html>
<head>
  <meta http-equiv=Content-Type content=text/html;charset=iso-8859-1 />
</head>

<body>
<div data-role=page id=win2 data-add-back-btn=true>
  <div data-role=header>
    <h1>Fenêtre 2</h1>
  </div>

  <div data-role=content>
    <p> Appartement 1 pièce : <?= display_selected ($p1) ?> </p>
    <p> Appartement 2 pièces: <?= display_selected ($p2) ?> </p>
    <p> Appartement 3 pièces : <?= display_selected ($p3) ?> </p>
    <p> Appartement 4 pièces : <?= display_selected ($p4) ?> </p>
    <p> Appartement 5 pièces et plus : <?= display_selected ($p5) ?> </p>
  </div>
</div>
</body>

</html>
```

La différence réside dans le test permettant de savoir si une case à cocher est sélectionnée ou non. On teste maintenant si la valeur est "on", signifiant que la case est cochée. En effet, "on" est la valeur transmise lors d'une validation de formulaire, dans le cas où aucun attribut value n'est indiqué dans l'élément <input> décrivant la case à cocher. Si l'attribut value est précisé, c'est cette valeur qui est transmise à la place de "on".

17

Manipuler les boutons radio

La gestion des boutons radio dans jQuery Mobile est similaire à celle des cases à cocher. Les boutons radio sont créés au moyen de l'élément `<input>` possédant l'attribut `type="radio"`. La méthode `checkboxradio ()` ajoutée par jQuery Mobile servira à gérer les boutons radio ainsi que les cases à cocher, comme nous l'avons vu dans le précédent chapitre. Les boutons radio sont associés au composant standard `checkboxradio`.

Créer dynamiquement des boutons radio

On crée un bouton radio en insérant un élément `<input>` dont les attributs `type="radio"` et `name` sont obligatoirement indiqués. Le même attribut `name` doit être utilisé pour tous les boutons radio d'un groupe. Cet élément `<input>` doit être associé à un élément `<label>` contenant le texte du bouton radio, dont l'attribut `for` correspond à l'attribut `id` de l'élément `<input>`.

Afin de regrouper les boutons radio au sein d'un même ensemble, on les insère dans un élément `<div>` possédant l'attribut `data-role="controlgroup"`.

Création dynamique de boutons radio

```
<!DOCTYPE html>
<html>
<head>
  <meta name=viewport content="user-scalable=no,width=device-width" />
  <link rel=stylesheet href=jquery.mobile/jquery.mobile.css />
  <script src=jquery.js></script>
  <script src=jquery.mobile/jquery.mobile.js></script>
</head>

<body>

<div data-role=page id=home>
  <div data-role=header>
    <h1>Home</h1>
  </div>

  <div data-role=content>
    <span> Choisissez le nombre de pièces : </span>
  </div>
</div>

</body>
</html>

<script>

var html = "";
html += "<div data-role=controlgroup>";
html +=    "<label for=id1>1</label>";
html +=    "<input type=radio id=id1 name=pieces />";
html +=    "<label for=id2>2</label>";
html +=    "<input type=radio id=id2 name=pieces />";
html +=    "<label for=id3>3</label>";
html +=    "<input type=radio id=id3 name=pieces />";
html +=    "<label for=id4>4</label>";
html +=    "<input type=radio id=id4 name=pieces />";
html +=    "<label for=id5>5 et plus</label>";
html +=    "<input type=radio id=id5 name=pieces />";
html += "</div>";

$("#home div:jqmData(role=content)").append (html);

</script>
```

Figure 17–1
Boutons radio affichés
dynamiquement

Transformer un élément HTML en bouton radio jQuery Mobile

Regardons, dans Firebug, le code HTML généré par jQuery Mobile après l'inclusion des boutons radio précédents (figure 17-2).

L'élément `<div>` englobant possède maintenant la classe CSS `ui-controlgroup`, tandis que chaque bouton radio est regroupé dans un élément `<div>` de classe `ui-radio`, incluant l'élément `<label>` (lui-même incluant plusieurs éléments `<span>`) et l'élément `<input>` correspondant au bouton radio.

On constate que c'est le même principe que pour les cases à cocher, excepté que la classe `ui-checkbox` a été remplacée par `ui-radio`.

Figure 17–2
Code HTML d'un bouton radio

```
<!DOCTYPE html>
<html class="ui-mobile">
  <head>
  <body class="ui-mobile-viewport">
    <div id="home" class="ui-page ui-body-c ui-page-
      active" data-role="page" data-url="home" tabindex="0" style="min-
      height: 320px;">
      <div class="ui-header
        ui-bar-a" data-role="header" role="banner">
      <div class="ui-content" data-role="content" role="main">
        <span> Choisissez le nombre de pièces : </span>
        <div class="ui-corner-all ui-controlgroup ui-controlgroup-
          vertical" data-role="controlgroup">
          <div class="ui-radio">
            <label class="ui-btn ui-btn-up-c ui-btn-icon-left
              ui-radio-off ui-corner-top" for="id1" data-theme="c">
              <span class="ui-btn-inner
                ui-corner-top" aria-hidden="true">
                <span class="ui-btn-text">1</span>
                <span class="ui-icon ui-icon-radio-off
                  ui-icon-shadow"></span>
              </span>
            </label>
            <input id="id1" type="radio" name="pieces">
          </div>
          <div class="ui-radio">
          <div class="ui-radio">
          <div class="ui-radio">
          <div class="ui-radio">
        </div>
      </div>
    </div>
    <script>
    <div class="ui-loader ui-body-a ui-corner-all" style="top: 8.5px;">
  </body>
</html>
```

Insérer des boutons radio via Ajax

Plutôt que de créer les boutons radio directement dans le code HTML comme précédemment, récupérons le code HTML correspondant à partir d'un serveur via Ajax.

Insérer des boutons radio via Ajax

```
<!DOCTYPE html>
<html>
<head>
  <meta name=viewport content="user-scalable=no,width=device-width" />
  <link rel=stylesheet href=jquery.mobile/jquery.mobile.css />
  <script src=jquery.js></script>
  <script src=jquery.mobile/jquery.mobile.js></script>
</head>

<body>

<div data-role=page id=home>
```

```
    <div data-role=header>
      <h1>Home</h1>
    </div>

    <div data-role=content>
      <span> Choisissez le nombre de pièces : </span>
    </div>
</div>

</body>
</html>

<script>

$.ajax (
{
  url : "action.php",
  complete : function (xhr, result)
  {
    if (result != "success") return;
    var response = xhr.responseText;
    $("#home div:jqmData(role=content)").append (response);

    $("input").checkboxradio ();
    $("input").closest ("div:jqmData(role=controlgroup)").controlgroup ();
  }
});

</script>
```

> **REMARQUE**
>
> Notons l'utilisation des méthodes checkboxradio () et controlgroup (). La méthode
> checkboxradio () sert à transformer le code HTML des éléments <label> et <input> en un
> élément <div> correspondant au bouton radio (de classe ui-radio). Tandis que la méthode
> controlgroup () appelée sur l'élément <div> englobant permet de grouper les boutons radio
> dans un même ensemble visuel.

Ficher action.php

```
<?
$html = "";
$html .= "<div data-role=controlgroup>";
$html .=   "<label for=id1>1</label>";
$html .=   "<input type=radio id=id1 name=pieces />";
$html .=   "<label for=id2>2</label>";
$html .=   "<input type=radio id=id2 name=pieces />";
$html .=   "<label for=id3>3</label>";
$html .=   "<input type=radio id=id3 name=pieces />";
```

```
$html .=    "<label for=id4>4</label>";
$html .=    "<input type=radio id=id4 name=pieces />";
$html .=    "<label for=id5>5 et plus</label>";
$html .=    "<input type=radio id=id5 name=pieces />";
$html .= "</div>";
echo utf8_encode ($html);
?>
```

Comme pour les cases à cocher (voir chapitre précédent), l'appel des méthodes `checkboxradio ()` et `controlgroup ()` peut être remplacé par le déclenchement de l'événement `create`. Ainsi à la place de :

Utilisation des méthodes standards sur les composants (1re façon)

```
$("input").checkboxradio ();
$("input").closest ("div:jqmData(role=controlgroup)").controlgroup ();
```

on peut aussi écrire :

Utilisation de l'événement create sur la fenêtre (2nde façon)

```
$("#home").trigger ("create");
```

Affecter et récupérer la valeur d'un bouton radio

Bouton radio déjà présent dans le code HTML

On utilise l'attribut `checked` de l'élément `<input>` correspondant au bouton radio pour gérer la sélection ou la désélection de ce bouton radio. Remarquons que si un bouton radio est sélectionné, les autres boutons radio du même groupe sont obligatoirement désélectionnés (un seul bouton radio peut être sélectionné dans un même groupe).

- La méthode `attr ("checked", "checked")`, utilisée sur l'élément `<input>`, sert à sélectionner le bouton radio (les autres boutons radio du groupe seront donc désélectionnés), tandis que la méthode `attr ("checked", "")` sert à désélectionner ce bouton radio.
- La méthode `attr ("checked")` est utilisée pour récupérer la valeur de l'attribut `checked`. La valeur retournée dépend de la version utilisée de jQuery. Pour jQuery 1.5, cette valeur sera `true` si le bouton radio est sélectionné, `false` dans le cas contraire. À partir de jQuery 1.6, cette valeur sera `"checked"` si le bouton radio est sélectionné, `undefined` dans le cas contraire.

Sélectionner le bouton radio « 2 pièces »

```
$("input#id2").attr ("checked", "checked");
```

Désélectionner le bouton radio « 2 pièces »

```
$("input#id2").attr ("checked", "");
```

Le bouton radio « 2 pièces » est-il sélectionné ?

```
alert ($("input#id2").attr ("checked"));
    // true / "checked" (sélectionné), false / undefined (non
sélectionné)
```

L'exemple suivant permet de mettre en œuvre les méthodes précédentes.

Sélection et désélection d'un bouton radio

```
<!DOCTYPE html>
<html>
<head>
  <meta name=viewport content="user-scalable=no,width=device-width" />
  <link rel=stylesheet href=jquery.mobile/jquery.mobile.css />
  <script src=jquery.js></script>
  <script src=jquery.mobile/jquery.mobile.js></script>
</head>

<body>

<div data-role=page id=home>
  <div data-role=header>
    <h1>Home</h1>
  </div>

  <div data-role=content>
    <span> Choisissez le nombre de pièces : </span>
    <div data-role=controlgroup>
      <label for=id1>1</label>
      <input type=radio id=id1 name=pieces />
      <label for=id2>2</label>
      <input type=radio id=id2 name=pieces />
      <label for=id3>3</label>
      <input type=radio id=id3 name=pieces />
      <label for=id4>4</label>
      <input type=radio id=id4 name=pieces />
      <label for=id5>5 et plus</label>
```

```
        <input type=radio id=id5 name=pieces />
      </div>
   </div>
</div>

</body>
</html>

<script>

$("#id2").attr ("checked", "checked");
alert ($("#id2").attr ("checked"));      // affiche true ou checked
alert ($("#id3").attr ("checked"));      // affiche false ou undefined

</script>
```

Figure 17–3
Bouton radio sélectionné
dynamiquement

Bouton radio créé dynamiquement

Les méthodes attr ("checked") et attr ("checked", "checked" / "") sont également utilisées pour récupérer ou affecter une valeur d'un bouton radio. Toutefois, il y
a des cas où le rafraîchissement du bouton radio ne s'effectue pas, d'où la nécessité
d'utiliser également la méthode checkboxradio ("refresh").

Considérons plusieurs boutons radio créés dynamiquement avec jQuery. Nous souhaitons, dans l'événement `checkboxradiocreate`, sélectionner celui représentant les « 2 pièces ».

Sélectionner les « 2 pièces » dans la liste

```
<!DOCTYPE html>
<html>
<head>
  <meta name=viewport content="user-scalable=no,width=device-width" />
  <link rel=stylesheet href=jquery.mobile/jquery.mobile.css />
  <script src=jquery.js></script>
  <script src=jquery.mobile/jquery.mobile.js></script>
</head>

<body>

<div data-role=page id=home>
  <div data-role=header>
    <h1>Home</h1>
  </div>

  <div data-role=content>
    <span> Choisissez le nombre de pièces : </span>
  </div>
</div>

</body>
</html>

<script>

var html = "";
html += "<div data-role=controlgroup>";
html +=   "<label for=id1>1</label>";
html +=   "<input type=radio id=id1 name=pieces />";
html +=   "<label for=id2>2</label>";
html +=   "<input type=radio id=id2 name=pieces />";
html +=   "<label for=id3>3</label>";
html +=   "<input type=radio id=id3 name=pieces />";
html +=   "<label for=id4>4</label>";
html +=   "<input type=radio id=id4 name=pieces />";
html +=   "<label for=id5>5 et plus</label>";
html +=   "<input type=radio id=id5 name=pieces />";
html += "</div>";

$("#home div:jqmData(role=content)").append (html);
```

```
$("#id2").bind ("checkboxradiocreate", function (event)
{
  $(this).attr ("checked", "checked").checkboxradio ("refresh");
});

</script>
```

Figure 17–4
Bouton radio sélectionné
dynamiquement

À SAVOIR **La méthode checkboxradio ("refresh")**

L'utilisation de la méthode checkboxradio ("refresh") est ici obligatoire, car le bouton radio est affecté après que la fenêtre a été créée (c'est-à-dire dans l'événement checkboxradiocreate). Si on effectue la modification avant cette création (donc en dehors de cet événement), l'appel de la méthode est inutile (et même interdit, car il provoque une erreur jQuery comme on peut le voir avec Firebug, due à l'utilisation de la méthode dans un contexte non autorisé).

Insérer et supprimer un bouton radio dans une liste existante

On utilise les méthodes standards de jQuery afin d'insérer ou de supprimer les éléments correspondant à un bouton radio.

Insertion et suppression de boutons radio

```
<!DOCTYPE html>
<html>
<head>
  <meta name=viewport content="user-scalable=no,width=device-width" />
  <link rel=stylesheet href=jquery.mobile/jquery.mobile.css />
  <script src=jquery.js></script>
  <script src=jquery.mobile/jquery.mobile.js></script>
</head>

<body>

<div data-role=page id=home>
  <div data-role=header>
    <h1>Home</h1>
  </div>

  <div data-role=content>
    <span> Choisissez le nombre de pièces : </span>
    <div data-role=controlgroup>
      <label for=id1>1</label>
      <input type=radio id=id1 name=pieces />
      <label for=id2>2</label>
      <input type=radio id=id2 name=pieces />
      <label for=id3>3</label>
      <input type=radio id=id3 name=pieces />
      <label for=id4>4</label>
      <input type=radio id=id4 name=pieces />
      <label for=id5>5 et plus</label>
      <input type=radio id=id5 name=pieces />
    </div>
  </div>
</div>

</body>
</html>

<script>

var html = "";
html += "<label for=id0>Chambre</label>";
```

```
html += "<input type=radio id=id0 name=pieces />";

$("input#id1").after (html);
$("input#id1, label[for=id1]").remove ();

</script>
```

Figure 17–5
Boutons radio
insérés et supprimés
dynamiquement

Toutefois, ce fonctionnement n'est pas toujours garanti. Il marche ici car le code HTML n'a pas encore été transformé par jQuery Mobile au moment de l'insertion ou de la suppression du bouton radio. Dès que le code HTML sera transformé par jQuery Mobile, d'autres mécanismes seront à mettre en œuvre pour arriver à nos fins.

Insertion et suppression de boutons radio dans une fenêtre déjà créée

```
<!DOCTYPE html>
<html>
<head>
  <meta name=viewport content="user-scalable=no,width=device-width" />
  <link rel=stylesheet href=jquery.mobile/jquery.mobile.css />
  <script src=jquery.js></script>
  <script src=jquery.mobile/jquery.mobile.js></script>
</head>

<body>
```

```
<div data-role=page id=home>
  <div data-role=header>
    <h1>Home</h1>
  </div>

  <div data-role=content>
    <span> Choisissez le nombre de pièces : </span>
    <div data-role=controlgroup>
      <label for=id1>1</label>
      <input type=radio id=id1 name=pieces />
      <label for=id2>2</label>
      <input type=radio id=id2 name=pieces />
      <label for=id3>3</label>
      <input type=radio id=id3 name=pieces />
      <label for=id4>4</label>
      <input type=radio id=id4 name=pieces />
      <label for=id5>5 et plus</label>
      <input type=radio id=id5 name=pieces />
    </div>
  </div>
</div>

</body>
</html>

<script>

$("#id1").bind ("checkboxradiocreate", function (event)
{
  var html = "";
  html += "<label for=id0>Chambre</label>";
  html += "<input type=radio id=id0 name=pieces />";

  $(this).parent ("div.ui-radio").after (html);    // insertion
  $(this).parent ("div.ui-radio").remove ();       // suppression
  $("#id0").checkboxradio ();
  $("div:jqmData(role=controlgroup)").controlgroup ();
});

</script>
```

Comme nous souhaitons manipuler le premier bouton radio, nous attendons qu'il soit créé par l'événement checkboxradiocreate. Son code HTML ayant déjà été transformé par jQuery Mobile, ce bouton radio est maintenant regroupé dans un élément <div> de classe CSS ui-radio. L'ajout d'un bouton radio nécessite d'utiliser la méthode checkboxradio () sur cet élément inséré de façon à transformer le code HTML. De plus, l'élément ajouté modifie la structure correspondant au <div>

regroupant l'ensemble des boutons radio, d'où la nécessité d'utiliser la méthode `controlgroup ()` sur cet élément `<div>`.

Gérer les événements sur les boutons radio

jQuery Mobile permet d'observer l'événement `change` sur les boutons radio. Cet événement est généré à chaque clic sur un bouton radio, qu'il soit déjà sélectionné ou pas. L'événement `click` existe également, mais n'est pas utilisable directement comme nous le verrons ci-après.

Utiliser l'événement change sur les boutons radio

```
<!DOCTYPE html>
<html>
<head>
  <meta name=viewport content="user-scalable=no,width=device-width" />
  <link rel=stylesheet href=jquery.mobile/jquery.mobile.css />
  <script src=jquery.js></script>
  <script src=jquery.mobile/jquery.mobile.js></script>
</head>

<body>

<div data-role=page id=home>
  <div data-role=header>
    <h1>Home</h1>
  </div>

  <div data-role=content>
    <span> Choisissez le nombre de pièces : </span>
    <div data-role=controlgroup>
      <label for=id1>1</label>
      <input type=radio id=id1 name=pieces />
      <label for=id2>2</label>
      <input type=radio id=id2 name=pieces />
      <label for=id3>3</label>
      <input type=radio id=id3 name=pieces />
      <label for=id4>4</label>
      <input type=radio id=id4 name=pieces />
      <label for=id5>5 et plus</label>
      <input type=radio id=id5 name=pieces />
    </div>
  </div>
</div>
</body>
</html>
```

```
<script>

$(":radio").bind ("change", function (event)
{
  alert ($(this).attr ("checked"));
});

</script>
```

> À SAVOIR **Pourquoi l'événement click ne peut-il pas être utilisé directement ?**
>
> N'oublions pas que jQuery Mobile transforme le code HTML initial, et de ce fait, c'est l'élément <div>
> de classe CSS ui-radio qui reçoit l'événement click, au lieu de l'élément <input> directement.
> En revanche, tout clic sur l'élément <div> provoque un événement change sur l'élément <input>,
> d'où son utilisation.

Personnaliser les boutons radio

Nous avons précédemment vu comment jQuery Mobile transformait le code
HTML initial en un code HTML permettant l'affichage selon les conventions de
jQuery Mobile. Par exemple, modifions certaines classes CSS utilisées par jQuery
Mobile pour effectuer l'affichage des boutons radio.

Styler les boutons radio

```
<!DOCTYPE html>
<html>
<head>
  <meta name=viewport content="user-scalable=no,width=device-width" />
  <link rel=stylesheet href=jquery.mobile/jquery.mobile.css />
  <script src=jquery.js></script>
  <script src=jquery.mobile/jquery.mobile.js></script>

  <style type=text/css>
    .ui-controlgroup .ui-radio label {
      font-size : 25px;
      font-style : italic;
    }
    .ui-radio .ui-btn {
      text-align : right;
    }
  </style>
</head>
```

```
<body>

<div data-role=page id=home>
  <div data-role=header>
    <h1>Home</h1>
  </div>

  <div data-role=content>
    <span> Choisissez le nombre de pièces : </span>
    <div data-role=controlgroup>
      <label for=id1>1</label>
      <input type=radio id=id1 name=pieces />
      <label for=id2>2</label>
      <input type=radio id=id2 name=pieces />
      <label for=id3>3</label>
      <input type=radio id=id3 name=pieces />
      <label for=id4>4</label>
      <input type=radio id=id4 name=pieces />
      <label for=id5>5 et plus</label>
      <input type=radio id=id5 name=pieces />
    </div>
  </div>
</div>

</body>
</html>
```

Figure 17–6
Boutons radio personnalisés

Exemples de manipulation des boutons radio

Transmettre le bouton radio sélectionné au serveur, puis afficher une autre fenêtre

Nous souhaitons ici transmettre au serveur le bouton radio venant d'être sélectionné. Le serveur renvoie alors une autre fenêtre contenant l'identifiant du bouton radio concerné.

Transmettre l'identifiant du bouton radio sélectionné, puis afficher une nouvelle fenêtre

```
<!DOCTYPE html>
<html>
<head>
  <meta name=viewport content="user-scalable=no,width=device-width" />
  <link rel=stylesheet href=jquery.mobile/jquery.mobile.css />
  <script src=jquery.js></script>
  <script src=jquery.mobile/jquery.mobile.js></script>
</head>

<body>

<div data-role=page id=home>
  <div data-role=header>
    <h1>Home</h1>
  </div>

  <div data-role=content>
    <span> Choisissez le nombre de pièces : </span>
    <div data-role=controlgroup>
      <label for=id1>1</label>
      <input type=radio id=id1 name=pieces />
      <label for=id2>2</label>
      <input type=radio id=id2 name=pieces />
      <label for=id3>3</label>
      <input type=radio id=id3 name=pieces />
      <label for=id4>4</label>
      <input type=radio id=id4 name=pieces />
      <label for=id5>5 et plus</label>
      <input type=radio id=id5 name=pieces />
    </div>
  </div>
</div>

</body>
</html>
```

```
<script>

$(":radio").bind ("change", function (event)
{
  var data = { };
  data["pieces"] = this.id;

  $.mobile.changePage ("action.php", { data : data } );
});

</script>
```

À chaque clic sur un bouton radio, un appel au serveur est effectué et affiche une nouvelle fenêtre indiquant l'identifiant du bouton radio sélectionné.

On utilise la propriété data qui contient la propriété pieces indiquant l'identifiant du bouton radio. Par exemple, data.pieces vaut id1 si le premier bouton radio est sélectionné.

Fichier action.php

```
<?
$pieces = $_REQUEST["pieces"];
?>

<!DOCTYPE html>
<html>
<head>
  <meta http-equiv=Content-Type content=text/html;charset=iso-8859-1 />
</head>

<body>
<div data-role=page id=win2 data-add-back-btn=true>
  <div data-role=header>
    <h1>Fenêtre 2</h1>
  </div>

  <div data-role=content>
    <p> Appartement sélectionné (id) : <?= $pieces ?> </p>
  </div>
</div>
</body>

</html>
```

Par exemple, en sélectionnant le premier bouton dans la fenêtre, on obtiendra l'écran représenté sur la figure 17-7.

Figure 17–7
Afficher via Ajax la valeur
des boutons radio

Utiliser un bouton de type « submit » pour transmettre les informations

Plutôt que de transmettre le bouton radio sélectionné lors de chaque changement
d'état de l'un des boutons radio, on peut aussi utiliser un bouton de validation de type
submit, qui affichera une nouvelle fenêtre contenant la valeur de ce bouton radio.

Transmettre le bouton radio sélectionné lors d'un clic sur le bouton Valider

```
<!DOCTYPE html>
<html>
<head>
  <meta name=viewport content="user-scalable=no,width=device-width" />
  <link rel=stylesheet href=jquery.mobile/jquery.mobile.css />
  <script src=jquery.js></script>
  <script src=jquery.mobile/jquery.mobile.js></script>
</head>

<body>

<div data-role=page id=home>
  <div data-role=header>
    <h1>Home</h1>
  </div>
```

```
<div data-role=content>
  <form action=action.php>
    <span> Choisissez le nombre de pièces : </span>
    <div data-role=controlgroup>
      <label for=id1>1</label>
      <input type=radio id=id1 name=pieces value=1 />
      <label for=id2>2</label>
      <input type=radio id=id2 name=pieces value=2 />
      <label for=id3>3</label>
      <input type=radio id=id3 name=pieces value=3 />
      <label for=id4>4</label>
      <input type=radio id=id4 name=pieces value=4 />
      <label for=id5>5 et plus</label>
      <input type=radio id=id5 name=pieces value=5 />
    </div>
    <input type=submit value=Valider>
  </form>
</div>
</div>

</body>
</html>

<script>

</script>
```

Le bouton *Valider* ainsi que les boutons radio sont maintenant inscrits dans un formulaire appelant le fichier `action.php` lors de sa validation. Le programme JavaScript est extrêmement simple : il est vide ! En effet, tout le traitement est maintenant effectué en interne par jQuery Mobile, grâce à la validation du formulaire.

REMARQUE **L'attribut value**

Par rapport à l'exemple précédent, nous devons maintenant obligatoirement indiquer l'attribut `value` pour chacun des boutons radio. En effet, c'est cette valeur qui sera transmise au serveur, lui permettant de connaître le bouton radio sélectionné.

Le fichier `action.php` est presque similaire au précédent.

Fichier action.php

```php
<?
$pieces = $_REQUEST["pieces"];
?>

<!DOCTYPE html>
<html>
<head>
  <meta http-equiv=Content-Type content=text/html;charset=iso-8859-1 />
</head>

<body>
<div data-role=page id=win2 data-add-back-btn=true>
  <div data-role=header>
    <h1>Fenêtre 2</h1>
  </div>

  <div data-role=content>
    <p> Appartement sélectionné (value) : <?= $pieces ?> </p>
  </div>
</div>
</body>

</html>
```

18

Manipuler les interrupteurs

La manipulation des interrupteurs s'effectue essentiellement au moyen des méthodes de jQuery. Un interrupteur est un simple élément `<select>` possédant l'attribut `data-role="slider"`. Pour le gérer, jQuery Mobile a également ajouté la méthode `slider ()` aux méthodes existantes. Les interrupteurs sont associés au composant standard `slider`.

Créer dynamiquement un interrupteur

On crée un interrupteur au moyen de l'élément `<select>` possédant l'attribut `data-role="slider"`, incluant deux éléments `<option>` correspondant aux deux valeurs possibles de l'interrupteur.

Création dynamique d'un interrupteur

```
<!DOCTYPE html>
<html>
<head>
  <meta name=viewport content="user-scalable=no,width=device-width" />
  <link rel=stylesheet href=jquery.mobile/jquery.mobile.css />
  <script src=jquery.js></script>
  <script src=jquery.mobile/jquery.mobile.js></script>
</head>
```

```
<body>

<div data-role=page id=home>
  <div data-role=header>
    <h1>Home</h1>
  </div>

  <div data-role=content>
    <span> Souhaitez-vous un appartement : </span>
  </div>
</div>

</body>
</html>

<script>

var html = "";
html += "<select data-role=slider>";
html +=   "<option value=non> Non </option>";
html +=   "<option value=oui> Oui </option>";
html += "</select>";

$("#home div:jqmData(role=content)").append (html);

</script>
```

Figure 18–1
Interrupteur créé
dynamiquement

Transformer un élément HTML en interrupteur jQuery Mobile

Reprenons le code de l'exemple précédent et regardons dans Firebug comment jQuery Mobile l'a transformé (figure 18-2).

Figure 18–2
Code HTML
d'un interrupteur

```
<!DOCTYPE html>
<html class="ui-mobile">
  <head>
  <body class="ui-mobile-viewport">
    <div id="home" class="ui-page ui-body-c ui-page-
    active" data-role="page" data-url="home" tabindex="0" style="min-
    height: 320px;">
      <div class="ui-header
      ui-bar-a" data-role="header" role="banner">
      <div class="ui-content" data-role="content" role="main">
        <span> Souhaitez vous un appartement : </span>
        <select class="ui-slider-switch" data-role="slider">
          <option value="non"> Non </option>
          <option value="oui"> Oui </option>
        </select>
        <div class="ui-slider ui-slider-switch ui-btn-down-c ui-btn-
        corner-all ui-slider-switch-a" role="application">
          <div class="ui-slider-labelbg ui-slider-labelbg-a ui-btn-
          active ui-btn-corner-left"></div>
          <div class="ui-slider-labelbg ui-slider-labelbg-b ui-btn-
          down-c ui-btn-corner-right"></div>
          <div class="ui-slider-inneroffset">
            <a class="ui-slider-handle ui-btn ui-btn-up-c ui-btn-
            corner-all ui-shadow ui-slider-handle-
            snapping" href="#" data-theme="c" role="slider" aria-
            valuemin="0" aria-valuemax="1" aria-valuenow="non" ar
            ia-valuetext=" Non
            " title="0" aria-labelledby="undefined-
            label" style="left: 0%;">
              <span class="ui-slider-label ui-slider-label-a
              ui-btn-active ui-btn-corner-left" role="img"> Oui
              </span>
              <span class="ui-slider-label ui-slider-label-b
              ui-btn-down-c ui-btn-corner-right" role="img">
              Non </span>
              <span class="ui-btn-inner ui-btn-
              corner-all" aria-hidden="true">
                <span class="ui-btn-text"></span>
              </span>
            </a>
          </div>
        </div>
      </div>
    </div>
    <script>
    <div class="ui-loader ui-body-a ui-corner-all" style="top: 9.5px;">
  </body>
</html>
```

L'élément `<select>` est toujours présent, mais un élément `<div>` de classe CSS `ui-slider` a été créé à la suite par jQuery Mobile. Il servira à donner le nouvel aspect à la liste de sélection `<select>`. Cette liste possède maintenant la classe `ui-slider-switch` qui sert à cacher l'élément `<select>` (cette classe CSS définit la propriété `display` positionnée à `none`).

Insérer un interrupteur via Ajax

Plutôt que de créer directement l'interrupteur dans le code HTML ou JavaScript, on peut le récupérer par une requête Ajax sur le serveur.

Créer un interrupteur via Ajax

```
<!DOCTYPE html>
<html>
<head>
  <meta name=viewport content="user-scalable=no,width=device-width" />
  <link rel=stylesheet href=jquery.mobile/jquery.mobile.css />
  <script src=jquery.js></script>
  <script src=jquery.mobile/jquery.mobile.js></script>
</head>

<body>

<div data-role=page id=home>
  <div data-role=header>
    <h1>Home</h1>
  </div>

  <div data-role=content>
    <span> Souhaitez-vous un appartement : </span>
  </div>
</div>

</body>
</html>

<script>

$.ajax (
{
  url : "action.php",
  complete : function (xhr, result)
  {
    if (result != "success") return;
    var response = xhr.responseText;
    $("#home div:jqmData(role=content)").append (response);

    $("select").slider ();
  }
});

</script>
```

Fichier action.php

```php
<?
$html = "";
$html .= "<select data-role=slider>";
$html .= "<option value=non> Non </option>";

$html .= "<option value=oui> Oui </option>";
$html .= "</select>";
echo utf8_encode ($html);
?>
```

Affecter et récupérer la valeur d'un interrupteur

Interrupteur déjà présent dans le code HTML

Un interrupteur est un simple élément `<select>`. La gestion de ces éléments s'effectue au moyen de la méthode `val (value)` pour affecter une valeur à la liste de sélection ou la méthode `val ()` pour récupérer la valeur actuellement sélectionnée. Dans les deux cas, la valeur correspondante est celle indiquée dans l'attribut `value` de l'élément `<option>`.

Positionner l'interrupteur sur « Oui »

```javascript
$("select").val ("oui");
```

Récupérer la valeur actuelle de l'interrupteur

```javascript
alert ($("select").val ());
```

Utilisons ces méthodes pour positionner l'interrupteur sur *Oui* dès le lancement du programme.

Affecter et récupérer la valeur d'un interrupteur

```html
<!DOCTYPE html>
<html>
<head>
  <meta name=viewport content="user-scalable=no,width=device-width" />
  <link rel=stylesheet href=jquery.mobile/jquery.mobile.css />
```

```
    <script src=jquery.js></script>
    <script src=jquery.mobile/jquery.mobile.js></script>
  </head>

<body>

<div data-role=page id=home>
  <div data-role=header>
    <h1>Home</h1>
  </div>

  <div data-role=content>
    <span> Souhaitez-vous un appartement : </span>
    <select data-role=slider>
      <option value=non> Non </option>
      <option value=oui> Oui </option>
    </select>
  </div>
</div>

</body>
</html>

<script>

$("select").val ("oui");
alert ($("select").val ());

</script>
```

Interrupteur créé dynamiquement

Les méthodes val (value) et val () s'utilisent également dans ce cas. Toutefois, il peut arriver que l'affichage de l'interrupteur ne soit pas rafraîchi après la modification de sa valeur. On utilise alors la méthode slider ("refresh") pour le rafraîchir.

Positionner l'interrupteur sur « Oui »

```
<!DOCTYPE html>
<html>
<head>
  <meta name=viewport content="user-scalable=no,width=device-width" />
  <link rel=stylesheet href=jquery.mobile/jquery.mobile.css />
  <script src=jquery.js></script>
  <script src=jquery.mobile/jquery.mobile.js></script>
</head>
```

```
<body>
<div data-role=page id=home>
  <div data-role=header>
    <h1>Home</h1>
  </div>

  <div data-role=content>
    <span> Souhaitez-vous un appartement : </span>
  </div>
</div>

</body>
</html>

<script>

var html = "";
html += "<select data-role=slider>";
html +=   "<option value=non> Non </option>";
html +=   "<option value=oui> Oui </option>";
html += "</select>";

$("#home div:jqmData(role=content)").append (html);

$("select").bind ("slidercreate", function (event)
{
  $("select").val ("oui");
  $("select").slider ("refresh");
});

</script>
```

Figure 18–3
Changer dynamiquement
la valeur de l'interrupteur

Une variante est possible. On peut créer le code HTML de l'interrupteur une fois la fenêtre créée (événement pagecreate). Le code HTML doit dans ce cas être transformé par jQuery Mobile de façon à afficher l'interrupteur selon les conventions jQuery Mobile. Pour cela, on appelle la méthode slider () sur l'élément <select>.

Créer l'interrupteur après avoir créé la fenêtre

```
<!DOCTYPE html>
<html>
<head>
  <meta name=viewport content="user-scalable=no,width=device-width" />
  <link rel=stylesheet href=jquery.mobile/jquery.mobile.css />
  <script src=jquery.js></script>
  <script src=jquery.mobile/jquery.mobile.js></script>
</head>

<body>

<div data-role=page id=home>
  <div data-role=header>
    <h1>Home</h1>
  </div>

  <div data-role=content>
    <span> Souhaitez-vous un appartement : </span>
  </div>
</div>

</body>
</html>

<script>

$("#home").bind ("pagecreate", function (event)
{
  var html = "";
  html += "<select data-role=slider>";
  html +=   "<option value=non> Non </option>";
  html +=   "<option value=oui> Oui </option>";
  html += "</select>";

  $("#home div:jqmData(role=content)").append (html);

  $("select").slider ();
  $("select").val ("oui");
  $("select").slider ("refresh");
});

</script>
```

Gérer les événements sur les interrupteurs

L'événement change permet d'être informé que la valeur de l'interrupteur a été modifiée. Cet événement se produit lorsque l'interrupteur fait l'objet d'un clic, quel que soit l'emplacement sur lequel on a cliqué (partie gauche ou partie droite de l'interrupteur). Un clic sur une partie quelconque provoque donc l'événement change.

Récupérer la nouvelle valeur de l'interrupteur suite à un clic

```
alert ($("select").val ());
```

Le programme suivant montre comment gérer le clic sur l'interrupteur au moyen de l'événement change. Chaque clic sur l'interrupteur affiche sa valeur dans un champ texte en dessous.

Gérer l'événement change sur un interrupteur

```
<!DOCTYPE html>
<html>
<head>
  <meta name=viewport content="user-scalable=no,width=device-width" />
  <link rel=stylesheet href=jquery.mobile/jquery.mobile.css />
  <script src=jquery.js></script>
  <script src=jquery.mobile/jquery.mobile.js></script>
</head>

<body>

<div data-role=page id=home>
  <div data-role=header>
    <h1>Home</h1>
  </div>

  <div data-role=content>
    <span> Souhaitez-vous un appartement : </span>
    <select data-role=slider>
      <option value=non> Non </option>
      <option value=oui> Oui </option>
    </select>
    <div id=txt></div>
  </div>
</div>

</body>
</html>
```

```
<script>

$("select").bind ("change", function (event)
{
  $("#txt").append ($(this).val () + ", ");
});

</script>
```

Figure 18–4
Gérer le clic sur l'interrupteur

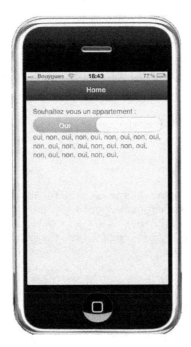

Personnaliser les interrupteurs

Les interrupteurs peuvent être personnalisés à partir des classes CSS fournies par jQuery Mobile. Nous reproduisons ci-après l'arborescence du DOM créée par jQuery Mobile pour afficher un interrupteur Oui/Non (figure 18-5).

Utilisons certaines de ces classes CSS pour personnaliser notre interrupteur (figure 18-6, page 476). Notamment, la classe `ui-slider` gère l'aspect général de l'interrupteur, en particulier sa largeur. La classe `ui-slider-label` sert pour l'affichage du texte dans l'interrupteur. Lorsque cette classe est associée à `ui-btn-active`, elle gère l'aspect de l'interrupteur lorsqu'il est en position *ON*. Enfin, la classe `ui-slider-handle` concerne le curseur qui se déplace sur l'interrupteur.

Figure 18–5
Code HTML d'un interrupteur

```
<!DOCTYPE html>
<html class="ui-mobile">
  <head>
  <body class="ui-mobile-viewport">
    <div id="home" class="ui-page ui-body-c ui-page-
      active" data-role="page" data-url="home" tabindex="0" style="min-
      height: 320px;">
      <div class="ui-header
        ui-bar-a" data-role="header" role="banner">
      <div class="ui-content" data-role="content" role="main">
        <span> Souhaitez vous un appartement : </span>
        <select class="ui-slider-switch" data-role="slider">
        <div class="ui-slider ui-slider-switch ui-btn-down-c ui-btn-
          corner-all ui-slider-switch-a" role="application">
          <div class="ui-slider-labelbg ui-slider-labelbg-a ui-btn-
            active ui-btn-corner-left"></div>
          <div class="ui-slider-labelbg ui-slider-labelbg-b ui-btn-
            down-c ui-btn-corner-right"></div>
          <div class="ui-slider-inneroffset">
            <a class="ui-slider-handle ui-btn ui-btn-up-c ui-btn-
              corner-all ui-shadow ui-slider-handle-
              snapping" href="#" data-theme="c" role="slider" aria-
              valuemin="0" aria-valuemax="1" aria-valuenow="non" ar
              ia-valuetext=" Non
              " title="0" aria-labelledby="undefined-
              label" style="left: 0%;">
              <span class="ui-slider-label ui-slider-label-a
                ui-btn-active ui-btn-corner-left" role="img"> Oui
                </span>
              <span class="ui-slider-label ui-slider-label-b
                ui-btn-down-c ui-btn-corner-right" role="img">
                Non </span>
              <span class="ui-btn-inner ui-btn-
                corner-all" aria-hidden="true">
            </a>
          </div>
        </div>
      </div>
    </div>
    <script>
    <div class="ui-loader ui-body-a ui-corner-all" style="top: 9.6px;">
  </body>
</html>
```

Utiliser les classes CSS pour styler l'interrupteur

```html
<!DOCTYPE html>
<html>
<head>
  <meta name=viewport content="user-scalable=no,width=device-width" />
  <link rel=stylesheet href=jquery.mobile/jquery.mobile.css />
  <script src=jquery.js></script>
  <script src=jquery.mobile/jquery.mobile.js></script>

  <style type=text/css>
    span.ui-slider-label {
      color : red;
      font-style : italic;
    }
    span.ui-slider-label.ui-btn-active {
```

```
        color : gainsboro;
      }
      .ui-slider-handle {
        background : grey;
      }
      .ui-slider {
        width : 50% !important;
      }
    </style>
  </head>
  <body>

<div data-role=page id=home>
  <div data-role=header>
    <h1>Home</h1>
  </div>

  <div data-role=content>
    <span> Souhaitez-vous un appartement : </span>
    <select data-role=slider name=switch>
      <option value=non> Non </option>
      <option value=oui> Oui </option>
    </select>
  </div>
</div>

</body>
</html>
```

Figure 18–6
Interrupteur personnalisé

Exemples de manipulation des interrupteurs

Transmettre la valeur de l'interrupteur au serveur, puis afficher une autre fenêtre

Nous souhaitons ici transmettre au serveur la valeur de l'interrupteur sur lequel on vient de cliquer. Le serveur renvoie alors une autre fenêtre contenant cette valeur.

Transmettre la valeur de l'interrupteur, puis afficher une nouvelle fenêtre

```
<!DOCTYPE html>
<html>
<head>
  <meta name=viewport content="user-scalable=no,width=device-width" />
  <link rel=stylesheet href=jquery.mobile/jquery.mobile.css />
  <script src=jquery.js></script>
  <script src=jquery.mobile/jquery.mobile.js></script>
</head>

<body>

<div data-role=page id=home>
  <div data-role=header>
    <h1>Home</h1>
  </div>

  <div data-role=content>
    <span> Souhaitez-vous un appartement : </span>
    <select data-role=slider>
      <option value=non> Non </option>
      <option value=oui> Oui </option>
    </select>
  </div>
</div>

</body>
</html>

<script>
```

```
var value = $("select").val ();
$("select").bind ("change", function (event)
{
  value = $(this).val ();

  var data = { };
  data["value"] = value;

  $.mobile.changePage ("action.php", { data : data } );
});

</script>
```

À chaque clic sur l'interrupteur, un appel au serveur est effectué et affiche une nouvelle fenêtre indiquant la valeur de l'interrupteur.

Fichier action.php

```
<?
$value = $_REQUEST["value"];
?>

<!DOCTYPE html>
<html>
<head>
  <meta http-equiv=Content-Type content=text/html;charset=iso-8859-1 />
</head>

<body>
<div data-role=page id=win2 data-add-back-btn=true>
  <div data-role=header>
    <h1>Fenêtre 2</h1>
  </div>

  <div data-role=content>
    <p> Valeur de l'interrupteur : <?= $value ?> </p>
  </div>
</div>
</body>

</html>
```

Par exemple, en cliquant une fois sur l'interrupteur, on obtient la valeur affichée sur la figure 18-7 (oui).

Figure 18–7
Transmettre via Ajax la valeur
d'un interrupteur

Utiliser un bouton de type « submit » pour transmettre les informations

Plutôt que de transmettre la valeur de l'interrupteur lors de chaque clic sur celui-ci, on peut aussi utiliser un bouton de validation de type submit, qui affichera une nouvelle fenêtre contenant cette valeur.

Transmettre la valeur de l'interrupteur lors d'un clic sur le bouton « Valider »

```
<!DOCTYPE html>
<html>
<head>
  <meta name=viewport content="user-scalable=no,width=device-width" />
  <link rel=stylesheet href=jquery.mobile/jquery.mobile.css />
  <script src=jquery.js></script>
  <script src=jquery.mobile/jquery.mobile.js></script>
</head>

<body>

<div data-role=page id=home>
  <div data-role=header>
    <h1>Home</h1>
  </div>
```

```
   <div data-role=content>
     <form action=action.php>
       <span> Souhaitez-vous un appartement : </span>
       <select data-role=slider name=switch>
         <option value=non> Non </option>
         <option value=oui> Oui </option>
       </select>
       <input type=submit value=Valider>
     </form>
   </div>
</div>

</body>
</html>

<script>

</script>
```

Le bouton *Valider* ainsi que l'interrupteur sont maintenant inscrits dans un formulaire appelant le fichier `action.php` lors de sa validation. Le programme JavaScript est extrêmement simple : il est vide ! En effet, tout le traitement est maintenant effectué en interne par jQuery Mobile, grâce à la validation du formulaire.

Remarquez que, par rapport à l'exemple précédent, nous devons maintenant obligatoirement indiquer l'attribut `name` pour l'élément `<select>` correspondant à l'interrupteur. En effet, c'est cet attribut et sa valeur qui seront transmis au serveur.

Le fichier `action.php` est quasi similaire au précédent.

Fichier action.php

```
<?
$switch = $_REQUEST["switch"];
?>

<!DOCTYPE html>
<html>
<head>
  <meta http-equiv=Content-Type content=text/html;charset=iso-8859-1 />
</head>

<body>
<div data-role=page id=win2 data-add-back-btn=true>
  <div data-role=header>
    <h1>Fenêtre 2</h1>
  </div>
```

```
  <div data-role=content>
    <p> Valeur de l'interrupteur : <?= $switch ?> </p>
  </div>
</div>
</body>

</html>
```

Manipuler les sliders

La manipulation des sliders s'effectue essentiellement par l'utilisation des méthodes de jQuery. La méthode `slider ()` a également été ajoutée par jQuery Mobile afin de faciliter leur utilisation. Les sliders sont associés au composant standard `slider` (comme les interrupteurs).

Créer dynamiquement un slider

On crée un slider en insérant un élément `<input>` dont l'attribut `type` vaut `"range"`. On peut également utiliser les attributs `data-role="slider"` ou `data-type="range"`. Les attributs `min` et `max` sont obligatoires dans tous les cas pour définir la borne minimale et la borne maximale du slider.

Création dynamique d'un slider

```
<!DOCTYPE html>
<html>
<head>
  <meta name=viewport content="user-scalable=no,width=device-width" />
  <link rel=stylesheet href=jquery.mobile/jquery.mobile.css />
  <script src=jquery.js></script>
  <script src=jquery.mobile/jquery.mobile.js></script>
</head>
```

```
<body>
<div data-role=page id=home>
  <div data-role=header>
    <h1>Home</h1>
  </div>

  <div data-role=content>
    <span> Indiquez le nombre de pièces : </span><br />
  </div>
</div>

</body>
</html>

<script>

var html = "";
html += "<input type=range min=1 max=5 />";
$("#home div:jqmData(role=content)").append (html);

</script>
```

Figure 19–1
Slider créé dynamiquement

> REMARQUE **Slider et champ de saisie**
>
> Pour jQuery Mobile, le slider est toujours associé à un champ de saisie, qui contiendra la valeur du slider
> lorsque le bouton sera déplacé sur l'axe. Il est possible de ne pas afficher ce champ de saisie, comme on
> le verra par la suite.

Transformer un élément HTML en slider jQuery Mobile

Reprenons le code précédent et regardons dans Firebug comment jQuery Mobile l'a transformé afin de produire son affichage (figure 19-2).

Figure 19–2
Code HTML d'un slider

```
<!DOCTYPE html>
<html class="ui-mobile">
  <head>
  <body class="ui-mobile-viewport">
    <div id="home" class="ui-page ui-body-c ui-page-
      active" data-role="page" data-url="home" tabindex="0" style="min-
      height: 320px;">
      <div class="ui-header
        ui-bar-a" data-role="header" role="banner">
      <div class="ui-content" data-role="content" role="main">
        <span> Indiquez le nombre de pièces : </span>
        <br>
        <input class="ui-slider-input ui-input-text ui-body-c
          ui-corner-all ui-shadow-
          inset" type="number" data-type="range" max="5" min="1">
        <div class="ui-slider ui-btn-down-c ui-btn-
          corner-all" role="application">
          <a class="ui-slider-handle ui-btn ui-btn-up-c ui-btn-
            corner-all
            ui-shadow" href="?" data-theme="c" role="slider" aria-val
            uemin="1" aria-valuemax="5" aria-valuenow="NaN" aria-valu
            etext="NaN" title="NaN" aria-labelledby="undefined-
            label">
            <span class="ui-btn-inner ui-btn-
              corner-all" aria-hidden="true">
              <span class="ui-btn-text"></span>
            </span>
          </a>
        </div>
      </div>
    </div>
    <script>
    <div class="ui-loader ui-body-a ui-corner-all" style="top: 88px;">
  </body>
</html>
```

L'élément `<input>` possède maintenant l'attribut `data-type="range"`, tandis que l'attribut `type` vaut `"number"`. Cet élément correspond au champ de saisie devant le slider. Un élément `<div>` de classe `ui-slider` a été créé, incluant un lien `<a>` de classe `ui-slider-handle` correspondant au bouton qui se déplace sur l'axe du slider.

Insérer un slider via Ajax

Récupérons le code HTML du slider via Ajax, afin de l'insérer dans la page HTML. Le programme est le suivant.

Insérer un slider via Ajax

```html
<!DOCTYPE html>
<html>
<head>
  <meta name=viewport content="user-scalable=no,width=device-width" />
  <link rel=stylesheet href=jquery.mobile/jquery.mobile.css />
  <script src=jquery.js></script>
  <script src=jquery.mobile/jquery.mobile.js></script>
</head>

<body>

<div data-role=page id=home>
  <div data-role=header>
    <h1>Home</h1>
  </div>

  <div data-role=content>
    <span> Indiquez le nombre de pièces : </span><br />
  </div>
</div>

</body>
</html>

<script>

$.ajax (
{
  url : "action.php",
  complete : function (xhr, result)
  {
    if (result != "success") return;
    var response = xhr.responseText;
    $("#home div:jqmData(role=content)").append (response);

    $("input").slider ();
    $("input").textinput ();
  }
});

</script>
```

Les méthodes slider () et textinput () sont utilisées ici.

- La méthode slider () permet de transformer l'élément <input> reçu du serveur en un slider affiché selon les conventions de jQuery Mobile. Si elle n'est pas appliquée, l'élément <input> s'affiche à l'écran comme un simple champ de saisie.

- La méthode `textinput ()` permet de transformer le champ de saisie affiché à gauche du slider (et contenant sa valeur) en un champ de saisie de style jQuery Mobile. Si elle n'est pas appliquée, le champ de saisie s'affiche sans transformation à gauche du slider.

Fichier action.php

```
<?
$html = "";
$html .= "<input type=range min=1 max=5 />";
echo utf8_encode ($html);
?>
```

> REMARQUE **Ordre d'appel des méthodes**
>
> L'ordre d'appel des deux méthodes `slider ()` et `textinput ()` n'a pas d'importance. On peut, de plus, remplacer leur appel par celui de la méthode `trigger ("create")` qui génère l'événement `create` permettant de créer le slider.

Utilisation de l'événement create pour créer le slider via Ajax

```
$.ajax (
{
  url : "action.php",
  complete : function (xhr, result)
  {
    if (result != "success") return;
    var response = xhr.responseText;
    $("#home div:jqmData(role=content)").append (response);

    $("#home").trigger ("create");
  }
});
```

Affecter et récupérer la valeur d'un slider

Slider déjà présent dans le code HTML

Le slider étant associé à un élément `<input>`, il suffit de manipuler le contenu du champ de saisie pour positionner le bouton sur l'axe ou récupérer sa valeur. On utili-

sera donc la méthode val (value) pour positionner le bouton sur l'axe, ou val ()
pour récupérer la valeur du slider.

Affecter et récupérer la valeur du slider

```
<!DOCTYPE html>
<html>
<head>
  <meta name=viewport content="user-scalable=no,width=device-width" />
  <link rel=stylesheet href=jquery.mobile/jquery.mobile.css />
  <script src=jquery.js></script>
  <script src=jquery.mobile/jquery.mobile.js></script>
</head>

<body>

<div data-role=page id=home>
  <div data-role=header>
    <h1>Home</h1>
  </div>

  <div data-role=content>
    <span> Indiquez le nombre de pièces : </span><br />
    <input type=range min=1 max=5 />
  </div>
</div>

</body>
</html>

<script>

$("input").live ("slidercreate", function (event)
{
  $("input").val (3);
  $("input").slider ("refresh");
  alert ($("input").val ());
});

</script>
```

Ce bloc de code nécessite quelques explications. On aurait pu penser que l'appel de la
méthode val (value) suffirait à affecter la valeur du curseur. En fait, cette méthode
affecte seulement le champ de saisie <input> associé au slider, mais pas le slider lui-
même. Pour cela, il faut exécuter l'instruction slider ("refresh") sur le champ de
saisie. Mais cette instruction ne peut pas s'exécuter avant que le slider soit créé dans
la fenêtre, d'où l'utilisation de l'événement slidercreate.

De plus, n'oublions pas que l'élément `<input>` initial sera transformé en deux éléments : un élément `<input>` correspondant au champ de saisie et un élément `<div>` de classe `ui-slider` correspondant au slider lui-même. Or l'élément `<input>` d'origine (celui qu'on a écrit dans le code HTML) va être supprimé par jQuery Mobile pour être remplacé par ces deux nouveaux éléments. On doit donc utiliser la méthode `live ()` et non pas `bind ()`, afin que le nouvel élément `<input>` créé par jQuery Mobile puisse recevoir l'événement `slidercreate`.

On peut vérifier que le bouton se positionne bien sur le milieu de l'axe (figure 19-3).

Figure 19–3
Initialiser la valeur
d'un slider dynamiquement

Slider créé dynamiquement

On utilise le même principe que précédemment avec les méthodes `val (value)` et `val ()`, ainsi que la méthode `slider ("refresh")` pour rafraîchir l'affichage du bouton sur le slider.

Affecter et récupérer la valeur du slider

```
<!DOCTYPE html>
<html>
<head>
  <meta name=viewport content="user-scalable=no,width=device-width" />
```

```
    <link rel=stylesheet href=jquery.mobile/jquery.mobile.css />
    <script src=jquery.js></script>
    <script src=jquery.mobile/jquery.mobile.js></script>
</head>

<body>

<div data-role=page id=home>
  <div data-role=header>
    <h1>Home</h1>
  </div>

  <div data-role=content>
    <span> Indiquez le nombre de pièces : </span><br />
  </div>
</div>

</body>
</html>

<script>

var html = "";
html += "<input type=range min=1 max=5 />";
$("#home div:jqmData(role=content)").append (html);

$("input").live ("slidercreate", function (event)
{
  $("input").val (3);
  $("input").slider ("refresh");
  alert ($("input").val ());
});

</script>
```

Nous attendons toujours que le slider soit créé dans la fenêtre au moyen de l'événement slidercreate, que nous utilisons au moyen de l'instruction live () pour les mêmes raisons que précédemment.

Si on décide d'inclure le code de création du slider dans le traitement de l'événement lui-même, il faut adapter légèrement le code JavaScript afin de créer nous-même le slider dans la fenêtre, au moyen de l'instruction slider ().

Affecter et récupérer la valeur du slider en le créant au moyen de la méthode slider ()

```
<!DOCTYPE html>
<html>
<head>
```

```
    <meta name=viewport content="user-scalable=no,width=device-width" />
    <link rel=stylesheet href=jquery.mobile/jquery.mobile.css />
    <script src=jquery.js></script>
    <script src=jquery.mobile/jquery.mobile.js></script>
</head>

<body>

<div data-role=page id=home>
  <div data-role=header>
    <h1>Home</h1>
  </div>

  <div data-role=content>
    <span> Indiquez le nombre de pièces : </span><br />
  </div>
</div>

</body>
</html>

<script>

$("#home").bind ("pagecreate", function (event)
{
  var html = "";
  html += "<input min=1 max=5 />";
  $("#home div:jqmData(role=content)").append (html);

  $("input").slider ();
  $("input").val (3);
  $("input").slider ("refresh");
  alert ($("input").val ());
});

</script>
```

Remarques

Si l'instruction slider () n'était pas présente, l'instruction slider ("refresh") ne pourrait pas être exécutée sans erreur, du fait que le slider ne serait pas présent.
Remarquez aussi que l'élément <input> ne comporte pas l'attribut type="range", sinon la transformation de l'élément par jQuery Mobile pourrait produire des effets indésirables (par exemple, deux sliders affichés).

Gérer les événements sur les sliders

Le slider étant associé à un champ de saisie `<input>`, toute modification du slider provoque un événement `change` dans le champ de saisie.

Pour le vérifier, affichons la valeur du slider dans un élément `<span>` situé dans la fenêtre, lors de chaque événement `change` survenant sur le slider.

Utiliser les événements change sur le slider

```
<!DOCTYPE html>
<html>
<head>
  <meta name=viewport content="user-scalable=no,width=device-width" />
  <link rel=stylesheet href=jquery.mobile/jquery.mobile.css />
  <script src=jquery.js></script>
  <script src=jquery.mobile/jquery.mobile.js></script>
</head>

<body>

<div data-role=page id=home>
  <div data-role=header>
    <h1>Home</h1>
  </div>

  <div data-role=content>
    <span> Indiquez le nombre de pièces : </span><br />
    <input type=range min=1 max=100 /><br />
    Valeur : <span id=txt></span>
  </div>
</div>

</body>
</html>

<script>

$("input").live ("slidercreate", function ()
{
  $("input").bind ("change", function (event)
  {
    $("#txt").text ($(this).val ());
  });
});

</script>
```

Le point important, ici, est que l'observation des événements change sur le slider ne peut se faire que lorsque celui-ci est effectivement créé dans la fenêtre, c'est-à-dire lorsque le code HTML d'origine a été complètement transformé par jQuery Mobile. On doit pour cela inclure l'observation de l'événement change dans le traitement de l'événement slidercreate, sinon rien ne se passe.

Toutefois, on peut proposer une seconde solution, qui n'attend pas que le slider soit créé. Il suffit d'utiliser la méthode live () au lieu de bind () lors de l'événement change. En effet, le champ <input> créé par jQuery Mobile lors de la transformation du composant peut être observé à condition d'utiliser la méthode live () au lieu de bind (), vu qu'au moment de l'appel de la méthode, le nouvel élément <input> créé par jQuery Mobile n'existe pas encore.

On aurait donc le code suivant :

Observer l'événement change sur le slider sans attendre sa création

```
<!DOCTYPE html>
<html>
<head>
  <meta name=viewport content="user-scalable=no,width=device-width" />
  <link rel=stylesheet href=jquery.mobile/jquery.mobile.css />
  <script src=jquery.js></script>
  <script src=jquery.mobile/jquery.mobile.js></script>
</head>

<body>

<div data-role=page id=home>
  <div data-role=header>
    <h1>Home</h1>
  </div>

  <div data-role=content>
    <span> Indiquez le nombre de pièces . </span><br />
    <input type=range min=1 max=100 /><br />
    Valeur : <span id=txt></span>
  </div>
</div>

</body>
</html>

<script>
```

```
$("input").live ("change", function (event)
{
  $("#txt").text ($(this).val ());
});

</script>
```

Personnaliser les sliders

Nous avons vu précédemment que jQuery Mobile transformait l'élément `<input>` correspondant au slider en un nouvel élément `<input>`, possédant les attributs `type="number"` et `data-type="range"`. De plus, un élément `<div>` est créé possédant la classe `ui-slider` et incluant un lien `<a>` de classe `ui-slider-handle`, correspondant au bouton qui se déplace sur l'axe du slider.

Nous pouvons utiliser ces différentes classes CSS pour donner un nouvel aspect au slider.

Modifier les styles associés au slider

```
<!DOCTYPE html>
<html>
<head>
  <meta name=viewport content="user-scalable=no,width=device-width" />
  <link rel=stylesheet href=jquery.mobile/jquery.mobile.css />
  <script src=jquery.js></script>
  <script src=jquery.mobile/jquery.mobile.js></script>
  <style type=text/css>
    .ui-slider {
      width : 90% !important;
      background : yellow;
    }
    input.ui-slider-input {
      display : none !important;
    }
    .ui-slider-handle {
      background : red;
    }
  </style>
</head>

<body>

<div data-role=page id=home>
  <div data-role=header>
```

```
        <h1>Home</h1>
    </div>

    <div data-role=content>
        <span> Indiquez le nombre de pièces : </span><br />
        <input type=range min=1 max=5 />
    </div>
</div>

</body>
</html>
```

Le champ de saisie a disparu au moyen de l'attribution de la propriété `display:none` dans la classe `ui-slider-input` correspondant au champ de saisie. La directive `!important` est ici essentielle. En effet, jQuery Mobile affecte également cette même propriété de son côté, et `!important` indique que c'est notre définition qui doit finalement être retenue.

L'axe du slider est maintenant visible sur la largeur de la fenêtre, grâce à la propriété `width` définie à `90%` dans la classe `ui-slider`. Ici encore, la directive `!important` est essentielle, sinon c'est la valeur affectée par jQuery Mobile qui sera retenue.

Enfin, le bouton du slider correspondant à la classe `ui-slider-handle` est initialisé avec un fond jaune.

Figure 19–4
Slider personnalisé

Exemples de manipulation des sliders

Transmettre la valeur du slider au serveur

La transmission de la valeur du slider au serveur s'effectue dans le traitement de l'événement change, comme nous l'avons vu précédemment. Toutefois, cet événement est produit un grand nombre de fois lors du déplacement du bouton sur l'axe. Envoyer la valeur courante au serveur lors du déplacement serait rédhibitoire en temps d'exécution...

Une solution alternative serait de transmettre la valeur au serveur uniquement lorsque le bouton a fini de se déplacer sur l'axe, c'est-à-dire lorsque le doigt (ou la souris) a quitté le slider. Une autre gestion des événements doit donc être effectuée, sans utiliser l'événement change, trop contraignant dans ce cas.

Transmettre la valeur du slider au serveur via Ajax

```
<!DOCTYPE html>
<html>
<head>
  <meta name=viewport content="user-scalable=no,width=device-width" />
  <link rel=stylesheet href=jquery.mobile/jquery.mobile.css />
  <script src=jquery.js></script>
  <script src=jquery.mobile/jquery.mobile.js></script>
</head>

<body>

<div data-role=page id=home>
  <div data-role=header>
    <h1>Home</h1>
  </div>

  <div data-role=content>
    <span> Indiquez le nombre de pièces : </span><br />
    <input type=range min=1 max=100 /><br />
  </div>
</div>

</body>
</html>

<script>

$("input").live ("slidercreate", function ()
{
  $(".ui-slider").bind ("vmouseup", function (event)
  {
```

```
      var value = $("input").val ();
      $.ajax (
      {
        url : "action.php",
        data : { value : value },
        complete : function (xhr, result)
        {
          if (result != "success") return;
          var response = xhr.responseText;
          $("#home div:jqmData(role=content)").append (response);
        }
      });
    });
});

</script>
```

Plutôt que d'utiliser l'événement change, nous utilisons maintenant l'événement vmouseup qui gère le relâchement du doigt (ou de la souris) sur le slider (bouton ou axe).

Figure 19–5
Transmettre via Ajax
la valeur d'un slider

Fichier action.php

```
<?
$value = $_REQUEST["value"];
$html = "";
```

```
$html .= "Valeur : <span id=txt>$value</span><br />";
echo utf8_encode ($html);
?>
```

La figure 19-5 (page précédente) représente l'affichage de la fenêtre après plusieurs manipulations effectuées sur le slider.

Utiliser un bouton de type « submit » pour transmettre les informations

Utilisons maintenant un bouton de type submit pour transmettre la valeur du slider au serveur. Nous afficherons en retour une nouvelle fenêtre contenant cette valeur.

Utiliser un bouton submit pour transmettre la valeur du slider

```
<!DOCTYPE html>
<html>
<head>
  <meta name=viewport content="user-scalable=no,width=device-width" />
  <link rel=stylesheet href=jquery.mobile/jquery.mobile.css />
  <script src=jquery.js></script>
  <script src=jquery.mobile/jquery.mobile.js></script>
</head>

<body>

<div data-role=page id=home>
  <div data-role=header>
    <h1>Home</h1>
  </div>

  <div data-role=content>
    <form action=action.php>
      <span> Indiquez le nombre de pièces : </span><br />
      <input type=range min=1 max=100 name=slider /><br />
      <input type=submit value=Valider />
    </form>
  </div>
</div>

</body>
</html>
```

> REMARQUE **L'attribut name**
>
> L'élément <input> correspondant au slider possède maintenant un attribut name permettant à la valeur du slider d'être transmise au serveur.

Fichier action.php

```php
<?
$slider = $_REQUEST["slider"];
?>

<!DOCTYPE html>
<html>
<head>
  <meta http-equiv=Content-Type content=text/html;charset=iso-8859-1 />
</head>

<body>
<div data-role=page id=win2 data-add-back-btn=true>
  <div data-role=header>
    <h1>Fenêtre 2</h1>
  </div>

  <div data-role=content>
    <p> Valeur du slider : <?= $slider ?> </p>
  </div>
</div>
</body>

</html>
```

Modifier l'opacité d'une image avec un slider

On souhaite modifier l'opacité d'une image à l'aide d'un slider. La valeur min correspond à 0 (opacité de 0), la valeur max à 100 (opacité de 1). Remarquez que nous ne faisons pas varier le slider de 0 à 1, car cela n'autoriserait que deux valeurs possibles pour celui-ci : 0 ou 1.

Comme l'opacité varie de 0 à 1, il suffira de diviser par 100 la valeur actuelle du slider pour obtenir une opacité entre 0 et 1.

Utiliser un slider pour faire varier l'opacité d'une image

```html
<!DOCTYPE html>
<html>
<head>
  <meta name=viewport content="user-scalable=no,width=device-width" />
  <link rel=stylesheet href=jquery.mobile/jquery.mobile.css />
  <script src=jquery.js></script>
  <script src=jquery.mobile/jquery.mobile.js></script>
</head>

<body>
```

```
<div data-role=page id=home>
  <div data-role=header>
    <h1>Home</h1>
  </div>

  <div data-role=content>
    <span> Changez l'opacité de l'image : </span><br />
    <input type=range min=0 max=100 value=100 /><br /><br /><br />
    <img src=images/jquery.jpg height=50% />
  </div>
</div>

</body>
</html>

<script>

$("input").live ("slidercreate", function ()
{
  $("input").bind ("change", function (event)
  {
    $("img").css ( { opacity : $("input").val () / 100 } );
  });
});

</script>
```

Par exemple, pour une opacité de 0,16 :

Figure 19–6
Gérer l'opacité
à l'aide d'un slider

20

Manipuler les menus en accordéon

Les menus en accordéon sont bien sûr gérés par les méthodes de jQuery (car ils sont composés avec des éléments HTML classiques), mais également par la méthode `collapsible ()` ajoutée par jQuery Mobile. Deux nouveaux événements (`collapse` et `expand`) ont également été ajoutés par jQuery Mobile afin de faciliter leur gestion. Les menus en accordéon sont associés au composant standard `collapsible`.

Créer dynamiquement un menu en accordéon

Un menu en accordéon se crée au moyen d'un élément `<div>` englobant dont l'attribut `data-role` possède la valeur `"collapsible"`. Un élément HTML de titre (par exemple `<h1>`) situé dans ce `<div>` servira à donner un titre au menu, tandis que le contenu du menu sera représenté par les autres éléments contenus dans ce `<div>` englobant.

Créer un menu en accordéon dynamiquement

```html
<!DOCTYPE html>
<html>
<head>
  <meta name=viewport content="user-scalable=no,width=device-width" />
  <link rel=stylesheet href=jquery.mobile/jquery.mobile.css />
  <script src=jquery.js></script>
  <script src=jquery.mobile/jquery.mobile.js></script>
</head>

<body>

<div data-role=page id=home>
  <div data-role=header>
    <h1>Home</h1>
  </div>

  <div data-role=content>
    <p> Ceci est un menu en accordéon </p>
  </div>
</div>

</body>
</html>

<script>

var html = "";
html += "<div id=id1 data-role=collapsible>";
html +=   "<h1>Menu 1 : cliquez pour ouvrir / fermer</h1>";
html +=   "<p> Paragraphe 1.1 </p>";
html +=   "<p> Paragraphe 1.2 </p>";
html +=   "<p> Paragraphe 1.3 </p>";
html += "</div>";
html += "<div id=id2 data-role=collapsible>";
html +=   "<h1>Menu 2 : cliquez pour ouvrir / fermer</h1>";
html +=   "<p> Paragraphe 2.1 </p>";
html +=   "<p> Paragraphe 2.2 </p>";
html +=   "<p> Paragraphe 2.3 </p>";
html += "</div>";
html += "</div>";

$("#home div:jqmData(role=content)").append (html);

</script>
```

Figure 20–1
Menus en accordéon
créés dynamiquement

Par défaut, chacun des menus est fermé. Pour initialiser un menu dont l'état est ouvert, il suffit d'ajouter l'attribut `data-collapsed="false"` sur l'élément `<div>` correspondant.

Transformer un élément HTML en un menu en accordéon jQuery Mobile

Regardons au moyen de Firebug le code HTML généré par jQuery Mobile afin d'afficher le menu en accordéon précédent (figure 20-2, page suivante).

L'élément `<h1>` associé au titre du menu s'est vu insérer un élément `<a>` de classe `ui-collapsible-heading-toggle`, qui jouera le rôle de bouton, permettant ainsi le clic sur l'élément de titre. Les autres éléments contenus dans l'élément `<div>` ayant l'attribut `data-role="collapsible"` ont été regroupés dans un nouvel élément `<div>` de classe CSS `ui-collapsible-content`.

Figure 20–2
Code HTML de menus
en accordéon

```
<!DOCTYPE html>
<html class="ui-mobile">
  <head>
  <body class="ui-mobile-viewport">
    <div id="home" class="ui-page ui-body-c ui-page-
       active" data-role="page" data-url="home" tabindex="0" style="min-
       height: 320px;">
       <div class="ui-header ui-bar-a" data-role="header" role="banner">
       <div class="ui-content" data-role="content" role="main">
          <p> Ceci est un menu en accordéon </p>
          <div id="id1" class="ui-collapsible" data-role="collapsible">
             <h1 class="ui-collapsible-heading">
                <a class="ui-collapsible-heading-toggle ui-btn ui-btn-
                   icon-left ui-corner-top ui-corner-bottom
                   ui-btn-up-c" href="#" data-theme="c">
                   <span class="ui-btn-inner ui-corner-top ui-corner-
                      bottom" aria-hidden="true">
                      <span class="ui-btn-text">
                         Menu 1 : cliquez pour ouvrir / fermer
                         <span class="ui-collapsible-heading-status">
                         click to collapse contents </span>
                      </span>
                      <span class="ui-icon ui-icon-shadow ui-icon-
                         minus"> </span>
                   </span>
                </a>
             </h1>
             <div class="ui-collapsible-content" aria-hidden="false">
                <p> Paragraphe 1.1 </p>
                <p> Paragraphe 1.2 </p>
                <p> Paragraphe 1.3 </p>
             </div>
          </div>
          <div id="id2" class="ui-
             collapsible" data-collapsed="false" data-role="collapsible">
       </div>
    </div>
    <script>
    <div class="ui-loader ui-body-a ui-corner-all" style="top: 65.5px;">
  </body>
</html>
```

Insérer des menus en accordéon via Ajax

On peut aussi récupérer un menu en accordéon par le mécanisme d'Ajax.

Récupérer deux menus en accordéon via Ajax

```
<!DOCTYPE html>
<html>
<head>
  <meta name=viewport content="user-scalable=no,width=device-width" />
  <link rel=stylesheet href=jquery.mobile/jquery.mobile.css />
  <script src=jquery.js></script>
  <script src=jquery.mobile/jquery.mobile.js></script>
</head>
```

```
<body>

<div data-role=page id=home>
  <div data-role=header>
    <h1>Home</h1>
  </div>

  <div data-role=content>
    <p> Ceci est un menu en accordéon </p>
  </div>
</div>

</body>
</html>

<script>

$.ajax (
{
  url : "action.php",
  complete : function (xhr, result)
  {
    if (result != "success") return;
    var response = xhr.responseText;
    $("#home div:jqmData(role=content)").append (response);

    $("#id1, #id2").collapsible ();
  }
});

</script>
```

REMARQUE **La méthode collapsible ()**

La méthode collapsible () est une méthode de jQuery Mobile permettant de transformer le code HTML d'origine en un code HTML qui permet l'affichage des menus en accordéon selon les conventions de jQuery Mobile.

Fichier action.php

```
<?
$html = "";
$html .= "<div id=id1>";
$html .=   "<h1>Menu 1 : cliquez pour ouvrir / fermer</h1>";
$html .=   "<p> Paragraphe 1.1 </p>";
$html .=   "<p> Paragraphe 1.2 </p>";
$html .=   "<p> Paragraphe 1.3 </p>";
```

```
$html .= "</div>";
$html .= "<div id=id2>";
$html .=    "<h1>Menu 2 : cliquez pour ouvrir / fermer</h1>";
$html .=    "<p> Paragraphe 2.1 </p>";
$html .=    "<p> Paragraphe 2.2 </p>";
$html .=    "<p> Paragraphe 2.3 </p>";
$html .= "</div>";
$html .= "</div>";
echo utf8_encode ($html);
?>
```

Si vous omettez l'appel de la méthode collapsible (), les menus en accordéon s'affichent comme de simples éléments HTML, sans aucune transformation effectuée par jQuery Mobile (figure 20-3).

Figure 20–3
Menus en accordéon
non stylés par jQuery Mobile

Remarquez que vous pouvez remplacer l'appel de la méthode collapsible () par le déclenchement de l'événement create sur la fenêtre. Ainsi, vous pouvez remplacer la ligne suivante par celle qui suit (à condition que l'on ait indiqué l'attribut data-role="collapsible" pour chacun des menus en accordéon retourné par le serveur) :

Créer les menus en accordéon en appelant la méthode collapsible ()

```
$("#id1, #id2").collapsible ();
```

Créer les menus en accordéon en déclenchant l'événement create sur la fenêtre

```
$("#home").trigger ("create");
```

Ouvrir et fermer un menu en accordéon

L'ouverture ou la fermeture d'un menu en accordéon s'effectue en cliquant sur son titre. Il est possible par jQuery de simuler le clic sur ce titre au moyen de la méthode `trigger ("vclick")`.

L'élément `<h1>` correspondant au titre possède la classe CSS `ui-collapsible-heading`, tandis que le lien `<a>` inclus dans celui-ci possède la classe `ui-collapsible-heading-toggle`. On peut simuler le clic sur l'un ou sur l'autre de ces deux éléments.

Dans l'exemple qui suit, nous insérons un bouton permettant d'ouvrir ou de fermer les menus de la fenêtre de façon alternative.

Ouvrir/fermer les menus en accordéon en gérant le clic sur l'élément <h1>

```
<!DOCTYPE html>
<html>
<head>
  <meta name=viewport content="user-scalable=no,width=device-width" />
  <link rel=stylesheet href=jquery.mobile/jquery.mobile.css />
  <script src=jquery.js></script>
  <script src=jquery.mobile/jquery.mobile.js></script>
</head>

<body>

<div data-role=page id=home>
  <div data-role=header>
    <h1>Home</h1>
  </div>

  <div data-role=content>
    <div id=id1 data-role=collapsible>
      <h1>Menu 1 : cliquez pour ouvrir/fermer</h1>
      <p> Paragraphe 1.1 </p>
      <p> Paragraphe 1.2 </p>
```

```
        <p> Paragraphe 1.3 </p>
      </div>
      <div id=id2 data-role=collapsible>
        <h1>Menu 2 : cliquez pour ouvrir/fermer</h1>
        <p> Paragraphe 2.1 </p>
        <p> Paragraphe 2.2 </p>
        <p> Paragraphe 2.3 </p>
      </div>
      <a id=btn href=# data-role=button> Ouvrir/fermer les menus </a>
    </div>
</div>

</body>
</html>

<script>

$("#btn").bind ("click", function (event)
{
  $("h1.ui-collapsible-heading").trigger ("click");
});

</script>
```

Figure 20–4
Ouverture/fermeture
de menus en accordéon

On peut également simuler le clic sur l'élément `<a>` créé par jQuery Mobile à l'intérieur de l'élément `<h1>`.

Simuler le clic sur l'élément <a> de classe ui-collapsible-heading-toggle

```
$("#btn").bind ("click", function (event)
{
    $("a.ui-collapsible-heading-toggle").trigger ("click");
});
```

Vérifier si un menu en accordéon est ouvert ou fermé

Lorsqu'un menu en accordéon est fermé, jQuery Mobile rend son contenu invisible en ajoutant la classe CSS `ui-collapsible-content-collapsed` à l'élément `<div>` de classe `ui-collapsible-content` correspondant au contenu caché. Cette classe CSS ajoutée définit la propriété CSS `display:none`, ce qui permet de cacher le contenu du menu.

De plus, le titre du menu se voit également attribuer la classe `ui-collapsible-heading-collapsed`, indiquant que le menu est fermé.

> **Remarque**
>
> Donc, pour tester l'ouverture ou la fermeture d'un menu, il suffit de regarder si l'élément `<h1>` définissant le titre ou l'élément `<div>` définissant le contenu possède respectivement les classes `ui-collapsible-heading-collapsed` (pour le titre) ou `ui-collapsible-content-collapsed` (pour le contenu). Si l'une de ces classes est présente, le menu est fermé. Dans le cas inverse, le menu est ouvert.
>
> Ces deux événements sont utilisables sur les éléments `<div>` définissant les menus en accordéon (ayant l'attribut `data-role="collapsible"`).

Le programme suivant permet d'afficher l'état de chacun des deux menus en accordéon de la fenêtre au moyen d'un bouton.

Afficher l'état des menus en accordéon

```
<!DOCTYPE html>
<html>
<head>
  <meta name=viewport content="user-scalable=no,width=device-width" />
  <link rel=stylesheet href=jquery.mobile/jquery.mobile.css />
  <script src=jquery.js></script>
  <script src=jquery.mobile/jquery.mobile.js></script>
</head>
```

```
<body>

<div data-role=page id=home>
  <div data-role=header>
    <h1>Home</h1>
  </div>

  <div data-role=content>
    <div id=id1 data-role=collapsible>
      <h1>Menu 1 : cliquez pour ouvrir / fermer</h1>
      <p> Paragraphe 1.1 </p>
      <p> Paragraphe 1.2 </p>
      <p> Paragraphe 1.3 </p>
    </div>
    <div id=id2 data-role=collapsible>
      <h1>Menu 2 : cliquez pour ouvrir / fermer</h1>
      <p> Paragraphe 2.1 </p>
      <p> Paragraphe 2.2 </p>
      <p> Paragraphe 2.3 </p>
    </div>
    <a id=btn href=# data-role=button> Indiquer l'état des menus </a>
  </div>
</div>

</body>
</html>

<script>

$("#btn").bind ("click", function (event)
{
  var txt = "";
  if ($("#id1 h1.ui-collapsible-heading-collapsed").length)
    txt += "Menu 1 fermé\n";
  else
    txt += "Menu 1 ouvert\n";

  if ($("#id2 h1.ui-collapsible-heading-collapsed").length)
    txt += "Menu 2 fermé\n";
  else
    txt += "Menu 2 ouvert\n";

  alert (txt);
});

</script>
```

Nous testons la présence de la classe ui-collapsible-heading-collapsed dans chacun des titres de menus. Si la classe est présente, le menu est fermé, sinon il est ouvert.

Figure 20–5
Afficher l'état des menus
en accordéon

Gérer les événements sur les menus en accordéon

Afin de gérer plus facilement les menus en accordéon, jQuery Mobile a créé deux
nouveaux événements, que l'on peut gérer au moyen de la méthode bind () :

- l'événement expand nous prévient qu'un menu en accordéon a été ouvert (il est
  donc déjà ouvert) ;
- l'événement collapse nous prévient qu'un menu en accordéon a été fermé (il est
  donc déjà fermé).

Utiliser les événements expand et collapse sur les menus en accordéon

```
<!DOCTYPE html>
<html>
<head>
  <meta name=viewport content="user-scalable=no,width=device-width" />
  <link rel=stylesheet href=jquery.mobile/jquery.mobile.css />
  <script src=jquery.js></script>
  <script src=jquery.mobile/jquery.mobile.js></script>
</head>

<body>
```

```
<div data-role=page id=home>
  <div data-role=header>
    <h1>Home</h1>
  </div>

  <div data-role=content>
    <div id=id1 data-role=collapsible>
      <h1>Menu 1 : cliquez pour ouvrir / fermer</h1>
      <p> Paragraphe 1.1 </p>
      <p> Paragraphe 1.2 </p>
      <p> Paragraphe 1.3 </p>
    </div>
    <div id=id2 data-role=collapsible>
      <h1>Menu 2 : cliquez pour ouvrir / fermer</h1>
      <p> Paragraphe 2.1 </p>
      <p> Paragraphe 2.2 </p>
      <p> Paragraphe 2.3 </p>
    </div>
  </div>
</div>

</body>
</html>

<script>

$("#id1, #id2").bind ("collapsiblecreate", function (event)
{
  $(this).bind ("collapse", function (event)
  {
    alert ("Menu fermé");
  });
  $(this).bind ("expand", function (event)
  {
    alert ("Menu ouvert");
  });
});

</script>
```

> REMARQUE **Événements expand et collapse**
>
> L'observation des événements expand et collapse s'effectue lorsque les menus ont été définitivement transformés en un nouveau code HTML par jQuery Mobile, sinon cela peut produire des dysfonctionnements (utilisation de l'événement collapsiblecreate).

Dans le cas où les menus en accordéon sont créés lors d'un appel Ajax au serveur, on procède de la façon suivante.

Utiliser les événements expand et collapse dans des menus en accordéon récupérés via Ajax

```
<!DOCTYPE html>
<html>
<head>
  <meta name=viewport content="user-scalable=no,width=device-width" />
  <link rel=stylesheet href=jquery.mobile/jquery.mobile.css />
  <script src=jquery.js></script>
  <script src=jquery.mobile/jquery.mobile.js></script>
</head>

<body>

<div data-role=page id=home>
  <div data-role=header>
    <h1>Home</h1>
  </div>

  <div data-role=content>
    <p> Ceci est un menu en accordéon </p>
  </div>
</div>

</body>
</html>

<script>

$.ajax (
{
  url : "action.php",
  complete : function (xhr, result)
  {
    if (result != "success") return;
    var response = xhr.responseText;
    $("#home div:jqmData(role=content)").append (response);

    $("#id1, #id2").collapsible ();

    $("#id1, #id2").bind ("collapse", function (event)
    {
      alert ("Menu fermé");
    });
    $("#id1, #id2").bind ("expand", function (event)
    {
      alert ("Menu ouvert");
```

```
      });
    }
});

</script>
```

Fichier action.php

```
<?
$html = "";
$html .= "<div id=id1>";
$html .=   "<h1>Menu 1 : cliquez pour ouvrir / fermer</h1>";
$html .=   "<p> Paragraphe 1.1 </p>";
$html .=   "<p> Paragraphe 1.2 </p>";
$html .=   "<p> Paragraphe 1.3 </p>";
$html .= "</div>";
$html .= "<div id=id2>";
$html .=   "<h1>Menu 2 : cliquez pour ouvrir / fermer</h1>";
$html .=   "<p> Paragraphe 2.1 </p>";
$html .=   "<p> Paragraphe 2.2 </p>";
$html .=   "<p> Paragraphe 2.3 </p>";
$html .= "</div>";
$html .= "</div>";
echo utf8_encode ($html);
?>
```

Personnaliser les menus en accordéon

L'utilisation des classes CSS vues précédemment permet de personnaliser les menus en accordéon, aussi bien pour le titre que pour le contenu.

Styler les menus en accordéon

```
<!DOCTYPE html>
<html>
<head>
  <meta name=viewport content="user-scalable=no,width=device-width" />
  <link rel=stylesheet href=jquery.mobile/jquery.mobile.css />
  <script src=jquery.js></script>
  <script src=jquery.mobile/jquery.mobile.js></script>
```

```
  <style type=text/css>
    .ui-collapsible-heading span.ui-btn-text {
      font-style : normal;
      color : red;
    }
    .ui-collapsible-heading-collapsed span.ui-btn-text{
      font-style : italic;
      color : black;
    }
    .ui-collapsible-content {
      background : black;
      color : white;
      text-align : center;
    }
  </style>
</head>

<body>

<div data-role=page id=home>
  <div data-role=header>
    <h1>Home</h1>
  </div>

  <div data-role=content>
    <div id=id1 data-role=collapsible>
      <h1>Menu 1 : cliquez pour ouvrir / fermer</h1>
      <p> Paragraphe 1.1 </p>
      <p> Paragraphe 1.2 </p>
      <p> Paragraphe 1.3 </p>
    </div>
    <div id=id2 data-role=collapsible>
      <h1>Menu 2 : cliquez pour ouvrir / fermer</h1>
      <p> Paragraphe 2.1 </p>
      <p> Paragraphe 2.2 </p>
      <p> Paragraphe 2.3 </p>
    </div>
  </div>
</div>

</body>
</html>
```

Figure 20–6
Menus en accordéon
personnalisés

Exemples de manipulation des menus en accordéon

Charger le contenu d'un menu en accordéon via Ajax

Nous souhaitons ici récupérer le contenu de chacun des menus en accordéon via Ajax, lors de l'ouverture de ce menu. Le contenu n'est récupéré que si le contenu actuel est vide, afin de ne pas effectuer la récupération à chaque ouverture de menu.

Récupérer le contenu des menus en accordéon via Ajax

```
<!DOCTYPE html>
<html>
<head>
  <meta name=viewport content="user-scalable=no,width=device-width" />
  <link rel=stylesheet href=jquery.mobile/jquery.mobile.css />
  <script src=jquery.js></script>
  <script src=jquery.mobile/jquery.mobile.js></script>
</head>

<body>
```

```
<div data-role=page id=home>
  <div data-role=header>
    <h1>Home</h1>
  </div>

  <div data-role=content>
    <div id=id1 data-role=collapsible data-collapsed=true>
      <h1>Menu 1 : cliquez pour ouvrir / fermer</h1>
    </div>
    <div id=id2 data-role=collapsible data-collapsed=true>
      <h1>Menu 2 : cliquez pour ouvrir / fermer</h1>
    </div>
  </div>
</div>

</body>
</html>

<script>

$("#id1, #id2").bind ("collapsiblecreate", function ()
{
  $("a.ui-collapsible-heading-toggle", this).bind ("click", function (event)
  {
    var h1 = $(this).closest ("h1");
    var content = h1.siblings (".ui-collapsible-content");
    var div = $(this).closest (".ui-collapsible");
    if (content.is (".ui-collapsible-content-collapsed") &&
        $.trim (content.html ()) == "")
    {
      $.ajax (
      {
        url : "action.php",
        data : { menu : div.attr ("id") },
        complete : function (xhr, result)
        {
          if (result != "success") return;
          var response = xhr.responseText;
          $(content).append (response);
        }
      });
    }
  });
});

</script>
```

Chacun des menus est créé avec un contenu vide dans le code HTML. Le clic est géré sur le titre du menu à partir de l'élément `<a>` de classe `ui-collapsible-heading-toggle`.

À partir de cet élément, on navigue dans le DOM afin de récupérer l'élément `<div>` correspondant au contenu (de classe `ui-collapsible-content`), puis l'élément `<div>` englobant le titre du menu et son contenu, ce qui permet d'accéder à l'attribut `id` du menu.

> **Remarque**
>
> Par la suite, un simple test permet de savoir si le menu est fermé et si son contenu est vide ou non. L'appel Ajax n'est effectué que si le menu est fermé et vide. Pour rappel, le contenu est fermé si la classe CSS `ui-collapsible-content-collapsed` est présente, ouvert dans le cas contraire.

Fichier action.php

```php
<?
$menu = $_REQUEST["menu"];

$html = "";
if ($menu == "id1")
{
  $html .=    "<p> Paragraphe 1.1 </p>";
  $html .=    "<p> Paragraphe 1.2 </p>";
  $html .=    "<p> Paragraphe 1.3 </p>";
}
else
{
  $html .=    "<p> Paragraphe 2.1 </p>";
  $html .=    "<p> Paragraphe 2.2 </p>";
  $html .=    "<p> Paragraphe 2.3 </p>";
}
echo utf8_encode ($html);
?>
```

Modifier dynamiquement le titre d'un menu en accordéon

Le titre des menus en accordéon est pour l'instant fixe. Il est possible de le modifier dynamiquement, en fonction de l'ouverture ou de la fermeture du menu, par exemple.

Modifier le titre des menus selon que le menu est ouvert ou fermé

```html
<!DOCTYPE html>
<html>
<head>
  <meta name=viewport content="user-scalable=no,width=device-width" />
  <link rel=stylesheet href=jquery.mobile/jquery.mobile.css />
  <script src=jquery.js></script>
  <script src=jquery.mobile/jquery.mobile.js></script>
```

```
</head>

<body>

<div data-role=page id=home>
  <div data-role=header>
    <h1>Home</h1>
  </div>

  <div data-role=content>
    <div id=id1 data-role=collapsible>
      <h1>Menu ouvert</h1>
      <p> Paragraphe 1.1 </p>
      <p> Paragraphe 1.2 </p>
      <p> Paragraphe 1.3 </p>
    </div>
    <div id=id2 data-role=collapsible>
      <h1>Menu ouvert</h1>
      <p> Paragraphe 2.1 </p>
      <p> Paragraphe 2.2 </p>
      <p> Paragraphe 2.3 </p>
    </div>
  </div>
</div>

</body>
</html>

<script>

$("#id1, #id2").bind ("collapsiblecreate", function ()
{
  $("a.ui-collapsible-heading-toggle").bind ("vclick", function (event)
  {
    var h1 = $(this).closest ("h1");
    if (h1.is (".ui-collapsible-heading-collapsed"))
      $("span.ui-btn-text", h1).first ().text ("Menu ouvert");
    else
      $("span.ui-btn-text", h1).first ().text ("Menu fermé");
  });
});

</script>
```

Le titre du menu est inscrit dans un élément `<span>` de classe `ui-btn-text`, situé dans l'élément correspondant au titre (ici, `<h1>`). Comme plusieurs éléments `<span>` de classe `ui-btn-text` se trouvent dans le titre, on ne modifie que le premier (utilisation de la méthode `first ()`). Le contenu est modifié par la méthode `text ()` de jQuery.

Figure 20–7
Menus en accordéon modifiés
dynamiquement

Produire un effet à l'ouverture et à la fermeture du menu en accordéon

Plutôt que d'ouvrir ou de fermer d'un seul coup le contenu du menu en accordéon, nous souhaitons le faire au moyen d'un effet visuel disponible dans jQuery. Par exemple, les effets show (1000) pour ouvrir et hide (1000) pour fermer. Le paramètre 1000 correspond dans ce cas à la durée de l'effet en millisecondes.

Effet lors de l'ouverture et de la fermeture des menus en accordéon

```
<!DOCTYPE html>
<html>
<head>
  <meta name=viewport content="user-scalable=no,width=device-width" />
  <link rel=stylesheet href=jquery.mobile/jquery.mobile.css />
  <script src=jquery.js></script>
  <script src=jquery.mobile/jquery.mobile.js></script>
</head>

<body>

<div data-role=page id=home>
  <div data-role=header>
    <h1>Home</h1>
  </div>
```

```
<div data-role=content>
  <div id=id1 data-role=collapsible data-collapsed=true>
    <h1>Menu 1 : cliquez pour ouvrir / fermer</h1>
    <p> Paragraphe 1.1 </p>
    <p> Paragraphe 1.2 </p>
    <p> Paragraphe 1.3 </p>
  </div>
  <div id=id2 data-role=collapsible data-collapsed=true>
    <h1>Menu 2 : cliquez pour ouvrir / fermer</h1>
    <p> Paragraphe 2.1 </p>
    <p> Paragraphe 2.2 </p>
    <p> Paragraphe 2.3 </p>
  </div>
</div>
</div>

</body>
</html>

<script>

$("#id1, #id2").bind ("collapsiblecreate", function ()
{
  $("a.ui-collapsible-heading-toggle").bind ("vclick", function (event)
  {
    var h1 = $(this).closest ("h1");
    var content = h1.siblings (".ui-collapsible-content");
    if (content.is (".ui-collapsible-content-collapsed")) content.show (1000);
    else content.hide (1000);
  });
});

</script>
```

REMARQUE **Gestion du clic**

Nous gérons ici le clic sur le titre de chacun des menus en accordéon, en particulier le lien `<a>` contenu dans le titre. À partir de ce lien `<a>`, nous naviguons dans le DOM afin d'obtenir le contenu du menu, correspondant à l'élément `<div>` de classe `ui-collapsible-content`. Une fois celui-ci obtenu, nous pouvons appeler les méthodes `show ()` ou `hide ()` selon que le contenu est fermé ou ouvert.

Manipuler les barres d'outils

La manipulation des barres d'outils s'effectue essentiellement par les méthodes de jQuery. Des méthodes utilitaires ont été toutefois ajoutées par jQuery Mobile, telle la méthode navbar (), facilitant la gestion des barres de navigation. Les barres de navigation sont associées au composant standard navbar.

Créer dynamiquement une barre d'outils

On sait qu'il existe deux types de barres d'outils : header (en haut de la fenêtre) et footer (en bas de la fenêtre). La création dynamique d'une barre d'outils concernera principalement celles de type footer, car les barres d'outils de type header sont en général inscrites dans le code HTML de la fenêtre, afin de permettre la navigation entre les fenêtres grâce au bouton *Back*.

Création dynamique d'une barre d'outils footer

```
<!DOCTYPE html>
<html>
<head>
  <meta name=viewport content="user-scalable=no,width=device-width" />
  <link rel=stylesheet href=jquery.mobile/jquery.mobile.css />
  <script src=jquery.js></script>
  <script src=jquery.mobile/jquery.mobile.js></script>
</head>
```

```
<body>

<div data-role=page id=home>
  <div data-role=header>
    <h1>Home</h1>
  </div>

  <div data-role=content>
   <p> Contenu de la fenêtre </p>
  </div>
</div>

</body>
</html>

<script>

var html = "";
html += "<div data-role=footer data-position=fixed>";
html +=   "<h1>Partie footer</h1>";
html += "</div>";

$("#home").append (html);

</script>
```

Figure 21–1
Barres d'outils créées
dynamiquement

Transformer un élément HTML en une barre d'outils jQuery Mobile

Regardons le code HTML généré par le programme précédent au moyen de Firebug (figure 21-2).

Figure 21–2
Code HTML de barres d'outils header et footer

```
<!DOCTYPE html>
<html class="ui-mobile">
  <head>
  <body class="ui-mobile-viewport">
    <div id="home" class="ui-page ui-body-c ui-page-
      active" data-role="page" data-url="home" tabindex="0" style="min-
      height: 320px;">
      <div class="ui-header
        ui-bar-a" data-role="header" role="banner">
          <h1 class="ui-
            title" tabindex="0" role="heading" aria-level="1">Home</h1>
      </div>
      <div class="ui-content" data-role="content" role="main">
      <div class="ui-footer ui-bar-a ui-footer-fixed fade ui-fixed-
        overlay" data-position="fixed" data-role="footer" role="contenti
        nfo" style="top: 4px;">
          <h1 class="ui-
            title" tabindex="0" role="heading" aria-level="1">Partie
            footer</h1>
      </div>
    </div>
    <script>
    <div class="ui-loader ui-body-a ui-corner-all" style="top: 88px;">
  </body>
</html>
```

Le header possède les classes CSS ui-bar-a et ui-header, tandis que le footer possède les classes ui-bar-a et ui-footer. L'élément <h1> inclus dans chacun d'eux possède maintenant la classe ui-title permettant de centrer le texte à l'affichage. Remarquons que ui-bar-a correspond au thème par défaut (ici, le thème a). Si nous avions indiqué l'attribut data-theme pour une des barres d'outils, la classe ui-bar-a serait remplacée par la classe correspondante (par exemple, ui-bar-e pour le thème e).

Insérer des barres d'outils via Ajax

Plutôt que de créer dynamiquement la barre d'outils footer dans le code JavaScript, insérons-la à partir du code HTML récupéré sur le serveur par un appel Ajax.

Insérer une barre d'outils footer via Ajax

```
<!DOCTYPE html>
<html>
<head>
  <meta name=viewport content="user-scalable=no,width=device-width" />
  <link rel=stylesheet href=jquery.mobile/jquery.mobile.css />
```

```
  <script src=jquery.js></script>
  <script src=jquery.mobile/jquery.mobile.js></script>
</head>

<body>
<div data-role=page id=home>
  <div data-role=header>
    <h1>Home</h1>
  </div>

  <div data-role=content>
   <p> Contenu de la fenêtre </p>
  </div>
</div>

</body>
</html>

<script>

$.ajax (
{
  url : "action.php",
  complete : function (xhr, result)
  {
    if (result != "success") return;
    var response = xhr.responseText;
    $("#home").append (response);

    $("#home").fixHeaderFooter ();
  }
});

</script>
```

REMARQUE **La méthode fixHeaderFooter ()**

Remarquez l'appel de la méthode `fixHeaderFooter ()` utilisée sur l'élément `<div>` correspondant à la fenêtre. Elle permet de rechercher les barres d'outils qui possèdent l'attribut `data-position="fixed"` et de les positionner aux emplacements fixes adéquats (ici, en bas de la fenêtre).

Fichier action.php

```
<?
$html = "";
$html .= "<div id=footer class='ui-bar-e ui-footer' data-position=fixed>";
$html .=   "<h1 class=ui-title>Partie footer</h1>";
```

```
$html .= "</div>";
echo utf8_encode ($html);
?>
```

La barre d'outils est décrite à partir des classes CSS `ui-bar-e` et `ui-footer`, tandis que l'attribut `data-position="fixed"` sera utilisé par la méthode `fixHeaderFooter ()` dans le code JavaScript. De même, l'élément `<h1>` est décrit en utilisant la classe `ui-title`, permettant de centrer le contenu.

Figure 21–3
Barres d'outils insérées
via Ajax

Insérer des barres de navigation via Ajax

Modifions notre footer afin qu'il contienne une barre de navigation (`navbar`), comme sur la figure 21-4 (page 529).

Insérer une barre de navigation dans la barre d'outils footer via Ajax

```
<!DOCTYPE html>
<html>
<head>
  <meta name=viewport content="user-scalable=no,width=device-width" />
  <link rel=stylesheet href=jquery.mobile/jquery.mobile.css />
  <script src=jquery.js></script>
  <script src=jquery.mobile/jquery.mobile.js></script>
</head>
```

```
<body>

<div data-role=page id=home>
  <div data-role=header>
    <h1>Home</h1>
  </div>

  <div data-role=content>
   <p> Contenu de la fenêtre </p>
  </div>
</div>

</body>
</html>

<script>

$.ajax (
{
  url : "action.php",
  complete : function (xhr, result)
  {
    if (result != "success") return;
    var response = xhr.responseText;
    $("#home").append (response);

    $("#home").fixHeaderFooter();
    $("#navbar").navbar ();
  }
});

</script>
```

> REMARQUE **La méthode navbar ()**
>
> Le code est identique au précédent, excepté l'utilisation de la méthode navbar () permettant de transformer l'élément qui l'utilise en barre de navigation.

Fichier action.php

```
<?
$html = "";
$html .= "<div id=footer class='ui-bar-a ui-footer' data-
position=fixed>";
$html .=    "<h1 class=ui-title>Partie footer</h1>";
$html .=    "<div id=navbar>";
$html .=       "<ul>";
```

```
$html .=        "<li><a href=# data-icon=refresh>Rafraîchir</a></li>";
$html .=        "<li><a href=# data-icon=info>Infos</a></li>";
$html .=        "<li><a href=# data-icon=delete>Fermer</a></li>";
$html .=     "</ul>";
$html .=   "</div>";
$html .= "</div>";
echo utf8_encode ($html);
?>
```

La barre de navigation est simplement décrite de façon traditionnelle dans le code HTML retourné par le serveur. Si nous supprimons l'appel de la méthode navbar (), le code HTML n'est plus transformé par jQuery Mobile et l'affichage devient alors tel que sur la figure 21-5.

Figure 21-4
Barre de navigation dans un footer

Figure 21-5
Barre de navigation sans styles

Gérer les événements sur les barres d'outils

Une barre d'outils est en général composée de boutons permettant d'effectuer des actions. Dans le cas d'une barre de navigation navbar, celle-ci est composée d'éléments <li>. On peut utiliser l'événement click (ou l'événement virtuel vclick associé) afin de gérer les clics sur ces éléments.

Utiliser l'événement click dans une barre de navigation

```
<!DOCTYPE html>
<html>
<head>
  <meta name=viewport content="user-scalable=no,width=device-width" />
  <link rel=stylesheet href=jquery.mobile/jquery.mobile.css />
  <script src=jquery.js></script>
  <script src=jquery.mobile/jquery.mobile.js></script>
</head>

<body>

<div data-role=page id=home>
  <div data-role=header data-position=fixed>
    <h1>Home</h1>
  </div>

  <div data-role=content>
    <p> Contenu de la fenêtre </p>
  </div>

  <div data-role=footer data-position=fixed>
    <div data-role=navbar>
      <ul>
        <li><a href=#>Menu 1</a></li>
        <li><a href=#>Menu 2</a></li>
        <li><a href=#>Menu 3</a></li>
        <li><a href=#>Menu 4</a></li>
        <li><a href=#>Menu 5</a></li>
        <li><a href=#>Menu 6</a></li>
      </ul>
    </div>
  </div>
</div>

</body>
</html>

<script>
```

```
$("li").bind ("vclick", function (event)
{
  alert ($(this).find ("a").text ());
});

</script>
```

Par exemple, en cliquant sur le deuxième bouton de la barre de navigation, on obtient l'écran de la figure 21-6.

Figure 21–6
Gestion du clic dans
une barre de navigation

Personnaliser les barres d'outils

Considérons la barre de navigation précédente, dans laquelle nous ne faisons figurer que trois éléments `<li>` afin de simplifier l'affichage. Le code HTML généré par jQuery Mobile s'affiche dans Firebug comme sur la figure 21-7 (page suivante).

La barre de navigation possède la classe `ui-navbar`, dans laquelle chaque élément `<li>` est défini dans un tableau (au sens jQuery Mobile). Chaque élément `<li>` contient un lien `<a>` correspondant au bouton associé, de classe `ui-btn`. Ce lien possédera la classe CSS `ui-btn-active` lorsqu'on cliquera dessus, et la perdra lorsqu'on cliquera sur un autre lien.

Figure 21-7
Code HTML d'une barre
de navigation

```
<!DOCTYPE html>
<html class="ui-mobile">
  <head>
  <body class="ui-mobile-viewport">
    <div id="home" class="ui-page ui-body-c ui-page-
      active" data-role="page" data-url="home" tabindex="0" style="min-
      height: 320px;">
      <div class="ui-header ui-bar-a ui-header-fixed fade ui-fixed-
        overlay" data-position="fixed" data-role="header" role="banner" sty
        le="top: 0px;">
      <div class="ui-content" data-role="content" role="main">
      <div class="ui-footer ui-bar-a ui-footer-fixed fade ui-fixed-
        overlay" data-position="fixed" data-role="footer" role="contentinfo
        " style="top: -4px;">
        <div class="ui-navbar ui-navbar-
          noicons" data-role="navbar" role="navigation">
          <ul class="ui-grid-b">
            <li class="ui-block-a">
              <a class="ui-btn
                ui-btn-up-a" href="#" data-theme="a">
                <span class="ui-btn-inner" aria-hidden="true">
                  <span class="ui-btn-text">Menu 1</span>
                </span>
              </a>
            </li>
            <li class="ui-block-b">
            <li class="ui-block-c">
          </ul>
        </div>
      </div>
    </div>
    <script>
    <div class="ui-loader ui-body-a ui-corner-all" style="top: 89.5px;">
  </body>
</html>
```

Utilisons ces classes CSS afin de modifier l'apparence de la barre de navigation.

Styler les barres de navigation

```
<!DOCTYPE html>
<html>
<head>
  <meta name=viewport content="user-scalable=no,width=device-width" />
  <link rel=stylesheet href=jquery.mobile/jquery.mobile.css />
  <script src=jquery.js></script>
  <script src=jquery.mobile/jquery.mobile.js></script>

  <style type=text/css>
    .ui-navbar a.ui-btn{
      font-size : 16px;
    }
    .ui-navbar a.ui-btn.ui-btn-active{
      font-style : italic;
      background : red;
    }
  </style>
</head>
```

```
<body>

<div data-role=page id=home>
  <div data-role=header data-position=fixed>
    <h1>Home</h1>
  </div>

  <div data-role=content>
    <p> Contenu de la fenêtre </p>
  </div>

  <div data-role=footer data-position=fixed>
    <div data-role=navbar>
      <ul>
        <li><a href=#>Menu 1</a></li>
        <li><a href=#>Menu 2</a></li>
        <li><a href=#>Menu 3</a></li>
      </ul>
    </div>
  </div>
</div>

</body>
</html>
```

Figure 21–8
Barre de navigation
personnalisée

Méthodes de gestion des barres d'outils de type fixe

Afin de nous aider à gérer les barres d'outils de type fixe (celles ayant l'attribut `data-position="fixed"`), jQuery Mobile a créé quelques méthodes, présentées dans le tableau suivant.

Tableau 21–1 Méthodes gérant les barres d'outils de type fixe

Méthode	Signification
`$(selector)` `.fixHeaderFooter ();`	Recherche les barres d'outils ayant l'attribut `data-position="fixed"` dans la descendance des éléments représentés par le sélecteur indiqué, et les transforme en barres d'outils de type fixe. Ceci permet de créer dynamiquement ces barres d'outils (voir un exemple précédent dans ce chapitre).

`$.mobile.fixedToolbars`
`.setTouchToggleEnabled`
`(enable)`
	Autorise (si `enable` vaut `true`) ou désactive (si `enable` vaut `false`) la possibilité d'afficher et de cacher les barres d'outils de type fixe par un clic dans la fenêtre. Par défaut, un clic dans la fenêtre les affiche ou les cache. Pour désactiver ce fonctionnement par défaut, on utilisera `$.mobile.fixedToolbars.setTouchToggleEnabled (false)`.

`$.mobile.fixedToolbars` `.show (immediately)`	Permet de repositionner les barres d'outils de type fixe dans la fenêtre, dans le cas où la modification du contenu a changé leur position. Le paramètre `immediately` indique si le repositionnement s'effectue immédiatement (valeur `true`) ou s'il s'effectue par un effet fade (`false`, valeur par défaut).
`$.mobile.fixedToolbars` `.hide ()`	Permet de cacher les barres d'outils de type fixe dans la fenêtre. Elles se réaffichent lors d'un prochain clic dans la fenêtre (sauf si ce fonctionnement a été désactivé par `$.mobile.fixedToolbars.setTouchToggleEnabled (false)`).

Exemples de manipulation des barres d'outils

Gérer un système d'onglets dans une barre de navigation

On désire afficher un contenu différent dans la fenêtre lors de chaque clic sur un bouton de la barre de navigation. On conserve donc la même fenêtre, mais avec un contenu différent pour chaque bouton sélectionné. Cela équivaut à gérer un système d'onglets dans la fenêtre.

Gérer des onglets dans la barre de navigation

```
<!DOCTYPE html>
<html>
<head>
  <meta name=viewport content="user-scalable=no,width=device-width" />
```

```
    <link rel=stylesheet href=jquery.mobile/jquery.mobile.css />
    <script src=jquery.js></script>
    <script src=jquery.mobile/jquery.mobile.js></script>
</head>

<body>

<div data-role=page id=home>
    <div data-role=header data-position=fixed>
      <h1>Home</h1>
    </div>

    <div data-role=content>
      <p> Contenu de la fenêtre </p>
    </div>

    <div data-role=footer data-position=fixed>
      <div data-role=navbar>
        <ul>
          <li id=menu1><a href=#>Menu 1</a></li>
          <li id=menu2><a href=#>Menu 2</a></li>
          <li id=menu3><a href=#>Menu 3</a></li>
        </ul>
      </div>
    </div>
</div>

</body>
</html>

<script>

$("li").bind ("vclick", function (event)
{
  var id = this.id;
  if (id == "menu1") $("#home div:jqmData(role=content)")
                        .html ("<p> Contenu menu 1");
  else if (id == "menu2") $("#home div:jqmData(role=content)")
                        .html ("<p> Contenu menu 2");
  else if (id == "menu3") $("#home div:jqmData(role=content)")
                        .html ("<p> Contenu menu 3");
});

</script>
```

Lors de chaque clic sur les boutons de la barre de navigation, le contenu de la fenêtre est modifié. Toutefois, lors du premier affichage, aucun bouton n'est sélectionné. Pour sélectionner l'un d'eux dès le démarrage, il suffit de simuler un clic sur celui-ci.

Simuler un clic sur le premier bouton

```
$("div:jqmData(role=navbar)").bind ("navbarcreate", function (event)
{
  $("li#menu1 a.ui-btn").trigger ("vclick");
});
```

> REMARQUE **Création de la navbar**
>
> Ce traitement ne peut s'effectuer que lorsque la barre de navigation a été créée (événement navbarcreate), sinon le lien `<a>` de classe `ui-btn` n'existe pas (car le code HTML n'est pas encore transformé par jQuery Mobile).

Gérer le contenu des onglets via Ajax

Plutôt que de modifier le contenu des onglets à partir du code HTML contenu dans le code JavaScript, récupérons ce code HTML à partir du serveur via Ajax.

Récupérer le contenu des onglets via Ajax

```
<!DOCTYPE html>
<html>
<head>
  <meta name=viewport content="user-scalable=no,width=device-width" />
  <link rel=stylesheet href=jquery.mobile/jquery.mobile.css />
  <script src=jquery.js></script>
  <script src=jquery.mobile/jquery.mobile.js></script>
</head>

<body>

<div data-role=page id=home>
  <div data-role=header data-position=fixed>
    <h1>Home</h1>
  </div>

  <div data-role=content>
    <p> Contenu de la fenêtre </p>
  </div>

  <div data-role=footer data-position=fixed>
    <div data-role=navbar>
      <ul>
        <li id=menu1><a href=#>Menu 1</a></li>
        <li id=menu2><a href=#>Menu 2</a></li>
        <li id=menu3><a href=#>Menu 3</a></li>
      </ul>
```

```
       </div>
     </div>
  </div>

  </body>
  </html>

  <script>

  $("#home").bind ("pagecreate", function (event)
  {
    $("li#menu1 a.ui-btn").trigger ("vclick");
  });

  $("li").bind ("vclick", function (event)
  {
    var id = this.id;
    $.ajax (
    {
      url : "action.php",
      data : { menu : id },
      complete : function (xhr, result)
      {
        if (result != "success") return;
        var response = xhr.responseText;
        $("#home div:jqmData(role=content)").html (response);
      }
    });
  });

  </script>
```

Fichier action.php

```
<?
$menu = $_REQUEST["menu"];

$html = "";
if ($menu == "menu1")
  $html .=   "<p> Contenu menu 1 </p>";
else if ($menu == "menu2")
  $html .=   "<p> Contenu menu 2 </p>";
else if ($menu == "menu3")
  $html .=   "<p> Contenu menu 3 </p>";

echo utf8_encode ($html);
?>
```

22

Bases de données côté client

Ce chapitre ne concerne pas l'utilisation directe des possibilités de jQuery Mobile. En effet, les concepts exposés ici sont directement liés à HTML 5. Cette version de HTML est de plus en plus présente dans les navigateurs (dans leur version la plus récente) et sur les smartphones, ainsi que sur les tablettes graphiques qui l'utilisent de façon naturelle.

La complémentarité de ces notions avec jQuery Mobile est évidente. On aura ainsi la possibilité, dans un programme JavaScript écrit avec jQuery Mobile, d'accéder à des données stockées dans une base de données locale (située sur le poste client qui l'utilise), sans passer par un serveur.

HTML 5 offre deux types de stockage de données sur le poste client :

- le stockage via une base de données contenant des tables décrites en SQL, on utilisera ce type de stockage lorsqu'on aura beaucoup d'informations à mémoriser ;
- le stockage via les objets `localStorage` et `sessionStorage`, permettant de mémoriser des informations constituées de chaînes de caractères ; moins contraignant que le précédent, il est également plus simple à mettre en œuvre, mais permet de stocker moins d'informations.

Stockage permanent et stockage dans la session

La différence entre le stockage permanent d'une information et son stockage dans la session tient à la durée de stockage.

Dans le stockage permanent, les informations sont sauvegardées de manière permanente, jusqu'à ce qu'on les efface nous-même, y compris si l'application est fermée (et même si le téléphone est redémarré). On voit qu'il s'agit vraiment d'un stockage pérenne.

Dans le stockage dans la session, les informations ne sont mémorisées que dans le contexte de la session. Cela signifie que toutes les pages de notre site (et a fortiori toutes les fenêtres) peuvent accéder aux informations sauvegardées dans la session, mais cela uniquement jusqu'à la toute fin de notre utilisation de l'application. Si on la quitte, les informations sont perdues.

Pour permettre cela, deux objets JavaScript seront utilisés : `localStorage` et `sessionStorage` :

- `localStorage` permet un stockage permanent ;
- `sessionStorage` permet un stockage dans la session.

Par exemple, la mémorisation d'un nom et prénom dans l'un des objets s'effectue par les instructions suivantes.

Mémorisation permanente

```
localStorage.nom = "Sarrion";
localStorage.prenom = "Eric";
```

Mémorisation dans la session

```
sessionStorage.nom = "Sarrion";
sessionStorage.prenom = "Eric";
```

Le stockage permanent ainsi que le stockage temporaire que nous venons de voir ne permettent pas les mêmes facilités que celles que l'on trouve dans les bases de données utilisant le langage SQL. Mais il est possible d'utiliser des bases de données SQL en local via JavaScript, grâce à HTML 5.

Création d'une base de données

En premier lieu, il faut créer un accès à la base de données, qui crée la base de données vide s'il s'agit du premier appel.

Créer un accès à la base de données

```
var db = openDatabase ("Test", "1.0", "Test", 65535);
```

Nous créons ici une base de données de nom `Test`, en version 1.0, qui est estimée à 65 535 octets maximum. Lorsque cette instruction JavaScript est exécutée, une base de données est créée, que l'on peut retrouver sur l'iPhone dans l'onglet *Réglages/Safari/Base de données* comme sur la figure 22-1.

Figure 22–1
Bases de données
dans l'iPhone

> REMARQUE **Taille maximale de la base de données**
>
> Si l'on clique sur le nom de la base de données (ici, *Test*), nous pouvons voir l'espace utilisé par celle-ci, ainsi que la taille maximale (ici, 5 Mo). La taille que nous avons indiquée était donc uniquement indicative, et non la limite à ne pas dépasser !

Utilisation de la base de données

Une fois créée, la base de données peut être utilisée pour :

- la création des tables ;
- l'insertion des données dans les tables ;
- la recherche de données dans les tables ;
- la suppression de données ;
- éventuellement la suppression de tables.

Le principe de gestion des données est simple. À partir de l'objet db récupéré précédemment, on exécute dans une transaction les commandes SQL désirées.

Utilisation de la base de données

```
var db = openDatabase ("Test", "1.0", "Test", 65535);
db.transaction (function (transaction)
{
  var sql = requête SQL sur la base;
  transaction.executeSql (sql, [paramètres] / undefined,
  function ()
  {
    // code JavaScript à exécuter si la requête a réussie
    // ...
  },
  function ()
  {
    // code JavaScript à exécuter si la requête a échouée
    // ...
  } );
});
```

Les paramètres sont indiqués dans un tableau (ici symbolisé par [parametres]) et servent à remplacer les éventuels "?" indiqués dans la requête SQL. Ces paramètres sont facultatifs si aucun "?" n'est indiqué dans la requête.

Les deux fonctions qui suivent sont également facultatives (il faut les remplacer par undefined si l'une d'elles n'est pas indiquée). La première fonction correspond à du code JavaScript à exécuter en cas de succès de la requête, tandis que la seconde correspond à du code JavaScript à exécuter en cas d'échec.

Et si la requête SQL échoue ?

Le retour de la deuxième fonction (celle du cas d'erreur) a une signification importante, dans le cas où la requête a échoué. En effet, on peut décider, vu l'échec d'une requête, de faire un `rollback` complet des requêtes contenues dans la transaction, ou de s'accommoder de celles qui ont réussi. Pour effectuer un `rollback` complet en cas d'échec, il suffit de retourner `true` à la fin de la fonction d'échec. Sinon les requêtes qui ont réussi seront conservées.

Exemple d'utilisation d'une base de données

Nous désirons ici gérer avec jQuery Mobile une base de données comportant une table `clients`. On pourra créer la table, la supprimer, insérer des clients et, enfin, lister le contenu de la table.

Gestion d'une base de données de clients en local

```html
<!DOCTYPE html>
<html>
<head>
  <meta name=viewport content="user-scalable=no,width=device-width" />
  <link rel=stylesheet href=jquery.mobile/jquery.mobile.css />
  <script src=jquery.js></script>
  <script src=jquery.mobile/jquery.mobile.js></script>
</head>

<body>

<div data-role=page id=home>
  <div data-role=header>
    <h1>Home</h1>
  </div>

  <div data-role=content>
    <a href=# data-role=button id=create> Créer la table clients </a>
    <a href=# data-role=button id=remove> Supprimer la table clients </a>
    <span> Nom </span>
    <input type=text id=nom>
    <span> Prénom </span>
    <input type=text id=prenom>
    <a href=# data-role=button id=insert> Insérer le client </a>
    <a href=# data-role=button id=list> Lister les clients </a>
  </div>
</div>

<div data-role=page id=win2 data-add-back-btn=true>
  <div data-role=header>
```

```
    <h1>Liste des clients</h1>
  </div>
  <div data-role=content>
  </div>
</div>

</body>
</html>

<script>

var db = openDatabase ("Test", "1.0", "Test", 65535);

$("#create").bind ("click", function (event)
{
  db.transaction (function (transaction)
  {
    var sql = "CREATE TABLE clients " +
        " (id INTEGER NOT NULL PRIMARY KEY AUTOINCREMENT, " +
        "nom VARCHAR(100) NOT NULL, " +
        "prenom VARCHAR(100) NOT NULL)";
    transaction.executeSql (sql, undefined, function ()
    {
      alert ("Table créée");
    }, erreur_bd);
  });
});

$("#remove").bind ("click", function (event)
{
  if (!confirm ("Supprimer la table ?", "")) return;
  db.transaction (function (transaction)
  {
    var sql = "DROP TABLE clients";
    transaction.executeSql (sql, undefined, ok_bd, erreur_bd);
  });
});

$("#insert").bind ("click", function (event)
{
  var nom = $("#nom").val ();
  var prenom = $("#prenom").val ();

  db.transaction (function (transaction)
  {
    var sql = "INSERT INTO clients (nom, prenom) VALUES (?, ?)";
    transaction.executeSql (sql, [nom, prenom], function ()
    {
      alert ("Client inséré");
    }, erreur_bd);
```

```
      });
   });

   $("#list").bind ("click", function (event)
   {
      db.transaction (function (transaction)
      {
         var sql = "SELECT * FROM clients";
         transaction.executeSql (sql, undefined,
         function (transaction, result)
         {
            var html = "<ul>";
            if (result.rows.length)
            {
               for (var i = 0; i < result.rows.length; i++)
               {
                  var row = result.rows.item (i);
                  var nom = row.nom;
                  var prenom = row.prenom;
                  html += "<li>" + nom + " " + prenom + "</li>";
               }
            }
            else
            {
               html += "<li> Pas de client </li>";
            }

            html += "</ul>";

            $("#win2").unbind ().bind ("pagebeforeshow", function ()
            {
               var $content = $("#win2 div:jqmData(role=content)");
               $content.html (html);
               var $ul = $content.find ("ul");
               $ul.listview ();
            });

            $.mobile.changePage ($("#win2"));

         }, erreur_bd);
      });
   });

   function ok_bd ()
   {
   }

   function erreur_bd (transaction, erreur)
   {
      alert ("Erreur BD : " + erreur.message);
```

```
   return false;
}

</script>
```

Dans le cas où la requête retourne des enregistrements de la base de données, la fonction JavaScript exécutée lorsque la requête a réussi possède un paramètre `result` qui correspond à un objet `ResultSet`. Celui-ci possède une propriété `rows` contenant les enregistrements retournés par la requête, accessibles comme indiqué ici :

Accès aux enregistrements retournés par un SELECT

```
for (var i = 0; i < result.rows.length; i++)
{
  var row = result.rows.item (i);
  var nom = row.nom;
  var prenom = row.prenom;
  html += "<li>" + nom + " " + prenom + "</li>";
}
```

La partie intéressante du programme réside dans l'affichage de la liste. Nous construisons le code HTML de la liste `<ul>` qui sera inséré dans le contenu de la fenêtre. La transformation de la liste en un composant `listview` (par la méthode `listview ()`) ne peut se faire que si la fenêtre contenant la liste a déjà été créée. L'utilisation de l'événement `pagebeforeshow` permet d'être certain que la fenêtre est créée à ce moment-là.

> REMARQUE **La méthode unbind ()**
>
> On utilise la méthode `unbind ()` préalablement à la méthode `bind ()`. En effet, les appels successifs de la méthode `bind ()` (dans le cas où la liste serait affichée plusieurs fois) cumulent les traitements à effectuer. L'appel de la méthode `unbind ()` permet de supprimer préalablement tous les gestionnaires d'événements précédemment ajoutés, de façon que celui qu'on va ajouter par `bind ()` soit unique.

Nous pouvons voir ci-après la fenêtre principale de cette application (figure 22-2).

Toute autre action que la création de la table `clients` entraîne l'affichage d'un message d'erreur, tant que cette table n'est pas créée. Une fois celle-ci créée, les autres actions deviennent possibles. Créons par exemple deux clients, puis listons les clients grâce au bouton correspondant.

Figure 22–2
Gestion de clients via une base de données interne

Figure 22–3
Liste des clients de la base de données

Amélioration du programme (suite)

On souhaite améliorer le précédent programme en permettant la suppression d'un client dans la liste. Pour cela, on autorise un mouvement swipe (vers la droite) sur l'élément de liste. Cela supprime l'élément de liste ainsi que l'enregistrement correspondant dans la base de données.

Pour cela, on doit revoir la gestion de l'événement associé au clic sur le bouton affichant la liste. Voici le nouveau traitement associé à cet événement :

Permettre la suppression d'un élément dans la liste

```
$("#list").bind ("click", function (event)
{
  db.transaction (function (transaction)
  {
    var sql = "SELECT * FROM clients";
    transaction.executeSql (sql, undefined,
    function (transaction, result)
    {
      var html = "<ul>";
```

```
if (result.rows.length)
{
  for (var i = 0; i < result.rows.length; i++)
  {
    var row = result.rows.item (i);
    var nom = row.nom;
    var prenom = row.prenom;
    var id = row.id;
    html += "<li data-icon=false " + "id=" + id + ">";
    html +=    "<a href=#>";
    html +=        nom + " " + prenom;
    html +=    "</a>";
    html += "</li>";
  }
}
else
{
  html += "<li> Pas de client </li>";
}

html += "</ul>";

$("#win2").unbind ().bind ("pagebeforeshow", function ()
{
  var $content = $("#win2 div:jqmData(role=content)");
  $content.html (html);
  var $ul = $content.find ("ul");
  $ul.listview ();

  $("li").bind ("swiperight", function (event)
  {
    var id = $(this).attr ("id");
    if (!id) return;

    $(this).remove ();

    db.transaction (function (transaction)
    {
      var sql = "DELETE FROM clients WHERE id=?";
      transaction.executeSql (sql, [id], function ()
      {
        alert ("Client supprimé");
      }, erreur_bd);
    });
  });
});

$.mobile.changePage ($("#win2"));
```

```
        }, erreur_bd);
    });
});
```

Chaque élément de liste `<li>` est maintenant affiché en plus grande hauteur, grâce à l'insertion d'un élément `<a>` dans l'élément de liste. L'attribut `id` de l'élément de liste correspond à l'identifiant du client dans la base de données. Cela permettra de connaître le client associé à chaque élément de liste, utilisé lors de la suppression de l'élément.

On associe ensuite à chaque élément de liste un gestionnaire d'événement `swiperight`. On supprime alors l'élément de liste, puis celui référencé par `id` dans la base de données.

23

GPS et Google Maps

Les navigateurs les plus récents possèdent des fonctionnalités de géolocalisation, en utilisant le GPS *(Global Positioning System)* intégré au téléphone ou à la tablette graphique. Cela est standardisé par HTML 5, et donc indépendant de jQuery Mobile. Toutefois, son emploi dans une application jQuery Mobile, comme pour les bases de données vues dans le chapitre précédent, permet d'augmenter les possibilités de notre application.

En plus des ressources offertes par la géolocalisation, on peut utiliser les fonctionnalités de Google Maps. Il existe une API fournie par Google utilisable dans notre code JavaScript, de façon à afficher des cartes géographiques de tout emplacement terrestre.

Ce sont ces deux aspects que nous étudions dans ce chapitre, en liaison avec jQuery Mobile.

Utiliser le GPS avec jQuery Mobile

Le GPS est accessible à travers l'objet `navigator.geolocation`. Cet objet fournit la méthode `getCurrentPosition (ok_callback, echec_callback)`, dans laquelle :

- `ok_callback (position)` est une fonction de callback appelée lorsque la position GPS a pu être calculée. Le paramètre `position` est un objet ayant une propriété `coords` **définie par** `{ latitude, longitude, heading, speed, altitude }` **contenant** la position GPS. Ce paramètre est obligatoire, sinon la position GPS ne peut pas être récupérée ;

- echec_callback () est une fonction de callback appelée uniquement si la position GPS n'a pas pu être trouvée. Ce paramètre est facultatif.

Utilisons cette méthode afin d'afficher la position GPS actuelle, c'est-à-dire la latitude et la longitude du positionnement actuel.

Affichage des coordonnées GPS actuelles

```html
<!DOCTYPE html>
<html>
<head>
  <meta name=viewport content="user-scalable=no,width=device-width" />
  <link rel=stylesheet href=jquery.mobile/jquery.mobile.css />
  <script src=jquery.js></script>
  <script src=jquery.mobile/jquery.mobile.js></script>
</head>

<body>

<div data-role=page id=home>
  <div data-role=header>
    <h1>Home</h1>
  </div>

  <div data-role=content>
    <span> Latitude : </span> <span id=lat></span> <br />
    <span> Longitude : </span> <span id=lng></span> <br />
  </div>
</div>

</body>
</html>

<script>

navigator.geolocation.getCurrentPosition (function (pos)
{
  var lat = pos.coords.latitude;
  var lng = pos.coords.longitude;
  $("#lat").text (lat);
  $("#lng").text (lng);
});

</script>
```

Figure 23–1
Affichage de la localisation
via le GPS

Intégrer une carte Google Maps à l'application

Les cartes Google Maps sont accessibles au moyen de l'API de même nom fournie par Google. Pour y accéder, il faut inclure un fichier JavaScript dans la page HTML de notre application.

Inclusion du fichier JavaScript de Google Maps

```
<script src=http://maps.googleapis.com/maps/api/js?sensor=true></script>
```

Améliorons le précédent programme afin d'afficher dans une nouvelle fenêtre la carte du lieu indiqué par la position GPS. Nous modifions l'affichage de la première fenêtre en permettant de saisir nos propres coordonnées GPS.

Afficher la carte de la position fournie par le GPS

```
<!DOCTYPE html>
<html>
<head>
  <meta name=viewport content="user-scalable=no,width=device-width" />
  <link rel=stylesheet href=jquery.mobile/jquery.mobile.css />
  <script src=jquery.js></script>
```

```
    <script src=jquery.mobile/jquery.mobile.js></script>
    <script src=http://maps.googleapis.com/maps/api/js?sensor=true></script>
</head>

<body>

<div data-role=page id=home>
  <div data-role=header>
    <h1>Home</h1>
  </div>

  <div data-role=content>
    <span> Latitude : </span> <input type=text id=lat />
    <span> Longitude : </span> <input type=text id=lng />
    <a data-role=button id=btn>Afficher le plan</a>
  </div>
</div>

<div data-role=page id=win2 data-add-back-btn=true>
  <div data-role=header>
    <h1>Fenêtre 2</h1>
  </div>

  <div data-role=content>
  </div>
</div>

</body>
</html>

<script>

navigator.geolocation.getCurrentPosition (function (pos)
{
  var lat = pos.coords.latitude;
  var lng = pos.coords.longitude;
  $("#lat").val (lat);
  $("#lng").val (lng);
});

$("#btn").bind ("click", function (event)
{
  var lat = $("#lat").val ();
  var lng = $("#lng").val ();
  var latlng = new google.maps.LatLng (lat, lng);
  var options = {
    zoom : 15,
    center : latlng,
    mapTypeId : google.maps.MapTypeId.ROADMAP
```

```
  };
  var $content = $("#win2 div:jqmData(role=content)");
  $content.height (screen.height - 50);
  var map = new google.maps.Map ($content[0], options);
  $.mobile.changePage ($("#win2"));

  new google.maps.Marker (
  {
    map : map,
    animation : google.maps.Animation.DROP,
    position : latlng
  });
});

</script>
```

Nous récupérons les coordonnées saisies dans les champs (initialisées par défaut à partir de la position GPS). La création de l'objet google.maps.Map à partir des paramètres indiqués permet d'afficher la carte du lieu indiqué. Remarquez que pour afficher la carte, il est nécessaire de dimensionner en hauteur l'élément <div> qui va la contenir (ici, le contenu de la deuxième fenêtre).

En plus de cela, nous créons un objet google.maps.Marker permettant de positionner un marqueur à l'emplacement de la position indiquée. Cela est facultatif, mais bien utile pour visualiser l'emplacement sur la carte.

Figure 23–2
Affichage de la carte
Google Maps

Étude de cas : développer une application de messagerie

Cette partie de l'ouvrage détaille la création d'une application utilisant jQuery Mobile. Notre but est de montrer ici comment les concepts précédemment étudiés peuvent être mis en œuvre afin de développer une application mobile concrète et utile. Nous développons une application de messagerie permettant l'échange de messages instantanés entre personnes connectées à un serveur.

Cinématique de l'application

Nous souhaitons illustrer les concepts exposés sur jQuery Mobile au moyen de la réalisation d'une application de messagerie. Voici tout d'abord une description de l'enchaînement des fenêtres, puis la présentation des objectifs à traiter.

Enchaînement des fenêtres

Plusieurs personnes (appelées « membres ») peuvent se connecter à notre site, et lors de leur première connexion, il leur est demandé un *Login* (nom d'utilisateur) afin de les identifier (figure 24-1, page suivante).

Une fois que le bouton *Okay!* a fait l'objet d'un clic, on affiche l'ensemble des personnes connectées avec lesquelles on va pouvoir échanger des messages (figure 24-2).

Les noms des utilisateurs connectés sont affichés. Un bouton *Refresh* permet de rafraîchir cette liste pour ne conserver que la liste des personnes connectées à un moment donné. Un bouton *Chats* permet d'accéder à la liste des discussions en cours. Le clic sur le login d'un membre affiche la fenêtre permettant de saisir le texte du message à envoyer à cette personne (figure 24-3).

Un clic sur un message dans cette liste permet donc de saisir un nouveau message à destination de ce membre. Le bouton *Home* permet de revenir à la liste précédente des membres connectés, tandis que le bouton *Clear* efface les messages affichés dans la liste.

Figure 24–1 Fenêtre de choix du login

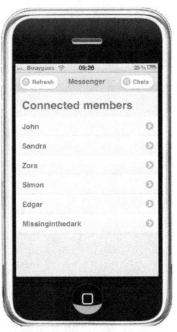

Figure 24–2 Fenêtre des membres connectés

Figure 24–3 Fenêtre de création de message

Figure 24–4 Liste des messages envoyés

Une fois le message acheminé vers Sandra, on peut supposer qu'elle nous réponde !
Si c'est le cas, son message apparaîtra dans la liste en première position (les plus
récents en tête de liste), comme sur la figure 24-5.

Figure 24–5
Liste des messages
envoyés et reçus

Objectifs à traiter

Nous étudions dans les chapitres suivants comment élaborer cette application. Nous
procéderons par étapes, en expliquant :

1 le processus de connexion ;

2 l'affichage des membres connectés ;

3 l'envoi des messages ;

4 la réception des messages.

Chacun de ces thèmes fait l'objet d'un des chapitres suivants. Un dernier chapitre
sera consacré à exposer le code complet de l'application.

Étape n°1 : se connecter

Le processus de connexion consiste à afficher la fenêtre de login uniquement si le (futur) membre ne l'a pas renseignée précédemment. Une fois le login renseigné, celui-ci est archivé sur le serveur dans une table de la base de données, puis la fenêtre contenant les membres connectés à cet instant s'affiche.

Côté client

Le code HTML décrivant cette fenêtre de login pourrait être le suivant.

Code HTML de la fenêtre login

```
<div data-role=dialog id=login>
  <div data-role=header>
    <h1>Login</h1>
  </div>
  <div data-role=content>
    <p class=info1> Choose your login </p>
    <span class=span-input>Login </span>
    <input type=text /><br /><br /><br />
    <a href=# data-role=button class=ok> Okay! </a>
  </div>
</div>
```

Les classes CSS `info1` et `ok` serviront éventuellement à styler les éléments auxquels elles sont affectées. Remarquez que la fenêtre possède l'attribut `data-role="dialog"`, indiquant d'afficher une fenêtre superposée.

La fonction JavaScript permettant d'afficher et de gérer cette fenêtre est le suivant.

Gestion de la fenêtre de login

```
function setLogin ()
{
  $.mobile.changePage ($("#login"), { transition : "pop" });
  $("#login a.ok").bind ("click", function (event)
  {
    var login = $("#login input").val ();
    login = $.trim (login);
    if (login)
    {
      $.ajax (
      {
        url : "ajax/set_login.php",
        data : { login : login },
        complete : function (xhr, result)
        {
          if (result != "success") return;
          var response = xhr.responseXML;
          var id = $(response).find ("id").text ();
          localStorage.id = id;
          $.mobile.changePage ($("#home"));
          getMessages ();
        }
      });
    }
  });
}
```

Nous affichons en premier la fenêtre de login, puis nous effectuons un traitement lorsque le bouton *Okay!* de cette fenêtre est activé.

Si le bouton *Okay!* est activé, on récupère le login saisi dans la fenêtre.

- S'il est vide, la fenêtre reste affichée : on ne peut donc pas passer aux fenêtres suivantes si l'on n'est pas identifié.
- Si le login est saisi, celui-ci est transmis via Ajax au serveur qui retourne en échange un identifiant (`id`) associé à ce nouveau membre.

Cet identifiant doit être mémorisé même si l'on quitte l'application : il est donc stocké dans `localStorage.id`. Donc, par la suite, lorsque l'application sera relancée, si `localStorage.id` ne contient rien, c'est que le processus d'identification n'a pas encore été effectué (il faut donc afficher la fenêtre de login), tandis que s'il contient une valeur, cela signifie que l'on peut directement afficher la fenêtre des membres connectés.

Notez que lorsque le serveur retourne l'identifiant id, la fenêtre des membres connectés s'affiche (correspondant à la fenêtre principale dont l'id est home), et on lance le processus de lecture des messages reçus (fonction getMessages (), étudiée dans le chapitre 28, « Recevoir des messages »).

Côté serveur

Regardons maintenant comment s'effectue la sauvegarde du login sur le serveur. Il correspond au fichier set_login.php appelé par Ajax, auquel on transmet le paramètre login.

Fichier set_login.php

```
<?
include ("defines.php");

$login = $_REQUEST["login"];
$login = utf8_decode ($login);
$login= str_replace (array ("&", "<", ">"), " ", $login);

header ("content-type:text/xml");

$link = mysql_connect (HOST_BD, LOGIN_BD, PWD_BD);
if (!$link)
{
  die (mysql_error ());
}
mysql_select_db (NAME_BD);

$date = date ("Y-m-j H:i:s");

$query = "insert into members set register_at='$date', login='$login'";
mysql_query ($query);
$query = "select id from members order by id desc limit 1";
$result = mysql_query ($query);
$row = mysql_fetch_assoc ($result);
$id = $row["id"];

echo "<id>$id</id>";

if ($result) mysql_free_result ($result);
mysql_close ($link);

?>
```

Le fichier `defines.php` contient des définitions de constantes utilisées ensuite, comme :

- `HOST_BD` contenant le nom du serveur sur lequel est située la base de données ;
- `NAME_DB` contient le nom de la base de données ;
- `LOGIN_BD` représente le nom d'utilisateur permettant d'accéder à la base de données ;
- `PWD_BD` est le mot de passe associé à ce nom d'utilisateur.

Fichier defines.php

```
<?
define (HOST_BD, "localhost");
define (LOGIN_BD, "root");
define (PWD_BD, "root");
define (NAME_BD, "messenger");
?>
```

Une fois le login récupéré via `$_REQUEST["login"]`, celui-ci est décodé en UTF-8, puis les caractères HTML comme <, > ou & sont éliminés du nom, le cas échéant. En effet, ce nom sera transmis aux autres utilisateurs, et la présence de ces caractères provoque des erreurs de transmission.

Ensuite, le membre associé au login est inséré dans la table `members` de la base de données. Cette table est décrite sous la forme SQL suivante :

Description de la table members de la base de données

```
create table members (
id int not null auto_increment,

login varchar (100),

register_at datetime,
scan_at datetime,

primary key (id)

);
```

La table `members` contient une clé primaire correspondant à `id`, ainsi que le login saisi dans la fenêtre. La colonne `register_at` sert à mémoriser la date d'inscription dans la table, tandis que `scan_at` sert à mémoriser régulièrement que l'utilisateur est connecté. Lorsque cette colonne n'est plus mise à jour, l'utilisateur sera considéré comme ayant fermé l'application et vu comme non connecté.

Une fois le membre inséré dans la table members, cette table est lue afin de récupérer l'identifiant du membre inséré. Cet id ne peut être connu qu'une fois le membre inséré dans la table. Il est ensuite transmis au poste client en réponse de la requête Ajax :

Transmission de l'id au poste client

```
echo "<id>$id</id>";
```

Vous remarquerez que l'élément <id> est un élément XML et non pas HTML (la balise <id> n'existe pas en HTML). Pour cela, il faut que le serveur indique dans le code PHP qu'il retourne du XML, d'où la présence de l'instruction header ().

Indiquer que le serveur retourne du XML (au lieu du HTML)

```
header ("content-type:text/xml");
```

Maintenant que le processus de connexion a été expliqué, voyons dans le chapitre suivant comment il s'insère dans le reste de l'application.

Étape n°2 :
afficher les membres connectés

La fenêtre des membres connectés est la fenêtre principale de l'application, celle qui est affichée dès qu'un utilisateur se connecte au serveur. La première fois que le futur membre se connecte, une nouvelle fenêtre lui demandant d'introduire son login s'affiche par-dessus. Ce processus de connexion a été expliqué dans le chapitre précédent.

Côté client

Description HTML de la fenêtre des membres connectés

```
<div data-role=page id=home>
  <div data-role=header data-theme=d>
    <h1> Messenger </h1>
    <a href=# data-icon=refresh id=refresh>Refresh</a>
    <a href=#chats data-icon=grid>Chats</a>
  </div>
  <div data-role=content>
  </div>
</div>
```

Cette fenêtre possédera l'identifiant home, désignant ici la fenêtre principale. Elle contient les deux boutons *Refresh* et *Chats* dans sa barre d'outils header. Le bouton *Chats* permet d'afficher la fenêtre contenant les messages envoyés et reçus (dont l'identifiant est chats), d'où l'attribut href="#chats" dans la description du bouton.

La partie intéressante concerne la création du contenu de la fenêtre. Elle s'effectue dans le traitement de l'événement pagecreate du code JavaScript.

Création du contenu de la fenêtre des membres connectés

```
$("#home").bind ("pagecreate", function ()
{
  if (!localStorage.id) setLogin ();
  getConnected ();
  if (localStorage.id) getMessages ();

  $(this).find ("div:jqmData(role=header) a#refresh")
          .bind ("click", function (event)
  {
    getConnected ();
  });
});
```

Ces instructions correspondent au programme principal de l'application. On affiche la fenêtre de login (vue dans le chapitre précédent) si l'id du membre n'est pas mémorisé dans localStorage.id. Puis la méthode getConnected () est appelée, permettant d'insérer les membres connectés dans la fenêtre. Enfin, la méthode getMessages () est appelée afin de récupérer de façon régulière les éventuels messages reçus. Cette méthode sera étudiée dans le chapitre 28, « Recevoir des messages ».

L'événement click traité sur le bouton *Refresh* permet de rafraîchir la liste des membres connectés, si besoin. Le traitement associé consiste naturellement à appeler la méthode getConnected () affichant la liste des membres connectés. Intéressons-nous de plus près à cette méthode.

Récupération et insertion des membres connectés dans la fenêtre

```
function getConnected ()
{
  var $content = $("#home div:jqmData(role=content)");
  $content.html ("");
  $.ajax (
  {
    url : "ajax/get_connected.php",
    data : { id : localStorage.id || "" },
    complete : function (xhr, result)
    {
```

```
        if (result != "success") return;
        var response = xhr.responseXML;

        var $members = $(response).find ("member");

        if (!$members.length) $content.append (
            "<p class=info> Nobody connected! </p>");
        else
        {
            $content.append ("<p class=info1> Connected members </p>");
            $content.append ("<ul></ul>");
            var $ul = $content.find ("ul");
            $members.each (function ()
            {
                var $member = $(this);
                var id = $member.find ("id").text ();
                var login = $member.find ("login").text ();
                $ul.append ("<li><a>" + login + "</a></li>");
                var $li = $ul.find ("li").last ();
                $li.bind ("vclick", function (event)
                {
                    prepareMessage (id, login);
                });
            });
            $ul.listview ();
        }
    }
  });
}
```

Nous commençons par vider son précédent contenu : `$content.html ("")`. Nous effectuons ensuite un appel Ajax pour récupérer la liste des membres connectés. Remarquez que nous transmettons l'identifiant du membre lors de cet appel Ajax, afin que ce membre ne fasse pas partie de la liste des membres connectés.

Si la liste des membres récupérés est vide, on affiche alors un simple message indiquant *Nobody connected!*. Sinon, on crée une liste `<ul>` contenant des éléments `<li>` correspondant aux logins des membres. Le login (ainsi que l'`id` du membre) est récupéré au moyen des méthodes standards de jQuery (ici la méthode `find ()` suivie de la méthode `text ()`). L'élément de liste est ensuite ajouté à la liste via `append ()`.

L'élément de liste ajouté doit ensuite être observé afin que le clic sur cet élément puisse ouvrir une fenêtre superposée permettant de saisir un message qui sera envoyé à ce membre. C'est le rôle de la méthode `bind ()`, dont le traitement appelle la méthode `prepareMessage ()` que nous étudions dans le chapitre 27, « Envoyer des messages ».

Enfin, remarquons l'appel de la méthode `listview ()` sur la liste, une fois que celle-ci a été construite. Cela permet de modifier le code HTML afin de donner une apparence jQuery Mobile aux éléments mis dans la liste. Si vous l'omettez, vous aurez à la place l'affichage d'une simple liste HTML.

Côté serveur

Examinons la partie serveur qui récupère les membres connectés et les transmet sous forme XML au poste client. Ce programme serveur est appelé par Ajax lorsqu'on désire récupérer la liste des membres connectés.

Fichier get_connected.php

```php
<?
include ("defines.php");

$id = $_REQUEST["id"];

header ("content-type:text/xml");

$link = mysql_connect (HOST_BD, LOGIN_BD, PWD_BD);
if (!$link)
{
  die (mysql_error ());
}
mysql_select_db (NAME_BD);

$timestamp = strtotime (date ("Y-m-j H:i:s")) - 60;    // en secondes
$date= date ("Y-m-j H:i:s", $timestamp);
$query = "select * from members where scan_at >= '$date'";
if ($id) $query .= " and id != $id";

$result = mysql_query ($query);

echo "<members>";

while ($row = mysql_fetch_assoc ($result))
{
  $txt = "";
  $id = $row["id"];
  $login = $row["login"];
  $login = utf8_encode ($login);
```

```
   echo "<member>";
   echo    "<id>$id</id>";
   echo    "<login>$login</login>";
   echo "</member>";
}

echo "</members>";

mysql_close ($link);
?>
```

Une fois l'identifiant du membre récupéré, on recherche tous les membres (sauf celui correspondant à cet id, c'est-à-dire nous-même) qui sont connectés à cet instant. Un membre est connecté si l'attribut scan_at de la table members a été mis à jour récemment, c'est-à-dire il y a moins de 60 secondes. Cela signifie qu'il faut que le programme JavaScript envoie régulièrement, pour chaque membre, une indication permettant au serveur de savoir que le membre est toujours connecté. Si le membre ferme son navigateur, cette indication n'est plus envoyée au serveur, qui considérera le membre comme déconnecté. Cette mission est effectuée dans la fonction getMessages () permettant de récupérer les messages non encore lus (traitée dans le chapitre 28, « Recevoir des messages »).

Une fois la liste des membres connectés récupérée par SQL, on transmet au poste client, sous forme XML, l'identifiant et le login du membre concerné. Ceux-ci seront traités par le programme JavaScript comme nous l'avons vu précédemment.

Étape n°3 : envoyer des messages

L'envoi de messages est effectué à partir de la liste des membres connectés. En cliquant sur un des membres de la liste, la fenêtre de saisie de message s'ouvre. Après un clic sur le bouton *Okay!* dans cette fenêtre, le message est acheminé vers le destinataire. Une nouvelle fenêtre s'ouvre alors (intitulée *Chats*) contenant la liste des messages envoyés ou reçus, le plus récent en premier dans la liste.

Côté client

La fenêtre permettant de saisir un message est une fenêtre classique, qui s'affichera en superposition de celle qui précède.

Code HTML de la fenêtre de saisie de message

```
<div data-role=dialog id=msg>
  <div data-role=header>
    <h1>Message</h1>
  </div>
  <div data-role=content>
    <p class=info1> Enter your message </p>
    <span class=span-input>Message </span>
    <input type=text /><br /><br /><br />
    <a href=# data-role=button class=ok> Okay! </a>
  </div>
</div>
```

La fenêtre possède l'attribut `data-role="dialog"` (permettant de superposer la fenêtre) et comporte un champ de saisie du message et un bouton *Okay!* pour l'envoi du texte saisi au serveur.

Cette fenêtre est ouverte dans la méthode `prepareMessage ()` appelée lors d'un clic sur un des membres de la liste (voir chapitre précédent). Le code JavaScript de cette méthode est le suivant :

Création et envoi du message

```
function prepareMessage (id, login)
{
  $("#msg div:jqmData(role=header) h1").text (login);
  $("#msg input").val ("");
  $.mobile.changePage ($("#msg"), { transition : "pop" });

  $("#msg div:jqmData(role=content) a.ok").unbind ()
      .bind ("click", function (event)
  {
    var txt = $("#msg input").val ();
    txt = $.trim (txt);
    if (!txt) $("#msg").dialog ("close");
    else sendMessage (txt, id, login);
  });
}
```

Nous commençons par afficher, dans la barre de titre de la fenêtre, le login du membre à qui le message est destiné (afin de montrer à l'utilisateur qu'il ne s'est pas trompé de personne). Puis nous affichons la fenêtre de saisie de message au moyen de la méthode `$.mobile.changePage ()`.

La partie intéressante concerne la gestion du bouton *Okay!* dans cette fenêtre. Elle s'effectue au moyen de la méthode `bind ()`, mais nous effectuons auparavant l'appel à la méthode `unbind ()`. En effet, la méthode `prepareMessage ()` est appelée chaque fois que l'on clique sur le login d'un membre, donc la méthode `bind ()` sera appelée plusieurs fois et l'événement correspondant déclenché chaque fois (du fait que les gestionnaires d'événements mis en place par `bind ()` se cumulent). D'où la nécessité de supprimer tous les gestionnaires d'événements via `unbind ()` avant d'en ajouter un nouveau via `bind ()`.

Considérons ensuite le traitement effectué dans le gestionnaire d'événements. Si rien n'a été saisi dans le champ, nous fermons la fenêtre de dialogue via `dialog ("close")`, ce qui permet de réafficher la fenêtre qui était en dessous (celle contenant la liste des membres connectés). Dans le cas contraire, il faut envoyer le message à l'expéditeur, ce qui est traité par la fonction `sendMessage ()`.

Envoi du message via Ajax

```
function sendMessage (txt, id, login)
{
  $.mobile.changePage ($("#chats"));

  var $content = $("#chats div:jqmData(role=content)");
  var $ul = $content.find ("ul");
  var html = "";
  html += "<li>";
  html +=    "<a>";
  html +=       "<img src=images/send.png />";
  html +=       "<h1>" + login + "</h1>";
  html +=       "<p>" + txt + "</p>";
  html +=    "</a>";
  html += "</li>";
  $ul.prepend (html);
  $ul.listview ("refresh");

  var $li = $ul.find ("li").first ();
  $li.bind ("vclick", function (event)
  {
    prepareMessage (id, login);
  });

  $.ajax (
  {
    url : "ajax/send_message.php",
    data : { from : localStorage.id, to : id, txt : txt }
  });
}
```

Le message envoyé est affiché dans une nouvelle fenêtre, dont l'identifiant est chats, contenant la liste des messages envoyés et reçus. Cette fenêtre récapitule l'ensemble des messages que l'utilisateur a reçus ou envoyés depuis sa connexion. La description de cette fenêtre est la suivante.

Code HTML de la fenêtre contenant les messages reçus et envoyés

```
<div data-role=page id=chats>
  <div data-role=header data-theme=d>
    <h1> Chats </h1>
    <a href=# data-icon=delete id=clear>Clear</a>
    <a href=# data-icon=home id=home>Home</a>
  </div>
  <div data-role=content>
    <ul data-role=listview>
```

```
      </ul>
    </div>
  </div>
```

Cette fenêtre comporte deux boutons dans la barre de titre :

- le bouton *Clear* permet d'effacer le contenu de la liste dans la fenêtre ;
- le bouton *Home* permet de revenir à la fenêtre précédente, à savoir la liste des membres connectés.

Le contenu de la fenêtre correspond à une liste `<ul>` dont l'attribut `data-role="listview"` permet de styler les éléments de liste qui vont s'y trouver (c'est-à-dire les messages envoyés ou reçus).

Revenons au programme JavaScript permettant l'envoi du message (fonction `sendMessage ()`). Une fois que la fenêtre contenant la liste des messages envoyés ou reçus a été affichée, on commence par insérer notre message dans cette liste. Nous construisons pour cela le code HTML, que nous insérons en début de liste au moyen de la méthode `prepend ()` de jQuery. La liste est rafraîchie au moyen de l'instruction `listview ("refresh")`.

De façon à permettre l'envoi de nouveaux messages à partir de cette liste, on met en place un gestionnaire d'événements sur l'élément de liste inséré, permettant de recommencer la procédure de saisie et d'envoi de messages (appel de la méthode `prepareMessage ()` dans le gestionnaire d'événements).

Enfin, nous effectuons l'envoi du message vers le serveur via Ajax, en appelant le programme `send_message.php` sur le serveur. Nous lui transmettons en paramètres les identifiants du membre émetteur (`from`), du destinataire (`to`), ainsi que le texte du message lui-même (`txt`). Aucune réponse du serveur n'est attendue, d'où l'absence des fonctions de callback traditionnelles (par exemple la méthode `complete ()`).

Côté serveur

Examinons ici le traitement effectué sur le serveur lorsqu'il reçoit le message à envoyer. Ce traitement est effectué dans le programme `send_message.php` :

Fichier send_message.php

```
<?
include ("defines.php");

$from = $_REQUEST["from"];
$to = $_REQUEST["to"];
```

```
$txt = $_REQUEST["txt"];

$txt = utf8_decode ($txt);
$txt= str_replace (array ("&", "<", ">"), " ", $txt);

$link = mysql_connect (HOST_BD, LOGIN_BD, PWD_BD);
if (!$link)
{
  die (mysql_error ());
}
mysql_select_db (NAME_BD);

if ($from && $to)
{
  $query = "insert into messages set from_id=$from, to_id=$to, txt='$txt'";
  mysql_query ($query);
}

mysql_close ($link);

?>
```

Une fois récupérés les identifiants des membres concernés (from et to) ainsi que le texte du message (txt), le message est inséré dans une nouvelle table appelée messages. Cette table contiendra les messages envoyés, et qui sont donc également reçus par leur destinataire. Voici la description de cette table :

Description de la table messages

```
create table messages (
id int not null auto_increment,

txt varchar (100),
from_id int not null,
to_id int not null,

read_at datetime,

primary key (id)

);
```

L'attribut read_at indique la date de lecture de ce message par le destinataire. Si elle vaut NULL, cela signifie que le message n'a pas encore été lu. Lors de la création du message dans la table, cet attribut est positionné à NULL de façon que le destinataire sache que ce message n'a pas encore été lu.

Maintenant que nous avons vu comment les messages étaient envoyés, regardons comment faire pour qu'ils soient reçus par leur destinataire. Cela fait l'objet du prochain chapitre.

28

Étape n°4 : recevoir des messages

Nous traitons ici le processus de réception des messages par un utilisateur. Les messages doivent pouvoir être reçus à tout moment, sans que l'on ait à rafraîchir une page les contenant. Pour cela, il faut interroger le serveur de façon régulière, afin de lui demander si des messages sont en attente pour un utilisateur (c'est-à-dire pour nous-même). Si c'est le cas, les messages sont affichés dans la fenêtre *Chats* contenant les messages envoyés et reçus.

Côté client

La gestion de la réception des messages s'effectue avec la méthode getMessages (). Cette méthode est appelée dès que la connexion du membre a été établie.

Récupération et insertion des messages reçus dans la fenêtre

```
function getMessages ()
{
  var $content = $("#chats div:jqmData(role=content)");
  var $ul = $content.find ("ul");

  setInterval (function ()
  {
    $.ajax (
    {
```

```
        url : "ajax/get_messages.php",
        data : { to : localStorage.id },
        complete : function (xhr, result)
        {
          if (result != "success") return;
          var response = xhr.responseXML;

          var $messages = $(response).find ("message");

          if ($messages.length)
          {
            if ($.mobile.activePage.attr ("id") != "msg")
              $.mobile.changePage ($("#chats"));

            $messages.each (function ()
            {
              var $message = $(this);
              var id = $message.find ("from").text ();
              var login = $message.find ("login").text ();
              var txt = $message.find ("txt").text ();

              var html = "";
              html += "<li>";
              html +=   "<a>";
              html +=     "<img src=images/receive.png />";
              html +=     "<h1>" + login + "</h1>";
              html +=     "<p>" + txt + "</p>";
              html +=   "</a>";
              html += "</li>";
              $ul.prepend (html);
              $ul.listview ("refresh");

              var $li = $ul.find ("li").first ();
              $li.bind ("vclick", function (event)
              {
                prepareMessage (id, login);
              });
            });
          }
        }
      });
    }, 5000);
}
```

Cette fonction getMessages () est constituée principalement d'un appel Ajax vers le serveur, qui est effectué à intervalles réguliers (par la méthode setInterval ()) afin de permettre la récupération des messages de façon séquencée.

Nous transmettons, dans les paramètres de l'appel Ajax, l'identifiant du membre pour lequel on recherche des messages non lus. Le serveur retourne, pour chacun des messages non lus, l'identifiant du membre émetteur du message, son login, ainsi que le texte du message. Ces éléments sont mis au format HTML, puis insérés dans la liste `<ul>` associée à la liste (méthode `prepend ()`). La liste est rafraîchie par `listview ("refresh")` afin de prendre en compte l'élément de liste inséré.

À ce stade du programme, le message reçu a été affiché dans la fenêtre correspondante. Afin de permettre de dialoguer facilement avec le membre expéditeur, nous avons ajouté la possibilité d'envoyer un message à ce membre en cliquant simplement sur le message reçu. Pour cela, on utilise la méthode `bind ()` sur l'élément `<li>` correspondant. Lors du traitement du clic, il suffit d'appeler la méthode `prepareMessage ()` permettant la saisie d'un nouveau message.

Côté serveur

Le traitement sur le serveur est effectué dans le fichier `get_messages.php`.

Fichier get_messages.php

```php
<?
include ("defines.php");

$to = $_REQUEST["to"];

header ("content-type:text/xml");

$link = mysql_connect (HOST_BD, LOGIN_BD, PWD_BD);
if (!$link)
{
  die (mysql_error ());
}
mysql_select_db (NAME_BD);

$date = date ("Y-m-j H:i:s");
$query = "update members set scan_at='$date' where id=$to";
mysql_query ($query);

$query = "select * from messages where to_id=$to and read_at is null";
$result = mysql_query ($query);

echo "<messages>";

while ($row = mysql_fetch_assoc ($result))
{
  $from = $row["from_id"];
  $txt = $row["txt"];
```

```
    $txt = utf8_encode ($txt);

    $query2 = "select login from members where id=$from limit 1";
    $result2 = mysql_query ($query2);
    $row = mysql_fetch_assoc ($result2);
    $login = $row["login"];
    $login = utf8_encode ($login);

    echo "<message>";
    echo    "<from>$from</from>";
    echo    "<login>$login</login>";
    echo    "<txt>$txt</txt>";
    echo "</message>";
}

echo "</messages>";

$date = date ("Y-m-j H:i:s");
$query = "update messages set read_at='$date'";
$query .= " where to_id=$to and read_at is null";
mysql_query ($query);

mysql_close ($link);

?>
```

Remarquez que nous commençons par mettre à jour l'attribut read_at de la table members avec la date actuelle. En effet, cet attribut permet de savoir si un membre est toujours connecté ou pas, et le fait que get_messages.php soit appelée de façon régulière permet de mettre à jour cette valeur.

Ensuite, on peut effectuer la recherche des messages non lus pour ce membre, dans la table messages. Ce sont ceux dont l'attribut read_at est NULL et qui sont à destination du membre (l'attribut to_id valant l'id du membre, c'est-à-dire la nôtre). Cela correspond à la requête SQL suivante :

Requête SQL recherchant les messages non lus

```
$query = "select * from messages where to_id=$to and read_at is null";
```

Une fois ces messages mis en forme XML, on met à jour leur attribut read_at afin d'indiquer qu'ils sont lus. Cela correspond à l'instruction SQL suivante :

Mise à jour de la date de lecture des messages non lus

```
$query = "update messages set read_at='$date'";
$query .= " where to_id=$to and read_at is null";
```

Application complète

Les chapitres précédents expliquaient comment construire l'application permettant d'échanger des messages entre membres. Nous reprenons ici les mêmes parties de code, mais regroupées par fichier, afin que vous puissiez facilement les retrouver.

Code HTML

Le code HTML est composé d'un seul fichier index.html, regroupant les différentes fenêtres.

Fichier index.html

```
<!DOCTYPE html>
<html>
<head>
  <meta name=viewport content="user-scalable=no,width=device-width" />
  <link rel=stylesheet href=jquery.mobile/jquery.mobile.css />
  <link rel=stylesheet href=messenger.css />
  <script src=jquery.js></script>
  <script src=jquery.mobile/jquery.mobile.js></script>
</head>

<body>
```

```
<div data-role=page id=home>
  <div data-role=header data-theme=d>
    <h1> Messenger </h1>
    <a href=# data-icon=refresh id=refresh>Refresh</a>
    <a href=#chats data-icon=grid>Chats</a>
  </div>
  <div data-role=content>
  </div>
</div>

<div data-role=page id=chats>
  <div data-role=header data-theme=d>
    <h1> Chats </h1>
    <a href=# data-icon=delete id=clear>Clear</a>
    <a href=# data-icon=home id=home>Home</a>
  </div>
  <div data-role=content>
    <ul data-role=listview>
    </ul>
  </div>
</div>

<div data-role=dialog id=login>
  <div data-role=header>
    <h1>Login</h1>
  </div>
  <div data-role=content>
    <p class=info1> Choisissez votre login </p>
    <span class=span-input>Login </span>
    <input type=text /><br /><br /><br />
    <a href=# data-role=button class=ok> Okay! </a>
  </div>
</div>

<div data-role=dialog id=msg>
  <div data-role=header>
    <h1>Message</h1>
  </div>
  <div data-role=content>
    <p class=info1> Entrez votre message </p>
    <span class=span-input>Message </span>
    <input type=text /><br /><br /><br />
    <a href=# data-role=button class=ok> Okay! </a>
  </div>
</div>

</body>
</html>

<script src=messenger.js></script>
```

La fenêtre principale de l'application (celle dont l'id est home) doit être décrite en premier dans le code HTML, car c'est elle que jQuery Mobile affichera en premier.

Code CSS

Un fichier CSS messenger.css est inclus à partir du code HTML. Il contient les classes CSS permettant de styler certains éléments d'affichage.

Fichier messenger.css

```css
.info {
  font-family : helvetica;
  font-size : 40px;
  text-align : center;
  padding : 30px;
}
.info1 {
  font-family : helvetica;
  font-size : 25px;
  font-weight : bold;
  margin-top : 0px;
}
.span-input {
  font-family : arial;
  font-size : 20px;
  font-weight : bold;
  font-style : italic;
}
```

Code JavaScript

Le code JavaScript est regroupé dans le fichier messenger.js inclus en début de fichier HTML.

Fichier messenger.js

```js
$("#home").bind ("pagecreate", function ()
{
  if (!localStorage.id) setLogin ();
  getConnected ();
  if (localStorage.id) getMessages ();
```

```
    $(this).find ("div:jqmData(role=header) a#refresh")
            .bind ("click", function (event)
    {
      getConnected ();
    });
  });

  $("#chats").bind ("pagecreate", function ()
  {
    $(this).find ("div:jqmData(role=header) a#home")
            .bind ("click", function (event)
    {
      $.mobile.changePage ($("#home"), { transition : "slide", reverse : true });
    });

    $(this).find ("div:jqmData(role=header) a#clear")
            .bind ("click", function (event)
    {
      var $content = $("#chats div:jqmData(role=content)");
      var $ul = $content.find ("ul");
      $ul.html ("");
    });
  });

  $("#login, #msg").bind ("dialogcreate", function ()
  {
    $(this).find ("div:jqmData(role=header) a").hide ();
  });

  function setLogin ()
  {
    $.mobile.changePage ($("#login"), { transition : "pop" });
    $("#login a.ok").bind ("click", function (event)
    {
      var login = $("#login input").val ();
      login = $.trim (login);
      if (login)
      {
        $.ajax (
        {
          url : "ajax/set_login.php",
          data : { login : login },
          complete : function (xhr, result)
          {
            if (result != "success") return;
            var response = xhr.responseXML;
            var id = $(response).find ("id").text ();
            localStorage.id = id;
            $.mobile.changePage ($("#home"));
            getMessages ();
```

```
        }
      });
    }
  });
}

function getConnected ()
{
  var $content = $("#home div:jqmData(role=content)");
  $content.html ("");
  $.ajax (
  {
    url : "ajax/get_connected.php",
    data : { id : localStorage.id || "" },
    complete : function (xhr, result)
    {
      if (result != "success") return;
      var response = xhr.responseXML;

      var $members = $(response).find ("member");

      if (!$members.length) $content.append (
          "<p class=info> Nobody connected! </p>");
      else
      {
        $content.append ("<p class=info1> Connected members </p>");
        $content.append ("<ul></ul>");
        var $ul = $content.find ("ul");
        $members.each (function ()
        {
          var $member = $(this);
          var id = $member.find ("id").text ();
          var login = $member.find ("login").text ();
          $ul.append ("<li><a>" + login + "</a></li>");
          var $li = $ul.find ("li").last ();
          $li.bind ("vclick", function (event)
          {
            prepareMessage (id, login);
          });
        });
        $ul.listview ();
      }
    }
  });
}

function prepareMessage (id, login)
{
  $("#msg div:jqmData(role=header) h1").text (login);
  $("#msg input").val ("");
```

```
      $.mobile.changePage ($("#msg"), { transition : "pop" });

      $("#msg div:jqmData(role=content) a.ok").unbind ()
           .bind ("click", function (event)
      {
        var txt = $("#msg input").val ();
        txt = $.trim (txt);
        if (!txt) $("#msg").dialog ("close");
        else sendMessage (txt, id, login);
      });
    }

    function sendMessage (txt, id, login)
    {
      $.mobile.changePage ($("#chats"));

      var $content = $("#chats div:jqmData(role=content)");
      var $ul = $content.find ("ul");
      var html = "";
      html += "<li>";
      html +=   "<a>";
      html +=     "<img src=images/send.png />";
      html +=     "<h1>" + login + "</h1>";
      html +=     "<p>" + txt + "</p>";
      html +=   "</a>";
      html += "</li>";
      $ul.prepend (html);
      $ul.listview ("refresh");

      var $li = $ul.find ("li").first ();
      $li.bind ("vclick", function (event)
      {
        prepareMessage (id, login);
      });

      $.ajax (
      {
        url : "ajax/send_message.php",
        data : { from : localStorage.id, to : id, txt : txt }
      });
    }

    function getMessages ()
    {
      var $content = $("#chats div:jqmData(role=content)");
      var $ul = $content.find ("ul");

      setInterval (function ()
      {
        $.ajax (
```

```
    {
      url : "ajax/get_messages.php",
      data : { to : localStorage.id },
      complete : function (xhr, result)
      {
        if (result != "success") return;
        var response = xhr.responseXML;

        var $messages = $(response).find ("message");

        if ($messages.length)
        {
          if ($.mobile.activePage.attr ("id") != "msg")
            $.mobile.changePage ($("#chats"));

          $messages.each (function ()
          {
            var $message = $(this);
            var id = $message.find ("from").text ();
            var login = $message.find ("login").text ();
            var txt = $message.find ("txt").text ();

            var html = "";
            html += "<li>";
            html +=    "<a>";
            html +=      "<img src=images/receive.png />";
            html +=      "<h1>" + login + "</h1>";
            html +=      "<p>" + txt + "</p>";
            html +=    "</a>";
            html += "</li>";
            $ul.prepend (html);
            $ul.listview ("refresh");

            var $li = $ul.find ("li").first ();
            $li.bind ("vclick", function (event)
            {
              prepareMessage (id, login);
            });
          });
        }
      }
    });
  }, 5000);
}
```

Images utilisées dans le script JavaScript

Deux images sont utilisées par le script JavaScript, affichées dans la fenêtre des messages reçus et envoyés. Ces images correspondent aux fichiers send.png et receive.png et sont placées dans le répertoire images du serveur.

Figure 29–1
Images utilisées
dans le programme

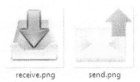

receive.png   send.png

Commandes SQL

La création des tables members et messages est la suivante.

Fichier messenger.sql

```
use messenger;

drop table if exists messages;
drop table if exists members;

create table members (
id int not null auto_increment,

login varchar (100),
lat float,
lng float,

register_at datetime,
scan_at datetime,

primary key (id)

);

create table messages (
id int not null auto_increment,

txt varchar (100),
from_id int not null,
to_id int not null,
```

```
read_at datetime,

primary key (id)

);
```

Programmes serveur

Les programmes serveur correspondent aux appels Ajax effectués à partir du code JavaScript. Ils sont regroupés dans le répertoire ajax. Ils ont été décrits dans les chapitres précédents.

Fichier set_login.php

```php
<?
include ("defines.php");

$login = $_REQUEST["login"];
$login = utf8_decode ($login);
$login= str_replace (array ("&", "<", ">"), " ", $login);
header ("content-type:text/xml");

$link = mysql_connect (HOST_BD, LOGIN_BD, PWD_BD);
if (!$link)
{
  die (mysql_error ());
}
mysql_select_db (NAME_BD);

$date = date ("Y-m-j H:i:s");

$query = "insert into members set register_at='$date', login='$login'";
mysql_query ($query);
$query = "select id from members order by id desc limit 1";
$result = mysql_query ($query);
$row = mysql_fetch_assoc ($result);

$id = $row["id"];

echo "<id>$id</id>";

if ($result) mysql_free_result ($result);
mysql_close ($link);

?>
```

Fichier get_connected.php

```php
<?
include ("defines.php");

$id = $_REQUEST["id"];

header ("content-type:text/xml");

$link = mysql_connect (HOST_BD, LOGIN_BD, PWD_BD);
if (!$link)
{
  die (mysql_error ());
}
mysql_select_db (NAME_BD);

$timestamp = strtotime (date ("Y-m-j H:i:s")) - 60;    // en secondes
$date= date ("Y-m-j H:i:s", $timestamp);
$query = "select * from members where scan_at >= '$date'";
if ($id) $query .= " and id != $id";

$result = mysql_query ($query);

echo "<members>";

while ($row = mysql_fetch_assoc ($result))
{
  $txt = "";
  $id = $row["id"];
  $login = $row["login"];
  $login = utf8_encode ($login);

  echo "<member>";
  echo   "<id>$id</id>";
  echo   "<login>$login</login>";
  echo "</member>";
}

echo "</members>";

mysql_close ($link);
?>
```

Fichier send_message.php

```php
<?
include ("defines.php");

$from = $_REQUEST["from"];
```

```
$to = $_REQUEST["to"];
$txt = $_REQUEST["txt"];

$txt = utf8_decode ($txt);
$txt= str_replace (array ("&", "<", ">"), " ", $txt);

$link = mysql_connect (HOST_BD, LOGIN_BD, PWD_BD);
if (!$link)
{
  die (mysql_error ());
}
mysql_select_db (NAME_BD);

if ($from && $to)
{
  $query = "insert into messages set from_id=$from, to_id=$to, txt='$txt'";
  mysql_query ($query);
}

mysql_close ($link);

?>
```

Fichier get_messages.php

```
<?
include ("defines.php");

$to = $_REQUEST["to"];

header ("content-type:text/xml");

$link = mysql_connect (HOST_BD, LOGIN_BD, PWD_BD);
if (!$link)
{
  die (mysql_error ());
}
mysql_select_db (NAME_BD);

$date = date ("Y-m-j H:i:s");
$query = "update members set scan_at='$date' where id=$to";
mysql_query ($query);

$query = "select * from messages where to_id=$to and read_at is null";
$result = mysql_query ($query);

echo "<messages>";

while ($row = mysql_fetch_assoc ($result))
```

```
{
  $from = $row["from_id"];
  $txt = $row["txt"];
  $txt = utf8_encode ($txt);

  $query2 = "select login from members where id=$from limit 1";
  $result2 = mysql_query ($query2);
  $row = mysql_fetch_assoc ($result2);
  $login = $row["login"];
  $login = utf8_encode ($login);

  echo "<message>";
  echo   "<from>$from</from>";
  echo   "<login>$login</login>";
  echo   "<txt>$txt</txt>";
  echo "</message>";
}

echo "</messages>";

$date = date ("Y-m-j H:i:s");
$query = "update messages set read_at='$date'";
$query .= " where to_id=$to and read_at is null";
mysql_query ($query);
mysql_close ($link);

?>
```

Chacun de ces fichiers inclut le fichier `defines.php`, contenant les définitions de constantes permettant d'accéder à la base de données.

Fichier defines.php

```
<?
define (HOST_BD, "localhost");
define (LOGIN_BD, "root");
define (PWD_BD, "root");
define (NAME_BD, "messenger");
?>
```

Nous avons terminé avec cet exemple notre étude de jQuery Mobile, dont l'utilisation dans nos applications se révèle vraiment simple et complémentaire de jQuery.

Index

www.ingramcontent.com/pod-product-compliance
Lightning Source LLC
LaVergne TN
LVHW062258060326
832902LV00013B/1949